해커스
외환전문역 II종

최종핵심정리문제집

해커스금융

fn.Hackers.com

금융·자격증 전문 교육기관 해커스금융
fn.Hackers.com

외환전문역 Ⅱ종 학습방법, 해커스가 알려드립니다.

방대한 학습량과 높은 난도의 외환전문역 시험을 완벽하게 대비할 수 있도록
해커스는 외환전문역 합격자들의 학습방법을 분석하고
한국금융연수원의 최신 개정된 기본서 내용을 바탕으로
최신 출제 경향을 철저히 분석하여 교재에 반영하였습니다.

「해커스 외환전문역 Ⅱ종 최종핵심정리문제집」은
개념 이해 및 빈출포인트 파악부터 실전 마무리까지
한 권으로 합격할 수 있도록 구성하였습니다.

「해커스 외환전문역 Ⅱ종 최종핵심정리문제집」을 통해
외환전문역 Ⅱ종 시험을 준비하는 수험생들 모두가 합격의 기쁨을 느끼고
더 큰 목표를 향해 한걸음 더 나아갈 수 있기를 바랍니다.

해커스 외환전문역 Ⅱ종 학습방법

1. 대표 문제를 통해 시험에 나오는 개념을 이해한다.
2. 풍부한 출제예상문제를 통해 실전 감각을 향상한다.
3. 최신 출제경향이 반영된 모의고사로 마무리한다.
4. 시험에 꼭 나오는 것만 모아 확실하게 마무리한다.

목차

해커스 외환전문역 Ⅱ종 학습방법   6
외환전문역 Ⅱ종 자격시험 안내   10
과목별 단기 합격전략   12
학습플랜   14

제1과목 | 수출입실무

제1장 수출입실무 기초   20
출제경향 및 학습전략
개념완성문제 / 출제예상문제

제2장 수입실무   62
출제경향 및 학습전략
개념완성문제 / 출제예상문제

제3장 수출실무   92
출제경향 및 학습전략
개념완성문제 / 출제예상문제

제2과목 | 국제무역규칙

제1장 신용장통일규칙(UCP600)   128
출제경향 및 학습전략
개념완성문제 / 출제예상문제

제2장 청구보증통일규칙(URDG758)   164
출제경향 및 학습전략
개념완성문제 / 출제예상문제

제3장 보증신용장통일규칙(ISP98)   180
출제경향 및 학습전략
개념완성문제 / 출제예상문제

제4장 기타 국제무역규칙   198
    (ISBP821, URR725, URC522)
출제경향 및 학습전략
출제예상문제

금융·자격증 전문 교육기관 해커스금융
fn.Hackers.com

해커스 외환전문역 Ⅱ종 최종핵심정리문제집

제3과목 | 외환관련여신

제1장 무역금융 222
    출제경향 및 학습전략
    개념완성문제 / 출제예상문제

제2장 외화대출 256
    출제경향 및 학습전략
    개념완성문제 / 출제예상문제

제3장 외화지급보증 270
    출제경향 및 학습전략
    개념완성문제 / 출제예상문제

제4장 외환회계 292
    출제경향 및 학습전략
    개념완성문제 / 출제예상문제

[부록] 적중 실전모의고사

제1회	적중 실전모의고사	308
제2회	적중 실전모의고사	336
제3회	적중 실전모의고사	364
정답 및 해설		390

시험에 자주 나오는 개념만 모아놓은
하루 10분 개념완성 자료집
핵심 내용을 빠르게 정리할 수 있습니다.
해커스금융(fn.Hackers.com)

빈출조항이 보이는
신용장통일규칙(UCP600) 원문+해석
문제 풀이만으로 부족할 수 있는 이론을 확실히
정리할 수 있습니다.
해커스금융(fn.Hackers.com)

핵심만 콕콕 짚은
명품 동영상강의
학습효율을 높여 단기 합격이 쉬워집니다.
해커스금융(fn.Hackers.com)

해커스 외환전문역 Ⅱ종 **학습방법**

1단계 대표 문제를 통해 시험에 나오는 **개념**을 **이해**한다.

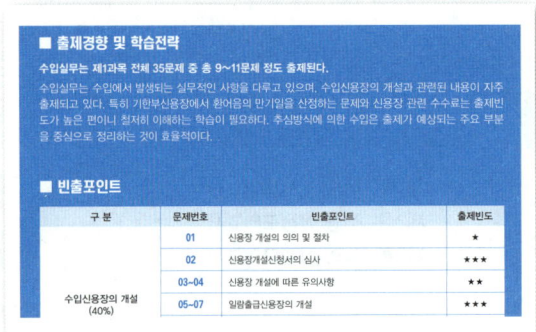

출제경향·학습전략·빈출포인트 파악

효율적인 학습을 위한 출제경향 및 학습전략과 빈출포인트를 수록하였습니다. 빈출포인트에서는 빈출포인트별 출제비중과 출제빈도를 알 수 있어 시험에 나오는 내용 위주로 단기간 학습이 가능합니다.

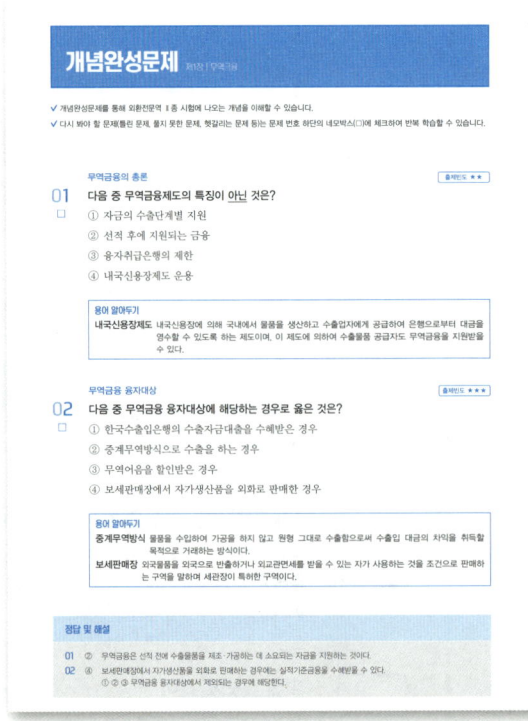

문제를 통한 개념 이해

개념완성문제를 통해 외환전문역 Ⅱ종 시험에 나오는 개념을 이해할 수 있습니다.

또한 시험에 자주 나오는 개념을 알 수 있도록 출제빈도를 ★~★★★로 표기하였고, '용어 알아두기'를 통해 생소한 전문 용어를 쉽게 이해할 수 있습니다.

2단계 풍부한 출제예상문제를 통해 **실전 감각**을 **향상**한다.

다양한 문제로 실전 감각 향상

출제예상문제를 통해 외환전문역 Ⅱ종 시험에 나올 확률이 높은 다양한 문제를 풀어봄으로써 실전 감각을 향상시킬 수 있습니다.

또한 시험에 자주 나오는 출제포인트를 알 수 있도록 출제빈도를 ★~★★★로 표기하였고, '최신출제유형'을 통해 최근 어떤 출제포인트가 시험에 출제되었는지 확인할 수 있습니다.

정확한 한글해석 제공

2과목 국제무역규칙의 모든 영어 문제에 정확한 한글해석을 제공하여 더욱 쉽고 효율적인 학습이 가능합니다.

명쾌한 해설 제공

명쾌한 해설을 제공하여 문제를 보다 쉽고 확실하게 이해할 수 있습니다.

해커스 외환전문역 Ⅱ종 학습방법 7

해커스 외환전문역 Ⅱ종 **학습방법**

3단계 | 최신 출제경향이 반영된 **모의고사**로 **실전에 대비**한다.

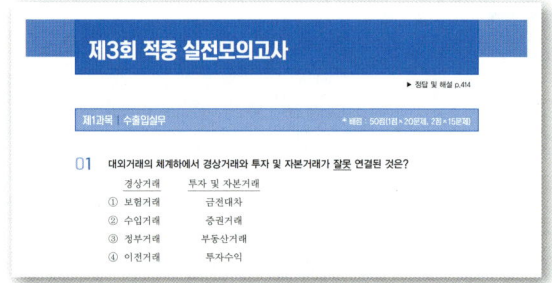

모의고사로 철저한 실전 대비
실제 시험과 동일한 구성 및 난이도의 실전모의고사 3회분을 수록하여 시험 전 실전에 철저히 대비할 수 있도록 하였습니다. 이를 통해 자신의 실력을 정확하게 확인하고 실전 감각을 극대화할 수 있습니다.

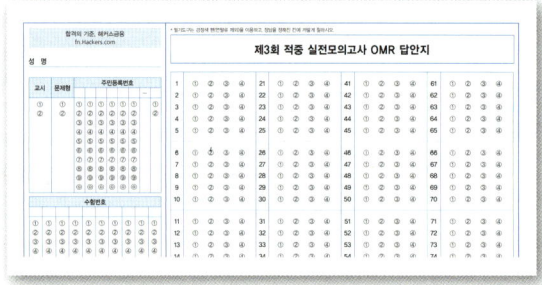

OMR 답안지 제공
실제 시험과 동일한 환경에서 풀어볼 수 있도록 OMR 답안지를 수록하였습니다. OMR 답안지를 활용하여 실제 시험시간에 맞춰 풀어본다면 더욱 실전에 철저히 대비할 수 있습니다.

핵심 해설 제공
학습한 내용을 이해하기 쉽도록 문제별로 핵심적이고 명확한 해설을 수록하였습니다. 모든 문제의 요점을 파악하여 효율적으로 학습할 수 있습니다.

4단계 시험에 꼭 나오는 것만 모아 확실하게 마무리한다.

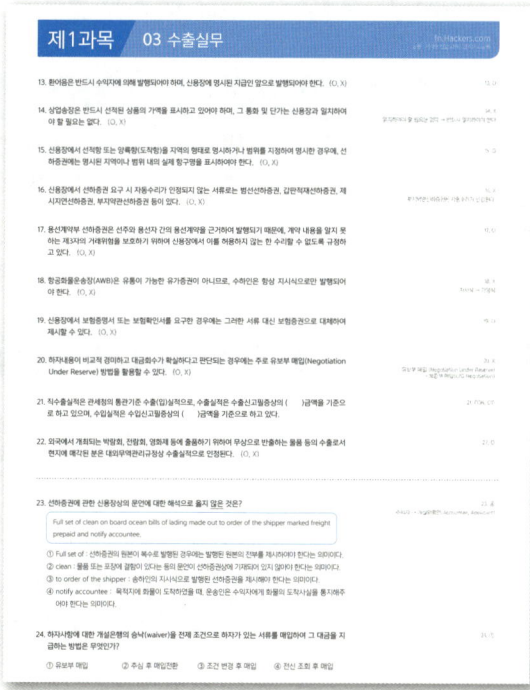

하루 10분 개념완성 자료집 [PDF]

해커스금융(fn.Hackers.com)에서 제공하는 자료를 시험 직전 수시로 꺼내보며 최종점검용으로 활용할 수 있습니다.

또한 본 교재와 함께 학습하면 시험에 보다 확실하게 대비할 수 있습니다.

단기 합격의 길로 안내할, 동영상강의와 함께하고 싶다면?
해커스금융 - fn.Hackers.com

외환전문역 Ⅱ종 **자격시험 안내**

▌외환전문역 Ⅱ종이란?
금융기관의 외환업무 중 수출입업무 및 이와 관련된 국제무역규칙을 이해하고 외환과 관련된 여신업무를 수행하는 등 주로 기업 외환과 관련된 직무를 담당

▌자격시험 안내

■ 시험 일정*

회 차	시험일	시험시간	원서접수일**	합격자발표
제53회	7/5(토)	13:00~15:00	5/27(화)~6/3(화)	7/18(금)
제54회	11/22(토)		10/14(화)~10/21(화)	12/5(금)

* 자세한 시험 일정은 한국금융연수원 홈페이지(www.kbi.or.kr)에서도 확인할 수 있습니다.
** 원서접수는 시작일 오전 10시부터 마감일 오후 8시까지만 가능하므로 유의하시기 바랍니다.

■ 시험과목 및 문항 수, 배점

시험과목		주요 검정내용	문항 수	배 점*	과락기준
제1과목	수출입실무	수출입실무 기초	35	50	20점 미만 득점자
		수입실무			
		수출실무			
제2과목	국제무역규칙**	신용장통일규칙(UCP)	25	30	12점 미만 득점자
		국제표준은행관행(ISBP)			
		신용장대금상환통일규칙(URR)			
		추심통일규칙(URC)			
		청구보증통일규칙(URDG)			
		보증신용장통일규칙(ISP)			
제3과목	외환관련여신	무역금융 전반에 대한 이해	20	20	8점 미만 득점자
		일반 무역금융, 포괄금융 및 내국신용장의 세부 처리절차			
		무역금융 처리절차			
		무역어음제도의 이해			
		외화대출/외화지급보증			
		외환회계			
합 계			80	100	

* 제1과목과 제2과목에는 배점 2점짜리 문제가 각각 15개, 5개 출제됩니다.
** 국제무역규칙은 문제(지문과 보기)가 모두 영어로 출제됩니다.

금융·자격증 전문 교육기관 해커스금융
fn.Hackers.com

해커스 **외환전문역 Ⅱ종** 최종핵심정리문제집

■ 시험 정보

시험주관처	한국금융연수원
원서접수처	한국금융연수원 홈페이지(www.kbi.or.kr)
시험시간	120분
응시자격	제한 없음
문제형식	객관식 4지선다형
합격기준	시험과목별로 100점 만점을 기준으로 하여 **과목별 40점 이상**이고 **전과목 평균이 60점 이상**인 자

가장 궁금해하는 **질문 BEST 5**

Q1 외환전문역 Ⅱ종 자격증을 독학으로 취득할 수 있을까요?

A 네, 누구나 독학으로 자격증 취득이 가능합니다.
본 교재의 개념완성문제와 출제예상문제를 통하여 시험에 출제되는 주요 개념 및 문제를 정리하고, 적중 실전모의고사 풀이를 통해 실전 감각을 익힌다면, 독학으로도 충분히 자격증 취득이 가능합니다.

Q2 외환전문역 Ⅱ종 시험에 합격하기 위해서는 얼마 동안 공부를 해야 하나요?

A 4주 정도 공부하면 누구나 합격할 수 있습니다.
이론 내용을 충분히 이해하고 최신 출제경향이 반영된 문제를 반복 학습한다면 누구나 단기에 자격증을 취득하는 것이 가능합니다. 본 교재에는 문제에 '출제빈도'와 '최신출제유형' 표시가 되어 있어 시험에 자주 나오는 문제 및 최신 출제경향에 대한 파악이 가능하여 우선순위 학습을 통해 단기 합격이 더욱 쉬워집니다.

Q3 국제무역규칙은 영어로 출제된다는데 어떻게 공부해야 하나요?

A 출제빈도가 높은 문제 중심으로 충분히 학습하면 고득점이 가능합니다.
본 교재는 모든 영어 문제의 지문과 보기에 대해 정확한 한글해석과 상세한 해설을 제공하여, 쉽고 효율적인 학습을 할 수 있습니다.

Q4 꼭 최신 개정판 교재로 시험 준비를 해야 하나요?

A 최신 개정판으로 학습하는 것이 가장 정확합니다.
외환전문역 Ⅱ종 시험 문제는 매년 개정되는 한국금융연수원의 표준교재 내용을 토대로 출제되기 때문입니다.

Q5 기출문제 샘플은 어디서 풀어볼 수 있나요?

A 한국금융연수원 홈페이지(www.kbi.or.kr)에서 다운로드 받아 풀어보실 수 있습니다.
한국금융연수원 홈페이지의 [자격]-[자격시험안내]-[외환전문역 Ⅱ종]-[Ⅱ종 샘플문제]에서 다운받으실 수 있습니다.

과목별 **단기 합격전략**

외환전문역 Ⅱ종 시험 합격자들의 학습방법을 철저히 분석한 결과와 해커스금융만의 합격노하우를 담은 합격전략입니다.

- 외환전문역 Ⅱ종은 금융기관의 외환업무 중 주로 기업고객의 외환과 관련된 내용을 다루는 자격시험입니다. 무역 관련 이론을 다루고 있기 때문에 무역 관련 자격증 학습경험이 있다면 내용을 이해하는 데 좀 더 수월할 것입니다.
- '제1과목 수출입실무'는 무역 이론 전반에 대해서 학습하기 때문에 타 과목을 위해서도 꼼꼼히 학습해야 합니다.
- '제2과목 국제무역규칙'은 모든 문제가 영어로 출제되고 있기 때문에 교재에 수록된 문제의 해석을 반드시 확인하고, 각 보기의 키워드 중심으로 반복 학습하시기 바랍니다.
- '제3과목 외환관련여신'은 주로 개념을 이해하였는지를 묻는 문제가 출제되고 있으므로 내용을 이해하는 데 초점을 두고 학습하시기 바랍니다.

제1과목 수출입실무   제1과목에서는 총 35문제가 출제됩니다.

수출입거래 전반에 대한 무역실무 이해 능력을 측정하는 과목으로 단순 내용을 묻는 문제뿐만 아니라 실무를 바탕으로 한 사례 문제도 출제되기 때문에 이해를 바탕으로 한 암기가 필요합니다.

- **제1장 수출입실무 기초** [13~15 문항]
  무역거래조건과 Incoterms® 2020의 주요 내용, 수출입거래의 형태, 대금결제방식 등 암기해야 할 내용이 많으므로 자투리 시간 등을 활용하여 반복해서 학습하는 것을 추천해요. 또한 Incoterms® 2020은 조건별로 특성을 비교하여 학습하면 쉽게 암기할 수 있어요.

- **제2장 수입실무** [9~11 문항]
  수출입거래 시 수입상에게 발생할 수 있는 주요 내용을 다루며, 수입신용장의 개설과 관련하여 실무 사례를 활용하는 문제가 출제되므로 꼼꼼한 이해가 필요해요.

- **제3장 수출실무** [10~12 문항]
  신용장별 은행의 의무와 조건변경의 내용, 신용장조건의 해석, 주요 운송서류의 내용 및 하자 있는 서류의 처리 방법은 반드시 암기하세요. 제1과목 제3장 수출실무와 제2과목 제1장 신용장통일규칙(UCP600)은 내용이 연관되므로 두 장을 연결하여 학습하면 효과적이에요.

제2과목 국제무역규칙 제2과목에서는 총 25문제가 출제됩니다.

모든 문제의 지문과 보기가 영어로 출제되어 어렵게 느낄 수 있으나, 본 교재를 충분히 학습하시면 고득점을 받을 수 있습니다. 제1~3장의 각 내용을 비교하여 학습하면 내용을 이해하는 데 훨씬 수월합니다.

- **제1장 신용장통일규칙(UCP600)** 15~17 문항
  최근 여러 조항에서 문제가 출제되고 있으므로 신용장통일규칙(UCP600)의 모든 조항을 틈틈이 읽어 영어지문에 익숙해지는 것이 중요해요. 이때 해커스금융(fn.Hackers.com)에서 무료로 제공하는 '신용장통일규칙(UCP600) 원문+해석' 자료를 함께 활용하면 영어지문을 쉽게 이해할 수 있어 훨씬 도움이 돼요.

- **제2장 청구보증통일규칙(URDG758)** 2~3 문항
  제1장 신용장통일규칙(UCP600)에 비해 출제비중이 낮으므로 출제빈도가 높은 내용 위주로 학습하시는 것을 추천해요.

- **제3장 보증신용장통일규칙(ISP98)** 2~4 문항
  청구보증통일규칙(URDG758)과 마찬가지로 제1장 신용장통일규칙(UCP600)에 비해 출제비중이 낮으므로 출제빈도가 높은 내용 위주로 학습하세요.

- **제4장 기타 국제무역규칙(ISBP821, URR725, URC522)** 4~5 문항
  출제비중이 상대적으로 낮으며 자주 출제되는 부분이 반복적으로 출제되는 경향이 있어요. 주로 용어를 설명하는 규정 위주로 출제되니 이 부분을 중점적으로 학습하세요.

제3과목 외환관련여신 제3과목에서는 총 20문제가 출제됩니다.

출제되는 부분이 특정 파트에 많이 집중되어 있으므로 해당 내용을 중점적으로 학습해야 합니다.
특히, 제1장 무역금융과 제3장 외화지급보증을 중점적으로 학습하시면 고득점할 수 있습니다.

- **제1장 무역금융** 10~13 문항
  제3과목 중에서 가장 많은 부분이 출제되므로 제일 중요한 파트입니다. 무역금융의 종류, 대상, 실적 등을 중심으로 학습하고 내국신용장과 구매확인서를 비교하여 학습하세요.

- **제2장 외화대출** 1~3 문항
  일반대출과도 비슷한 부분이 많아 쉽게 이해할 수 있고, 출제비중도 적어 고득점을 노릴 수 있어요.

- **제3장 외화지급보증** 4~6 문항
  학습해야 할 분량이 많은 것에 비해 출제비중이 적으므로 전략적으로 학습해야 해요. 지급보증의 형식과 종류가 중요하고, 외화지급보증에 따른 위험관리 내용이 자주 출제되므로 이 부분을 중점적으로 학습하세요.

- **제4장 외환회계** 1~3 문항
  내용이 어려운 파트이지만 시험에서 내용을 깊게 물어보는 문제는 출제되지 않는 편이에요. 만약, 학습할 시간적 여유가 없다면 외환회계의 특징과 계정과목의 개념을 중심으로 학습하면 큰 도움이 돼요.

학습플랜

'주말집중 플랜'과 '평일 플랜' 중 자신의 상황에 적합한 플랜을 선택하여 효율적으로 학습하세요.

주말집중 플랜

평일 학습이 어려운 직장인 분들에게 추천해요.

2주 완성 학습플랜

교재에 수록된 문제 중 출제빈도가 가장 높은 별 3개(★★★) 문제를 중심으로 2주만에 시험 준비를 마칠 수 있어요.
전공자 또는 다른 금융·무역 관련 자격증 취득 경험이 있는 학습자에게 추천해요.

	토요일	일요일					
	1일 (9h*) ☐	2일 (8h) ☐	3일 (2h) ☐	4일 (2h) ☐	5일 (4h) ☐	6일 (4h) ☐	7일 (4h) ☐
1주	제1과목 제1장	제1과목 제2~3장	제1과목 제3장	제1과목 전체 내용 복습	제2과목 제1장	제2과목 제1장	제2과목 제2~3장
	8일 (8h) ☐	9일 (9h) ☐	10일 (4h) ☐	11일 (3h) ☐	12일 (3h) ☐	13일 (3h) ☐	14일 (4h) ☐
2주	제2과목 제4장 + 전체 내용 복습	제3과목 제1~3장	제3과목 제4장 + 전체 내용 복습	제1회 적중 실전모의고사	제2회 적중 실전모의고사	제3회 적중 실전모의고사	최종 마무리 학습

* 괄호 안의 (숫자h)는 내용별 분량과 난이도에 따라 분석한 해당 날짜의 권장학습시간입니다.

금융·자격증 전문 교육기관 해커스금융
fn.Hackers.com
해커스 **외환전문역** II종 최종핵심정리문제집

4주 완성 학습플랜

교재의 모든 내용을 4주간 집중적으로 학습할 수 있어요.
비전공자 또는 다른 금융·무역 관련 자격증 취득 경험이 없는 학습자에게 추천해요.

	토요일	일요일					
1주	1일 (6h*) ☐ 제1과목 제1장	2일 (5h) ☐ 제1과목 제1장	3일 (2h) ☐ 제1과목 제2장	4일 (2h) ☐ 제1과목 제2장	5일 (2h) ☐ 제1과목 제2장	6일 (2h) ☐ 제1과목 제3장	7일 (2h) ☐ 제1과목 제3장
2주	8일 (5h) ☐ 제1과목 제3장	9일 (5h) ☐ 제1과목 전체 내용 복습	10일 (2h) ☐ 제2과목 제1장	11일 (2h) ☐ 제2과목 제1장	12일 (2h) ☐ 제2과목 제1장	13일 (3h) ☐ 제2과목 제2장	14일 (2h) ☐ 제2과목 제2장
3주	15일 (6h) ☐ 제2과목 제3장	16일 (6h) ☐ 제2과목 제3장	17일 (2h) ☐ 제2과목 제4장	18일 (2h) ☐ 제2과목 전체 내용 복습	19일 (2h) ☐ 제3과목 제1장	20일 (2h) ☐ 제3과목 제1장	21일 (2h) ☐ 제3과목 제2장
4주	22일 (5h) ☐ 제3과목 제3장	23일 (5h) ☐ 제3과목 제4장	24일 (3h) ☐ 제3과목 전체 내용 복습	25일 (3h) ☐ 제1회 적중 실전모의고사	26일 (3h) ☐ 제2회 적중 실전모의고사	27일 (3h) ☐ 제3회 적중 실전모의고사	28일 (2h) ☐ 최종 마무리 학습

* 괄호 안의 (숫자h)는 내용별 분량과 난이도에 따라 분석한 해당 날짜의 권장학습시간입니다.

학습플랜

평일 플랜

평일 학습이 가능한 예비 금융전문가 분들에게 추천해요.

2주 완성 학습플랜

교재에 수록된 문제 중 출제빈도가 가장 높은 별 3개(★★★) 문제를 중심으로 2주만에 시험 준비를 마칠 수 있어요.
전공자 또는 다른 금융·무역 관련 자격증 취득 경험이 있는 학습자에게 추천해요.

	1일 (7h*) ☐	2일 (6h) ☐	3일 (6h) ☐	4일 (7h) ☐	5일 (7h) ☐
1주	제1과목 제1장	제1과목 제2장	제1과목 제3장	제1과목 전체 내용 복습	제2과목 제1~3장

	6일 (7h) ☐	7일 (7h) ☐	8일 (7h) ☐	9일 (8h) ☐	10일 (8h) ☐
2주	제2과목 제4장 + 전체 내용 복습	제3과목 제1~3장	제3과목 제4장 + 전체 내용 복습	제1회 적중 실전모의고사 제2회 적중 실전모의고사	제3회 적중 실전모의고사 최종 마무리 학습

* 괄호 안의 (숫자h)는 내용별 분량과 난이도에 따라 분석한 해당 날짜의 권장학습시간입니다.

4주 완성 학습플랜

교재의 모든 내용을 4주간 집중적으로 학습할 수 있어요.
비전공자 또는 다른 금융·무역 관련 자격증 취득 경험이 없는 학습자에게 추천해요.

1주	**1일** (5h*) ☐ 제1과목 제1장	**2일** (4h) ☐ 제1과목 제1장	**3일** (3h) ☐ 제1과목 제2장	**4일** (3h) ☐ 제1과목 제2장	**5일** (4h) ☐ 제1과목 제3장
2주	**6일** (3h) ☐ 제1과목 제3장	**7일** (3h) ☐ 제1과목 전체 내용 복습	**8일** (4h) ☐ 제2과목 제1장	**9일** (3h) ☐ 제2과목 제1장	**10일** (3h) ☐ 제2과목 제2장
3주	**11일** (4h) ☐ 제2과목 제3장	**12일** (4h) ☐ 제2과목 제4장	**13일** (4h) ☐ 제2과목 전체 내용 복습	**14일** (2h) ☐ 제3과목 제1장	**15일** (2h) ☐ 제3과목 제2장
4주	**16일** (4h) ☐ 제3과목 제3장	**17일** (5h) ☐ 제3과목 제4장	**18일** (4h) ☐ 제3과목 전체 내용 복습	**19일** (5h) ☐ 제1회 적중 실전모의고사 제2회 적중 실전모의고사	**20일** (5h) ☐ 제3회 적중 실전모의고사 최종 마무리 학습

* 괄호 안의 (숫자h)는 내용별 분량과 난이도에 따라 분석한 해당 날짜의 권장학습시간입니다.

금융·자격증 전문 교육기관 해커스금융
fn.Hackers.com

해커스 **외환전문역 Ⅱ종** 최종핵심정리문제집

제1과목
수출입실무

[총 35문항]

제1장 수출입실무 기초
제2장 수입실무
제3장 수출실무

금융·자격증 전문 교육기관 해커스금융
fn.Hackers.com

■ 출제경향 및 학습전략

수출입실무 기초는 제1과목 전체 35문제 중 총 13~15문제 정도 출제된다.

수출입실무 기초는 수출입거래의 기본적인 내용을 다루고 있다. 특히 신용장 관련 이론은 제1과목 수출입실무에서 전반적으로 나오는 신용장의 기초 개념을 다루기 때문에 유의 깊게 학습해야 한다. 그 밖에 대외무역법상 수출입의 정의, 수출입거래의 형태별 특징, 송금결제방식에 대한 문제가 자주 출제된다.

■ 빈출포인트

구 분	문제번호	빈출포인트	출제빈도
수출입거래 개요 (15%)	01	무역과 수출입거래의 정의	★★★
	02	수출의 절차	★★
국제매매계약 (10%)	03	국제매매계약의 성립 절차와 수출입계약 관련 문서	★
	04~05	무역계약의 주요 거래조건	★★
	06~09	무역거래조건과 Incoterms® 2020	★★★
수출입거래의 형태 및 대금결제방식 (30%)	10~11	수출입거래의 형태	★★★
	12~15	수출입 대금결제방식	★★★
무역관리제도 (10%)	16	무역관리의 체계와 관련 법규	★★★
	17	거래품목 등에 대한 관리	★★★
	18	거래유형(형태) 등에 대한 관리	★★
	19~20	결제방법 및 채권회수 등에 대한 관리	★★
	21	거래 상대방 등에 대한 관리	★★
신용장에 관한 일반이론 (35%)	22	신용장의 의의와 효용	★★
	23	신용장의 특성	★★★
	24~26	신용장의 기본요건	★★★
	27	신용장거래의 당사자	★★
	28	신용장 당사자 간의 법률관계	★★
	29~31	신용장의 종류	★★★

해커스 **외환전문역 II종** 최종핵심정리문제집

제1과목 **수출입실무**

제1장
수출입실무 기초

개념완성문제 제1장 | 수출입실무 기초

✓ 개념완성문제를 통해 외환전문역 Ⅱ종 시험에 나오는 개념을 이해할 수 있습니다.
✓ 다시 봐야 할 문제(틀린 문제, 풀지 못한 문제, 헷갈리는 문제 등)는 문제 번호 하단의 네모박스(□)에 체크하여 반복 학습할 수 있습니다.

무역과 수출입거래의 정의
출제빈도 ★★★

01 다음 중 대외무역법시행령에서 규정하고 있는 수출의 정의에 해당하지 않는 것은?

① 매매·교환·임대차·사용대차·증여 등을 원인으로 국내에서 외국으로 물품이 이동하는 것
② 유상 또는 무상으로 외국에서 외국으로 물품을 인도하는 것으로서 산업통상자원부장관이 정하여 고시하는 기준에 해당하는 것
③ 거주자가 비거주자에게 산업통상자원부장관이 정하여 고시하는 방법으로 특정의 용역을 제공하는 것
④ 보세판매장에서 외국인에게 국내에서 생산된 물품을 매도하는 것

수출의 절차
출제빈도 ★★

02 수출의 절차란 매매당사자 사이에 수출계약을 체결한 후 계약 내용대로 수출거래를 이행하는 일련의 과정을 말한다. 다음 설명을 수출의 절차대로 올바르게 나열한 것은?

> 가. 수출상은 수입상의 요청에 따라 개설된 신용장을 개설은행에서 수취한다.
> 나. 수출상은 환어음과 필요한 서류를 거래은행에 제시하여 매입을 의뢰한다.
> 다. 수출물품이 수출입공고 등에 의해 거래가 제한되는 경우, 승인기관으로부터 수출승인 등의 절차를 이행한다.
> 라. 수출상은 수출물품의 세관신고 등을 거쳐 수출신고필증을 교부받는다.

① 가 ⇨ 다 ⇨ 라 ⇨ 나
② 가 ⇨ 라 ⇨ 다 ⇨ 나
③ 다 ⇨ 가 ⇨ 나 ⇨ 라
④ 다 ⇨ 라 ⇨ 가 ⇨ 나

용어 알아두기
수출신고필증 세관이 물품의 수출을 증명한다는 내용의 서류로서, 수출상은 수출신고필증의 제시를 거쳐야 수출물품을 본선에 선적하거나 항공기에 적재할 수 있다.

정답 및 해설

01 ② 유상으로 외국에서 외국으로 물품을 인도하는 경우에만 수출에 해당하고, 무상으로 인도하는 경우에는 수출에 해당하지 않는다.
02 ① 수출의 절차는 '수출계약의 체결 ⇨ 신용장의 수취 ⇨ 수출승인 ⇨ 수출물품의 확보 ⇨ 운송·보험계약의 체결 ⇨ 수출통관 ⇨ 물품선적 및 운송서류의 수취 ⇨ 수출대금의 회수 ⇨ 사후관리' 순이다.

국제매매계약의 성립 절차와 수출입계약 관련 문서 　　　　　　　　　　　　　출제빈도 ★

03 국제매매계약에 있어서 상호 간의 권리·의무관계 및 계약조건을 명확히 하기 위하여 작성하는 계약서에 해당하지 <u>않는</u> 것은?

① Sales Contract
② Offer Sheet
③ Bill of Lading
④ Pro-forma Invoice

무역계약의 주요 거래조건 　　　　　　　　　　　　　출제빈도 ★★

04 무역계약의 거래조건 중 품질조건과 수량조건에 대한 설명으로 옳지 <u>않은</u> 것은?

① 수확이 예상되는 농수산물과 정확한 견본제공이 곤란한 목재의 경우에는 표준품으로 거래하여 품질을 결정한다.
② 운송과정에서 변질되기 쉬운 농산물이나 광산물은 양륙되는 시점의 품질을 기준으로 하여 계약서상에 약정된 품질과 일치하는지 여부를 판단한다.
③ 1,000kg을 표시할 때에는 반드시 'LT(Long Ton)'라는 단위를 사용해야 한다.
④ 철광석이나 석탄, 곡물 등과 같이 포장단위나 개수로 구분할 수 없는 화물을 'Bulk Cargo'라고 한다.

정답 및 해설

03　③　선하증권(Bill of Lading, B/L)이란 화주로부터 화물을 선적하였음을 확인하고, 그 화물을 목적지까지 운송하여 선하증권의 소지자에게 인도할 것을 약속하는 유가증권을 말한다.
04　③　1,000kg을 표시할 때에는 반드시 'MT(Metric Ton)'라는 단위를 사용해야 한다.

05 다음 중 해상운송의 무역거래에 대한 보험조건과 관련된 설명으로 옳지 <u>않은</u> 것은?

① FOB의 조건하에서 해상보험의 보험계약자와 피보험자는 수입상이다.

② 예정보험에 계약할 때 발행되는 보험서류를 Open Policy라 한다.

③ (구)협회적하약관 중 ICC(FPA)는 전손 및 단독해손만을 담보한다.

④ 추정전손의 경우, 피보험자가 보험청구를 하기 위해서는 보험회사에 보험목적물을 위부해야 한다.

06 Incoterms® 2020의 무역거래조건 중 해상운송조건으로서 물품에 대한 매도인의 모든 위험과 비용부담의 분기점이 해당 물품이 본선에 적재(On board the vessel)되는 시점인 조건은?

① FOB(Free On Board)

② FAS(Free Alongside Ship)

③ FCA(Free Carrier)

④ EXW(Ex Works)

정답 및 해설

05 ③ ICC(FPA)는 전손 및 공동해손만을 담보하되, 예외적으로 선박의 좌초와 침몰, 화재, 충돌로 인한 단독해손은 담보 범위에 포함한다.

06 ① FOB(Free On Board, 본선 인도조건)의 조건하에서 매도인이 부담하는 모든 위험과 비용부담의 분기점은 물품이 본선에 적재되는 시점이다.

무역거래조건과 Incoterms® 2020

07 Incoterms® 2020의 무역거래조건 중 주운송비지급 인도조건(Main Carriage Paid)의 항목에 대한 설명으로 옳지 <u>않은</u> 것은?

① CFR, CIF조건은 해상운송 또는 내수로 운송 시에만 사용할 수 있는 조건이다.

② CPT, CIP조건은 지정된 운송인에게 물품의 물리적 점유를 이전함으로써 인도의 의무를 완료하는 시점부터 모든 위험이 이전된다.

③ CFR, CPT조건하에서 운송비는 매도인이 부담하고 보험료는 매수인이 부담하는 데 반해 CIF, CIP조건은 운송비와 보험료 모두 매도인이 부담한다.

④ CIP조건으로 계약을 체결한 매도인의 입장에서 볼 때, 이는 FOB조건에서 운임과 보험료를 추가적으로 부담하는 거래조건이라고 할 수 있다.

무역거래조건과 Incoterms® 2020

08 Incoterms® 2020의 무역거래조건 중 도착지 인도조건의 항목과 관련된 설명으로 옳은 것은?

① DDP조건은 매수인의 위험 및 비용부담이 가장 무거운 거래조건이다.

② 선적된 물품의 양하(Unloading)책임에 있어서 DAP조건은 매도인이 부담하지만, DPU조건은 매수인이 부담한다.

③ DAP, DPU조건하에서 매도인은 지정된 터미널 또는 목적지까지의 운송비와 보험료를 부담해야 한다.

④ DAP조건은 DDP, DPU조건과 달리 수입통관의 의무가 매도인에게 있으며, 수입관세 및 부가가치세 등을 포함하여 목적지까지의 모든 위험과 비용을 매도인이 부담한다.

정답 및 해설

07 ④ 매도인의 입장에서 CIP조건은 FCA조건에 운임과 보험료를 추가적으로 부담하는 거래조건이다.

08 ③ ① DDP조건은 매도인의 위험 및 비용부담이 가장 무거운 거래조건이다.
② 양하의 책임은 DAP조건하에서 매수인이 부담하지만, DPU조건하에서는 매도인이 부담한다.
④ DDP조건은 DAP, DPU조건과 달리 수입통관의 의무가 매도인에게 있으며, 수입관세 및 부가가치세 등을 포함하여 목적지까지의 모든 위험과 비용을 매도인이 부담한다.

무역거래조건과 Incoterms® 2020
출제빈도 ★★★

09 다음 중 Incoterms® 2020 무역거래조건의 분류가 바르게 연결되지 <u>않은</u> 것은?

① 해상 및 내수로 운송에만 사용되는 조건 – FAS, FOB, CFR, CIF

② 매수인이 운송비를 부담하는 조건 – EXW, FCA, FAS, FOB

③ 매도인이 부보해야 하는 조건 – CIF, CIP, DAP, DPU, DDP

④ 매도인의 위험부담이 도착지에서 종료되는 조건 – CFR, CPT, DAP, DPU, DDP

> **용어 알아두기**
> **부 보** 선박이나 그 선박에 적재된 화물 등을 보험의 목적으로 하여 보험자(일반적으로 보험회사)와 보험계약을 맺는 것을 말한다.

수출입거래의 형태
출제빈도 ★★★

10 다음의 설명과 관련된 특정거래형태로 옳은 것은?

> 국내에서 통관되지 아니한 수출물품 등을 외국으로 인도하거나 제공하고, 그 대금은 국내에서 수령하는 방식의 거래를 말하며, 해외 산업현장에서 사용한 기자재 등을 국내로 반입하지 않고 해당 물품을 해외에서 곧바로 매각하거나 원양어로에 의한 수산물을 해외에서 매각할 때에 활용될 수 있다.

① 외국인도수출 ② 임대수출
③ 무환수출   ④ 위탁판매수출

정답 및 해설

09 ④ CFR, CPT조건은 매도인의 위험부담이 적출지(수출지)에서 종료되는 조건이다.
10 ① 외국인도수출과 관련된 설명이다.

수출입거래의 형태

출제빈도 ★★★

11 다음 중 중계무역에 대한 설명으로 옳지 않은 것은?

① 중계무역이란 수출할 것을 목적으로 물품 등을 수입하여 이를 국내의 보세구역 및 자유무역지역이 아닌 장소로 반입하지 않고 제3국에 수출하는 거래방식을 말한다.

② 중계무역거래에서 수출입 대금의 결제를 모두 신용장방식으로 하는 경우, 수출물품 조달 방법으로 Back-to-Back L/C에 의한 방식을 활용할 수 있다.

③ 중계무역거래 시 대외무역법상 수출실적 인정금액은 수출금액(FOB가격)에서 수입금액(CIF가격)을 차감한 금액으로 한다.

④ 중계무역거래에서는 원산지 표시를 변경할 수 있다.

> **용어 알아두기**
> Back-to-Back L/C 어느 한 국가에서 수입신용장을 개설하는 경우, 그 신용장이 수출국에서도 동일한 금액의 수입신용장을 개설하는 경우에만 유효하도록 제한하는 신용장이다.

수출입 대금결제방식

출제빈도 ★★★

12 다음의 설명과 관련된 대금결제방식으로 가장 적절한 것은?

> 수출상이 물품 선적 후 수출지 내에 소재하는 수입상의 지사나 대리인 등에게 선적서류를 제시하면, 수입상은 당해 서류와 상환으로 즉시 대금을 결제하는 방식으로, 수입상은 대금을 결제하기 전에 수출국 내에 소재하는 수입상의 대리인 등에게 선적 전 검사(PSI)를 실시하도록 요청할 수 있다.

① T/T in Advanced ② COD
③ CAD ④ OA

> **용어 알아두기**
> T/T in Advanced 송금은행이 지급은행에 전신환(Telegraphic Transfer, T/T)의 형식으로 발행하여 송금하는 방식을 말하며, 실무적으로 가장 많이 활용되는 송금방식이다.

정답 및 해설

11 ④ 중계무역거래에서는 절대로 원산지 표시를 변경해서는 안 된다.
12 ③ CAD(Cash Against Documents)에 대한 설명이다.

수출입 대금결제방식　　　　　　　　　　　　　　　　　　　　출제빈도 ★★★

13 NET거래에 대한 설명으로 옳지 <u>않은</u> 것은?

① 선적시점에 수출입상 간의 채권·채무관계가 형성된다.
② 수입상이 당해 물품을 인수한 날을 기준으로 결제기일을 산정하는 형태의 거래이다.
③ 은행이 외상수출채권을 매입(OA Nego)하고자 하는 경우에는 사전에 반드시 수입상의 물품수령 사실을 증빙할 수 있는 서류를 징구해야 한다.
④ 사후송금방식의 일종으로 NET 30days, 60days NET 등과 같은 조건이 사용된다.

수출입 대금결제방식　　　　　　　　　　　　　　　　　　　　출제빈도 ★★★

14 다음 중 국제팩터링에 대한 설명으로 적절한 것은?

① 국제팩터링이란 국제팩터링기구에 가입한 회원(팩터)의 신용을 바탕으로 이루어지는 신용장방식의 거래이다.
② 팩터링거래에서는 일체의 수수료를 수입상이 부담한다.
③ 수출상은 일반적으로 외상채권을 양도할 때에 별도의 담보를 제공하지 않는다.
④ 수출팩터는 소구권을 행사하는 조건으로 수출팩터링채권을 매입한다.

> **용어 알아두기**
> **소구권** 어음 또는 수표의 지급이 거절되었을 경우, 그 어음 등의 소지자가 배서인 또는 발행인 등에게 어음대금의 지급을 요구할 수 있는 권리이다.

정답 및 해설

13　①　선적시점에 수출입상 간의 채권·채무관계가 형성되는 것이 아니라 수출·수입상 간의 물품인수도 시점에서 수출채권이 확정된다.
14　③　① 국제팩터링은 무신용장방식의 거래이다.
　　　　② 수출상은 팩터링거래에서 발생하는 수출팩터링수수료뿐 아니라 수입팩터링수수료도 함께 부담한다.
　　　　④ 수출팩터는 소구권을 행사하지 않는 조건으로 수출팩터링채권을 매입한다.

수출입 대금결제방식

출제빈도 ★★★

15 포페이팅거래의 특징에 대한 설명으로 옳지 <u>않은</u> 것은?

① 포페이팅거래 시 수출상에게는 별도의 보증이나 담보제공을 요구하지 않는다.
② 포페이팅거래는 주로 환어음과 약속어음 등의 어음채권을 할인대상으로 한다.
③ 포페이터는 소구권을 행사하지 않는 조건으로 채권을 매입한다.
④ 포페이팅거래의 할인대상은 통상 1~10년의 중장기 어음이며, 변동금리부로 할인이 이루어진다.

무역관리의 체계와 관련 법규

출제빈도 ★★★

16 우리나라 무역관리 체계와 법규에 대한 설명으로 옳지 <u>않은</u> 것은?

① 무역은 국민의 권리를 제한하거나 의무를 부과하는 직접통제와 금융정책·조세정책·보조금정책 등의 간접통제로 구분된다.
② 우리나라의 무역은 '대외무역법'에 의해 총괄적으로 관리되고 있으며, 대금결제와 관련하여 그 지급 및 수령 행위 등은 '외국환거래법'의 적용을 받는다.
③ 무역거래 관리대상은 거래품목, 거래유형, 결제방법, 거래 상대방 등으로 구분되며, 대북한교역은 별도로 무역거래 관리대상에 포함하지 않는다.
④ 우리나라의 무역관리는 주무관청이 독점적으로 관리하는 것이 아니라 협조기관에 권한을 위임하거나 분산시키는 위탁관리의 방식을 택하고 있다.

정답 및 해설

15　④　포페이팅거래의 할인대상은 통상 1~10년의 중장기 어음이며, 고정금리부로 할인이 이루어진다.
16　③　남북관계의 특수성으로 인하여 대북한교역에 대해서도 별도의 관리가 이루어지고 있다.

거래품목 등에 대한 관리

출제빈도 ★★★

17 다음 중 거래품목 등에 대한 관리의 설명으로 옳은 것은?

① 수출입을 금지하거나 제한하는 품목 등의 사항에 대하여 수출입공고, 통합공고, 전략물자수출입고시 등을 통해 기획재정부장관이 고시하고 있다.

② 우리나라는 현재 거래품목에 의한 무역관리를 Negative List System의 방식으로 채택하여 적용하고 있다.

③ 고래고기와 자연석을 수출입 하고자 하는 경우, 해당 수출입승인기관으로부터 수출승인 또는 수입승인을 받은 후에 거래해야 한다.

④ 수출입공고상에 게시되지 아니한 품목에 대해서는 수출입거래를 할 수 없다.

> **용어 알아두기**
> Negative List System 수출입이 금지·제한되는 품목만을 열거하여 공고하고, 이 공고에 포함되지 않는 품목은 수출입을 허용하는 방식을 말한다.

거래유형(형태) 등에 대한 관리

출제빈도 ★★

18 다음 중 외국환은행의 장에게 1개월 이내에 보고하거나 사전에 한국은행총재에게 신고 후 거래해야 하는 임대차거래에 해당하지 <u>않는</u> 것은?

① 거주자가 비거주자로부터 부동산 이외의 물품을 무상으로 임차하는 경우

② 계약 건당 미화 3천만불을 초과하는 물품의 임대차

③ 소유권의 전부 이전을 조건부로 선박이나 항공기의 임대차계약을 체결하는 경우로서 계약 건당 금액이 미화 3천만불을 초과하는 경우

④ 거주자와 비거주자 간에 부동산 이외의 물품 임대차계약을 체결하는 경우로서 계약 건당 금액이 미화 3천만불 이하인 경우

정답 및 해설

17 ② ① 수출입공고, 통합공고, 전략물자수출입고시 등은 산업통상자원부장관이 고시하고 있다.
　　　③ 고래고기와 자연석은 수출입이 금지되는 품목에 해당하므로 승인 여부와 관계없이 수출입을 할 수 없다.
　　　④ 수출입공고상에 게시되지 아니한 품목은 별도의 제한 없이 자유롭게 수출입거래를 할 수 있다.

18 ① ②③ 한국은행에 신고해야 하는 거래이다.
　　　④ 외국환은행에 신고해야 하는 거래이다.

결제방법 및 채권회수 등에 대한 관리 　　　　　　　　　　　　　출제빈도 ★★

19 외국환거래규정에 의하여 외국환은행을 통하지 않는 지급 등은 한국은행총재에게 신고 후 거래하여야 하지만 일정한 경우에는 그 신고대상에서 제외된다. 다음 중 신고대상에서 제외되는 경우가 아닌 것은?

① 거주자가 건당 미화 2만불의 경상거래대금을 대외지급수단으로 직접 지급하는 경우
② 해외 인터넷 쇼핑몰상에서 물품을 주문하고 그 대금을 국내에서 신용카드로 결제하는 경우
③ 거주자가 해외여행경비를 외국에서 본인 명의의 신용카드 등으로 지급하는 경우
④ 예금거래신고절차를 거쳐 개설한 해외예금에서 수입대금을 인출하여 외국에서 직접 지급하는 경우

결제방법 및 채권회수 등에 대한 관리 　　　　　　　　　　　　　출제빈도 ★★

20 외국환거래법에서는 '대외채권회수의무'를 외환위기 등의 비상시에 발동할 수 있는 세이프가드(Safeguard) 성격의 조치로 전환하였다. 다음 중 외국환거래 관련 세이프가드에 대한 설명으로 옳지 않은 것은?

① 비상조치의 실효성을 확보하기 위하여 해외금융계좌정보를 활용할 수 있다.
② 벌칙조항이 상향 조정되어 조치 위반 시 5년 이하의 징역 또는 5억원 이하의 벌금형에 처할 수 있다.
③ 대외채권을 해외에 보관 또는 예치할 경우 절차적 제한을 준수해야 한다.
④ 외화를 도피하기 위한 고의적인 목적으로 대외채권을 국내로 회수하지 않을 경우, 외국환거래법에 한해 처벌을 받게 된다.

정답 및 해설

19 ① 거주자가 건당 미화 1만불 상당액 초과의 경상거래대금을 대외지급수단으로 직접 지급하는 경우에는 한국은행총재에게 신고 후 거래해야 한다.
20 ④ 외화를 도피하기 위한 고의적인 목적으로 대외채권을 국내로 회수하지 않을 경우, 외국환거래법 이외에도 '국내재산 도피방지법' 및 '특정경제범죄 가중처벌 등에 관한 법률'에 의해 처벌받을 수 있다.

거래 상대방 등에 대한 관리 출제빈도 ★★

21 원산지증명서(C/O : Certificate of Origin)를 제출하여야 하는 경우로 <u>틀린</u> 것은?

① 통합공고에 의하여 특정 지역으로부터 수입이 제한되는 물품

② 보세운송, 환적 등에 의하여 우리나라를 경유하는 통과화물

③ 원산지 허위표시, 오인·혼동표시 등을 확인하기 위하여 세관장이 필요하다고 인정하는 물품

④ 법·조약·협정 등에 의하여 다른 국가의 물품에 적용되는 세율보다 낮은 세율을 적용받고자 하는 경우

신용장의 의의와 효용 출제빈도 ★★

22 수출상의 입장에서 신용장이 가지는 효용으로 옳지 <u>않은</u> 것은?

① 수출환어음의 지급 또는 인수가 거절되는 경우에는 최초의 어음발행인에게 소구권을 행사하여 대금을 회수할 수 있다.

② 거래 상대방의 신용도와 관계없이 대금회수의 안정성을 확보할 수 있다.

③ 무역금융을 통하여 선적 전에 자금조달을 용이하게 할 수 있다.

④ 취소불능신용장은 일방의 취소나 변경이 불가능하므로 거래의 불확실성을 줄일 수 있다.

> **용어 알아두기**
> **취소불능신용장** 신용장 조건에 일치하는 서류가 제시되면 대금을 지급하겠다는 개설은행의 확약으로서 신용장이 개설된 후에는 개설은행과 수익자, 확인은행(확인은행이 있을 경우)의 전원 합의가 없이는 조건을 변경하거나 취소할 수 없는 신용장을 말한다.

정답 및 해설

21 ② 보세운송, 환적 등에 의하여 우리나라를 경유하는 통과화물은 원산지증명서의 제출의무가 면제된다.
22 ① 매입은행의 입장에서 신용장이 가지는 효용에 대한 설명이다.

신용장의 특성

23 다음 신용장통일규칙의 내용과 관련된 신용장의 특성으로 옳은 것은?

출제빈도 ★★★

> 은행은 서류로 거래하는 것이며 그 서류가 관계된 물품, 용역 또는 의무이행으로 거래하는 것은 아니기 때문에, 확인은행 또는 개설은행은 서류에 대하여 문면상 일치하는 제시가 있는지를 단지 서류만에 의해서 심사하여야 한다.

① 독립성
② 추상성
③ 상당일치의 원칙
④ 사기거래배제의 원칙

신용장의 기본요건

24 UCP600에서 규정하고 있는 신용장에 대한 설명으로 옳지 <u>않은</u> 것은?

출제빈도 ★★★

① SWIFT에 의하여 신용장을 개설하는 경우라도 반드시 그 본문에 UCP 준거 문언을 명시하여야 한다.
② 취소가능신용장이란 당사자의 합의 없이 수익자에 의하여 일방적으로 취소될 수 있는 신용장을 말한다.
③ UCP600의 적용을 받는 신용장하에서는, 신용장상에 취소불능이라는 표시가 없더라도 당연히 취소불능신용장이 된다.
④ 신용장의 이용방법에는 일람지급(Sight Payment), 연지급(Deferred Payment), 인수(Acceptance), 매입(Negotiation) 등이 있다.

정답 및 해설

23 ② 신용장의 모든 당사자는 계약물품과는 상관없이 계약물품을 상징하는 서류에 의하여 거래한다는 추상성의 원칙과 관련된 신용장통일규칙(UCP600)의 내용이다.
24 ② 취소가능신용장(Revocable Credit)이란 당사자의 합의 없이 개설은행에 의하여 일방적으로 취소될 수 있는 신용장을 말한다.

신용장의 기본요건
출제빈도 ★★★

25 다음 중 비서류적 조건(Non-documentary Conditions)에 대한 설명으로 옳지 <u>않은</u> 것은?

① 비서류적 조건이란 신용장의 조건과 일치함을 나타내는 서류를 명시하지 않고 신용장상에 어떠한 조건을 포함시켜 이를 준수하도록 요구하고 있는 것을 말한다.
② 신용장상에서 원산지증명서를 요구하지 않았지만 상품의 원산지가 대한민국일 것을 요구한 비서류적 조건이라 하더라도 다른 서류에 기재된 원산지가 대한민국이 아닌 다른 국명인 경우, 신용장 조건과 서로 충돌하게 되므로 하자가 된다.
③ 신용장의 유효기일, 선적기일, 서류제시기일 등과 같이 기한을 통제하는 사항은 비서류적 조건에 해당한다.
④ 비서류적 조건이 신용장에 포함된 경우, 은행은 해당 조건이 기재되지 않은 것으로 간주하고 무시할 수 있다.

신용장의 기본요건
출제빈도 ★★★

26 신용장에서 다음과 같은 조건이 제시된 경우에 서류제시기일은 언제까지인가?

- Issuance date of the credit : Oct. 14, 202X
- Date of shipment : Nov. 1, 202X
- Expiry Date : Nov. 15, 202X
- Documents must be presented within 10 days after the date of shipment.

① November 1, 202X ② November 11, 202X
③ November 15, 202X ④ November 22, 202X

정답 및 해설

25 ③ 신용장의 유효기일, 선적기일, 서류제시기일 등은 이를 증명하는 별도의 서류를 제시하지 않아도 그 효력을 판별할 수 있는 사항이며, 기한을 통제하는 위와 같은 사항들은 조건(Conditions)이 아닌 용어(Terms)에 해당하기 때문에 비서류적 조건에 해당하지 않는다.

26 ② 신용장에 서류제시기간(Period for presentation)이 10일로 명시되어 있으므로 선적일(Date of shipment)로부터 10일이 경과한 202X년 11월 11일까지 서류가 제시되어야 한다.

신용장거래의 당사자 출제빈도 ★★

27 다음 중 신용장거래의 기본 당사자로서 직접적인 권리와 의무를 부담하게 되는 자에 해당하지 <u>않는</u> 자는?

① Issuing Bank
② Confirming Bank
③ Advising Bank
④ Beneficiary

> **용어 알아두기**
> **확 인** 개설은행이 지급·연지급·인수·매입을 확약한 취소불능신용장에 대하여 확인은행(일반적으로 통지은행)이 개설은행의 수권이나 요청에 따라 추가로 수익자에게 지급·연지급·인수 또는 소구권을 행사하지 않는 조건으로 매입할 것임을 확약하는 것이다.

신용장 당사자 간의 법률관계 출제빈도 ★★

28 신용장거래 시 개설은행과 개설의뢰인의 의무에 대한 설명으로 틀린 것은?

① 개설은행은 신용장대금을 지급할 때 제시된 서류가 문면상으로 신용장의 조건과 일치하는지의 여부에 대하여 상당한 주의를 가지고 심사해야 한다.

② 제시된 서류가 문면상 신용장의 조건에 일치하는지 여부에 대한 판단은 신용장통일규칙에 반영된 국제표준은행관행(ISBP821)에 의하여 정한다.

③ 신용장 조건에 불일치한 서류가 제시된 경우, 개설은행은 서류접수일의 다음 날부터 5영업일 이내에 수리 또는 거절 여부를 결정하여 제시인에게 통보해야 한다.

④ 개설은행이 신용장의 조건에 따라 대금을 지급한 경우, 개설의뢰인은 이를 보상해 주어야 하지만, 신용장대금의 상환수수료는 개설은행에 보상할 필요가 없다.

정답 및 해설

27 ③ 통지은행(Advising Bank)은 신용장거래에 간접적으로 참여하거나 협조하는 기타 당사자에 해당된다.
28 ④ 개설은행이 부담한 상환수수료에 대해서도 개설의뢰인은 개설은행에 보상해 주어야 한다.

신용장의 종류

29 다음 각각의 신용장에 대한 설명으로 잘못 짝지어진 것은?

① 상업신용장 : 물품의 이동을 수반하는 무역거래의 결제수단으로 사용되는 신용장

② 스탠바이신용장 : 여행·운수·보험·건설 등과 관련한 무역외거래의 결제 또는 각종 채무의 보증수단으로 사용되는 신용장

③ 취소가능신용장 : 개설은행이 개설의뢰인의 동의를 받지 아니하고 일방적으로 취소하거나 그 조건을 변경할 수 있는 신용장

④ 취소불능신용장 : 신용장이 개설된 후에는 개설은행, 확인은행, 수익자 모두의 합의 없이는 취소나 변경을 할 수 없는 신용장

신용장의 종류

30 다음은 신용장의 정의에 대한 설명이다. 각각에 해당되는 신용장을 올바르게 나열한 것은?

가. 신용장 금액의 전부 또는 일부에 대하여 상품의 선적 전에 미리 환어음을 발행할 수 있도록 허용함으로써 수익자가 그 대금을 선지급받을 수 있도록 약정하고 있는 신용장

나. 일치하는 제시(Complying Presentation)에 대하여 제시한 환어음 및/또는 서류와 상환으로 즉시 대금을 지급받을 수 있도록 약정된 신용장

	가	나
①	회전신용장	기한부신용장
②	선대신용장	일람출급신용장
③	양도가능신용장	인수신용장
④	클린신용장	기한부매입신용장

정답 및 해설

29 ③ 취소가능신용장은 개설은행이 수익자의 동의를 받지 아니하고 취소나 그 조건을 변경할 수 있는 신용장이다.

30 ② 가. 선대신용장의 정의에 대한 설명이다.
　　　나. 일람출급신용장의 정의에 대한 설명이다.

신용장의 종류

31 다음과 같은 특징을 갖는 신용장으로 적절한 것은?

출제빈도 ★★★

- 수출지의 은행이 예치환거래은행일 때 사용된다.
- 어음부신용장이며, 기한부신용장으로만 사용된다.
- 이 신용장에서는 지정된 특정 은행만이 해당 업무를 취급할 수 있다.
- 신용장의 취급 사실에 대한 배서를 요구하지 않는다.

① 지급신용장
② 연지급신용장
③ 인수신용장
④ 매입신용장

정답 및 해설

31 ③ 인수신용장의 특징에 대한 내용이다.

출제예상문제 제1장 | 수출입실무 기초

✔ 출제예상문제를 통해 다양한 외환전문역 Ⅱ종 문제를 풀어볼 수 있습니다.
✔ 다시 봐야 할 문제(틀린 문제, 풀지 못한 문제, 헷갈리는 문제 등)는 문제 번호 하단의 네모박스(□)에 체크하여 반복 학습할 수 있습니다.

출제빈도 ★★★

01 다음 중 대외무역법상 수출입으로 볼 수 있는 거래에 해당하는 것은?

① 국내의 A사가 독일의 B사와 매매계약을 체결함에 따라 C사(B사의 100% 출자법인)의 국내공장에 물품을 인도한 거래
② 국내회사가 비거주자인 미국의 기업회계전문 컨설팅 전문가로부터 회계자문서비스를 제공받은 경우
③ 베트남에서 생산한 물품을 국내기업의 인도네시아 현지법인에서 무상으로 인수하는 거래
④ 북한의 개성공단에서 생산한 아웃도어 의류를 거주자인 정재형씨가 수입하는 거래

출제빈도 ★★★

02 다음 중 대외무역법상 수출입으로 볼 수 있는 거래가 <u>아닌</u> 것은?

① ㈜JJ수산이 태평양연안에서 포획한 참다랑어를 일본에 판매하는 것
② 한국의 소프트웨어 업체가 개발한 ERP 프로그램을 USB에 저장한 상태로 일본에 반출한 후 인도하는 것
③ 매매·교환·증여 등을 원인으로 국내에서 외국으로 물품이 이동하는 것
④ 우리나라 보세구역 내의 보세공장으로부터 외국물품을 국내로 반입하는 것

출제빈도 ★★ **최신출제유형**

03 대외무역법상 다음의 거래에 대한 설명으로 옳은 것은?

> 해외의 A기업이 우리나라의 B기업으로부터 제품을 수입하고, 당해 제품을 우리나라의 C기업에 수출하는 계약을 체결했다. 제품은 우리나라 B기업이 C기업으로 직접 인도하고, B기업의 납품대금은 해외의 A기업으로부터 수령하며, C기업의 물품 구매대금은 C기업이 A기업에게 지급한다.

① B기업은 수출실적으로 인정받을 수 있다.
② C기업은 수입실적으로 인정받을 수 있다.
③ 증빙자료로 물품거래대금의 지급과 수령이 확인 가능한 경우 수출입실적으로 인정받을 수 있다.
④ B기업과 C기업은 모두 수출이나 수입실적으로 인정받을 수 없다.

출제빈도 ★★

04 다음 중 수출의 절차와 관련된 설명으로 옳지 않은 것은?

① 수출물품이 수출입공고 및 통합공고, 전략물자수출입고시 등에 의하여 금지되는 품목에 해당되는 경우에는 거래할 수 없다.

② 국제 무역거래의 대금결제방식에는 송금방식, 추심결제방식, 신용장방식 등이 있는데, 대부분 대금회수의 위험 제거를 위해 신용장방식을 이용하고 있다.

③ 무역거래조건이 CIF, CIP 등과 같이 수출상이 보험에 부보하여야 하는 경우에는 적절한 보험회사를 선택하여 수출물품의 선적일 이전까지 선박보험에 부보하여야 한다.

④ 수출통관이란 수출하고자 하는 물품을 세관에 신고하고 심사 및 검사를 거쳐 수출신고필증을 교부받아 해당 물품을 선박에 적재하기까지의 일련의 절차를 말한다.

정답 및 해설

01 ② ① 국가 간 물품의 이동이 없고 국내에서 이루어지는 거래이므로, 대외무역법상 수출입에 해당하지 않는다.
③ 무상으로 외국에서 외국으로 물품을 증여하는 것은 대외무역법상 수출입에 해당하지 않는다.
④ 북한과의 교역에 대해서는 수출입으로 보지 않고, 반출 또는 반입으로 본다.

02 ④ 우리나라 보세구역 내의 보세공장으로부터 외국물품을 국내로 반입하는 것은 국가 간 물품이동으로 볼 수 없으므로 대외무역법상 수출입에 해당하지 않는다.

03 ④ 대외무역법상의 수출거래 또는 수입거래로 인정받을 수 없는 무역외거래에 해당하며, 무역거래가 아니므로 수출입실적의 인정이 불가하다.

04 ③ 무역거래조건이 CIF, CIP 등과 같이 수출상이 보험에 부보하여야 하는 경우에는 적절한 보험회사를 선택하여 수출물품의 선적일 이전까지 적하보험에 부보하여야 한다.

05 다음 중 국제매매계약의 성립 절차에 대한 설명으로 옳지 않은 것은?

① 거래 상대방의 신용상태를 확인하는 것은 대금미결제, Market Claim, Flaud 등의 위험으로부터 자신을 보호할 수 있다는 측면에서 중요한 의미를 가진다.
② 계약은 거래당사자 중 일방의 청약에 대하여 그 상대방이 승낙의 의사표시를 함으로써 성립되며, 이 과정에서 문서로 작성하지 않고 구두로 하더라도 성립된다.
③ 물품구매주문서(Purchase Order)는 매수인의 Buying Offer에 대하여 매도인이 서명에 의해 Acknowledgement의 의사를 표시함으로써 약식의 계약서로 활용되기도 한다.
④ 물품매도확약서(Offer Sheet)란 매도인이 매수인의 주문을 받고 물품을 보내주기 전에 주문품의 최종 가격·수량·거래조건 등에 대한 매수인의 확인을 받기 위해 보내주는 서류를 말한다.

06 다음 중 국제매매계약의 성격으로 옳지 않은 것은?

① 요식계약
② 합의계약(낙성계약)
③ 쌍무계약
④ 유상계약

07 다음 무역계약의 수량단위 중 표시방법이 잘못 짝지어진 것은?

① Gross : 12Dozen
② Metric Ton : 1,016kg
③ TEU : 길이가 20feet인 컨테이너
④ Bulk Cargo : 철광석, 석탄, 곡물 등과 같이 포장하지 않은 대량의 화물

출제빈도 ★★ 최신출제유형

08 다음 중 품질결정방법과 시기에 대한 설명으로 옳지 <u>않은</u> 것은?

① 검사매매 : 물품의 검사를 조건으로 하는 매매방법으로, 일반적으로 수입상은 검사증명서를 요구하거나 상업송장 등에 검사자의 부서를 요구한다.

② 견본매매 : 주문생산인 경우 일반적으로 수출상이 상품을 계약 당시에 소지하고 있으므로, 수입상은 그 품질의 확인이 가능하다. 수입상은 상품의 선적 이전에 견본을 자신에게 송부하도록 하여 승낙을 받도록 요구한다.

③ 선적품질조건 : 상품의 품질이 약정품질과 일치하느냐의 여부를 상품 선적 시의 품질에 의하여 결정하는 방법이다.

④ 명세서매매 : 상품의 규격, 구조, 성능 등을 미리 상대방에게 전달하고, 목적상품이 이러한 명세서에 일치하는 것을 조건으로 하는 거래이다.

출제빈도 ★★

09 광물이나 곡물 등의 살화물(Bulk Cargo)의 경우 운송 도중에 감량이 생길 우려가 있기 때문에 신용장거래에서는 신용장통일규칙의 과부족 용인조항에 따라 5% 범위 내의 과부족을 허용하고 있다. 다음 중 신용장통일규칙에서 정하고 있는 5% 범위 내의 과부족 용인조항을 적용할 수 있는 조건으로 옳지 <u>않은</u> 것은?

① 신용장상에 수량의 과부족을 금지하는 조건이 없을 것
② 신용장상의 상품수량이 포장단위나 개개품목의 개수로 명시되지 않을 것
③ 어음의 발행금액이 신용장 금액을 초과하지 않을 것
④ 금액, 수량, 단가 앞에 'about', 'approximately'의 용어가 사용될 것

정답 및 해설

05 ④ 물품매도확약서(Offer Sheet)란 매도인 또는 그의 대리인이 특정 물품의 가격·품질·결제조건 등으로 매수인에게 매도하겠다는 의사표시를 작성한 문서를 말한다.

06 ① 국제매매계약은 불요식계약으로서, 특별한 형식 없이 구두나 서명에 의하여 의사의 합치만 확인되면 성립되는 계약이다.

07 ② Metric Ton(MT)은 1,000kg을 나타낼 때 사용하는 단위이다.

08 ② 주문생산인 경우 일반적으로 수출상이 상품을 계약 당시에 소지하고 있지 않으므로, 수입상은 그 품질의 확인이 불가능하다. 수입상은 상품의 선적 이전에 견본을 자신에게 송부하도록 하여 승낙을 받도록 요구한다.

참고 표준품매매와 상표매매

- 표준품매매는 국제시장에서 거래되어 일반적으로 인정받고 있는 품질, 즉 표준품에 의해 목적상품의 품질을 결정하는 계약이 성립되는 것
- 상표매매는 상품의 상표 또는 브랜드가 국제적으로 널리 알려져 있는 경우에 견본 등을 사용할 필요 없이 단지 상품의 상표에 의하여 품질조건이 결정되는 것

09 ④ 신용장거래에서 금액, 수량, 단가 앞에 'about' 또는 'approximately'라는 용어가 사용된 경우에는 해당 금액, 수량, 단가의 10% 범위 내에서 과부족을 허용하는 것으로 해석한다.

출제빈도 ★★ | 최신출제유형

10 다음 중 Incoterms® 2020의 무역거래조건에 대한 내용으로 옳지 <u>않은</u> 것은?

① EXW : 매도인이 약정된 물품을 자기의 영업장 구내 또는 적출지의 지정된 장소에서 약정기한 내에 매수인이 임의로 처분할 수 있는 상태로 적치함으로써 그 의무를 완수하는 조건

② DDP : 매도인이 본인의 책임하에 목적지까지 물품을 운반하여 수입통관절차를 거친 후, 약정 기한 내에 도착지의 지정된 장소에서 운송수단에 실어둔 채 양하 준비된 상태로 매수인이 임의 처분할 수 있는 상태에 둠으로써 그 의무를 완수하는 조건

③ FCA : 매도인이 물품의 수출통관절차를 마친 후, 적출지의 지정된 장소에서 약정 기한 내에 매수인이 지정한 운송인에게 물품을 인도함으로써 그 의무를 완수하는 조건

④ FAS : 매도인이 물품의 수출통관절차를 마친 후, 지정된 선적항에서 약정 기한 내에 매수인이 지명한 선박의 본선상에 물품을 인도함으로써 그 의무를 완수하는 조건

출제빈도 ★★

11 무역계약조건 중 보험조건에 대한 설명으로 옳은 것은?

① CIF와 CIP의 무역거래조건하에서는 수입상이 부보해야 한다.

② 모든 보험요건이 확정된 상태에서 부보가 이루어지는 것을 확정보험이라 하며, 이때 발행되는 보험서류를 보험증권(Insurance Policy)이라 한다.

③ 운송 중 사고로 인하여 보험목적물인 화물이 손상됨에 따르는 손해를 담보하기 위해서는 선박보험에 가입해야 한다.

④ 현실전손의 경우에는 피보험자가 보험목적물을 보험회사에 위부(Abandonment)하는 것이 보험청구의 전제가 된다.

출제빈도 ★★★

12 무역거래조건 중 FOB(Free On Board)에 대한 설명으로 옳지 <u>않은</u> 것은?

① 물품에 대한 위험과 비용부담의 분기점은 해당 물품이 본선에 적재되는 시점이 된다.

② 해상운송 또는 내수로 운송 시에만 사용할 수 있는 무역거래조건이다.

③ 운송비와 보험료는 매도인(Seller)이 부담한다.

④ 연속매매의 경우, 매도인은 이미 본선에 적재된 채로 인도된 물품을 조달함으로써 매수인에 대한 인도의무 이행을 완료할 수 있다.

출제빈도 ★★★

13 Incoterms® 2020의 무역거래조건에 대한 설명으로 옳지 않은 것은?

① FCA, FAS, FOB조건하에서는 운송서류에 "Freight Collect"라고 표기되어야 한다.
② Group C의 무역거래조건은 물품에 대한 위험과 비용부담이 각각 다른 시점에서 매수인에게 이전된다.
③ 수출통관의무와 수입통관의무를 부담하는 자가 동일한 무역거래조건은 EXW와 DDP이다.
④ CIP조건은 지정된 목적항까지 물품을 운반하는 데 필요한 운송비와 보험료는 매도인이 부담하되, 물품이 선적항에서 본선상에 적재되는 시점부터 물품에 대한 모든 위험과 추가적인 비용부담이 매수인에게 이전되는 거래조건이다.

출제빈도 ★★

14 지정된 목적항까지 물품을 운반하는 데 필요한 운송비는 매도인이 부담하되, 물품이 선적항에서 본선에 적재되는 시점부터 매수인에게 위험부담이 이전되는 거래조건으로 옳은 것은?

① CFR ② CIF
③ CPT ④ CIP

정답 및 해설

10 ④ FOB거래조건에 대한 설명이다. FAS는 매도인이 물품의 수출통관절차를 마친 후, 지정된 선적항에서 약정 기한 내에 매수인이 지명한 선박의 선측에 물품을 인도함으로써 그 의무를 완수하는 거래조건이다.
11 ② ① CIF, CIP의 무역거래조건하에서는 수출상이 부보해야 한다.
　　 ③ 보험목적물인 화물의 손상으로 인한 손해를 담보하기 위해서는 적하보험에 가입해야 한다.
　　 ④ 추정전손의 경우에 피보험자가 보험목적물을 보험회사에 위부하는 것이 보험청구의 전제가 된다.
12 ③ FOB조건하에서는 운송비와 보험료를 매수인이 부담한다.
13 ④ CIF(Cost Insurance and Freight)조건에 대한 설명이다.
14 ① CFR(Cost and Freight)조건에 대한 설명이다.

15 Incoterms® 2020의 무역거래조건 중 DAP와 DDP를 비교한 설명으로 옳지 <u>않은</u> 것은?

① DAP와 DDP는 물품에 대한 위험과 비용부담의 분기점이 서로 동일하다.
② DAP의 경우에는 매도인이 양하비용을 부담하지만, DDP의 경우에는 매수인이 양하비용을 부담한다.
③ DAP는 수입통관의 책임이 매수인에게 있는 반면에, DDP는 수입통관의 책임이 매도인에게 있다.
④ DAP와 DDP는 운송방식에 관계없이 사용할 수 있는 거래조건이다.

16 Incoterms® 2020의 무역거래조건에 대한 설명으로 옳은 것은?

① 매수인이 지정한 운송인에게 물품을 인도한 때에 위험이 이전되는 무역거래조건은 FCA, CFR, CIF이다.
② CFR은 운송방식에 관계없이 사용할 수 있는 조건이지만, CIF는 해상 및 내수로 운송에만 사용되는 조건이다.
③ FOB조건하에서 매수인은 적재비용과 양하비용을 모두 부담해야 한다.
④ 11가지의 무역거래조건 중 CIF와 CIP의 경우에는 보험계약자가 매도인이고 피보험이익의 귀속자는 매수인이다.

17 Incoterms® 2020하에서 적재비용과 양하비용을 모두 매도인이 부담하는 거래조건으로 옳은 것은?

① FAS ② DDP
③ DPU ④ CFR

18 다음은 무역계약당사자 간 약정한 무역거래조건의 내용이다. 이를 근거로 하여 계약서에 기재할 무역거래조건의 표시로 옳은 것은?

> - 수출상 A사는 영국 런던으로 휴대폰 100개를 항공편으로 수출하려고 한다.
> - 지정된 인도장소는 Incheon Airport이며, 지정된 목적지는 Heathrow Airport이다.
> - 지정된 목적지에 물품이 도착한 시점까지의 운송비와 보험료는 수출상인 A사가 부담하기로 약정하였다.

① FCA Incheon Airport, KOREA Incoterms® 2020
② CIF Heathrow Airport, ENGLAND Incoterms® 2020
③ CIP Heathrow Airport, ENGLAND Incoterms® 2020
④ CPT Incheon Airport, KOREA Incoterms® 2020

정답 및 해설

15 ② DAP와 DDP는 모두 매수인이 양하비용을 부담한다.
16 ④ ① 매수인이 지정한 운송인에게 물품을 인도한 때에 위험이 이전되는 무역거래조건은 FCA, CPT, CIP이다.
       ② CFR과 CIF는 모두 해상 및 내수로 운송에만 사용되는 조건이다.
       ③ FOB조건하에서 매수인은 양하비용을 부담하고, 매도인은 적재비용을 부담한다.
17 ③ DPU조건에서는 적재비용과 양하비용을 모두 매도인이 부담하여야 한다.
18 ③ 아래의 근거에 따라 'CIP+Heathrow Airport'로 표시하는 것이 적절하다.

> - 항공기에 의한 운송조건 : EXW, FCA, CPT, CIP, DAP, DPU, DDP
> - 비용의 분기점이 '지정된 목적지에 물품이 도착한 때'인 조건 : CFR, CIF, CPT, CIP
> - 수출상(매도인)이 운송비와 보험료를 모두 부담하는 조건 : CIF, CIP, DAP, DPU, DDP
> - CIP의 표시방법 : CIP+지정된 목적지

출제빈도 ★★★

19 다음은 무역계약당사자 간 약정한 무역거래조건의 내용이다. 이를 근거로 하여 계약서에 기재할 무역거래조건의 표시로 옳은 것은?

- 수출상 J사는 일본 고베로 시계 200개를 선박으로 수출하려고 한다.
- 지정된 인도장소는 Busan Port이며, 지정된 목적항은 Kobe Port이다.
- 운송비와 보험료는 매수인이 부담하기로 약정하였다.
- 수출통관의무는 매도인이 부담하고, 수입통관의무는 매수인이 부담한다.

① FOB Busan Port, KOREA Incoterms® 2020
② CFR Kobe Port, JAPAN Incoterms® 2020
③ EXW Busan Port, KOREA Incoterms® 2020
④ DAP Kobe Port, JAPAN Incoterms® 2020

출제빈도 ★★

20 국내의 수입업체가 수입신용장 개설 시 무역거래조건과 관련한 오류사례로 옳은 것은?

① FCA조건에서 운송서류에 "Freight Collect"로 표기하는 경우
② CIF조건에서 신용장상에 보험서류조항을 명시한 경우
③ 수입신용장에서 "CFR New York Port"로 표기하는 경우
④ FOB조건에서 "Bill of Lading"을 요구하는 경우

출제빈도 ★★ 최신출제유형

21 무역거래조건의 표시방법으로 옳지 않은 것은?

① Free Carrier : FCA + 적출지의 지정 인도장소
② Free Alongside Ship : FAS + 지정 선적항
③ Delivered at Place Unloaded : DPU + 지정 목적지
④ Cost and Freight : CFR + 지정 선적항

출제빈도 ★

22 다음 중 대외무역관리규정에서 정하고 있는 특정거래형태의 수출입에 해당하지 않는 것은?

① 외국인도수출
② 중개무역
③ 무환수출
④ 연계무역

출제빈도 ★★

23 다음은 특정거래형태의 수출입에 대한 설명이다. 각 내용에 해당되는 특정거래형태로 올바르게 짝지어진 것은?

| 가. 무환수출 | 나. 외국인도수출 | 다. 위탁가공무역 |

ㄱ. 국내에서 수출통관되지 않은 물품을 외국에서 외국으로 인도하여 매각하고 그 대금을 국내에서 수령하는 방식의 거래
ㄴ. 외국의 저렴한 노동력 또는 국내에 전수되지 않은 첨단기술 등을 활용할 목적으로 이용되는 방식의 거래
ㄷ. 외국환거래가 수반되지 않는 물품 등의 수출입거래

① 가 – ㄱ, 나 – ㄴ, 다 – ㄷ
② 가 – ㄱ, 나 – ㄷ, 다 – ㄴ
③ 가 – ㄷ, 나 – ㄱ, 다 – ㄴ
④ 가 – ㄷ, 나 – ㄴ, 다 – ㄱ

정답 및 해설

19 ① 아래의 근거에 따라 'FOB + Busan Port'로 표시하는 것이 적절하다.

- 선박에 의한 운송조건 : EXW, FOB, CFR, DAP
- 수입상(매수인)이 운송비와 보험료를 모두 부담하는 조건 : EXW, FOB, FCA, FAS
- 수출입통관의무 : 매도인이 수출통관의무를 부담하고 매수인이 수입통관의무를 부담하는 조건은 EXW와 DDP를 제외한 무역거래조건
- FOB의 표시방법 : FOB + 지정된 선적항

20 ③ 'CFR + 지정된 목적항'이므로, 수입신용장에서는 국내 소재하는 항구의 지명을 표기해야 한다.
21 ④ 'CFR + 지정 목적항'으로 표시하여야 한다.
22 ② 중개무역은 특정거래형태의 수출입에 해당하지 않는다.
23 ③ 가. 무환수출은 외국환거래가 수반되지 않는 물품 등의 수출입거래이다.
　　나. 외국인도수출은 국내에서 수출통관되지 않은 물품을 외국에서 외국으로 인도하여 매각하고 그 대금을 국내에서 수령하는 방식의 거래이다.
　　다. 위탁가공무역은 외국의 저렴한 노동력 또는 국내에 전수되지 않은 첨단기술 등을 활용할 목적으로 이용되는 방식의 거래이다.

24 다음 중 중계무역에 대한 설명으로만 모두 묶인 것은?

> 가. 일명 CPC(Consignment Processing Contract) 또는 CMT(Cutting, Making, Trimming) Contract 라고도 한다.
> 나. 수출상과 수입상 중 어느 한 쪽이 상대방에게 알려지지 않게 할 목적으로 중계국에서 B/L을 변경할 수 있게끔 Switch B/L을 이용하기도 한다.
> 다. 신용장방식으로 수출입 대금의 결제를 하고자 할 때, 수출물품의 조달방법으로 Back-to-Back L/C 등의 수단이 활용된다.
> 라. 국내에서 수입대금이 지급되지만, 수입되는 물품은 외국에서 인수하거나 제공받는 방식의 거래이다.
> 마. 가격이 저렴한 외국의 물품을 수입하여 수출하고자 하거나 수출상품에 대한 국내 공급능력의 한계를 극복하기 위하여 활용된다.

① 가, 나, 다 ② 가, 다, 라
③ 나, 다, 마 ④ 다, 라, 마

25 다음의 내용과 관련이 있는 특정거래형태에 해당하는 것은?

> • 대표적으로 물물교환, 구상무역, 대응구매, 제품환매의 형태로 거래가 이루어진다.
> • 특정 시장에 대한 수출을 위해서는 수입거래도 동시에 이루어져야 한다는 특징이 있다.
> • 신용장방식으로 이루어지는 경우 Back-to-Back L/C, Tomas L/C, Escrow L/C 등이 주로 활용된다.

① 중계무역 ② 임대수출
③ 외국인수수입 ④ 연계무역

26 외국의 휴대폰 제조업체인 J사가 새롭게 개발한 휴대폰 J5의 한국 판매를 발표하였다. 하지만 J사 휴대폰의 한국 공식 수입업체 중 하나인 M사는 국내 휴대폰시장의 불황으로 인하여 J5의 수입을 검토 중에 있다. 이 경우, M사가 보유한 리스크를 가장 최소화할 수 있는 수입거래의 형태로 적절한 것은?

① 외국인수수입 ② 수탁판매수입
③ 수탁가공무역 ④ 임차수입

27 다음은 5자 간 복합거래이다. 각 기업 간 거래성격에 따른 특정거래형태가 잘못 짝지어진 것은?

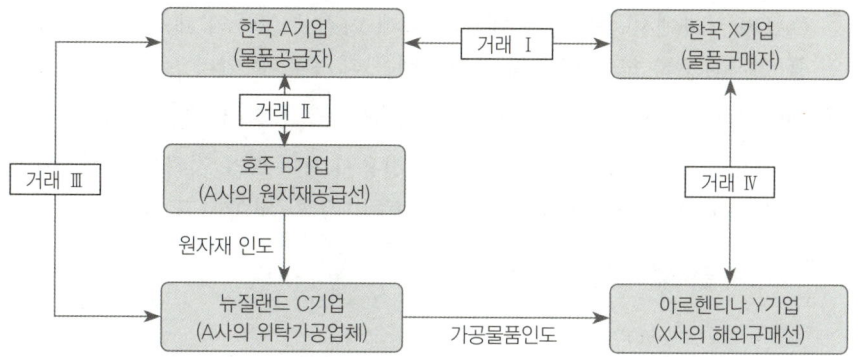

① 거래 Ⅰ : 대외무역법상 수출입거래에 해당하지 않음
② 거래 Ⅱ : 수탁판매수입
③ 거래 Ⅲ : 위탁가공무역
④ 거래 Ⅳ : 외국인도수출

28 다음의 송금방식 중 수입상 입장에서 상품위험이 가장 높은 편이지만, 결제금액이 작아 상품인수에 대한 위험이 적거나 수출상에 대한 상당한 신뢰가 형성되어 있는 경우에 활용될 수 있는 방식에 해당하는 것은?

① T/T in Advanced
② COD
③ D/A
④ European D/P

정답 및 해설

24	③	'나, 다, 마'는 중계무역에 대한 설명이다. 가. 가공무역계약에 대한 설명이다. 라. 외국인수수입에 대한 설명이다.
25	④	연계무역에 대한 내용이다.
26	②	수탁판매수입은 신상품 또는 판매 불확실성이 높은 물품을 국내에 수입하고자 하는 업체가 자신의 위험 및 자금부담 없이 물품을 수입하여 판매하고자 하는 경우에 활용된다.
27	②	한국의 A기업과 호주의 B기업 간의 거래는 외국인수수입에 해당한다.
28	①	사전송금방식(T/T in Advanced, Advance Remittance, Advance Payment, CWO 등)에 대한 설명이다.

29 다음 중 송금방식에 대한 설명으로 옳지 <u>않은</u> 것은?

① 사후송금방식에는 COD, CAD, European D/P, OA 등이 있다.

② CAD방식하에서 수입상은 대금의 결제 이전에 그들의 대리인으로 하여금 선적 전 검사를 실시하도록 하여 상품의 불확실성을 제거할 수 있다.

③ European D/P는 추심결제방식의 D/P와 달리 환어음이 발행되지 않는다.

④ OA(Open Account)방식의 거래는 신용사회 풍토가 정착된 서유럽이나 미국에서 주로 활용되며, 우리나라에서는 그 사용비중이 점차 낮아지고 있다.

30 다음의 내용과 관련된 추심방식을 무엇이라 하는가?

- 선적서류의 인도와 동시에 대금의 결제가 이루어진다.
- 서류의 제시는 특정 기간이 경과한 후에 이루어진다.
- 선적서류가 물품보다 일찍 도착함으로 인하여 발생하는 수입상의 불필요한 자금부담을 배제하기 위해 활용된다.

① D/P at Sight
② D/P Usance
③ D/A
④ Usance L/C

31 신용장방식에 대한 설명으로 옳지 <u>않은</u> 것은?

① 신용장이란 개설은행이 개설의뢰인(수입상)의 요청과 지시에 따라 수익자(수출상) 앞으로 발행하고, 신용장의 조건과 일치하는 서류를 제시하면 결제할 것을 확약하는 증서이다.

② 신용장거래에서 개설의뢰인은 물품의 하자를 이유로 대금지급을 거절할 수 있다.

③ 지정은행은 개설은행으로부터 대금을 상환받기 이전에 신용장의 모든 조건과 일치하는 제시에 대하여 매입할 수 있다.

④ 일람지급신용장에 있어서 결제란 일람출급으로 지급하는 것을 말한다.

32 국제팩터링거래는 국제팩터링기구에 가입한 회원(팩터)의 신용을 바탕으로 이루어지는 무신용장거래방식을 말한다. 이에 대한 설명으로 옳지 <u>않은</u> 것은?

① 수출상은 본인의 귀책사유에 대한 클레임이 제기되지 않는 한, 수입팩터로부터 해당 신용승인 한도 내에서 대금지급을 보장받게 된다.

② 수출상은 추심방식 및 송금방식과는 달리 외상채권을 양도할 때 별도의 담보를 제공할 필요가 없기 때문에 담보부족으로 인한 곤란을 겪지 않는다.

③ 수출팩터는 소구권을 행사하는 조건으로 수출팩터링채권을 양수(매입)하므로, 수출상은 소구권 청구에 따른 우발채무를 부담해야 한다.

④ 수입상은 신용장거래와 달리 계약위반 또는 물품의 하자 등을 이유로 클레임을 제기하여 그 대금지급을 거절할 수 있다.

33 국제팩터링거래와 관련한 수출상의 효용과 거리가 <u>먼</u> 것은?

① 외상채권 양도 시 별도의 담보를 제공하지 않는다.

② 수입상에게 유리한 조건을 제시하여 대외교섭력을 향상시킬 수 있다.

③ 개설수수료 등의 부담이 없어 거래비용을 경감할 수 있다.

④ 무신용장방식임에도 불구하고 신용거래에 따른 위험을 부담하지 않는다.

정답 및 해설

29 ④ OA(Open Account)방식의 거래는 신용사회 풍토가 정착된 서유럽이나 미국에서 주로 활용되며, 우리나라에서도 그 사용비중이 점차 높아지고 있다.

30 ② D/P Usance에 대한 설명이다.

31 ② 신용장 조건과 일치하는 서류의 제시가 있는 경우, 개설의뢰인은 해당 물품의 하자를 이유로 신용장대금의 지급을 거절할 수 없다.

32 ③ 수출팩터는 소구권을 행사하시 않는 조건으로 수출팩터링채권을 양수(매입)한다. 따라서 수출상은 소구권 청구에 따른 우발채무 부담에서 벗어나 재무건전성을 유지할 수 있다.

33 ③ 수입상의 효용에 대한 설명이다. 즉, 수출상은 일체의 수수료(수입팩터링수수료 포함)를 부담한다.

출제빈도 ★★

34 다음 중 포페이팅거래에 대한 설명으로 옳지 않은 것은?

① 포페이팅거래는 주로 환어음, 약속어음 및 기타의 증권 또는 채권을 할인대상으로 한다.
② 포페이터는 상환청구권이 없는 조건으로 채권을 매입한다.
③ 포페이터는 수출상에 대하여 별도의 보증이나 담보제공을 요구하지 않는다.
④ 포페이팅거래는 대개 고정금리부로 할인이 이루어지기 때문에 수출상은 중장기 계약의 경우 발생 가능한 이자율 변동위험을 제거할 수 있다.

출제빈도 ★

35 다음 중 우리나라 무역관리 관련 법규와 관리대상이 올바르게 연결되지 않은 것은?

① 대외무역법 – 수출입거래(대북한교역 포함) 품목·형태 등의 전반적인 관리
② 관세법 – 수출입물품 등의 이동
③ 외국환거래법 – 수출입 대금의 결제
④ 외국인투자촉진법 – 외국인 등의 국내 투자

출제빈도 ★

36 다음 중 신용장방식 포페이팅거래의 형태와 내용이 올바르게 짝지어진 것은?

| 가. Renego Forfaiting | 나. Counter Forfaiting | 다. Direct Forfaiting |

ㄱ. 수출기업이 포페이터와 포페이팅거래약정을 체결한 뒤 해당 포페이터에게 서류를 직접 제시하는 방식
ㄴ. 은행이 특정 포페이터와 미리 포괄적인 협약을 체결한 뒤에 수출기업으로부터 개설은행의 연지급 확약을 전제로 하는 유보부의 비소구조건으로 수출환어음을 매입한 후 이를 2차 포페이터에게 다시 매각하는 방식
ㄷ. 수출기업이 포페이터와 포페이팅거래약정을 체결한 뒤 본인의 거래은행을 경유하여 포페이터에게 서류를 송부하는 방식

① 가 – ㄱ, 나 – ㄴ, 다 – ㄷ
② 가 – ㄴ, 나 – ㄱ, 다 – ㄷ
③ 가 – ㄷ, 나 – ㄱ, 다 – ㄴ
④ 가 – ㄷ, 나 – ㄴ, 다 – ㄱ

37 다음 중 우리나라의 무역관리제도에 대한 설명으로 옳지 않은 것은?

① 무역관리의 방법은 크게 직접통제와 간접통제로 구분할 수 있는데, 우리나라는 직·간접통제를 혼용하여 대외무역을 관리·감독하고 있다.

② 우리나라의 대외무역관리제도는 수출입 행위에 대한 무역관리와 그 대금의 결제 행위에 관한 외환관리가 서로 분리되어 이원적으로 관리되고 있다.

③ 수출입 물품의 관리는 대외무역법의 규정에 따라 수출입공고, 통합공고, 전략물자수출입고시 등을 통해 구체적으로 고시하고 있다.

④ 우리나라는 효율적이고 체계적인 무역관리를 위하여 주무관청인 산업통상자원부와 기획재정부가 독점적으로 관리하는 체제를 취하고 있다.

38 다음 중 수출입공고에 대한 설명으로 옳은 것은?

① 수출입이 허용되는 품목만을 열거하여 공고하고, 이 공고에 포함되지 않는 품목은 금지 또는 제한하는 방식을 적용하고 있다.

② 품목분류는 HS의 상품분류기준에 의하며, 8단위 번호체계로 분류하고 있다.

③ 수입이 제한되는 외화획득용 원료·기재를 수입하는 경우에는 별도의 제한 없이 수입을 승인받을 수 있다.

④ 통합공고 또는 전략물자수출입고시에 의해 수출입이 제한되는 품목이 수출입공고에는 그 제한품목으로 열거되지 않는 경우에는 자유롭게 수출입을 할 수 있다.

정답 및 해설

34 ① 포페이팅거래는 주로 신용장대금채권이나 환어음 및 약속어음 등의 어음채권을 할인대상으로 하며 기타의 증권 또는 채권은 취득에 관한 복잡한 법률적 문제 및 분쟁 가능성으로 취급이 제한적이다.

35 ① 대북한교역에 관하여는 남북교류협력에 관한 법률이 적용된다.

36 ④ 가. Renego Forfaiting은 수출기업이 포페이터와 포페이팅거래약정을 체결한 뒤 본인의 거래은행을 경유하여 리네고의 형태로 포페이터에게 서류를 송부하는 방식이다.
나. Counter Forfaiting은 은행이 특정 포페이터와 미리 포괄적인 협약을 체결한 뒤에 수출기업으로부터 소구권을 행사하지 않는 조건으로 수출환어음을 매입한 후 이를 2차 포페이터에게 다시 매각하는 방식이다.
다. Direct Forfaiting은 수출기업이 포페이터와 포페이팅거래약정을 체결한 뒤 포페이터에게 서류를 직접 제시하는 방식이다.

37 ④ 우리나라의 무역관리는 주무관청의 독점적인 관리체제가 아닌 권한의 일부를 관계 행정기관의 장, 관련 단체(협회)의 장, 대한상공회의소 등에게 위임하는 위탁관리방식의 형태를 취하고 있다.

38 ③ ① 수출입이 금지 또는 제한되는 품목만을 열거하여 공고하고, 이 공고에 포함되지 않는 품목은 자유롭게 수출입을 허용하는 Negative List System을 채택하고 있다.
② 품목분류는 HS의 상품분류기준에 의하며, 6단위 번호체계로 되어 있다.
④ 통합공고 또는 전략물자수출입고시에 의해 수출입이 제한되는 경우에는 수출입공고에 포함되지 않는 품목이더라도 그 조건을 모두 충족시켜야 수출입을 할 수 있다.

39 대외무역법 이외의 다른 법률에 산재되어 있는 물품의 수출입요건 및 절차 등에 관한 사항을 무역업자가 파악하기 쉽도록 산업통상자원부장관이 제반사항을 조정·통합하여 일괄적으로 하나의 공고에 별도로 고시하는 규정을 무엇이라 하는가?

① 수출입공고
② 통합공고
③ 전략물자수출입고시
④ 원산지제도 운영에 관한 고시

40 거주자가 비거주자와 물품의 임대차계약을 체결하고자 하는 경우에는 사전에 한국은행총재에게 신고 또는 1개월 이내에 외국환은행의 장에게 보고 후 거래하여야 한다. 다음의 임대차계약과 신고기관의 장이 잘못 짝지어진 것은?

① 건당 미화 3천만불 초과 물품의 임대차계약 : 한국은행총재
② 부동산이 아닌 물품의 임대차계약으로서 건당 미화 3천만불 이하인 경우 : 외국환은행의 장
③ 거주자와 비거주자 간의 사용대차 : 신고 불요
④ 국내 외항운송업자와 비거주자가 소유권을 이전하지 않는 조건으로 선박이나 항공기의 외국통화표시 임대차계약을 체결하는 경우로서, 임대차계약기간이 1년 미만인 경우 : 외국환은행의 장

41 다음 중 원산지의 표시방법과 관련된 설명으로 옳지 않은 것은?

① 수입물품의 원산지는 해당 물품에 직접 표시하는 것을 원칙으로 한다.
② 수입물품의 원산지 표시는 한글이나 한자 또는 영문으로 표시하여야 한다.
③ 최종 구매자가 수입물품의 원산지를 오인할 우려를 방지하기 위하여 국가명은 약자로 표시할 수 없다.
④ 수입물품의 원산지는 최종 구매자가 해당 물품의 원산지를 용이하게 판독할 수 있는 크기의 활자체로 표시하여야 한다.

출제빈도 ★★ 최신출제유형

42 다음 중 신용장의 특징에 대한 설명으로 옳은 것은?

① 신용장의 명칭은 어떤 것을 사용하여도 무방하지만, 신용장 개설 시 개설은행은 반드시 환어음을 요구하여야 한다.
② 신용장통일규칙에서 정의하고 있는 신용장은 화환신용장만을 대상으로 한다.
③ 개설은행의 지급채무는 신용장에서 요구하는 서류가 제시되고, 그 제시된 서류가 신용장 조건과 일치하는 경우에만 발생한다.
④ 개설은행은 일치하는 제시에 대하여 개설의뢰인과 연대하여 지급채무를 진다.

출제빈도 ★★★

43 다음 중 신용장의 특성과 관련한 설명으로 옳지 <u>않은</u> 것은?

① 개설의뢰인은 신용장의 조건이 아닌 다른 서류의 조건과 다르다는 이유로 대금지급을 지연하거나 거절할 수 없다.
② 개설은행은 개설의뢰인이 수입물품에 대한 확실한 확보를 위하여 신용장상에 근거계약의 사본이나 견적송장 등의 명세를 삽입하는 것을 허용할 수 있다.
③ 수출상과 수입상 사이에서 제시된 서류가 아닌 수출입물품과 관련하여 분쟁이 발생한다면 별도의 클레임을 제기하여 상사 조정이나 중재 등으로 해결해야 한다.
④ 제시된 서류가 신용장의 조건에 엄격히 일치한다고 하더라도 그것이 위조나 사기에 의해 작성되었음이 확인된다면, 해당 신용장의 대금지급은 중단될 수 있다.

정답 및 해설

39	②	통합공고에 대한 설명이다.
40	④	국내의 외항운송업자와 비거주자가 소유권을 이전하지 않는 조건으로 선박이나 항공기의 외국통화표시 임대차계약을 체결하는 경우로서, 임대차계약기간이 1년 미만인 경우에는 별도의 신고 등을 요하지 않는다.
41	③	수입물품의 원산지는 통상적으로 널리 사용되고 있는 국가명을 사용하여 표시할 수 있다. 예 United States of America ⇒ USA
42	③	① 신용장 중에서 인수신용장은 환어음을 요구해야 하지만, 연지급신용장은 환어음을 요구하지 않는다. ② UCP600 규정상의 신용장 범위에는 화환신용장뿐만 아니라 보증신용장도 포함한다. ④ 개설은행은 일치하는 제시에 대하여 개설의뢰인과는 별도로 독립적인 지급채무를 진다.
43	②	개설은행은 근거계약의 사본이나 견적송장 등의 명세를 신용장의 일부분으로 포함시키려 해서는 안 될 것이며, 개설의뢰인의 이러한 요청을 강력히 저지하여야 한다.

출제빈도 ★

44 제시된 서류가 일치하는 제시(Complying Presentation)인지를 판단하는 일반적인 기준에 대한 설명으로 옳지 <u>않은</u> 것은?

① 상업송장의 상품 명세는 신용장상의 상품 명세와 엄격히 일치하여야 한다.
② 제출된 서류 상호 간의 정보가 충돌하는 경우에는 하자로 본다.
③ 제시된 서류 중 신용장에서 요구되지 않은 서류가 있는 경우에도 매입은행은 그 서류의 내용을 심사하여야 한다.
④ 신용장상에 명시적으로 언급되지 않은 사항이더라도 UCP, ISBP, ICC Opinions & Decisions 등에 위배되는 사항이 있는 경우에는 하자로 본다.

출제빈도 ★★★

45 다음 중 신용장에 대한 설명으로 옳지 <u>않은</u> 것은?

① 신용장통일규칙을 적용하는 신용장에서 취소불능이라는 표시가 없더라도 취소가 불가능하다.
② 신용장에 명시하여야 할 유효기일이란 지급·인수·매입이 이루어져야 하는 최종일자를 의미한다.
③ 운송서류의 원본을 한 통 이상 요구하는 신용장에 서류제시기간이 명시되어 있지 않은 경우에는 선적 후 21일 이내에 제시되어야 하는 것으로 본다.
④ 신용장 조건과 일치하는 서류를 명시하지 않은 채 신용장에 어떠한 조건이 제시되어 있다면, 은행은 그 조건이 기재되지 아니한 것으로 간주하고 이를 무시할 수 있다.

출제빈도 ★★

46 다음 중 확인은행(Confirming Bank)에 대한 설명으로 옳지 <u>않은</u> 것은?

① 신용장거래에서 직접적인 권리와 의무를 부담하는 기본 당사자에 해당한다.
② 취소불능신용장에 대하여 타은행이 개설은행의 수권이나 요청에 따라 추가로 수익자에게 지급·연지급·인수 또는 소구권을 행사하지 않는 조건으로 매입할 것을 확약하는 은행을 말한다.
③ 확인은행은 신용장의 통지서상에 "We hereby add our confirmation to this credit."의 문언을 추가함으로써 확인의 의사를 표시한다.
④ 확인은행은 개설은행이 결제하지 못할 경우에 2차적인 책임을 부여받는다.

출제빈도 ★★★

47 다음 중 서류의 일치성에 대한 판단과 관련된 설명으로 옳지 않은 것은?

① 일반적인 용어는 신용장의 상품 명세에 저촉되지 않는 경우 표시할 수 있다.

② 신용장상에 명시적으로 언급되지 않은 사항이더라도 UCP, ISBP 등에 위배되는 사항은 하자로 본다.

③ 제시된 서류는 '신용장 조건'과 'UCP600의 제 규정', '국제표준은행관행'에 일치해야 한다.

④ 오·탈자는 단어 또는 문장의 뜻에 영향을 미치지 않아 오해의 소지가 없는 경우에도 하자로 본다.

출제빈도 ★★★

48 다음 중 신용장상 비서류적 조건에 대한 설명으로 옳지 않은 것은?

① 비서류적 조건은 기재되지 않는 것으로 보아 이를 무시할 수 있으므로 신용장 DATA와 충돌하는 경우에 하자로 보지 않는다.

② 비서류적 조건은 제시되어야 할 서류를 명시하지 않고, 신용장상의 어떠한 조건을 포함시켜 이를 준수하도록 하는 것을 의미한다.

③ 신용장상에 비서류적 조건이 포함된 경우 UCP 관련 조문을 인용하여 사전에 해당 조항을 삭제하는 등의 조건변경을 받고 취급하는 것이 바람직하다.

④ 신용장의 유효기일, 선적기일, 서류제시기일 등은 별도 서류를 제시하지 않아도 그 효력을 판별할 수 있으므로 비서류적 조건에 해당하지 않는다.

정답 및 해설

44 ③ 신용장에서 요구되지 않은 서류는 심사할 필요가 없으며, 이는 무시할 수 있다.

45 ② 유효기일이란 지급·인수·매입을 위하여 신용장에 명시된 서류 또는 환어음을 제시하여야 하는 최종일자를 의미한다.

46 ④ 확인은행은 개설은행이 결제하지 못할 경우, 해당 개설은행과 동일한 최종적 책임을 부담하기 때문에, 확인은행과 개설은행은 연대책임의 관계를 갖는다.

47 ④ 오·탈자는 단어 또는 문장의 뜻에 영향을 미치지 않아 오해의 소지가 없는 경우에는 하자로 보지 않는다.

48 ① 비서류적 조건이라고 하여 무조건 무시하는 것은 바람직하지 않으며, 제시된 서류상의 DATA가 신용장의 DATA와 충돌하면 하자사유에 해당하기 때문에 반드시 점검하여야 한다.

49 운송서류 원본을 한 통 이상 요구하는 신용장의 내용이 다음과 같은 경우 실제 선적일이 202X년 8월 10일이라면 선적서류 제시기일로 옳은 것은? (단, 다음의 일자들은 모두 영업기준일이라고 가정함)

> MT700
> 31C : Date of Issue : 202X. 08. 01.
> 31D : Date of Expiry : 202X. 08. 31.
> 44C : Latest Date of Shipment : 202X. 08. 21.
> 48 : Period of Presentation : 10

① 202X. 08. 11.
② 202X. 08. 20.
③ 202X. 08. 25.
④ 202X. 08. 31.

50 다음은 신용장 조건 중 일부의 내용이다. 이에 대한 설명으로 옳은 것은?

> • 신용장 개설일자 : 202X년 1월 2일
> • 유효기일 : 202X년 1월 28일
> • 선적일 : 202X년 1월 10일

① 위 신용장에서 서류제시기간이 10일로 명시되었다면, 서류는 202X년 1월 12일까지 제시되어야 한다.
② 서류제시기간이 명시되어 있지 않은 경우에는 선적 후 21일 이내에 제시되어야 하는 것으로 본다.
③ 신용장의 유효기일이라 함은 지급·인수·매입이 이루어져야 하는 최종일자를 의미한다.
④ 신용장에서 운송서류의 사본만을 제시할 것을 요구하더라도 은행은 지연제시(Late Presentation)를 이유로 대금의 지급을 거절할 수 있다.

출제빈도 ★★

51 신용장거래의 각 당사자에 대한 설명으로 옳지 <u>않은</u> 것은?

① 통지은행은 개설의뢰인의 지시에 따라 수익자에게 신용장의 내도 사실을 통지하고 신용장을 교부하는 은행이다.

② 인수은행으로 지정된 은행이 수익자의 환어음을 인수하지 않으면 신용장의 개설은행이 최종적으로 이를 인수하고 어음의 만기일에 지급해야 한다.

③ 양도은행이란 양도가능신용장하에서 개설은행의 수권에 의하여 원수익자의 요청에 따라 제3자에게 신용장을 양도하는 업무를 수행하는 은행이다.

④ 매입은행이란 매입신용장하에서 타은행 앞으로 발행된 환어음 및 서류를 매입하도록 수권된 은행을 말하며, 특별한 지정이 없는 한 모든 은행이 매입은행의 업무를 할 수 있다.

출제빈도 ★★

52 무역거래에서는 보증이나 결제수단으로 활용되고, 여행·운수·보험 등의 무역외거래에서는 결제 또는 각종 채무의 보증수단으로 사용되는 신용장을 무엇이라 하는가?

① Commercial Credit

② Standby Credit

③ Documentary Credit

④ Clean Credit

정답 및 해설

49 ② 신용장의 유효기일이 비록 8월 31일까지라고 하더라도, 서류는 8월 20일(8월 10일 + 10일)까지 제시되어야 한다.

50 ② ① 서류제시기간이 10일로 명시되었다면, 서류는 선적일로부터 10일이 경과한 202X년 1월 20일까지 제시되어야 한다.
③ 신용장의 유효기일이라 함은 지급·인수·매입을 위하여 신용장에 명시된 서류 및/또는 환어음을 제시하여야 하는 최종일자를 의미한다.
④ 신용장에서 운송서류의 원본이 아닌 사본만을 제시할 것을 요구하면 은행은 지연제시(Late Presentation)를 이유로 대금의 지급을 거절할 수 없다.

51 ① 통지은행은 개설은행의 지시에 따라 수익자에게 신용장의 개설사실 및 내용을 통지한다.

52 ② Standby Credit(보증신용장)에 대한 설명이다.

53 다음 중 통지은행의 지위에 대한 설명으로 옳지 않은 것은?

① 개설은행으로부터 신용장의 통지를 요청받았으나 이를 통지하지 않기로 결정한 경우에는 지체 없이 개설은행에게 이러한 사실을 알려 주어야 한다.
② 제시된 신용장이 외견상 진정성의 요건을 충족하고 있지 않음에도 불구하고 이를 통지하고자 하는 경우, 통지은행은 반드시 수익자에게 이러한 사실을 알려 주어야 한다.
③ 통지은행은 개설은행의 지시에 따라 그 대리인의 자격으로서 신용장의 통지와 신용장대금을 지급할 의무를 부담한다.
④ 개설의뢰인과 통지은행 간에는 직접적인 법률관계가 성립하지 않는다.

54 다음 개설은행의 지급확약 문언이 기재된 신용장으로 옳은 것은?

> We hereby engage that drafts drawn in conformity with the terms and conditions of this credit will be duly accepted on presentation and duly honoured at maturity.

① 일람출급신용장
② 인수신용장
③ 기한부매입신용장
④ 할부지급신용장

55 다음 중 연지급신용장(Deferred Payment L/C)에 대한 설명으로 옳지 않은 것은?

① 연지급 확약과 함께 결정되는 만기일에 대금지급이 정확히 이루어질 것임을 약정하는 신용장이다.
② 대금의 지급을 일정기간 동안 유예하는 기한부 지급신용장의 성격을 가진다.
③ 지정은행(연지급은행)은 신용장의 조건에 일치하게 제시된 서류를 매입함으로써 만기일 이전에 미리 대금을 지급할 수 있다.
④ 연지급신용장에서 환어음을 요구할 수 있다.

출제빈도 ★★★

56 다음 중 매입신용장에 대한 설명으로 옳지 않은 것은?

① 매입신용장은 기한부신용장으로만 사용될 수 있다.

② 수출지에 개설은행의 해외 본지점이나 예치환거래은행이 없을 때 주로 활용된다.

③ 특별한 사정이 없는 한 환어음의 발행을 요구하는 것이 일반적이다.

④ 매입신용장하에서는 원칙적으로 모든 은행에서 매입에 의한 방법으로 이용이 가능하다.

정답 및 해설

53 ③ 통지은행은 개설은행의 대리인 자격으로 수익자에게 신용장을 통지하는 은행이다. 따라서 수익자에 대하여 신용장상의 채무를 부담할 의무는 없다.

54 ② 인수신용장에 기재되는 개설은행의 지급확약 문언이다.

55 ④ 연지급신용장에서는 환어음을 요구할 수 없다. 따라서 연지급신용장에서는 환어음의 인수 행위 대신에 연지급 확약 행위가 이루어진다.

56 ① 매입신용장은 일람출급 또는 기한부신용장으로 사용될 수 있다.

금융·자격증 전문 교육기관 해커스금융
fn.Hackers.com

■ 출제경향 및 학습전략

수입실무는 제1과목 전체 35문제 중 총 9~11문제 정도 출제된다.

수입실무는 수입에서 발생되는 실무적인 사항을 다루고 있으며, 수입신용장의 개설과 관련된 내용이 자주 출제되고 있다. 특히 기한부신용장에서 환어음의 만기일을 산정하는 문제와 신용장 관련 수수료는 출제빈도가 높은 편이니 철저히 이해하는 학습이 필요하다. 추심방식에 의한 수입은 출제가 예상되는 주요 부분을 중심으로 정리하는 것이 효율적이다.

■ 빈출포인트

구 분	문제번호	빈출포인트	출제빈도
수입신용장의 개설 (40%)	01	신용장 개설의 의의 및 절차	★
	02	신용장개설신청서의 심사	★★★
	03~04	신용장 개설에 따른 유의사항	★★
	05~07	일람출급신용장의 개설	★★★
	08	기한부신용장의 개설	★★
	09	신용장의 조건변경과 취소	★★
	10	신용장 관련 수수료	★★★
신용장에 의한 선적서류 인도 (30%)	11	선적서류 인도 업무의 개요	★★★
	12	하자 있는 선적서류의 인도	★★
	13	수입물품선취보증서와 수입물품대도	★★★
	14	인수 업무	★★★
D/P, D/A 방식에 의한 수입 (20%)	15~17	D/P, D/A 업무의 개요	★★★
보증신용장과 청구보증 (10%)	18	보증신용장과 청구보증	★★★

제1과목 **수출입실무**

제2장
수입실무

개념완성문제 제2장 | 수입실무

✓ 개념완성문제를 통해 외환전문역 Ⅱ종 시험에 나오는 개념을 이해할 수 있습니다.
✓ 다시 봐야 할 문제(틀린 문제, 풀지 못한 문제, 헷갈리는 문제 등)는 문제 번호 하단의 네모박스(□)에 체크하여 반복 학습할 수 있습니다.

신용장 개설의 의의 및 절차
출제빈도 ★

01 다음 중 신용장의 개설 절차와 관련된 설명으로 옳지 <u>않은</u> 것은?

① 수입신용장은 신용장의 개설의뢰인과 개설은행 사이에 체결하며, 개설의뢰인은 외국환거래약정서 및 여신거래약정서 등에 서명하여 개설은행에 제출한다.
② 무역업을 영위하고자 하는 자는 한국무역협회장에게 신청하여 무역업고유번호를 부여받은 후 대외무역법에 따른 신고 절차를 거쳐야 한다.
③ 신용장의 결제통화는 원화 및 외화의 사용이 모두 가능하다.
④ 무역거래조건을 CFR 또는 CPT로 지정하여 수입신용장을 개설하는 경우, 개설은행은 수입상에게 적하보험에 가입하도록 요구해야 한다.

신용장개설신청서의 심사
출제빈도 ★★★

02 다음 중 신용장개설신청서와 관련된 사항에 대한 설명으로 옳지 <u>않은</u> 것은?

① 환어음의 발행금액에 관한 별도의 명시가 없으면 상업송장금액의 100%에 대하여 발행할 수 있다.
② 무역거래조건 중 C그룹과 D그룹은 Freight Collect조건으로 개설되어야 한다.
③ FCA, FAS, FOB조건하에서는 수입상(개설의뢰인)이 부보해야 하므로 신용장 개설신청 시 개설은행은 수입상에게 적하보험의 가입을 요구해야 한다.
④ 양도가능신용장을 개설하기 위해서는 신용장상에 'transferable'이라는 용어를 사용해야 하며, 그 밖에 'divisible', 'assignable' 등의 용어는 사용할 수 없다.

> **용어 알아두기**
> Freight Collect 수입상(buyer)이 양륙지에서 운임을 지불하는 후불조건이다.

정답 및 해설

01 ② 2001년 1월부터 무역업 및 무역대리업의 신고제가 폐지됨에 따라 무역업고유번호를 부여받은 자는 자유롭게 수출입 업무를 할 수 있게 되었다.
02 ② 무역거래조건 중 C그룹과 D그룹은 Freight Prepaid조건으로 개설되어야 한다.

신용장 개설에 따른 유의사항   출제빈도 ★★

03 개설은행이 서류를 심사함에 있어 해당 서류의 내용 중 그 의미가 애매하거나 불명확한 용어가 포함된 경우에는 그러한 용어들을 무시할 수 있다. 다음 중 불명확한 용어가 포함된 내용이 <u>아닌</u> 것은?

① qualified inspector
② freight to be paid
③ covering all risks
④ shipment must be effected immediately

신용장 개설에 따른 유의사항   출제빈도 ★★

04 다음 중 상환수권에 대한 설명으로 옳지 <u>않은</u> 것은?

① 상환방식신용장의 개설 시에는 반드시 상환은행에 상환수권을 해야 한다.
② 증액 조건변경의 경우 증액된 금액에 해당하는 상환수권을 하지 않으면 문제가 된다.
③ 상환은행의 수수료는 개설은행이 부담한다.
④ 지정은행이 상환은행 앞으로 상환청구할 때 개설은행은 선적서류가 신용장 조건과 일치한다는 증명서를 제출하도록 요구해야 한다.

정답 및 해설

03 ③ 'covering all risks'는 모든 위험에 대해 담보한다는 의미로서 명확한 용어이다.
04 ④ 일치증명서를 요구할 수 없다. 일치증명서를 요구할 경우 지정은행과 상환은행은 발송과 검사에 따른 많은 비용을 소요하게 되므로 신용장통일규칙에서 이를 요구하지 못하도록 규정하고 있다. (UCP600 제13조 b항)

일람출급신용장의 개설　　　　　　　　　　　　　　　　　　　　　　출제빈도 ★★★

05 다음 중 일람출급신용장의 개설과 관련된 설명으로 옳지 않은 것은?

① 신용장의 발행일자 중 월 표시는 문자 또는 숫자로 할 수 있으며, 발행장소는 도시명 또는 국가명을 기입한다.
② 무역거래조건 중 CIF, CIP의 경우에는 신용장에 보험서류의 제시를 요구해야 한다.
③ 부가조건에 비서류적 조건이나 이행이 불가능한 조건을 삽입하려는 행위는 억제되어야 한다.
④ 상품 명세 기재 시 F그룹은 매도인의 운임부담이 수출지에서 종료되므로 선적지명을 기재하여야 한다.

일람출급신용장의 개설　　　　　　　　　　　　　　　　　　　　　　출제빈도 ★★★

06 다음 중 신용장의 유효기일과 서류제시기간에 대한 설명으로 옳지 않은 것은?

① 은행은 천재지변이나 폭동, 전쟁, 어떤 파업이나 직장 폐쇄 또는 자신의 통제 밖에 있는 원인에 의한 영업의 중단으로 인하여 발생한 결과에 대해 의무나 책임을 부담하지 않는다.
② 신용장의 유효기일 또는 최종 선적일이 UCP600 제36조에 언급된 사유 이외의 사유로 인한 은행 휴무일에 해당하는 경우, 해당 유효기일 또는 최종 선적일은 그 다음 첫 은행 영업일까지 자동 연장된다.
③ 운송서류의 원본 한 통 이상을 제시하도록 요구하는 신용장에 서류제시기간의 명시가 없으면 선적 후 21일 이내에 제시되어야 하는 것으로 간주한다.
④ 신용장에 명시된 서류제시기간의 만료일이 유효기일보다 늦은 경우 해당 서류는 유효기일까지 은행에 제시되어야 한다.

정답 및 해설

05　①　월 표시는 오해를 방지하기 위해 반드시 문자로 해야 한다.
06　②　신용장의 유효기일 또는 최종 제시일이 UCP600 제36조에 언급된 사유 이외의 사유로 인한 은행 휴무일에 해당하는 경우, 그 다음 첫 은행영업일까지 자동 연장된다.

일람출급신용장의 개설　　　　　　　　　　　　　　　　　　　　　출제빈도 ★★★

07 신용장의 기재사항 중 개설의뢰인이 특별히 요구하는 사항들을 특수조건(Special Conditions)이라 하는데, 신용장거래에서 개설은행의 담보권을 해하는 특수조건으로 옳지 <u>않은</u> 것은?

① All discrepancies are acceptable.

② Non-negotiable documents are acceptable.

③ One original B/L shall be dispatched directly to applicant by courier.

④ Shipment must be effected by ABC shipping company only.

기한부신용장의 개설　　　　　　　　　　　　　　　　　　　　　출제빈도 ★★

08 수출상이 수입상에게 직접 신용을 공여하여 일정 기간 대금결제를 유예하여 주는 방식의 기한부신용장으로 일반적으로 수출상은 환어음 및/또는 서류를 매입 의뢰함으로써 만기 이전에 현금화하는데, 이와 관련된 신용장을 무엇이라 하는가?

① Shipper's Usance Credit

② Overseas Banker's Usance Credit

③ Domestic Banker's Usance Credit

④ Red Clause Credit

> **용어 알아두기**
> **선대신용장 (Red Clause Credit)** 　개설은행이 매입은행으로 하여금 선적 전에 일정한 조건부로 수출대금을 미리 지급받을 수 있도록 수권하는 문언을 신용장에 기재하고 그 대금의 상환을 확약하는 신용장이다.

정답 및 해설

07 ④　운송회사를 지정하는 "Shipment must be effected by ABC shipping company only."라는 특수조건은 개설은행의 담보권을 해하지 않는다.

08 ①　Shipper's Usance Credit에 대한 설명이다.

신용장의 조건변경과 취소

출제빈도 ★★

09 다음 중 신용장의 조건변경과 취소에 대한 설명으로 옳지 않은 것은?

① 조건변경의 당사자란 개설은행, 개설의뢰인, 확인은행(확인신용장의 경우)을 말한다.

② 개설은행은 조건변경서의 발급시점부터 자기가 발행한 조건변경서를 임의로 취소할 수 없다.

③ 조건변경을 할 때에는 반드시 원신용장을 통지한 은행을 통하여 조건변경을 통지하여야 한다.

④ 수익자에 대한 조건변경의 효력은 수익자가 해당 조건변경을 수락하고 이를 통지은행에 통보한 때부터 유효하다.

신용장 관련 수수료

출제빈도 ★★★

10 Banker's Usance Credit에서 개설은행의 요청에 따라 해외의 신용공여은행이 매입은행 등에게 'At Sight Basis'로 대금을 지급하기 위해 수익자가 발행한 기한부환어음을 인수하고 할인하는 때에 발생하는 금융비용을 무엇이라 하는가?

① 인수수수료 ② A/D Charge
③ 코레스비용 ④ 확인수수료

정답 및 해설

09 ① 조건변경의 당사자란 개설은행, 수익자, 확인은행(확인신용장의 경우)을 말한다.
10 ② A/D Charge에 대한 설명이다.

선적서류 인도 업무의 개요 출제빈도 ★★★

11 신용장거래에서 은행은 수익자에 의해 제시된 서류를 오로지 문면상으로만 심사할 의무를 가지고 있다. 다만, 서류와 관련한 일정한 사항에 대해서는 의무와 책임을 부담하지 않는데, 이와 같은 은행의 면책사항에 해당하지 <u>않는</u> 것은?

① 서류의 형식, 충분성, 정확성, 진정성, 위조 여부, 법적 효력
② 서류상에 명시된 일반조건 또는 특별조건
③ 서류에 표시되어 있는 상품의 명세, 수량, 무게, 품질, 상태 등
④ 외관상 쉽게 위·변조의 판별이 가능한 서류 내용

하자 있는 선적서류의 인도 출제빈도 ★★

12 다음 중 하자 있는 서류와 관련된 설명으로 옳지 <u>않은</u> 것은?

① 개설은행은 서류접수 익일로부터 5영업일 이내에 결제를 거절한다는 사실을 제시인에게 통보해야 한다.
② 결제를 거절하는 경우, 반드시 해당 서류의 행방에 대해서 명시해 주어야 한다.
③ 개설은행이 결제를 거절하는 때에는 반드시 지급거절의 사유가 되는 모든 불일치 사항을 명시하여 1회에 한해 하자 통보를 할 수 있으며, 재통보는 할 수 없다.
④ 서류상의 하자에 대하여 개설의뢰인이 결제에 동의한다는 의사를 개설은행에 서면으로 통보하더라도 개설은행은 개설의뢰인에게 선적서류를 인도해서는 안 된다.

정답 및 해설

11 ④ 외관상으로 쉽게 판별 가능한 사항을 간과함으로써 제시된 서류의 위·변조 사실을 발견해내지 못하였거나 서류가 위·변조되었다는 사실을 충분히 알 수 있었던 경우에는 면책규정이 적용되지 않는다.

12 ④ 서류상의 하자에도 불구하고 개설의뢰인이 결제에 동의하는 경우, 개설은행은 개설의뢰인의 서면동의서를 징구하여 선적서류를 인도할 수 있다.

수입물품선취보증서와 수입물품대도 출제빈도 ★★★

13 다음 중 수입물품선취보증서(Letter of Guarantee, L/G)에 대한 설명으로 옳지 <u>않은</u> 것은?

① 선하증권의 원본을 제시하지 않고 수입화물을 인도받기 위하여 은행이 선박회사에게 발행하는 보증서이다.
② 수입물품선취보증서를 발급한 이후에 도착한 서류에서 하자가 발생한 경우, 개설은행은 대금지급을 거절할 수 있다.
③ 개설은행은 수입물품선취보증서 발급 신청에 의무적으로 응하지 않아도 된다.
④ 수입물품인도승낙서는 개설은행에 선적서류가 도착하여 결제가 이루어진 경우에도 발급해주어야 개설의뢰인이 항공화물을 수령할 수 있다.

인수 업무 출제빈도 ★★★

14 다음 중 기한부환어음의 만기일 산정방법과 관련된 설명으로 옳은 것은?

① 일람후정기출급은 어음지급인의 인수일과 관계없이 만기일이 확정된다.
② 일자후정기출급에 표시되는 B/L date란 선하증권의 발행일자를 의미한다.
③ 하나의 환어음에 선적일자가 다른 두 세트 이상의 선하증권이 첨부되어 있는 경우에는 그들 중 가장 늦은 일자를 기준으로 만기를 산정하는 것이 원칙이다.
④ 환어음의 기한과 관련하여 'from'과 'after'가 기재된 경우에는 해당 일자를 포함하여 만기일을 산정한다.

정답 및 해설

13 ② 수입물품선취보증서 발급 후에 도착한 서류에서 하자가 있더라도 개설은행은 대금지급을 거절할 수 없다.
14 ③ ① 일자후정기출급은 어음지급인의 인수일과 관계없이 만기일이 확정된다.
② 일자후정기출급에 표시되는 B/L date란 본선적재일자(On board date)를 의미한다.
④ 'from'과 'after'가 기재된 경우에는 해당 일자를 제외하고 그 다음 날부터 만기를 산정해야 한다.

D/P, D/A 업무의 개요

출제빈도 ★★★

15 다음 중 D/P, D/A거래에 대한 설명으로 옳지 <u>않은</u> 것은?

① D/A거래란 수입상이 인수의 뜻을 표시함으로써 서류를 인도한 후 만기일에 대금결제가 이루어지는 추심거래방식이다.

② D/P, D/A거래에서는 개설수수료, 인수수수료 등의 비용을 부담하지 않는다.

③ D/P, D/A거래는 수출입상의 매매계약에 따른 거래이기 때문에 은행은 거래 일방의 지급불이행에 관하여 어떠한 의무를 부담하지 않는다.

④ 추심지시서에 추심거래의 방식이 명시되지 않은 경우에는 D/A거래로 간주한다.

D/P, D/A 업무의 개요

출제빈도 ★★★

16 다음 중 추심에 관여하는 은행의 면책에 대한 설명으로 옳지 <u>않은</u> 것은?

① 추심은행은 서류의 내용에 대해서 심사할 의무가 없다.

② 추심지시서에 기재된 서류의 종류 및 통수가 일치하는지 여부를 확인한 결과 누락된 서류가 있는 경우에는 지체 없이 추심의뢰인에게 통지해야 한다.

③ 추심에 관여하는 은행은 서류의 형식, 충분성, 정확성, 진정성, 위조여부, 법적효력, 서류상의 일반조건 또는 특별조건에 대하여 어떠한 의무나 책임을 부담하지 않는다.

④ 추심은행은 화환추심과 관련된 물품의 보관이나 보험가입 등의 특별한 지시를 받더라도 이를 이행하지 않아도 된다.

정답 및 해설

15　④　추심지시서에 추심거래의 방식이 명시되지 않은 경우에는 D/P거래로 간주한다.
16　②　누락된 서류가 있는 경우, 추심은행은 지체 없이 추심의뢰은행에게 통지해야 한다.

D/P, D/A 업무의 개요

17 다음 중 D/P, D/A어음의 거절증서에 대한 설명으로 옳지 않은 것은?

① 거절증서는 어음의 형식적 소구요건인 인수거절 또는 지급거절의 사실을 증명하는 공정증서로, 공증인이나 집달관에 의해 작성된다.

② 인수거절 즉시 작성해야 하며, 인수제시기간 내에 반드시 작성되어야 한다.

③ 거절증서는 추심지시서에 그 작성을 지시하고 있는 경우에만 작성하면 되는 것이며, 추심지시서에 이에 관한 명확한 지시가 없으면 추심은행은 거절증서를 작성할 의무를 지지 않는다.

④ 추심은행이 거절증서를 작성할 때는 작성일에 이은 5거래일 이내에 배서인과 발행인에 대하여 동 사실을 통지하도록 되어 있다.

정답 및 해설

17 ④ 추심은행이 거절증서를 작성할 때는 작성일에 이은 4거래일 이내에 배서인과 발행인에 대하여 동 사실을 통지하도록 되어 있으며 거절증서의 작성 즉시 추심의뢰은행에 동 사실을 통지해야 한다.

보증신용장과 청구보증

출제빈도 ★★★

18 다음 중 보증신용장과 청구보증에 대한 설명으로 옳지 <u>않은</u> 것은?

① 보증신용장하에서는 신용장의 조건과 일치하는 서류를 제시하면 그 원인계약과 관계없이 개설은행에게 대금지급의 의무가 발생한다.

② 보증신용장은 화환신용장과 달리 주로 무역외거래의 보증수단으로 사용되지만, 기본적으로 화환신용장과 함께 신용장통일규칙(UCP600)의 적용을 받는다.

③ 청구보증은 주채무자가 채무를 이행하지 못하는 경우에 2차적으로 보충적인 책임을 부담하는 보증서의 형태를 가지고 있다.

④ 청구보증에 관한 국제무역규칙으로 URDG758의 적용을 받는다.

정답 및 해설

18 ③ 청구보증은 주채무자와 독립된 1차적인 책임을 부담하기 때문에 실질적으로 보증신용장과 동일하다.

출제예상문제 제2장 | 수입실무

✓ 출제예상문제를 통해 다양한 외환전문역 Ⅱ종 문제를 풀어볼 수 있습니다.
✓ 다시 봐야 할 문제(틀린 문제, 풀지 못한 문제, 헷갈리는 문제 등)는 문제 번호 하단의 네모박스(□)에 체크하여 반복 학습할 수 있습니다.

출제빈도 ★★★ **최신출제유형**

01 다음 중 신용장개설신청서의 심사 시 점검사항에 대한 설명으로 옳은 것은?

① 무역거래조건 중 FCA, FAS, FOB로 정한 경우, 신용장은 Freight Prepaid조건으로 개설되어야 한다.
② 선적기일은 선적을 완료하여야 하는 최종일자를 표시하며, 선적기일이 표시되어 있지 않으면 물품도착기일을 선적기일로 본다.
③ 신용장의 권리를 양도가 가능하도록 개설하기 위해서는 'transferable' 또는 'divisible'이라는 용어를 사용하여야 한다.
④ 어음발행금액에 관하여 별도의 명시가 없으면, 어음은 상업송장금액의 100%에 대해 발행할 수 있는 것으로 간주된다.

출제빈도 ★★★

02 다음 중 신용장개설신청서의 심사에 대한 설명으로 옳지 <u>않은</u> 것은?

① 운송서류상의 통지처(Notify Party)는 신용장의 수익자 또는 그가 지정하는 자의 명칭과 주소를 기재한다.
② 신용장 금액은 문자와 숫자로 표시된 금액이 서로 일치하여야 하며, 표시통화가 정확해야 한다.
③ 수출상의 부보의무가 있는 CIF와 CIP 및 D그룹의 무역거래조건의 경우, 개설은행은 수출상에게 신용장상에 보험서류의 제시를 요구해야 한다.
④ 운송서류의 수하인은 개설은행으로 지정해야 하며, 선하증권이나 복합운송서류 등을 요구하는 경우 원본 전통을 개설은행으로 송부하도록 지시해야 한다.

출제빈도 ★★

03 수익자가 다음과 같은 표현이 사용된 서류를 발행하는 경우 이에 대한 설명으로 옳지 <u>않은</u> 것은?

> • This document is a certificate issued by first class trading company.
> • Shipment must be effected as soon as possible.
> • Insurance Policy : Covering customary risks as per ICC(A).
> • Copies of all documents must be sent to the applicant by courier on or about October 22, 202X.

① 수익자가 위와 같은 서류를 발행한 경우에는 지급거절의 사유가 된다.
② 선적일자와 관련하여 불명확한 용어가 사용되었기 때문에, 은행은 이를 무시하고 유효기일 전까지만 선적을 이행하면 조건이 충족된 것으로 본다.
③ 은행은 ICC(A)규정에 따라 관습적으로 인정되는 부보위험에 대해 책임을 진다.
④ 모든 서류의 부본을 202X년 10월 17일부터 202X년 10월 27일까지 개설의뢰인에게 송부하면 조건이 충족된 것으로 본다.

정답 및 해설

01 ④ ① 무역거래조건 중 F그룹(FCA, FAS, FOB)은 Freight Collect조건으로 신용장이 개설되어야 한다.
② 선적기일이 표시되어 있지 않으면 유효기일을 선적기일로 본다.
③ 양도가능신용장을 개설하기 위해서는 'transferable'이라는 용어를 사용해야 하며, 'divisible', 'fractionable', 'assignable', 'transmissible' 등과 같은 용어를 사용하였다면 이를 무시할 수 있다.

02 ① 통지처는 신용장의 개설의뢰인 또는 그가 지정하는 자의 명칭과 주소를 기재한다.

03 ③ 보험에 의하여 담보되어야 하는 위험과 관련하여 'customary risks', 'usual risks' 등의 모호한 용어를 사용한 경우, 은행은 부보되지 않은 위험에 대하여 책임을 부담하지 않는다.

출제빈도 ★★

04 다음 중 신용장 개설에 따른 유의사항과 관련된 설명으로 옳지 않은 것은?

① 개설은행은 혼란과 오해를 방지하기 위하여 개설의뢰인이 신용장 또는 조건변경서에 과도한 명세를 삽입하려는 시도를 저지해야 한다.
② 행위의 기한과 관련하여 'prompt', 'immediately' 등의 모호한 용어를 사용하여서는 안 된다.
③ 수익자 이외의 자가 발행한 서류에서 그 발행인을 'well known company'라고 표현한 경우에는 불명확한 용어를 사용하였기 때문에 지급거절의 사유가 된다.
④ 신용장의 개설의뢰인은 외국의 법률 및 관습에 의하여 부과되는 모든 의무와 책임에 구속되며 이에 대하여 은행에 보상할 책임을 진다.

출제빈도 ★

05 다음 중 신용장 개설방법에 대한 설명으로 옳지 않은 것은?

① 약식전보란 신용장 개설 이전에 미리 신용장의 개설과 관련한 주요 내용을 전신으로 통보해 주는 것을 말하며, 그 자체로서 유효한 신용장이 된다.
② 우편신용장이 개설되는 경우, 통지은행은 코레스계약에 의해 교환된 서명감과 신용장의 서명이 일치하는지 여부를 점검하고, 그 결과를 수익자에게 통지한다.
③ 수출상의 입장에서는 거래안전을 도모하고자 전신신용장을 선호하고, 수입상의 입장에서는 비용절감의 목적으로 우편신용장의 개설을 선호하는 것이 일반적이다.
④ SWIFT 신용장의 개설은 MT700과 MT701을 사용한다.

출제빈도 ★★ **최신출제유형**

06 다음 화환신용장 및 지급보증 관련 MT(Message Type)의 분류 중 빈칸에 들어갈 내용으로 옳은 것은?

- MT705 : (가) of a Documentary Credit
- MT700/701 : (나) of a Documentary Credit
- MT740 : (다) to Reimburse
- MT720/721 : (라) of a Documentary Credit

	(가)	(나)	(다)	(라)
①	Issue	Pre-advice	Amendment	Transfer
②	Issue	Pre-advice	Authorization	Advice
③	Pre-advice	Issue	Amendment	Advice
④	Pre-advice	Issue	Authorization	Transfer

07 다음 중 일람출급신용장에 대한 설명으로 옳지 <u>않은</u> 것은?

① 일람출급신용장은 일치하는 서류의 제시와 동시에 대금을 지급하는 신용장이다.
② 매입신용장은 보통 환어음의 발행을 요구하지 않으나, 지급신용장은 환어음의 발행을 요구한다.
③ 매입신용장은 지정은행이 무예치환거래은행일 때에 사용되고, 지급신용장은 지정은행이 예치환거래이거나 개설은행의 본지점 간일 때에 사용된다.
④ 지급신용장은 어음에 관한 별도의 내용 없이 서류가 제시되면 바로 지급하겠다는 문언을 기재한다.

08 다음은 수출신용장 및 운송서류상의 주요 정보이다. 수익자가 매입을 위하여 은행에 서류를 제시하여야 하는 최종일자는 언제인가?

- 수출신용장상의 주요 정보
  - 41a Available with … By … : ABC Bank Seoul by Negotiation
  - 31D Date and place of expiry : 2X1006(yymmdd) in KOREA
  - 48 Period for presentation : Within 12 days after the date of shipment
- 운송서류상의 주요 정보
  - Place and date of issue : Incheon Korea, 2X0922(yymmdd)
  - Date of shipped on board : 2X0921(yymmdd)
- 오늘은 202X년 9월 24일(목요일)이다.

① 202X년 10월 2일
② 202X년 10월 4일
③ 202X년 10월 5일
④ 202X년 10월 6일

정답 및 해설

04 ③ 수익자 이외의 어떠한 자가 발행한 서류상에서 해당 서류의 발행인에 대하여 불명확한 용어로 표현한 경우에는 그 조건을 충족한 것으로 간주되며, 지급거절의 사유로 보지 않는다.
05 ① 약식전보는 단지 우편신용장의 주요 내용만을 전신으로 통보해 주는 것일 뿐, 신용장으로서의 효력은 없다.
06 ④ • MT705 : (Pre-advice) of a Documentary Credit(예비통지문)
  • MT700/701 : (Issue) of a Documentary Credit(신용장 개설)
  • MT740 : (Authorization) to Reimburse(상환수권 : 개설은행 ⇨ 상환은행)
  • MT720/721 : (Transfer) of a Documentary Credit(신용장 양도)
07 ② 일반적으로 매입신용상은 환어음의 발행을 요구하지만, 지급신용장은 환어음의 발행을 요구하지 않는다.
08 ③ 9월 21일(On board date)+12일(서류제시기간)=10월 3일(토요일)이며, 서류제시기일이 휴무일이므로 10월 5일(월요일)로 자동 연장된다.

09 신용장에서 요구하는 서류 중 기본서류에 해당하지 <u>않는</u> 것은?

① Insurance documents
② Certificate of origin
③ Commercial invoice
④ Transport documents

10 국내의 수입상이 외국의 수출상과 FOB조건으로 신용장방식의 무역계약을 체결하고 개설은행에 인수신용장 개설요청을 하였다. 수입상이 개설한 신용장상에 기재된 다음의 내용 중 가장 옳은 것은?

① 41a Available with … By … : ABC Bank by Sight Payment
② 46A Documents Required : + Full set of clean on board ocean bills of lading made out to the order of DEF Bank, marked freight prepaid and notify applicant
③ 45A Description of Goods and/or Services : 5,000pcs. of leather hand bags @ US$ 300 France origin FOB Marseille Incoterms® 2020
④ 47A Additional Conditions : L/C expired shall not be considered as a discrepancy

11 다음 중 기한부신용장의 개설에 대한 설명으로 옳지 <u>않은</u> 것은?

① Shipper's Usance신용장에서 수출상이 부담하는 금융비용은 기한부환어음을 할인하는데 소요되는 환가료 등의 비용을 말하며, 통상적으로 미리 상품가격에 반영하여 수입상에게 그 비용을 전가한다.
② Domestic Banker's Usance신용장에서 수입상은 본인을 위하여 여신을 공여한 은행에 대해 그 보상으로 A/D Charge를 지불해야 한다.
③ Domestic Banker's Usance신용장은 Overseas Banker's Usance신용장과 달리 인수수수료와 할인료가 해외로 유출되지 않는다는 특징이 있다.
④ Overseas Banker's Usance신용장에서 인수수수료와 할인료는 개설은행으로 청구되며, 최종적으로 수입상이 부담하게 된다.

출제빈도 ★★   최신출제유형

12 다음 중 신용장의 조건변경과 취소에 대한 설명으로 옳지 <u>않은</u> 것은?

① 이미 개설된 신용장 조건 중 일부를 변경하거나 취소하기 위해서는 개설은행과 수익자 및 확인은행의 전원 합의가 있어야 한다.
② 확인은행은 조건변경서의 확인시점부터 임의로 취소하지 못한다.
③ 개설의뢰인이 신용장의 조건을 변경하고자 하는 경우에는 신용장 조건변경신청서와 변경된 매매계약서, 물품매도확약서 등을 제출해야 한다.
④ 수익자에 대한 조건변경이 있는 경우로서 해당 수익자가 조건변경을 수락하지 않고 침묵하고 있는 경우에는 수락한 것으로 간주한다.

출제빈도 ★★

13 다음 중 신용장의 조건변경 시 유의사항에 대한 설명으로 옳지 <u>않은</u> 것은?

① 무역거래조건이 CFR, CPT에서 CIF 또는 CIP로 변경되는 경우에는 보험서류의 명세와 보험조건을 추가로 명시해 주어야 한다.
② 해상운송에서 항공운송으로 운송방법이 변경되는 경우에는 선하증권(B/L)을 항공화물운송장(AWB)으로 변경하고 선적지 및 양륙지도 공항으로 변경해야 한다.
③ 수익자가 조건변경의 수락 통보를 하지 않은 채 변경된 신용장의 모든 조건에 일치하는 서류를 개설은행에 제시하더라도 수익자는 조건변경을 수락한 것으로 간주할 수 없다.
④ 다수에게 분할양도된 신용장의 조건변경은 이를 동의한 제2수익자에 대하여만 그 조건변경이 성립하게 된다.

정답 및 해설

09 ② 원산지증명서(Certificate of origin)는 부수서류(보충서류)에 해당한다.
10 ③ ① 인수신용장이므로 "ABC Bank by acceptance"라고 기재해야 한다.
② FOB조건이므로 "marked freight collect"로 표시해야 한다.
④ 부가조건에 개설은행의 담보권을 해하는 "L/C expired shall not be considered as a discrepancy"와 같은 조건은 저지하여야 한다.
11 ② Overseas Banker's Usance신용장에서 수입상은 본인을 위하여 여신을 공여한 은행에 대해 그 보상으로 A/D Charge를 지불해야 한다.
12 ④ 수익자의 침묵은 조건변경에 대한 수락으로 간주할 수 없다.
13 ③ 수익자가 조건변경의 수락 통보를 하지 않은 채 변경된 신용장의 모든 조건에 일치하는 서류를 지정은행 또는 개설은행에 제시하는 경우, 수익자는 조건변경을 수락한 것으로 간주한다.

출제빈도 ★★

14 신용장거래에서 발생하는 수수료와 이를 최종적으로 부담하는 자가 잘못 짝지어진 것은?

① 확인수수료 : 신용장에서 지시하는 당사자
② A/D Charge : 개설의뢰인
③ 통지수수료 : 해외의 수익자
④ 매입수수료 : 신용장에서 지시하는 당사자

출제빈도 ★★★

15 선적서류가 도착한 날의 익영업일을 초과하여 수입환어음을 결제하는 경우 그 초과기간에 대하여 별도로 징수하는 수수료를 무엇이라 하는가?

① GR. Charge ② 수입환어음 결제 환가료
③ 개설수수료 ④ A/D Charge

출제빈도 ★★★ 최신출제유형

16 다음 중 신용장 관련 수수료에 대한 설명으로 옳지 않은 것은?

① 인수수수료는 개설수수료보다 낮은 요율이 적용되며, 인수수수료와 개설수수료의 징수 기간이 중복되는 경우에는 그 중복기간에 해당하는 인수수수료를 환급해야 한다.
② 상환수수료는 일반적으로 금액에 관계없이 매 어음 건별로 일정액을 부과한다.
③ L/G보증료는 연리 3%의 요율을 적용하여 징수하고 L/G발급액 전액에 대하여 수입보증금을 적립하는 경우에는 보증료의 징수를 면제한다.
④ 선적서류의 도착통지일 이후 일정 기간 동안 대금결제를 유예시켜 주고 그 결제유예기간에 대하여 별도로 징수하는 수수료를 GR. Charge라고 한다.

출제빈도 ★★★

17 다음 중 은행의 서류심사기준에 대한 설명으로 옳지 <u>않은</u> 것은?

① 제시된 서류에 대하여 문면상 일치하는 제시인지의 여부를 단지 서류만에 의해서 심사해야 한다.
② 신용장에 명시된 서류의 일부가 제시되지 않거나 신용장에 명시된 원본 및 사본의 통수가 요청한 대로 제시되지 않으면 지급거절의 사유가 된다.
③ 제시된 서류 중 신용장에서 요구하지 않은 서류도 심사대상서류에 포함한다.
④ 은행은 서류접수 익일로부터 최장 5영업일까지 서류의 수리거절 여부를 결정하여 해당 서류의 제시인에게 그 결과를 통보해야 한다.

출제빈도 ★★   최신출제유형

18 다음 중 서류심사의 의무와 면책에 대한 설명으로 옳지 <u>않은</u> 것은?

① 은행은 서류심사 시 해당 서류의 형식이나 위조 여부, 법적 효력과 상품의 명세, 수량, 상태 등에 대하여 어떠한 의무나 책임을 부담하지 않는다.
② 은행은 제시된 서류가 신용장의 조건과 UCP600 및 국제표준은행관습에 일치하는지 여부를 서류제시일의 다음 날부터 7영업일 이내에 제시인에게 통보해야 한다.
③ 은행이 서류를 심사하기 전에 해당 서류가 위조 또는 변조되었음을 알았던 경우에는 면책되지 않는다.
④ 제시된 신용장에서 요구하지 않는 서류에 대해서는 은행이 심사해야 할 의무는 없다.

정답 및 해설

14 ④ 매입수수료는 해외의 수익자가 부담하는 것이 일반적이다.
15 ① GR. Charge에 대한 설명이다.
16 ① 인수수수료는 개설수수료보다 높은 요율이 적용되며, 인수수수료와 개설수수료의 징수기간이 중복되는 경우에는 그 중복기간에 해당하는 개설수수료를 환급해야 한다.
17 ③ 제시된 서류 중 신용장에서 요구하지 않은 서류는 심사하지 않아도 된다.
18 ② 은행은 제시된 서류가 신용장의 조건과 UCP600 및 국제표준은행관습에 일치하는지 여부를 서류제시일의 다음 날부터 5영업일 이내에 제시인에게 통보해야 한다.

19 다음 중 하자 있는 선적서류의 인도와 관련된 설명으로 가장 옳지 <u>않은</u> 것은?

① 선적서류와 신용장 조건과의 불일치를 이유로 개설의뢰인이 대금지급의 거절을 요구하는 경우, 그러한 사실을 수익자에게 통보해 주어야 한다.
② 개설은행이 결제를 거절한다는 사실을 통보하지 않는 경우에는 대금결제를 거절할 수 없다.
③ 하자 통보는 1회에 한하여 유효하며, 처음 통보하는 때에 명시하지 않았던 하자는 치유된 것으로 본다.
④ 서류상의 하자에도 불구하고 개설의뢰인이 결제에 동의하면 개설은행은 개설의뢰인의 서명동의서를 징구한 후 선적서류를 인도할 수 있다.

20 다음 중 수입물품선취보증서(L/G)에 대한 설명으로 옳지 <u>않은</u> 것은?

① 선하증권 원본을 제시하지 않고도 화물을 찾을 수 있도록 하기 위해 은행이 선박회사 앞으로 발행하는 연대보증서의 일종이다.
② 개설은행의 입장에서 수입물품선취보증서를 발급하는 것은 선하증권(B/L)의 발급과 동일한 효력을 가진다.
③ 수입물품선취보증서를 발급하게 되면 차후에 내도하는 서류에 하자가 있는 경우 대금지급을 거절할 수 있다.
④ 수입물품선취보증서의 발급은 은행이 의무적으로 응해야 하는 것은 아니다.

21 다음 중 수입물품대도(TR)에 대한 설명으로 옳지 <u>않은</u> 것은?

① 수입물품대도는 개설은행과 개설의뢰인 간의 계약이다.
② 개설은행이 수입화물에 대한 소유권을 유지하면서 개설의뢰인이 수입대금을 결제하기 전에 미리 화물을 처분할 수 있게 하여 대금결제의 편의를 제공한다.
③ 수입물품선취보증서에 의한 수입화물을 인도할 때 개설은행은 수입물품대도 약정을 체결함으로써 보증채무를 온전히 담보 받을 수 있다.
④ 개설의뢰인이 화물을 제3자에게 매각한 후에 개설은행에 수입대금을 결제하지 않는다면, 개설은행은 화물을 매입한 제3자에게 화물의 소유권을 주장할 수 있다.

22 다음은 인수신용장의 일부 내용이다. 이와 관련된 설명으로 옳지 <u>않은</u> 것은? (단, 다음의 인수신용장의 조건은 환어음과 일치하는 제시라고 가정함)

41a Available with … by …	: CONFIRMING BANK BY ACCEPTANCE
42C Draft at	: 15 DAYS AFTER SIGHT
42a Drawee	: CONFIRMING BANK

① 일자후정기출급으로서, 어음의 지급인이 인수한 날로부터 만기가 기산된다.
② 환어음의 지급인은 확인은행이다.
③ 위 인수신용장에 의한 환어음의 만기일은 초일을 산입하지 않고 그 다음 날부터 계산하여 산정한다.
④ 위 신용장에서 명시한 어음기한을 일수가 아닌 월에 의하여 정할 때에는 지급해야 하는 달에 대응되는 날을 만기일로 본다.

23 다음 중 기한부환어음의 인수에 대한 설명으로 옳지 <u>않은</u> 것은?

① 인수(Acceptance)란 기한부환어음의 지급인이 만기일에 대금을 지급할 것임을 약속하는 행위를 말한다.
② Shipper's Usance신용장의 경우, 어음의 지급인은 개설의뢰인이 된다.
③ 환어음의 인수는 지급인이 어음에 인수의 뜻을 기재하고 기명날인 또는 서명하는 것을 원칙으로 한다.
④ 일람후정기출급어음의 경우에는 인수인의 기명날인 또는 서명과 함께 인수일자를 기재해야 한다.

정답 및 해설

19 ① 개설은행은 하자 있는 서류로 인한 대금지급의 거절사실을 그 서류의 제시인에게 통지해야 한다.
20 ③ 수입물품선취보증서를 발급하게 되면 차후에 내도하는 서류에 하자가 있는 경우 대금지급을 거절할 수 없다.
21 ④ 수입물품대도는 개설은행과 개설의뢰인 간의 계약이므로, 선의의 제3자에 대하여는 대항할 수 없기 때문에 개설은행은 화물을 매입한 제3자에게 화물의 소유권을 주장할 수 없다.
22 ① 문제에서 제시된 인수신용장의 조건과 일치하는 환어음은 일람후정기출급(after sight)이다. 일자후정기출급은 'after B/L date' 또는 'after draft's date'와 같이 특정한 일자를 기준으로 만기일을 산정하는 어음이다.
23 ② Shipper's Usance신용장의 경우, 어음의 지급인은 개설은행이 된다.
  참고 개설의뢰인은 기한부환어음의 지급인이 될 수 없음

24 선하증권과 기한부환어음에서 다음과 같은 조건이 명시된 경우, 국제표준은행관행(ISBP 821)에 의한 기한부환어음의 만기일은 언제인가?

- 선하증권에 명시된 조건
  - Loaded on board vessel date : Dec. 13, 20X1
  - Place and Date of Issue : Dec. 12, 20X1 SEOUL
- 기한부환어음에 명시된 조건
  - 어음기한 : At 1 month after B/L date
- 어음의 지급인은 20X1년 12월 17일에 인수함

① Jan. 12, 20X2
② Jan. 13, 20X2
③ Jan. 14, 20X2
④ Jan. 17, 20X2

25 개설은행에 다음의 조건이 명시된 Shipper's Usance신용장과 선적선하증권이 202X년 4월 24일에 접수되었다면, 환어음의 만기일은 언제인가? (단, 제시된 서류는 신용장의 조건과 일치한다고 가정함)

- 환어음의 발행일 : April 21, 202X
- 선적선하증권의 발행일자 : April 19, 202X
- 환어음의 만기일 : At 60 days after sight
- 선적선하증권상의 본선적재일자 : 없음

① June 18, 202X ② June 21, 202X
③ June 23, 202X ④ June 24, 202X

26 상환은행으로 하여금 매입은행 등의 상환청구요청에 대하여 개설은행이 그 대금을 지급할 것을 요구하는 서류로서, 개설은행이 상환방식의 신용장을 개설하는 즉시 상환은행에서 발송하는 것은 무엇인가?

① 상환수권서   ② 상환청구서
③ 상환확약서   ④ 상환계획서

27 상환수권서에 대한 설명으로 옳지 않은 것은?

① 신용장의 각종 조건을 포함할 수 있으며, 신용장의 제 조건과 일치한다는 증명서를 요구할 수 있다.
② 매입은행 등의 상환청구에 대하여 상환은행이 언제 개설은행의 계좌에서 대금을 지급할 것인지를 개설은행 앞으로 먼저 통보하여 주도록 요구하는 것을 계좌차기 선통지라고 한다.
③ 상환청구 선통지의 지시사항은 반드시 신용장에 명시되어야 한다.
④ 상환방식하에서는 선적서류가 개설은행에 도착하기 전에 미리 대금이 지급된다.

28 다음 상환은행의 상환청구처리에 대한 내용 중 빈칸에 들어갈 내용으로 가장 적절한 것은?

> A reimbursing bank shall have a maximum of ( ) following the day of receipt of the reimbursement claim to process the claim. A reimbursement claim received outside banking hours will be deemed to be received on the next following banking day.

① three banking days
② five banking days
③ seven banking days
④ ten banking days

정답 및 해설

24 ② 특정일자인 B/L date를 기준으로 하여 만기일이 산정되는 일자후정기출급 환어음은 어음지급인의 인수일과 관계없이 만기일이 확정되며, 지정일자의 다음 날 또는 해당 월의 대응일이 만기일이 된다. 사례의 선하증권상의 B/L date는 20X1년 12월 13일이므로, 만기일은 그로부터 1달 후인 20X2년 1월 13일이다.

25 ③ 일람후정기출급(after sight)은 제시된 서류가 신용장의 조건에 일치하는 경우, 개설은행이 서류를 접수한 날(202X년 4월 24일)의 다음 날을 환어음 만기의 기산일로 하여 만기일을 산정하므로, 환어음의 만기일은 202X년 6월 23일이 된다.

26 ① 상환수권서(RA : Reimbursement Authorization)에 대한 설명이다.

27 ① 신용장과는 독립된 별도의 지시이므로 신용장의 각종 조건을 포함하거나, 신용장의 제 조건과 일치한다는 증명서를 요구해서는 안 된다.

28 ① 상환은행은 상환청구를 처리하는 데 있어, 상환청구의 접수 다음 날로부터 (3은행영업일)을 초과하지 않는 범위 내에서 상당한 시간을 가지며, 은행영업시간을 경과하여 접수된 상환청구는 다음 은행영업일에 접수된 것으로 간주한다. (URR 725 제11조 a항)

29 D/P와 D/A 결제방식에 대한 설명으로 옳지 않은 것은?

① D/P와 D/A거래의 대금결제는 수입상이 자기 거래은행에 추심을 의뢰하여 수출상으로부터 대금을 회수하는 방식이다.
② D/P와 D/A 결제방식에서는 신용장방식과 달리 개설수수료나 인수수수료 등의 비용이 소요되지 않는다.
③ 추심지시서에 D/P조건인지 D/A조건인지 명확하게 표시되지 않은 경우에는 D/P조건인 것으로 간주한다.
④ D/P와 D/A거래는 수출입상 간의 매매계약서에 근거한 거래이므로 은행의 지급에 대한 보증이 없다.

30 D/P와 D/A거래의 특징으로 옳지 않은 것은?

① D/P, D/A거래는 추심에 관한 통일규칙(URC522)이 적용된다.
② D/P, D/A거래에 관여하는 은행은 대금지급에 관한 책임을 부담하지 않는다.
③ 해외현지법인 및 해외지점을 통한 본지사 간 거래는 신용장보다 D/P, D/A를 통한 거래가 많이 이용되고 있다.
④ 최근 세계무역시장이 판매자시장(Seller's market)으로 전환됨에 따라 수출상의 대금결제위험을 줄이고자 D/P, D/A거래가 감소되는 추세이다.

31 다음 중 추심은행의 의무와 관련하여 면책되는 사항으로 옳지 않은 것은?

① 화환추심과 관련된 물품의 보관 또는 보험가입
② 추심의뢰은행의 지시에 의하여 발생한 손해와 비용
③ 서류의 형식, 충분성, 정확성, 진정성, 위조 여부, 법적인 효력
④ 추심지시서에 명시된 서류의 종류 및 통수의 확인

32 다음 인수인도방식(D/A)의 결제과정에 대한 설명 중 괄호 안에 들어갈 거래당사자를 순서대로 나열한 것은?

> 수출상과 수입상은 매매계약을 체결하고 D/A거래를 하기로 합의한다. 수출상인 (A)은 계약서에 명기된 선적서류와 수입상을 (B)으로 하는 기한부환어음을 (C)에 송부하고, 추심의뢰서의 작성 및 대금의 추심을 의뢰한다. 추심의뢰은행은 제시된 서류와 환어음을 수입지의 (D)으로 송부한다.

	A	B	C	D
①	추심의뢰인	지급인	추심은행	추심의뢰은행
②	지급인	추심의뢰인	추심의뢰은행	추심은행
③	추심의뢰인	지급인	추심의뢰은행	추심은행
④	지급인	추심의뢰인	추심은행	추심의뢰은행

33 추심지시서는 추심의 방식이 D/P인지 또는 D/A인지를 명시하고 있어야 한다. 다음 중 D/A 거래방식으로 간주되는 추심지시서상의 표현으로 옳은 것은?

① deliver documents against payment
② at 60 days after the date of draft
③ D/P, at 30 days after B/L date
④ at sight on arrival of vessel

정답 및 해설

29 ① D/P, D/A거래의 대금결제는 추심에 의한 방법으로 이루어지는데, 수출상이 자기 거래은행에 추심을 의뢰하여 수입상으로부터 대금을 회수하는 역청구의 방식이다.

30 ④ 최근 세계무역시장은 구매자시장으로 전환되고 있어 수출상이 대금결제위험을 부담하더라도 계약을 체결하기 위해 수입상에게 유리한 D/P, D/A방식으로 거래를 하고 있다.

31 ④ 추심은행은 접수된 서류가 외관상 추심지시서에 명시된 서류의 종류 및 통수와 일치하는지 여부를 확인해야 하며, 만약 누락되거나 다른 서류로 확인되면 지체 없이 추심의뢰은행에 통지해야 한다.

32 ③ 수출상과 수입상은 매매계약을 체결하고 D/A거래를 하기로 합의한다. 수출상인 (추심의뢰인)은 계약서에 명기된 선적서류와 수입상을 (지급인)으로 하는 기한부환어음을 (추심의뢰은행)에 송부하고, 추심의뢰서의 작성 및 대금의 추심을 의뢰한다. 추심의뢰은행은 제시된 서류와 환어음을 수입지의 (추심은행)으로 송부한다.

33 ② 추심지시서에 "at 60 days after the date of draft", "deliver documents against acceptance", "30 days after sight" 등과 같이 명시한 표현은 D/A조건으로 간주된다.

출제빈도 ★★★

34 다음의 설명과 관련된 보증신용장은 무엇인가?

> OA(Open Account)거래와 같은 사후송금방식의 무역거래와 관련하여 수입상이 원인계약에서 정한 결제방식에 따른 대금지급을 이행하지 않을 경우 수출상에게 매매대금을 지급할 것을 약정하는 보증신용장으로서, 그 성격에서 볼 때 화환신용장과 유사한 기능을 수행한다고 볼 수 있다.

① Performance Standby L/C
② Advance Payment Standby L/C
③ Retention Standby L/C
④ Commercial Standby L/C

출제빈도 ★★★

35 다음 중 보증신용장의 특징에 대한 설명으로 옳지 않은 것은?

① 무역외거래의 결제, 금융의 담보 또는 각종 채무이행의 보증을 주된 목적으로 하여 발행되는 신용장이다.
② 차입금의 상환을 보장하기 위한 수단으로 구상보증신용장(Counter Standby L/C)이 사용된다.
③ 화환신용장과 함께 신용장통일규칙(UCP600)을 적용하고 있으나, 적용 가능한 조항이 적어 별도의 구체적인 규칙인 보증신용장통일규칙(ISP98)을 제정하게 되었다.
④ 보증서를 발행한 보증인은 주채무에 대하여 2차적으로 보충적인 책임을 지는 데 비해, 보증신용장의 개설은행은 1차적이고 독립적인 채무를 부담한다.

출제빈도 ★★ **최신출제유형**

36 다음 중 청구보증에 대한 설명으로 옳은 것은?

① 보증인은 수익자의 지급청구가 불일치하는 지급청구일 경우에만 지급을 거절할 수 있다.
② 청구보증은 보증신용장에 대해 적용되고 있는 보증신용장통일규칙(ISP98)을 준용하고 있다.
③ 간접보증하에서 지시당사자는 원인거래의 주채무자 본인이 되며, 주채무자를 위하여 행동하는 제3자가 될 수 없다.
④ 간접보증하에서 제2차 보증서(Demand Guarantee)를 발행하는 은행을 보증인이라고 하며, 그 보증인은 구상보증의 수익자가 된다.

출제빈도 ★　최신출제유형

37 다음 중 청구보증의 간접보증(4자보증) 당사자에 대한 설명으로 옳지 <u>않은</u> 것은?

① 지시당사자는 원인계약에 기초한 채권자로서 보증의 수혜자를 의미한다.

② 지시당사자는 보통 원인거래의 주채무자 본인이 되는 것이 일반적이나 제3자가 될 수도 있다.

③ 구상보증인은 다른 은행이 원인계약상의 채권자를 수익자로 하는 보증서를 발행할 수 있도록 동 은행을 수익자로 하는 구상보증서를 발행하는 은행을 의미한다.

④ 보증인은 자신을 수익자로 하여 발행된 구상보증에 근거하여 스스로가 보증인이 되어 최종 수익자 앞으로 제2차 보증서를 발행하는 수익자의 거래은행을 의미한다.

정답 및 해설

34　④　Commercial Standby L/C(상업보증신용장)에 대한 설명이다.

35　②　차입금의 상환을 보장하기 위한 수단으로 금융보증신용장(Financial Standby L/C)이 사용되며, 구상보증신용장(Counter Standby L/C)은 수익자가 신용장의 지시에 따라 별도의 신용장 또는 보증서를 발행함에 있어서 부담해야 하는 채무를 담보할 목적으로 사용된다.

36　④　① 보증인은 수익자의 지급청구가 불일치하는 경우뿐만 아니라 사기적 청구, 권리남용적 청구일 경우에도 지급을 거절할 수 있다.
　　　　② 청구보증에 대해서는 청구보증통일규칙(URDG758)이 적용된다.
　　　　③ 간접보증하에서 지시당사자는 보통 원인거래의 주채무자 본인이 되는 것이 일반적이나 주채무자를 위해 행동하는 제3자가 될 수도 있다.

37　①　수익자에 대한 설명이다.

38 낙찰이 이루어진 후 해당 낙찰자가 계약체결이나 계약이행을 불이행하는 데에 따르는 위험을 담보하기 위한 보증으로서, 보증금액이 통상적으로 입찰금액의 1~10%에 이르는 청구보증을 무엇이라 하는가?

① Bid Standby(입찰보증)
② Performance Standby(이행보증)
③ Retention Standby(유보금보증)
④ Advance Payment Standby(선수금보증)

39 청구보증 중 보강진술서에 대한 설명으로 옳지 않은 것은?

① 채무불이행 진술서의 일종으로 지급청구 시 필수로 제시되어야 한다.

② 보증의뢰인의 원인계약이나 입찰조건에 따른 의무불이행, 구체적인 계약위반 내용을 포함해야 한다.

③ 채무불이행의 진술에는 수익자의 일방적 선언만 있으며, 일반적으로 구체적 사실에 대한 입증자료는 요구되지 않는다.

④ 보증서가 기본계약의 불이행을 증명하는 제3자 작성서류의 제시를 요구하더라도 해당 서류를 반드시 제출해야 하는 것은 아니다.

정답 및 해설

38 ① Bid Standby(입찰보증)에 대한 설명이다.

39 ④ 보증서가 기본계약의 불이행을 증명하는 제3자 작성서류의 제시를 요구하는 경우 수익자는 반드시 제3자가 작성한 서류를 추가로 제출해야 한다.

금융·자격증 전문 교육기관 해커스금융
fn.Hackers.com

■ 출제경향 및 학습전략

수출실무는 제1과목 전체 35문제 중 총 10~12문제 정도 출제된다.

수출실무는 앞서 배웠던 제1장 수출입실무 기초와 제2장 수입실무의 내용과 비슷하며 주로 이해보다는 암기해야 할 부분이기 때문에 어렵지 않게 학습할 수 있다. 서류의 심사 및 매입 파트에서 특히 신용장, 상업송장, 운송서류의 심사는 출제빈도가 높은 내용이므로 철저히 암기해두면 쉽게 고득점할 수 있을 것이다.

■ 빈출포인트

구 분	문제번호	빈출포인트	출제빈도
신용장의 통지·확인·양도 (20%)	01	신용장의 통지, 조건변경 및 취소	★★★
	02	신용장의 확인	★★
	03	신용장의 양도	★★★
서류의 심사 및 매입 (60%)	04~05	신용장의 심사	★★
	06	신용장의 유효기일 및 제시장소	★★★
	07	신용장의 서류제시기간	★★★
	08	신용장의 금액 및 수량의 과부족	★★
	09	일자와 관련된 각종 용어의 해석	★★★
	10	분할선적과 할부선적 및 환적	★★
	11	환어음의 의의와 종류 및 거래당사자	★
	12	환어음의 기재사항과 심사 시 유의사항	★★
	13	상업송장	★★★
	14	선하증권의 의의와 심사	★★
	15	선하증권에 관한 지시문언의 해석	★★★
	16	자동수리가 인정되는 서류와 인정되지 않는 서류	★★★
	17	그 밖의 주요 운송서류	★★
	18	보험서류와 기타 서류	★★
	19	하자 있는 서류의 처리	★★★
수출대금의 사후관리 및 수출실적 (20%)	20	수출실적의 인정범위	★★★
	21	수출실적의 인정시기	★
	22~23	수출실적의 인정금액	★★

해커스 **외환전문역** Ⅱ종 최종핵심정리문제집

제1과목 수출입실무

제3장
수출실무

개념완성문제 제3장 | 수출실무

✓ 개념완성문제를 통해 외환전문역 Ⅱ종 시험에 나오는 개념을 이해할 수 있습니다.
✓ 다시 봐야 할 문제(틀린 문제, 풀지 못한 문제, 헷갈리는 문제 등)는 문제 번호 하단의 네모박스(□)에 체크하여 반복 학습할 수 있습니다.

신용장의 통지, 조건변경 및 취소 [출제빈도 ★★★]

01 다음 중 통지은행과 신용장의 조건변경에 대한 설명으로 옳지 <u>않은</u> 것은?

① 개설은행으로부터 통지를 요청받은 은행은 반드시 수익자에게 신용장을 통지해야 한다.
② 확인은행이 아닌 통지은행은 신용장에 대한 외견상 진정성을 확인할 의무만 있을 뿐, 일치하는 제시에 대하여 결제 또는 매입해야 하는 의무는 없다.
③ 통지하고자 하는 신용장의 외견상 진정성을 확인할 수 없는 경우에는 그러한 사실을 개설은행에 통보해야 한다.
④ 확인신용장의 조건변경은 개설은행, 확인은행, 수익자 전원의 합의가 있어야 할 수 있다.

신용장의 확인 [출제빈도 ★★]

02 다음 중 확인은행의 권리와 의무에 대한 설명으로 옳지 <u>않은</u> 것은?

① 확인은행은 일치하는 제시에 해당하는 서류를 송부한 다른 지정은행에 대하여 신용장 대금을 상환해야 할 의무가 있다.
② 매입에 의해 사용 가능한 신용장이 일치하는 제시임에도 불구하고 지정은행이 매입을 행하지 않는 경우, 확인은행은 매입해야 할 의무를 부담한다.
③ 신용장의 조건과 불일치하는 서류에 대해서 확인은행은 그 신용장의 확인에 따른 어떠한 의무도 부담하지 않는다.
④ 확인은행이 신용장의 조건변경에 관해 확인을 추가하지 않는다면, 그러한 사실을 개설은행과 수익자에게 지체 없이 통보해야 한다.

정답 및 해설

01 ① 개설은행으로부터 통지를 요청받은 은행은 반드시 개설은행의 지시에 따라야 할 의무는 없다.
02 ② 매입에 의해 사용 가능한 신용장에 대해서 그 지정은행이 매입을 행하지 않는 경우, 확인은행은 결제를 해야 한다.

신용장의 양도 〈출제빈도 ★★★〉

03 다음 중 신용장의 양도와 관련된 설명으로 옳지 않은 것은?

① 분할선적이 허용되는 경우 신용장은 두 사람 이상의 제2수익자에게 분할양도될 수 있다.
② 신용장에 'transferable'이라고 명시된 경우에 한하여 양도가 가능하고, 그 이외에 다른 용어(divisible, transmissible 등)가 사용되는 신용장은 양도될 수 없다.
③ 신용장을 양도할 때 감액된 신용장 금액분에 대하여 제1수익자의 권리를 보호하기 위해 송장금액에 대한 부보비율을 낮출 수 있다.
④ 신용장이 다수의 제2수익자에게 양도된 경우, 일부 양수인이 조건변경사항을 거절한다고 해서 모두에게 무효가 되는 것은 아니다.

신용장의 심사 〈출제빈도 ★★〉

04 신용장의 확인에 대한 설명으로 옳지 않은 것은?

① 확인은 개설은행의 확약에 제3의 은행이 추가하여 확약하는 것을 말한다.
② 확인은 취소불능신용장(Irrevocable Credit)을 대상으로 한다.
③ 확인은 수익자가 발행한 환어음을 어음발행인에게 상환청구권을 행사하지 않는 조건(Without Recourse)으로 매입할 것을 확약하는 것이다.
④ 확인은행이 원신용장에 확인을 추가하였다면 조건변경서에도 반드시 확인을 해야 한다.

정답 및 해설

03 ③ 신용장의 금액을 감액하여 양도하는 경우, 부보금액도 감소함에 따라 원신용장이 요구하였던 부보금액과 비교하여 미달액이 발생하게 되기 때문에 신용장의 양도 시에는 감액분을 고려하여 부보비율을 높일 수 있다.
04 ④ 확인은행이 원신용장에 확인을 추가하였다는 이유로 조건변경서에도 반드시 확인을 해야 하는 것은 아니며, 조건변경서에 확인을 추가할지 여부는 확인은행의 권한에 속한다. 단, 확인은행은 조건변경서에 확인을 추가하여 통지한 시점부터 이를 임의로 취소할 수 없다.

신용장의 심사

05 다음과 같은 조건의 신용장을 통지받았을 경우 독소조항에 해당하지 <u>않는</u> 것은?

출제빈도 ★★

① Usance draft must be negotiated at sight basis regardless of draft tenor. And acceptance commission and discount charges are for buyer's account.

② Payment will be effected on maturity under condition that we must receive the proceeds under L/C No. 0000 issued by 000 Bank.

③ Bill of lading bearing a clause such as 'Shipper's load and count' is not acceptable.

④ This credit will be operative upon conditions that inspection certificated issued and signed by applicant.

신용장의 유효기일 및 제시장소

06 아래는 신용장 조건 중 유효기일과 장소 및 이용방법에 관한 내용이다. 다음 중 아래의 신용장 조건에 대한 설명으로 옳지 <u>않은</u> 것은?

출제빈도 ★★★

| 31D Date and Place of Expiry | : 2X/01/06 JORDAN |
| 41a Available with … By … | : ANY BANK, BY NEGOTIATION |

① 유효기일의 종료장소는 국가명, 도시명과 같이 지리적 지역으로 표시할 수 있다.

② 202X년 1월, 반군의 테러와 전쟁으로 인해 은행의 업무가 중단되었고, 그 당시 수익자로부터 서류가 제시되지 않았다면, 은행은 매입해야 할 의무가 없다.

③ 어떤 지정은행이 수익자로부터 서류를 수리한 상태에서 유효기일 전에 불가항력적 사유가 발생하여 업무가 중단된 경우, 그 개설은행은 결제할 책임이 없다.

④ 수익자는 매입에 의하여 이용 가능한 신용장을 어떠한 은행에서도 제시할 수 있다.

정답 및 해설

05 ① ② 개설은행의 결제책임을 면탈시키는 조항으로 독소조항이다.
③ 실무관행 등으로 미루어 사실상 이행이 불가능한 조건이 삽입된 조항으로 독소조항이다.
④ 신용장의 유효성을 제약하는 조항으로 독소조항이다.

06 ③ 지정은행이 서류를 수리한 상태에서 유효기일 전에 불가항력적 사유가 발생하여 은행의 업무가 중단된 경우라 하더라도 개설은행은 그러한 사유가 해제되어 업무가 재개되었을 때에 반드시 이를 결제해야 한다.

신용장의 서류제시기간

출제빈도 ★★★

07 다음 중 서류제시기간 산정 시 기산일이 되는 선적일자에 대한 설명으로 옳지 <u>않은</u> 것은?

① 서류제시기간의 최종일이 은행의 통상적인 휴무일에 해당하는 경우 유효기일과는 달리 자동 연장되지 않는다.

② Ocean B/L의 경우, 서류 발행일을 선적일자로 보지만 선하증권상에 본선적재부기가 별도로 표시되어 있는 경우에는 그 본선적재일(On board date)을 선적일자로 본다.

③ 동일한 운송수단에 두 세트 이상의 운송서류가 제시되는 경우, 제시된 운송서류상에서 가장 늦은 선적일을 선적일자로 본다.

④ 환적으로 인하여 하나의 운송서류에 복수의 본선적재부기가 표시되어 있는 경우, 가장 빠른 본선적재일을 선적일자로 본다.

신용장의 금액 및 수량의 과부족

출제빈도 ★★

08 곡물을 수입하는 수입상이 개설한 신용장에서 수량의 과부족을 금지하는 조건이 없다면, 다음과 같이 용어를 사용한 경우에 해석한 내용으로 옳은 것은? (단, 각 보기는 독립적이며, 문제에서 제시된 것 외의 다른 요건들은 무시함)

① about US$10,000 : 미화 9,500달러에서 10,500달러까지 허용된다.

② around 1,000MT : 900톤에서 1,100톤까지 허용된다.

③ 100Cartons : 95상자에서 105상자까지 허용된다.

④ JP¥1,000,000 : 950,000엔까지 허용된다.

정답 및 해설

07 ① 서류제시기간의 최종일이 은행의 통상적인 휴무일에 해당하는 경우, 유효기일의 경우와 마찬가지로 그 휴무일이 지난 후 최초 영업일까지 자동 연장된다.

08 ④ ① 미화 9,000달러에서 11,000달러까지 허용된다. 신용장 금액 앞에 'about'이나 'approximately'의 용어가 사용된 경우, 금액의 10% 범위 내의 과부족이 허용되기 때문이다.
② 950톤에서 1,050톤까지 허용된다.
③ 100상자를 선적해야 한다. 신용장의 상품 수량이 포장단위(Container, Carton, Pallet)로 명시되어 있으므로, 5% 과부족 용인조항이 적용되지 않기 때문이다.

일자와 관련된 각종 용어의 해석　　　　　　　　　　　　　　　　　　출제빈도 ★★★

09 아래와 같이 신용장에서 명시한 선적기일과 관련하여 빈칸에 다음의 용어가 사용된 경우, 최종 선적일 또는 선적기간을 해석한 내용으로 옳지 <u>않은</u> 것은?

> Shipment must be effected (　　　) May 3, 202X.

① until : 202X년 5월 3일

② not later than 2 days after : 202X년 5월 4일

③ before : 202X년 5월 2일

④ on or about : 202X년 4월 28일부터 202X년 5월 8일까지

분할선적과 할부선적 및 환적　　　　　　　　　　　　　　　　　　출제빈도 ★★

10 다음 중 분할선적과 할부선적에 대한 설명으로 옳지 <u>않은</u> 것은?

① 신용장에 분할선적에 관하여 어떠한 언급이 없는 경우, 이를 허용하는 것으로 해석한다.

② 신용장에서 요구하는 물품을 둘 이상의 운송수단에 나누어 선적하는 것은 무조건 분할선적으로 간주한다.

③ 선적일자와 선적지가 다른 두 세트의 운송서류가 제시되더라도, 선박명과 선적항 및 출항일자가 동일하다면 분할선적으로 간주되지 않는다.

④ 어느 한 기간의 할부선적을 이행하지 못하면 당해 할부분을 포함하여 그 이후의 모든 잔여 할부분에 대해 신용장은 무효가 된다.

정답 및 해설

09　②　선적기간을 정함에 있어 'after' 또는 'before'의 용어가 사용된 경우에는 명시된 일자를 제외하므로, 늦어도 5월 3일을 제외하고 2일 후인 5월 5일까지 선적되어야 한다고 해석한다.

10　③　선적일자 또는 선적장소가 다른 두 세트 이상의 운송서류가 제시되더라도, 운송서류 상호 간의 운송수단(선박명)과 운송구간 및 목적지(도착항)가 모두 동일하다면 분할선적으로 간주되지 않는다.

환어음의 의의와 종류 및 거래당사자 `출제빈도 ★`

11 다음 중 환어음에 대한 설명으로 옳지 <u>않은</u> 것은?

① 신용장은 개설의뢰인을 지급인으로 하는 환어음에 의하여 이용 가능하도록 개설될 수 없다.
② 추심결제방식(D/P, D/A)의 경우에는 일반적으로 수입상을 환어음의 발행인으로 본다.
③ 환어음의 수취인이란 환어음금액을 지급받을 자로서, 어음의 발행인 또는 그가 지정하는 매입은행, 추심의뢰은행 등을 말한다.
④ 환어음은 요식증권으로서, 법에서 정하는 일정한 형식을 갖추지 못한 경우에는 어음으로서의 법적 효력이나 구속력을 상실하게 된다.

> **용어 알아두기**
> **요식증권** 증권에 기재되어야 하는 사항이 법으로 규정되어 있는 유가증권을 말한다.

환어음의 기재사항과 심사 시 유의사항 `출제빈도 ★★`

12 다음 중 환어음의 심사 시 유의해야 할 사항에 대한 설명으로 옳지 <u>않은</u> 것은?

① 양도된 신용장을 제외하고 환어음은 반드시 수익자에 의해 발행되어야 한다.
② 상업송장이 신용장 금액을 초과하여 발행된 경우를 제외하고 환어음은 상업송장의 금액과 일치해야 한다.
③ 환어음은 반드시 선적서류상의 최종 선적일 이전에 발행되어야 한다.
④ 연지급신용장(Deferred payment L/C)하에서는 환어음을 발행하지 않는다.

정답 및 해설

11 ② 추심결제방식(D/P, D/A)의 경우에는 일반적으로 수입상을 환어음의 지급인으로 본다.
12 ③ 환어음의 발행일은 반드시 신용장의 유효기일 이내여야 한다.

상업송장

13 다음 중 상업송장에 대한 설명으로 옳은 것은?

① 신용장에서 Invoice라는 표제의 서류를 요구하였다면, Commercial Invoice, Pro-forma Invoice 등을 포함한 어떠한 종류의 송장도 수리할 수 있다.
② 신용장이 양도된 경우가 아니라면, 상업송장은 반드시 개설의뢰인(Applicant)이 발행한 것으로 나타나야 하며, 신용장상의 수익자(Beneficiary) 앞으로 발행되어야 한다.
③ 신용장에서 명시적으로 요구하지 않더라도 서명이나 일자를 필요로 한다.
④ 상업송장에 명시된 수익자 및 개설의뢰인의 주소는 신용장에 기재된 주소와 정확히 일치할 필요는 없으나, 동일한 국가에 위치하고 있어야 한다.

출제빈도 ★★★

선하증권의 의의와 심사

14 신용장에서 요구하고 있는 선하증권에 반드시 서명을 해야 하는 자로 모두 묶인 것은?

| 가. 운송인(Carrier) | 나. 선주(Owner) | 다. 선장(Master or Captain) |
| 라. 용선자(Charterer) | 마. 운송중개인(Forwarder) | |

① 가, 나
② 가, 다
③ 나, 라
④ 나, 마

출제빈도 ★★

용어 알아두기
용선자 용선계약에 따라 선주로부터 선박을 빌려 자기 혹은 타인을 위해 화물운송을 하는 자를 말한다.

정답 및 해설

13 ④   ① Pro-forma Invoice는 신용장에서 허용하지 않는 한 수리할 수 없다.
② 신용장이 양도된 경우가 아니라면, 상업송장은 반드시 수익자(Beneficiary)가 발행한 것으로 나타나야 하며, 신용장상의 개설의뢰인(Applicant) 앞으로 발행되어야 한다.
③ 신용장에서 명시적으로 요구하고 있지 않는 한, 상업송장은 서명이나 일자를 필요로 하지 않는다.

14 ②   선하증권은 운송인(Carrier)이나 선장(Master or Captain), 또는 그들의 대리인(Agent)에 의해 서명되어야 한다.

선하증권에 관한 지시문언의 해석

15 신용장에 명시된 선하증권에 관한 아래 지시문언의 해석으로 <u>틀린</u> 것은?

> Full set of clean on board ocean bills of lading made out to order of ABC Bank marked freight prepaid and notify accountee.

① 본선적재부기가 없는 수취선하증권의 수리는 불가능하다.
② 지시식으로 발행된 선하증권으로서, 선하증권의 수하인란에 'To ABC Bank'와 같이 기명식으로 발행하는 것은 하자가 된다.
③ 수출상과 수입상이 체결한 무역거래조건은 C그룹 또는 D그룹이다.
④ 운송인은 착하통지처인 수익자에게 화물의 도착사실을 통지해야 한다.

용어 알아두기

수하인 (Consignee) 도착지에서 운송인에게 화물의 인도를 청구할 수 있는 선하증권상의 권리자로서, 신용장거래에서는 보통 개설은행이 지정되는 것이 일반적이다.

착하통지처 (Notify party) 화물이 도착하였을 때 운송인이 화물의 도착사실을 통지해 주어야 하는 당사자를 말한다.

자동수리가 인정되는 서류와 인정되지 않는 서류

16 선하증권의 뒷면에 기재되는 상세한 운송약관이 생략된 채, 그 일부 또는 전부에 대해 다른 서류를 참조하도록 표시하고 있는 선하증권을 무엇이라 하는가?

① Unknown Clause B/L
② Short Form B/L
③ Stale B/L
④ Foul B/L

정답 및 해설

15 ④ 화물이 목적지에 도착하였을 때, 착하통지처인 개설의뢰인(Accountee)에게 화물의 도착사실을 통지해야 한다.
16 ② Short Form B/L(약식선하증권)에 대한 설명이다.

그 밖의 주요 운송서류

17 다음의 설명에 해당하는 운송서류는 무엇인가?

- 해당 운송서류에 기재되는 수하인은 항상 기명식으로만 발행되어야 한다.
- 원본 3매와 부본 6매로 구성되어 있으며, 각 원본은 운송인 및/또는 송하인의 서명이 필요하다.
- 운송계약의 체결사실과 화물의 운송을 위하여 수리되었음을 증명하는 화물운송증서의 성격을 가지고 있을 뿐, 배서양도에 의한 권리 이전이 가능한 유통증권으로 보지 않는다.

① Charter Party Bill of Lading
② Air Waybill
③ Non-Negotiable Sea Waybill
④ Ocean Bill of Lading

보험서류와 기타 서류

18 다음 중 보험서류에 대한 설명으로 옳지 않은 것은?

① 보험서류는 보험회사나 보험업자 또는 그들의 대리인에 의해 서명되고 발행되어야 한다.
② 부보금액은 신용장과 동일한 통화로 표시하고 신용장에 명시된 부보비율 이상이어야 한다.
③ 신용장에서 보험증명서를 요구한 경우, 보험증명서 대신에 보험증권을 제시할 수 있다.
④ 부보각서(Cover Note)란 보험중개업자가 발행한 보험의 예약각서로서, 부보의 사실을 인정받을 수 있는 보험서류이기 때문에 보험금에 대한 직접적인 청구가 가능하다.

정답 및 해설

17 ② 항공화물운송장(Air Waybill)에 대한 설명이다.
18 ④ 부보각서를 통하여 부보의 사실을 인정받을 수 없기 때문에 보험금에 대한 직접적인 청구권도 인정되지 않는다.

하자 있는 서류의 처리

19 다음은 개설은행에 접수된 Covering Letter 중 일부의 내용이다. 이와 관련된 매입은행의 하자 있는 서류의 처리방법으로 옳은 것은?

출제빈도 ★★★

> Our Ref. 7060411CABLE
> May we negotiate despite following discrepancies :
> 1) Late shipment   2) Late presentation   3) Transhipment
> Your soonest reply really appreciated.

① 보증부 매입
② 유보부 매입
③ 전신조회 후 매입
④ 추심 후 지급

수출실적의 인정범위

20 다음 중 대외무역관리규정상 수출실적 인정 범위로 볼 수 <u>없는</u> 것은?

출제빈도 ★★★

① 물품을 유상으로 해외에 수출한 실적
② 북한에 물품을 무상으로 반출한 실적
③ 무상으로 반출한 해외박람회 출품작을 현지에서 매각한 실적
④ 내국신용장에 의하여 수출업자에게 원자재를 공급한 실적

정답 및 해설

19 ③ 전신(Cable)을 통해 서류의 하자를 통지하고 그 매입 가능 여부를 조회하여 승인을 받은 후에 매입하는 방법을 전신조회 후 매입(Cable negotiation)이라고 한다.

20 ② 북한에 물품을 유상으로 반출하여야 대외무역관리규정상 수출실적으로 인정된다.

수출실적의 인정시기 출제빈도 ★

21 대외무역관리규정상 수출실적의 인정시점은 원칙적으로 수출신고수리일로 하고 있으나, 예외적으로 일정한 수출에 대해서는 입금일 또는 결제일로 규정하고 있다. 다음 중 입금일을 수출실적의 인정시점으로 보는 수출에 해당하지 <u>않는</u> 것은?

① 외국인도수출
② 전자적 형태의 무체물 수출
③ 생산자의 수출물품 포장용 골판지상자를 공급하고 외국환은행에서 대금을 결제한 수출
④ 외국에서 개최하는 박람회에 출품하고자 무상반출한 물품을 현지에서 매각하는 경우

수출실적의 인정금액 출제빈도 ★★

22 다음 중 대외무역관리규정상 수출실적 인정금액에 대한 설명으로 옳지 <u>않은</u> 것은?

① 대외무역관리규정상 수출실적 인정금액은 원칙적으로 FOB가격을 기준으로 하고 있다.
② 원양어로에 의한 수출 중 현지경비 사용분 수출실적 인정금액은 외국환은행의 확인액으로 한다.
③ 외화를 받고 외항선박에 내국선박용품을 공급하는 경우 수출실적 인정금액은 선박용품 등 관리에 관한 고시에 따라 보고된 적재허가서에 기재된 금액으로 한다.
④ 위탁가공무역에 의한 외국인도수출인 경우 판매대금 입금 확인액을 수출실적 인정금액으로 본다.

정답 및 해설

21 ③ 생산자의 수출물품 포장용 골판지상자를 공급하고 외국환은행을 통해 대금을 결제하는 수출은 결제일을 수출실적의 인정시점으로 본다.

22 ④ 위탁가공무역에 의한 외국인도수출인 경우 판매액에서 원자재 수출금액 및 가공임을 공제한 가득액을 수출실적 인정금액으로 본다.

수출실적의 인정금액

23 다음과 같은 상황에서 덕수 무역회사의 대외무역관리규정상 수출실적 인정금액 및 인정시점에 대한 옳은 설명으로 모두 묶인 것은? (단, 덕수 무역회사는 중계무역을 목적으로 하는 회사이다.)

출제빈도 ★★

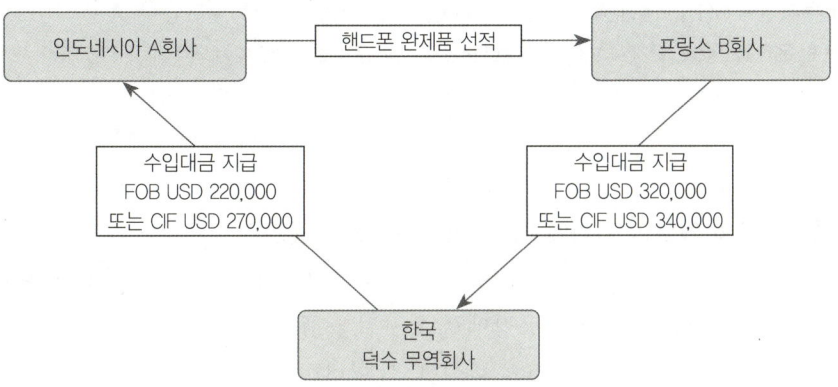

가. 덕수 무역회사의 핸드폰 수출에 따른 대외무역관리규정상 수출실적 인정금액은 수출금액(FOB가격)에서 수입금액(CIF가격)을 공제한 가득액인 USD 50,000이다.
나. 대외무역관리규정상 덕수 무역회사의 핸드폰 수출에 따른 수출실적 인정시점은 수출신고수리일이 된다.
다. 덕수 무역회사의 핸드폰 수출에 따른 무역금융 융자대상 수출실적 인정금액은 수출금액(CIF가격)에서 수입금액(FOB가격)을 공제한 가득액인 USD 120,000이다.

① 가
② 가, 나
③ 가, 다
④ 나, 다

정답 및 해설

23 ① '가'는 적절한 설명이다.
　　　나. 대외무역관리규정상 중계무역의 수출실적 인정시점은 입금일이 된다.
　　　다. 중계무역방식에 의한 수출은 무역금융 융자대상 수출실적 산정대상에서 제외된다.

출제예상문제 제3장 | 수출실무

✓ 출제예상문제를 통해 다양한 외환전문역 Ⅱ종 문제를 풀어볼 수 있습니다.
✓ 다시 봐야 할 문제(틀린 문제, 풀지 못한 문제, 헷갈리는 문제 등)는 문제 번호 하단의 네모박스(□)에 체크하여 반복 학습할 수 있습니다.

출제빈도 ★★★

01 통지은행의 의무와 지위에 대한 설명으로 옳은 것은?

① 확인은행이 아닌 통지은행이 신용장을 통지하기로 결정한 경우, 신용장의 외견상 진정성을 확인하고 해당 신용장에서 요구된 서류를 심사해야 한다.
② 신용장의 외견상 진정성을 확인할 수 없다면, 그 사실을 수익자에게 통보해야 한다.
③ 개설은행으로부터 통지를 요청받은 은행이 그 요청을 거절하기로 결정한 경우, 그러한 사실을 5영업일 이내에 개설은행에 통지해야 한다.
④ 신용장의 외견상 진정성을 확인할 수 없음에도 불구하고 신용장을 통지하기로 결정하였다면, 그러한 사실을 수익자에게 반드시 통지해야 한다.

출제빈도 ★★ 최신출제유형

02 신용장의 조건변경 및 취소에 대한 설명으로 옳지 않은 것은?

① 인수신용장을 조건변경하거나 취소하기 위해서는 개설은행과 수익자가 모두 동의해야 한다.
② 원신용장의 조건 중 신용장 금액을 증액하고 최종 선적일을 단축하는 조건으로 변경한 경우, 수익자는 자신에게 유리하도록 신용장 금액을 증액하는 조건만 수락할 수 없다.
③ 원신용장에 확인을 추가하였다면 확인은행은 이에 따라 조건변경서에도 확인을 해야 하며, 그 조건변경서의 확인을 통지한 때부터 임의로 취소할 수 없게 된다.
④ 수익자가 조건변경에 대한 수락 여부를 통보하지 않고 단순히 유보하고 있는 상태를 수락한다는 의사 표시로 보지 않는다.

출제빈도 ★★   최신출제유형

03 다음 중 신용장의 확인에 대한 설명으로 옳지 않은 것은?

① 신용장의 확인이란 일치하는 제시에 대하여 결제 또는 매입하겠다는 개설은행의 확약에 추가하여 제3의 은행(확인은행)이 하는 확약을 말한다.

② 확인은 개설은행의 요청 또는 수권에 의하여 이루어지며, 확인을 요청받은 은행은 반드시 신용장에 확인을 추가해야 한다.

③ 확인은 수익자가 발행한 환어음 및/또는 서류를 어음발행인에게 상환청구권을 행사하지 않는 조건으로 매입할 것을 확약하는 것이다.

④ 확인이란 제3의 은행(확인은행)이 개설은행과는 독립적으로 개설은행과 동일한 신용장의 의무를 부담하는 것이다.

정답 및 해설

01 ④ ① 확인은행이 아닌 통지은행은 신용장의 외견상 진정성을 확인한 후 수익자에게 신용장을 전달하면 그 의무를 모두 이행한 것으로 본다.
② 신용장의 외견상 진정성을 확인할 수 없다면, 그 사실을 개설은행에 통보해야 한다.
③ 개설은행으로부터 통지를 요청받은 은행이 그 요청을 거절하기로 결정한 경우, 그러한 사실을 지체 없이 개설은행에 통지해야 한다.

02 ③ 확인은행이 원신용장에 확인을 추가하였더라도 조건변경서에 반드시 확인을 해야 할 의무는 없으며, 만약 조건변경서를 확인하지 않고 통지할 경우에는 지체 없이 개설은행과 수익자에게 알려야 한다.

03 ② 확인을 요청받은 은행은 신용장에 확인을 추가하지 않고 수익자에게 통지할 수 있다.
[참고] 이 경우에 그 은행은 확인을 추가하지 않는다는 사실을 지체 없이 개설은행에 통지해야 함

04 양도된 신용장은 원신용장의 조건 그대로 양도되어야 하지만, 제1수익자의 권리를 보호하기 위해 일부 조건에 대해서는 예외적으로 변경하여 양도할 수 있다. 다음 중 원신용장의 조건을 변경할 수 있는 항목으로 옳은 것은?

① Increment in the amount of the credit
② Curtailment of the latest shipment date
③ Decrease of the percentage for insurance cover
④ Extension of the expiry date

05 다음 중 신용장의 통지, 확인, 양도에 대한 설명으로 옳지 않은 것은?

① 통지은행은 신용장의 외견상 진정성을 확인하기 위하여 서명감(List of Authorized Signature) 또는 전신암호(Test Key) 등을 통해 그 일치 여부를 검사한다.
② 확인은 반드시 취소불능신용장에 대해서만 할 수 있다.
③ 제2수익자가 양도된 신용장을 제1수익자에게 다시 양도할 수 있으나, 그 외의 제3자에게 양도하는 것은 불가능하다.
④ 두 명의 제2수익자에게 양도된 신용장에 대해 조건변경이 이루어지고 어느 한 명의 제2수익자만 조건변경을 수락하였다면, 모든 거래당사자는 기존 신용장의 조건에 의해 구속된다.

06 다음 중 신용장 거래당사자인 은행이 신용장을 심사할 때 유의해야 할 사항으로 틀린 것은?

① 수출환어음의 추심 전 매입을 위한 신용장상에 취소 가능 여부를 언급하지 않았다면, 은행은 반드시 신용장을 제시한 자에게 취소불능의 명시를 요구해야 한다.
② 신용장에 비정상적인 조건이나 독소조항이 삽입되어 있다면, 사전에 해당 조건의 변경을 요구하거나 추심거래로 전환하여 취급해야 한다.
③ 지정신용장 또는 매입제한신용장의 경우에는 그 지정된 특정은행 앞으로 재매입(Renego)을 요청해야 한다.
④ Surrendered B/L을 허용하는 신용장은 수출화물에 대한 매입은행의 담보권이 훼손당할 우려가 있기 때문에, 그 권리를 확보할 수 있는 별도의 대책이 필요하다.

07 신용장 조건 중 유효기일 및 제시장소에 대한 설명으로 옳지 않은 것은?

① 유효기일이란 지급·인수·매입을 위하여 신용장에 명시된 서류를 제시해야 하는 최종일자를 말한다.

② 서류의 제시장소란 결제 또는 매입을 위하여 신용장에 명시된 서류를 제시해야 하는 장소로서 유효기일이 종료되는 장소를 말한다.

③ 특정 은행을 지정한 지정신용장 또는 매입제한신용장의 제시는 지정은행을 거치지 않고 개설은행에 직접 할 수도 있다.

④ 천재지변, 폭동 등 불가항력적 사유 또는 통상적인 은행의 휴무로 인하여 업무가 이루어지지 않는 기간 중에 유효기일이 지난 신용장에 대해서는 결제 또는 매입을 해야 할 의무가 없다.

정답 및 해설

04 ② 원신용장의 조건을 변경할 수 있는 항목은 다음과 같다.

- 신용장 금액의 감액(Reduction in the amount of the credit)
- 신용장에 제시된 단가의 감액(Reduction of any unit price stated in the credit)
- 유효기일·서류제시기간·최종 선적일의 단축(Curtailment of the expiry date·period for presentation·latest shipment date)
- 원신용장의 보험금액을 담보하기 위한 부보비율의 증가(Increase of the percentage for insurance cover)
- 신용장 개설의뢰인의 명의변경(To substitute the name of first beneficiary for that of the applicant)

05 ④ 조건변경을 수락하지 않은 제2수익자(양수인)에 대하여는 기존 신용장의 조건이 적용되고, 조건변경을 수락한 양수인은 조건변경이 유효하게 적용된다.

06 ① 은행에 제시된 신용장상에 취소 가능 여부에 대한 별도의 언급이 없는 경우에는 취소불능신용장으로 간주하여 처리할 수 있다.

07 ④ 통상적인 은행의 휴무로 인하여 은행이 영업을 하지 않는 경우에는 그 휴업일이 지난 최초 영업일까지 신용장의 유효기일이 자동 연장되고, 은행은 연장된 유효기일까지 제시된 서류에 대해 결제 또는 매입을 해야 할 의무가 있다.

08 다음 중 서류의 제시기간에 대한 설명으로 옳지 않은 것은?

① 운송서류(UCP600 제19조~제25조의 서류)의 원본을 1통 이상 제시하도록 요구하는 신용장에 서류제시기간이 명시되어 있지 않은 경우, 선적 후 21일 이내에 제시되어야 하는 것으로 간주한다.

② 항공운송서류(Air Waybill)상에 실제선적일에 대한 특정한 부기가 없는 경우에는 당해 운송서류의 발행일을 선적일자로 본다.

③ 단일 건에 대하여 두 세트 이상의 운송서류가 제시되는 경우에는 제시된 운송서류에서 가장 빠른 선적일을 선적일자로 본다.

④ 서류제시기일을 산정할 때 'from'이라는 용어가 사용된 경우, 'after'와 동일한 의미로 보아 언급된 일자를 제외하고 그 다음 날부터 기일을 산정한다.

09 다음과 같이 제시된 신용장 조건에 대한 해석으로 옳은 것은?

- 신용장의 이용장소 및 방법 : ABC Bank by negotiation
- 신용장의 유효기일 : 20XX년 7월 21일
- 신용장에서 요구되는 서류 : 선하증권 원본 전통, 상업송장 사본 2통, 원산지증명서
- 서류제시기일 : Documents must be presented 10 days after B/L date.
- 선하증권의 발행일 : 20XX년 7월 6일

① 서류는 7월 21일까지 ABC은행에 제시되어야 한다.

② 선하증권의 본선적재부기(On board notation)에 20XX년 7월 8일이 기재된 경우에는 20XX년 7월 18일까지 서류를 제시해야 한다.

③ 위 신용장과 달리 상업송장 사본 2통과 원산지증명서만을 요구하고 있고, 서류제시기일이 명시되어 있지 않은 경우에는 20XX년 7월 28일까지 서류가 제시되어야 한다.

④ 서류제시기일이 ABC은행의 통상적인 휴무일에 해당하는 경우, 유효기일과 달리 그 휴무일이 지나는 최초 영업일까지 자동 연장되지 않는다.

출제빈도 ★★

10 신용장 금액, 수량, 단가의 과부족 용인에 대한 설명으로 옳지 <u>않은</u> 것은?

① 신용장 조건 중 상품 명세에서 'About 1,000MT at US$100,000'라고 명시된 경우, 신용장 금액과 수량의 10% 범위 내에서 과부족을 허용하는 것으로 해석한다.

② 신용장의 금액이나 수량과 관련하여 'Up to' 또는 'Maximum' 등의 용어가 사용된 경우, 해당 금액이나 수량에 대해 상한편차를 금지하는 것으로 해석한다.

③ 신용장상의 상품 수량을 포장단위 또는 개별 품목의 개수로 명시하고 있는 경우, 해당 상품의 수량에 대한 5% 범위 내의 과부족은 허용되지 아니한다.

④ 분할선적을 금지하는 신용장이더라도 신용장상에 명시된 상품 수량이 모두 선적되고 단가가 일치하는 경우에는 신용장 금액의 5% 범위 내에서 하한편차가 허용된다.

출제빈도 ★   최신출제유형

11 신용장상에 'L/C amount & quantity 10% more or less acceptable'과 'Partial shipments are prohibited'라는 조항이 명시되어 있고 상품 명세가 다음과 같은 경우, 신용장 조건과 일치하도록 제품 C를 선적한 것은?

상품 명세	신용장상의 수량	실제 선적수량
제품 A(Red)	100	106
제품 B(Orange)	150	160
제품 C(Yellow)	50	?

① 40
② 55
③ 60
④ 65

정답 및 해설

08 ③ 단일 건에 대하여 두 세트 이상의 운송서류가 제시되는 경우에는 제시된 운송서류에서 가장 늦은 선적일을 선적일자로 본다.

09 ② ① 서류는 7월 16일까지 ABC은행에 제시되어야 한다.
③ 선하증권 등의 운송서류(UCP600 제19조~25조)가 아닌 서류를 요구하고 있는 신용장에 서류제시기일이 명시되어 있지 않은 경우에는 유효기일인 20XX년 7월 21일까지 서류가 제시되어야 한다.
④ 서류제시기일이 은행의 통상적인 휴무일에 해당하는 경우, 유효기일의 경우와 같이 그 휴무일이 지난 최초 영업일까지 자동 연장된다.

10 ① 신용장의 금액, 수량, 단가와 관련하여 'about' 또는 'approximately'라는 용어가 사용된 경우, 해당 용어가 사용된 수량(1,000MT)에 대해서만 10% 범위 내에서 과부족이 허용된다.

11 ② 과부족 허용비율이 10%이므로 제품 C는 45~55(=50±5)의 범위에서 선적해야 한다.

12 신용장상에 선적기간과 관련하여 아래 조건이 명시된 경우, 다음 중 선적기간으로 옳은 것은?
(단, 20XX년 4월 11일은 은행의 통상적인 휴무일이라 가정함)

44D Shipment period : Shipment must be effected on or about April 11, 20XX

① 20XX년 4월 11일~20XX년 4월 18일
② 20XX년 4월 6일~20XX년 4월 11일
③ 20XX년 4월 4일~20XX년 4월 19일
④ 20XX년 4월 6일~20XX년 4월 16일

13 다음 중 일자와 관련된 각종 용어의 해석 기준에 대한 설명으로 옳지 <u>않은</u> 것은?

① 선적기간을 정함에 있어 'to', 'until', 'from', 'between' 등의 용어가 사용된 경우에는 언급된 일자를 포함하는 것으로 해석한다.
② 만기일을 정하는 서류상 조건에서 'before'와 'after'라는 용어가 사용된 경우에는 언급된 일자를 포함하는 것으로 해석한다.
③ 신용장에서 어떤 행위의 기한과 관련하여 'prompt', 'immediately'라는 용어가 사용된 경우, 그러한 용어는 신용장의 조건으로 간주되지 않고 무시된다.
④ 어느 월의 'beginning'은 해당 월의 1일부터 10일까지를 의미하고, 'end'는 해당 월의 21일부터 말일까지를 의미한다.

14 다음 중 분할선적과 할부선적에 대한 설명으로 옳지 <u>않은</u> 것은?

① 신용장에서 분할선적에 대한 별도의 언급이 없는 경우, 분할선적을 허용하는 것으로 본다.
② 물품이 둘 이상의 각각 다른 운송수단에 나누어 적재된 경우로서, 동일한 운송방식을 통해 같은 일자에 동일한 목적지를 향해 출항하는 경우에는 분할선적으로 본다.
③ 할부선적이란 요구된 상품의 분할선적과 관련하여 각 회차분의 선적기간 및 선적수량 등에 대하여 신용장이 별도의 할부일정을 명시하고 그 조건에 따라 화물을 나누어 선적하는 것을 말한다.
④ 1월의 할부선적을 이행하지 못하고 그 이후의 할부선적부터 일정에 따라 모두 이행하였다면, 1월의 할부선적분에 대한 신용장만 무효로 처리된다.

15 분할선적을 금지하고 있는 신용장하의 매입신청서류에 여러 세트의 운송서류가 제시된 경우, 해당 매입신청 건이 하자로 간주되지 않기 위해 B/L 세트 상호 간에 반드시 일치되어야 하는 항목으로만 모두 묶인 것은? (단, 신용장상의 선적지는 'Any Korean Port'로 명시되어 있음)

가. On board date	나. Date of departure
다. L/C number	라. Shipper & Consignee
마. Port of loading	바. Port of discharge
사. Voyage number	아. Vessel name

① 나, 라, 사 ② 바, 사, 아
③ 가, 나, 마, 아 ④ 가, 다, 마, 바

16 선적일자가 다른 둘 이상의 운송서류가 제시되었더라도 일정한 요건을 충족하고 있는 경우에는 분할선적으로 보지 않는데, 다음 중 그 요건에 해당되지 <u>않는</u> 것은?

① 동일한 선적항 ② 동일한 운송수단
③ 동일한 도착항 ④ 동일한 운송구간

정답 및 해설

12 ④ 신용장에서 어떤 행위의 기한과 관련하여 'on or about'이라는 용어가 사용된 경우, 언급된 일자의 5일 전부터 5일 후까지의 기간(총 11일) 내에 해당 행위가 이루어져야 하는 것으로 해석하며, 통상적인 은행의 휴무일은 선적기간 산정 시 고려하지 않는다. 따라서 선적기간은 20XX년 4월 6일부터 4월 16일까지이다.

13 ② 만기일을 산정할 때 'from' 또는 'after'라는 용어가 사용된 경우에는 언급된 일자를 제외하는 것으로 해석하고, 선적기간을 정하기 위해 'before', 'after' 등의 용어가 사용된 경우에는 언급된 일자를 제외하는 것으로 해석한다.

14 ④ 1월의 할부선적을 이행하지 못하면 1월 할부선적분을 포함하여 그 이후의 모든 잔여 할부선적분에 대한 신용장은 무효로 처리된다.

15 ② 선적항 또는 선적일자가 다르더라도 제시된 B/L 세트 상호 간의 Port of discharge, Voyage number, Vessel name이 모두 동일하다면 분할선적으로 간주되지 않는다.

16 ① 선적일자 또는 선적장소(선적항 등)가 다른 둘 이상의 운송서류가 제시되었더라도 동일한 운송수단으로 동일한 일자에 동일한 목적지를 향해 출항하는 경우에는 분할선적으로 보지 않는다.

17 다음 중 선하증권과 신용장에 명시되는 환적에 대한 설명으로 옳지 않은 것은?

① 신용장에서 환적에 대하여 언급이 없더라도 전체 운송구간이 하나의 동일한 선하증권에 의해 포함된 경우 "환적될 수 있다"라고 표시한 선하증권은 수리될 수 있다.

② 신용장에서 환적을 금지하더라도 전체의 운송구간이 하나의 동일한 선하증권에 의해 포함되고 물품이 선하증권에 의해 컨테이너, 트레일러, 래쉬바지에 선적되었음이 입증된다면 "환적될 수 있다"라고 표시한 선하증권은 수리될 수 있다.

③ 신용장통일규칙에 의거 운송서류상에 "운송인이 환적할 권리를 가지고 있다"라고 기재된 조항은 무시하도록 규정하고 있으므로, 이를 이유로 신용장상의 환적금지 조건을 위반하였다고 하자를 주장할 수 없다.

④ 하나의 선박에 화물을 모두 실을 수 없어 그 화물의 일부를 다른 선박에 적재한 경우, 그러한 화물이 동일한 선적항에서 같은 날짜에 선적되고 그들 선박이 동일한 목적지를 향하여 같은 날짜에 출항했다면 이는 분할선적에 해당하지 않는다.

18 다음 중 환어음 만기의 표시와 관련한 설명으로 옳지 않은 것은?

① 환어음은 지급 만기가 기재되어 있어야 하며, 만기를 표시하지 않은 경우에는 일람출급어음으로 간주한다.

② 일람출급어음은 지급인에게 어음을 제시하는 날을 만기일로 본다.

③ 신용장거래에서 제시된 서류상에 하자가 없는 경우, 일람후정기출급어음의 만기일은 어음을 인수한 날의 다음 날을 기준으로 산정한다.

④ 일자후정기출급어음은 인수일과 관계없이 지정된 특정 일자의 다음 날을 기준으로 만기일을 산정한다.

19. 환어음의 만기일을 산정하기 위한 자료가 아래와 같이 주어졌을 때, 다음 중 환어음의 만기일로 옳은 것은?

- 신용장에 명시된 선적항 : ANY JAPANESE PORT
- 선하증권의 발행일 : 202X년 4월 11일
- 선하증권의 본선적재부기에 기재된 본선적재일자(선적항/선박명)
  - 202X년 4월 13일(SHIMONOSEKI PORT/Voyage No. 706SE)
  - 202X년 4월 15일(KOBE PORT/Voyage No. 102JE)
- 환어음의 만기일 : at 2 months after B/L date

① 202X년 6월 11일
② 202X년 6월 13일
③ 202X년 6월 15일
④ 202X년 6월 16일

정답 및 해설

17 ④ 하나의 선박에 화물을 모두 실을 수 없어 그 화물의 일부를 다른 선박에 적재한 경우, 비록 그러한 화물이 동일한 선적항에서 같은 날짜에 선적되고, 또한 그들 선박이 동일한 목적지를 향하여 같은 날짜에 출항하더라도 이는 분할선적에 해당한다.

18 ③ 신용장거래에서 제시된 서류상에 하자가 없는 경우, 일람후정기출급어음의 만기일은 개설은행(지급은행)이 서류를 접수한 날의 다음 날을 기준으로 산정한다.

19 ② 하나의 운송서류에 복수의 본선적재부기가 있는 경우로서, 신용장에 허용된 선적지역(ANY JAPANESE PORT) 내에서의 환적으로 인하여 발생한 경우에는 그들 중 가장 빠른 본선적재일인 202X년 4월 13일을 선적일로 본다. 따라서 환어음의 만기는 선적일로부터 2달 후인 202X년 6월 13일이다.

20 다음의 자료를 토대로 환어음의 만기일을 산정할 때, 그 기준이 되는 일자는 언제인가?

- 신용장에 명시된 선적항 : ANY KOREAN PORT
- 선하증권의 발행일 : 202X년 3월 28일
- 선하증권의 본선적재부기에 기재된 본선적재일자(선적항 / 선박명)
  - 202X년 3월 29일(INCHEON PORT / Voyage No. 4228)
  - 202X년 3월 30일(BUSAN PORT / Voyage No. 4228)
- 환어음의 만기일 : at 60 days after B/L date

① 202X년 3월 28일　　　　　　　② 202X년 3월 29일
③ 202X년 3월 30일　　　　　　　④ 202X년 3월 31일

21 다음 중 환어음의 심사와 관련한 설명으로 옳지 않은 것은?

① 환어음은 신용장에서 명시된 통화로 발행해야 하며, 어음상에 기재된 문자금액과 숫자금액은 일치해야 한다.
② 일람후정기출급어음을 발행하는 경우, 반드시 환어음 자체의 정보만으로도 만기일을 산정할 수 있도록 작성해야 한다.
③ 신용장에서 특별히 허용하고 있지 않는 한, 다른 신용장과 통합하여 환어음을 발행할 수 없다.
④ 환어음의 발행일은 반드시 신용장에 명시된 유효기일 이내이어야 하며, 화환어음의 경우에는 선적일 이후의 일자로 발행되어야 한다.

22 다음 중 상업송장에 대한 설명으로 옳지 않은 것은?

① 신용장에서 특별히 허용하지 않는 한, Provisional Invoice 및 Pro-forma Invoice는 수리할 수 없다.
② 운송서류의 수하인 및 통지처란에 기재되는 개설의뢰인의 주소와 연락처 명세는 신용장에 명시된 것과 반드시 일치해야 할 필요는 없다.
③ 신용장 금액을 초과하여 작성된 상업송장을 받은 지정은행이 이를 수리하였다면 개설은행은 반드시 그 대금을 지급해야 한다.
④ 환어음은 반드시 신용장 금액의 범위 내에서 작성되어야 하며, 지정은행은 신용장 금액을 초과하는 금액에 대하여 결제 또는 매입을 거절해야 한다.

23 상업송장을 심사할 때 일반적으로 유의해야 할 사항과 관련된 설명으로 틀린 것은?

① 상업송장은 반드시 선적된 상품의 가액을 표시해야 하며, 그 통화 및 단가는 신용장과 일치해야 한다.

② 상업송장은 초과선적을 표시할 수 없으나, 신용장통일규칙에서 정하고 있는 5% 범위 내의 초과선적은 허용된다.

③ 상업송장은 신용장에서 요구하지 않은 상품을 표시할 수 없으나, 수입상에게 무료로 인도하는 샘플이나 판촉물 등은 표시할 수 있다.

④ 신용장이 할부선적을 요구하는 경우, 각각의 선적은 신용장에 명시된 할부 일정과 이에 따른 선적 수량 및 금액이 정확히 일치해야 한다.

24 선하증권의 앞면 또는 뒷면에 기재된 내용 중 선주의 책임면제에 관한 사항을 면책약관이라 하는데, 아래의 내용과 관련된 면책약관을 무엇이라 하는가?

> 컨테이너 등에 의하여 봉인된 화물의 경우, 선박회사는 화물의 외관상태만을 확인할 수 있을 뿐 적재된 화물의 내용물에 대해서 검사할 수 없다. 이와 관련하여 운송인은 그 책임이 없음을 약정하는 면책약관이다.

① Negligence Clause ② Latent Defect Clause
③ Unknown Clause ④ New Jason Clause

정답 및 해설

20 ④ 하나의 운송서류에 복수의 본선적재부기가 있는 경우로서, 신용장에 허용된 선적지역(ANY KOREAN PORT) 내의 복수의 항구에 적치된 화물을 동일한 선박(Voyage No. 4228)이 순차 선적함으로 인하여 발생한 경우에는 그들 중 가장 늦은 본선적재일을 기준으로 만기일을 산정하며, 만기일에 "after"라는 용어가 사용되었으므로 해당 일자 202X년 3월 30일의 다음 날인 202X년 3월 31일을 기준으로 만기일을 산정한다.

21 ② 일자후정기출급어음을 발행하는 경우, 반드시 환어음 자체의 정보만으로 만기일을 산정할 수 있도록 작성해야 한다. 예를 들면, 일자후정기출급어음은 만기일과 관련하여 'at 30 days after B/L date'와 같이 명시할 수 없고 'at 30 days after March 1, 20XX'와 같이 명시해야 한다.

22 ② 상업송장에 기재되는 수익자 및 개설의뢰인의 주소는 신용장 또는 다른 서류에 기재된 주소와 정확히 일치할 필요는 없으나, 운송서류의 수하인 및 통지처란에 개설의뢰인의 주소 및 연락처 명세가 기재되는 경우에는 신용장에 명시된 개설의뢰인의 주소 및 연락처 명세와 반드시 일치해야 한다.

23 ③ 수입상에게 무료로 인도하는 견본(샘플) 또는 판촉물 등이더라도 그것이 신용장에서 요구하지 않는 상품이라면, 상업송장에 표시해서는 안 된다.

24 ③ 부지조항(Unknown Clause, 부지약관)이란 컨테이너 등에 의하여 봉인된 화물(FCL Cargo 등)과 같이 운송인이 선적화물의 내용물을 확인할 수 없을 때 이와 관련된 운송인의 책임이 없음을 약정하는 조항이다.

25 신용장에서 선하증권에 관하여 아래와 같이 표시된 경우, 이에 대한 해석으로 옳은 것은?

> Full set of clean on board ocean bills of lading made out to order of shipper marked freight prepaid and notify accountee.

① 선하증권은 반드시 원본 3통을 한 세트로 발행해야 하며, 이 경우 발행된 원본의 전부를 은행에 제시해야 한다.
② 송하인 지시식으로 발행된 선하증권으로서, 신용장에서 배서에 관한 언급이 없더라도 수출상에 의해 배서되어야 한다.
③ 화물이 본선에 적재되어 있음을 표시하고 있는 Shipped B/L 또는 Received B/L에 한하여 수리할 수 있다.
④ 무역거래조건 중 F그룹에 해당하는 것으로, 화물의 운임은 선지급되어야 하며 'Freight prepayable' 또는 'Freight to be prepaid' 등의 용어를 사용할 수 있다.

26 다음 중 선하증권의 심사에 대한 설명으로 옳지 않은 것은?
① 선하증권은 운송인이나 선장 또는 그들의 대리인에 의해 서명되고 발행되어야 한다.
② 운송인이나 선장의 대리인에 의하여 서명되는 경우에는 반드시 대리인의 명칭과 자격에 대해 선하증권에 표시해야 한다.
③ 신용장에서 선적항 또는 도착항을 'Any Korean Port'라고 명시한 경우, 선하증권은 반드시 명시된 지역 내의 실제 항구명(Incheon Port 또는 Busan Port 등)으로 표시해야 한다.
④ 운송중개인이 발행한 서류는 신용장에서 금지하지 않는 한, 운송인 또는 그 대리인으로서의 자격을 명시하지 않더라도 수리할 수 있다.

27 다음 중 신용장에서 선하증권을 요구하는 경우에 자동수리가 인정되지 않는 선하증권으로 옳은 것은?
① On deck shipment B/L
② Unknown Clause B/L
③ Third party B/L
④ Short Form B/L

28 [출제빈도 ★★★] [최신출제유형]

선하증권(B/L)상 A(운송인의 성명)가 운송인(Carrier)이라고 별도로 표시되어 있지 <u>않은</u> 경우, 선하증권의 서명방법으로 올바르게 짝지어진 것은? (단, 운송인의 대리인은 BCD라고 가정함)

가. As Carrier, A (서명)	나. As Carrier (서명)
다. A (서명)	라. BCD As agent for A, Carrier (서명)
마. BCD As agent for the Carrier (서명)	바. BCD As agent for A (서명)

	운송인에 의한 서명	대리인에 의한 서명
①	가	라
②	가, 나	라
③	가, 나	라, 마
④	가, 나, 다	라, 마, 바

정답 및 해설

25 ② ① 선하증권의 'Full set'이 반드시 원본 3통을 의미하지 않는다.
③ 수취선하증권(Received B/L)은 선박회사가 화물을 수령한 상태에서 아직 본선에 적재하지 않은 채로 발행하는 선하증권이기 때문에 수리할 수 없다.
④ 무역거래조건 중 C그룹 또는 D그룹으로서, 화물의 운임이 선지급되었음을 나타내는 문구로 'Freight prepayable' 또는 'Freight to be prepaid' 등의 용어는 인정되지 않는다.

26 ④ 운송중개인(Freight forwarder)이 운송인 또는 그 대리인으로서의 자격을 선하증권에 명시하지 않은 경우에는 신용장에서 별도로 허용하지 않는 한, 이를 수리할 수 없다.

27 ① 갑판적재선하증권(On deck shipment B/L)은 화물이 본선이 아닌 갑판 위에 적재되었거나 적재될 것이라는 표시가 있는 선하증권으로, 화물의 파손이나 도난 등의 위험에 노출되어 있기 때문에 신용장에서 허용하지 않으면 수리할 수 없다.

28 ① 선하증권상 A(운송인)가 운송인(Carrier)이라고 별도로 표시되어 있지 않은 경우, 운송인에 의한 서명은 'As Carrier, A (서명)', 대리인에 의한 서명은 'BCD As agent for(on behalf of) A, Carrier (서명)'로 표기되어야 한다.
[참고] 선하증권(B/L)상 A(운송인)가 운송인(Carrier)이라고 별도로 표시되어 있는 경우
- 운송인에 의한 서명(택일) : As Carrier (서명)/A (서명)/As Carrier, A (서명)
- 대리인에 의한 서명(택일) : BCD As agent for(on behalf of) the Carrier (서명)/BCD As agent for(on behalf of) A (서명)/BCD As agent for(on behalf of) A, Carrier (서명)

29 다음 중 선하증권 및 그 기재사항과 관련된 용어의 해설로 옳지 <u>않은</u> 것은?

① Switch B/L : 중계무역상이 수출입업자 상호 간에 서로를 알지 못하게 할 목적으로 발급하는 선하증권이다.

② Surrendered B/L : 신용장거래에서 선하증권의 권리포기를 허용하게 되면 은행은 화물의 양도담보권 확보가 어렵기 때문에, 원칙적으로 허용하지 않는다.

③ LCL Cargo : 1개 컨테이너 안에 복수의 수출업체의 화물이 적재되는 혼재화물을 말하며, 운송중개인은 CY에서 혼재화물(LCL Cargo)을 혼적하여 만재화물(FCL Cargo)이 된 후에 CFS로 운송하게 된다.

④ CY : 수출입 컨테이너 화물을 보관, 장치하는 항만근처지역의 야적장을 말한다.

30 다음 중 한 개의 컨테이너를 채울 수 없는 소량의 화물을 모아 이를 컨테이너에 적입하거나, 또는 하나의 컨테이너에 실려 있는 여러 수입화물을 꺼내어 분류하는 등의 작업을 하는 컨테이너 작업장을 의미하는 것은?

① FCL Cargo

② LCL Cargo

③ CFS

④ CY

31 다음 중 용선계약부 선하증권에 대한 설명으로 옳지 <u>않은</u> 것은?

① 신용장이 용선계약서의 제시를 요구하는 경우, 은행은 용선계약서가 신용장의 조건과 일치하는지 여부를 심사하여야 한다.

② 용선계약부 선하증권의 도착항은 신용장에 명시된 일정한 구역의 항구 또는 지리적 범위로 표시할 수 있다.

③ 용선계약부 선하증권은 운송인이 발행하지 않기 때문에 운송인의 명칭은 표시할 필요가 없다.

④ 용선계약부 선하증권은 신용장에서 특별히 허용하지 않는 한 수리할 수 없다.

출제빈도 ★★ **최신출제유형**

32 다음 중 항공운송서류에 대한 설명으로 옳지 <u>않은</u> 것은?

① 신용장에서 항공운송서류의 원본을 요구한 경우, 송하인용 원본이 제시되어야 한다.

② 신용장에서 기명식으로 발행된 항공운송서류를 요구하더라도 지시식으로 발행된 항공운송서류를 수리할 수 있으며, 이는 하자로 보지 않는다.

③ 항공운송서류는 배서양도에 의하여 권리의 이전이 가능한 유통증권에 해당하지 않는다.

④ 항공운송서류상의 송하인 서명란에 송하인의 서명이 누락되었더라도 이는 하자의 사유가 되지 않는다.

출제빈도 ★★

33 다음 중 보험서류에 대한 설명으로 옳은 것은?

① 개별보험계약에 의하여 선적된 물품이 그 권면에 기재된 내용대로 부보가 이루어졌음을 증명하는 증서를 보험증명서라 한다.

② 신용장에서 보험증권을 요구한 경우, 보험증명서와 보험증권 중 어느 하나를 제시할 수 있다.

③ 신용장에서 금지하고 있지 않는 한, 보험중개인이 발행한 부보각서(Cover Note)는 수리할 수 있다.

④ 보험의 효력이 선적일 또는 그 이전의 날짜로부터 유효하다는 소급적용의 표시가 있는 경우에는 보험서류의 발행일자가 선적일보다 늦더라도 수리할 수 있다.

정답 및 해설

29 ③ 운송중개인은 수탁받은 혼재화물을 컨테이너 작업장(CFS, Container Freight Station)에 인도하여 다른 화물들과 혼적해서 만재화물이 되면 컨테이너 야적장(CY, Container Yard)에 운송한다.

30 ③ CFS에 대한 설명이다.

31 ① 신용장이 용선계약서의 제시를 요구하더라도 은행은 그 용선계약서를 심사할 의무가 없다.

32 ② 항공운송서류는 반드시 기명식으로만 발행되어야 하며, 신용장에서 지시식으로 발행된 항공운송서류를 요구하더라도 기명식으로 발행된 항공운송서류를 수리할 수 있고 이는 하자로 보지 않는다.

33 ④ ① 보험증권에 대한 설명이다.
② 보험증권을 요구하는 신용장의 경우에는 반드시 보험증권을 제시해야 한다.
③ 보험중개인이 발행한 부보각서는 수리할 수 없다.

출제빈도 ★★

34 다음 중 보험서류에 대한 설명으로 옳지 않은 것은?

① 신용장이 보험금액을 별도로 명시하고 있지 않다면, 물품의 CIF 또는 CIP가액의 110%를 최저 부보금액으로 본다.

② 소손해면책이란 일정비율 미만의 손해는 면책되지만, 해당 비율을 초과하여 발생한 손해액에 대해서는 그 전체를 보상하는 조건을 말한다.

③ 보험서류의 발행일자는 최소한 선적일 또는 그 이전의 날짜로 표시되어 있어야 하며, 이에 대한 예외는 없다.

④ 보험서류는 보험회사, 보험인수업자 또는 그들의 대리인에 의해 서명되고 발행되어야 한다.

출제빈도 ★

35 신용장에서 요구하는 부수서류로서, 수입상이나 세관 등이 화물을 확인할 때 상업송장만으로 포장단위의 내용이나 중량, 용적 등에 대하여 정확히 파악할 수 없는 문제를 보완하기 위해 상업송장을 보조하는 역할을 하는 서류를 무엇이라 하는가?

① Packing List
② Customs Invoice
③ Consular Invoice
④ Certificate of Weight

출제빈도 ★

36 다음 중 원산지증명서와 검사증명서의 심사에 대한 설명으로 옳은 것은?

① 원산지증명서는 상품의 원산지를 증명하는 서류로서, 반드시 서명되어야 한다.

② 신용장에 명시된 당사자에 의해 발행되어야 하며, 신용장에서 발행자를 명시하고 있지 않는 경우에는 수익자가 원산지증명서를 발행해야 한다.

③ 원산지증명서에 기재된 수출상 또는 송하인은 신용장상의 수익자 또는 운송서류 등의 선적인과 일치해야 한다.

④ 신용장에서 허용하지 않는 한, 상품의 샘플만을 조사한 검사증명서는 하자로 간주되어 수리할 수 없다.

출제빈도 ★

37 은행에 제시된 서류가 문면상 일치하지 않는 경우 이를 하자(Discrepancy)라고 하며, 하자 있는 서류라고 결정한 은행은 그 서류에 대한 지급을 거절할 수 있는데, 다음 중 하자의 사유로 볼 수 <u>없는</u> 것은?

① Third party document
② Late Presentation
③ Goods shipped on deck
④ Charter party bill of lading presented

출제빈도 ★★★

38 하자 있는 서류의 처리방법 중 추심 후 지급(Collection Basis)이란, 제시된 서류를 미리 매입하지 않고 추심으로 처리하여 개설은행으로부터 그 대금을 결제받은 후에 지급하는 방법을 말한다. 다음 중 추심 후 지급으로 처리해야 하는 경우가 <u>아닌</u> 것은?

① 개설은행의 신용상태가 매우 의심스러운 경우
② L/C Expired 등의 중대한 하자가 있는 서류로서 부도가 거의 확실시되는 경우
③ 신용장 또는 서류의 위조나 변조가 의심스러운 경우
④ 하자 내용이 비교적 경미하고 대금회수가 확실하다고 판단되는 경우

정답 및 해설

34 ③ 신용장상에 보험서류의 일자가 선적일보다 늦어도 된다는 표시가 있거나 보험의 효력이 선적일 또는 그 이전의 날짜부터 유효하다는 소급적용의 표시가 있는 경우에는 예외적으로 수리할 수 있다.

35 ① 포장명세서(Packing List)에 대한 설명이다.

36 ① ② 신용장에서 발행자를 명시하지 않았다면, 수익자뿐만 아니라 누가 발행하더라도 수리할 수 있다.
③ 원산지증명서에 기재된 수출상 또는 송하인은 신용장상의 수익자 또는 운송서류 등의 선적인과 다르게 표시될 수 있으며, 이는 하자로 간주되지 않는다.
④ 신용장에서 특별히 금지하지 않는 한, 상품의 샘플만을 조사한 검사증명서도 수리할 수 있다.

37 ① Third party document(제3자 운송서류)란 신용장상의 수익자가 아닌 제3자를 송하인으로 표시하고 있는 서류를 말하는데, 이는 하자로 보지 않고 수리된다. 이는 신용장통일규칙에 따라 모든 서류상의 선적인 또는 송하인란에는 신용장의 수익자가 아닌 제3자를 표시할 수 있기 때문이다.

38 ④ 하자 내용이 비교적 경미하고 대금회수가 확실하다고 판단되거나 개설은행의 지급거절 시에도 원리금 및 부대비용의 소구권 행사에 문제가 없다고 판단되는 경우에는 보증부 매입을 활용한다.

39 서류의 정정 및 변경이 불가능하거나 수정 및 보완 등에 의하여 치유될 수 있는 하자가 아닌 경우에는 하자의 정도나 채권보전 가능성 등에 따라 서류를 처리해야 한다. 아래의 내용과 관련된 하자 있는 서류의 처리방법으로 옳은 것은?

> 하자사항에 대한 개설은행의 승낙(Waiver)을 전제조건으로 하자 있는 서류를 매입하여 그 대금을 지급하는 처리방법이다. 일반적으로 개설은행이 결제를 거절할 때 그 채권확보를 용이하게 하기 위하여 개설은행의 승낙 시까지 매입대전의 지급을 유보하는 방식으로 운용된다.

① L/G Negotiation
② Negotiation Under Reserve
③ Post Negotiation
④ Amend Negotiation

40 다음 중 대외무역관리규정상 수출실적의 인정 범위에 해당하지 않는 것은?

① 외국인으로부터 대금을 영수하고 외화획득용 시설기재를 외국인과 임대차계약을 맺은 국내업체에 인도하는 경우
② 산업통상자원부장관이 정하는 생산자의 수출물품 포장용 골판지상자의 공급
③ 수출자에 대한 외화획득용 원료 또는 물품 등을 구매확인서에 의하여 공급하는 경우
④ 북한 주민의 생활개선을 위한 공산품의 무상반출

41 대외무역관리규정상 수출실적의 인정금액은 원칙적으로 FOB가격기준 수출통관액으로 정하고 있으나, 예외적으로 일정한 수출의 경우에는 달리 정하고 있다. 다음의 수출 중 수출실적의 인정금액을 외국환은행의 입금액으로 하지 않는 것은?

① 외국인도수출
② 박람회 등에 무상으로 반출되어 현지 매각된 것
③ 내국신용장 또는 구매확인서에 의한 공급
④ 외국인으로부터 대금을 영수하고 외화획득용 시설기재를 외국인과 임대차계약을 맺은 국내업체에 인도하는 경우

42 다음 중 대외무역관리규정상 수출실적에 대한 설명으로 옳은 것은?

① 해외건설공사에 직접 공하여지는 공사용 장비 또는 기계류의 수출은 수출신고필증에 재반입한다는 조건이 명시된 분에 한하여 대외무역관리규정상 수출실적으로 인정된다.

② 산업통상자원부장관이 지정하는 생산자가 수출물품의 포장용 골판지상자를 공급한 실적은 수출실적 인정 범위에 포함된다.

③ 해외영화제에서 판매된 출품작에 대한 수출실적 인정금액은 수출입확인서에 의해 외국환은행이 입금 확인한 금액으로 한다.

④ 전자적 형태의 무체물 수출에 대한 수출실적 인정금액은 외국환은행의 결제액으로 한다.

43 다음 수출거래 중 수출실적의 인정금액과 인정시점이 잘못 짝지어진 것은?

	수출거래	인정금액	인정시점
①	중계무역	가득액(= FOB가격 − CIF가격)	입금일
②	위탁가공무역	가득액(= 판매액 − 원자재 수출금액 − 가공임)	입금일
③	용역수출	외국환은행의 입금액	결제일
④	대북한 유상반출	수출통관액(FOB가격)	수출신고수리일

정답 및 해설

39 ② 유보부 매입(Negotiation Under Reserve)에 대한 설명이다.

40 ④ 대북한 유상반출실적은 대외무역관리규정상 수출실적으로 인정되지만, 무상반출의 경우에는 수출실적으로 인정되지 않는다.
참고 대북한 유상반출은 대외무역법상 수출로 보지 않음

41 ③ 내국신용장 또는 구매확인서에 의한 공급에 대한 수출실적의 인정금액은 외국환은행의 결제액 또는 확인액으로 한다.

42 ② ① 해외건설공사에 직접 공하여지는 공사용 장비 또는 기계류의 수출은 재반입하지 않는다는 조건이 명시된 분에 한하여 수출실적으로 인정된다.
③ 해외영화제에서 판매된 출품작은 외국환은행의 입금액을 수출실적 인정금액으로 본다.
④ 전자적 형태의 무체물 수출에 의한 수출실적 인정금액은 한국무역협회장 또는 한국소프트웨어산업협회장이 외국환은행을 통해 입금 확인한 금액으로 한다.

43 ③ 용역수출에 의한 수출실적 인정금액은 용역의 수출·수입실적의 확인 및 증명발급기관이 외국환은행을 통해 입금 확인한 금액으로 하며, 입금일에 수출실적이 인정된다.

금융·자격증 전문 교육기관 해커스금융
fn.Hackers.com

해커스 **외환전문역** Ⅱ종 최종핵심정리문제집

제2과목
국제무역규칙

[총 25문항]

제1장 신용장통일규칙(UCP600)
제2장 청구보증통일규칙(URDG758)
제3장 보증신용장통일규칙(ISP98)
제4장 기타 국제무역규칙(ISBP821, URR725, URC522)

금융·자격증 전문 교육기관 해커스금융
fn.Hackers.com

■ 출제경향 및 학습전략

신용장통일규칙(UCP600)은 제2과목 전체 25문제 중 총 15~17문제 정도 출제된다.

신용장통일규칙(UCP600)은 총 39개의 조항으로 구성되어 있으며, 일부 조항에 집중되지 않고 여러 조항에서 문제가 출제되는 경향을 보이고 있다. 따라서 주요 조항에 집중하기보다는 모든 조항의 빈출포인트가 되는 키워드를 파악하고 반복적으로 조항을 읽는 학습이 요구된다. 그리고 은행의 의무와 서류 관련 조항, 상업송장 및 운송·보험서류는 시험에서 신용장 조건이 함께 제시되어 관련 조항이 어떻게 적용되는지를 묻는 문제가 출제되므로 이에 대한 대비가 필요하다.

■ 빈출포인트

구 분	문제번호	빈출포인트	출제빈도
정의와 해석 (10%)	01	정 의	★★
	02	해 석	★★★
은행의 의무 (30%)	03~04	이용 가능, 유효기일 및 제시장소	★★
	05	개설은행의 의무	★★★
	06	확인은행의 의무	★★★
	07	신용장 및 조건변경의 통지	★★
	08	조건변경	★★
서류 관련 조항 (25%)	09~10	서류심사의 기준	★★★
	11	하자 있는 서류, 권리포기 및 통지	★★★
	12	원본서류 및 사본	★★
상업송장 및 운송·보험서류 (20%)	13	상업송장	★★★
	14~15	선하증권	★★★
	16	용선계약부 선하증권	★★
	17	항공운송서류와 도로, 철도 및 내수로 운송서류	★
	18	보험서류 및 담보	★★★
선적 관련 조항 (10%)	19	신용장 금액, 수량 및 단가의 과부족 허용	★★
양도가능신용장 (5%)	20	양도가능신용장	★★★

제2과목 국제무역규칙

제1장
신용장통일규칙 (UCP600)

개념완성문제 제1장 | 신용장통일규칙(UCP600)

✓ 개념완성문제를 통해 외환전문역 Ⅱ종 시험에 나오는 개념을 이해할 수 있습니다.
✓ 다시 봐야 할 문제(틀린 문제, 풀지 못한 문제, 헷갈리는 문제 등)는 문제 번호 하단의 네모박스(□)에 체크하여 반복 학습할 수 있습니다.

정 의

01 □

출제빈도 ★★

Under UCP600, which of the following statements about definition is NOT correct?

① "Advising bank" means the bank that advises the credit at the request of the applicant.
② "Applicant" means the party on whose request the credit is issued.
③ "Confirmation" means a definite undertaking of the confirming bank, in addition to that of the issuing bank, to honour or negotiate a complying presentation.
④ "Complying presentation" means a presentation that is in accordance with the terms and conditions of the credit, the applicable provisions of UCP600 and international standard banking practice.

UCP600하에서, 정의에 대한 다음 설명 중 옳지 <u>않은</u> 것은?

① "통지은행"은 개설의뢰인의 요청에 의해 신용장을 통지하는 은행을 의미한다.
② "개설의뢰인"은 신용장이 개설되도록 요청하는 자를 의미한다.
③ "확인"은 일치하는 제시에 대하여 결제 또는 매입하겠다는 개설은행의 확약에 추가하여 확인은행이 하는 명확한 확약을 의미한다.
④ "일치하는 제시"는 신용장의 모든 조건과 적용 가능한 범위 내에서의 UCP600 규칙 및 국제표준은행관행에 따른 제시를 의미한다.

해 석

02

출제빈도 ★★★

Under UCP600, which of the following interpretations about terms is NOT correct?

① A credit is irrevocable even if there is no indication to that effect.
② Branches of a bank in different countries are considered to be separate banks.
③ It is allowed to use terms such as "first class", "well known", "qualified" or "official" in documents issued by the beneficiary.
④ If the words such as "from" or "after" are used when determining the expiry date of a draft, it should exclude the date mentioned.

UCP600하에서, 용어에 대한 다음 해석 중 옳지 <u>않은</u> 것은?

① 신용장은 취소불능이라는 표시가 없더라도 취소가 불가능하다.
② 다른 국가에 소재하는 은행의 지점들은 독립된 은행들로 간주된다.
③ 수익자에 의해 발행된 서류에 "first class", "well known", "qualified" 또는 "official"의 용어를 사용하는 것은 허용된다.
④ 환어음의 만기일을 결정할 때 "from" 또는 "after"라는 단어가 사용된 경우에는 언급된 해당 일자를 제외해야 한다.

정답 및 해설

01 ① 통지은행은 개설은행(issuing bank)의 요청에 의해 신용장을 통지하는 은행을 의미한다.
02 ③ 서류의 발행인을 표현하기 위해 "first class", "well known", "qualified", "official" 등과 같은 용어를 사용하는 것은 허용되지만, 그 서류의 발행인이 수익자인 경우에는 허용될 수 없다.

이용 가능, 유효기일 및 제시장소

출제빈도 ★★

03 If a credit calls for a draft at 60 days after sight drawn on ABC bank, which of the following statements is NOT correct?

① A credit must not be available by deferred payment.
② If a credit is available by acceptance, ABC bank may accept a draft drawn on it.
③ If a credit is available by negotiation, ABC bank may purchase drafts and/or documents before the maturity date.
④ If a credit is available by sight payment, drawing a draft is optional.

신용장이 ABC은행을 지급인으로 하고 일람 후 60일 되는 날이 만기일인 환어음을 요구한다면, 다음 중 옳지 않은 것은?

① 신용장은 연지급방식에 의하여 이용할 수 없다.
② 신용장이 인수방식에 의해 이용 가능하다면, ABC은행은 자신을 지급인으로 하는 환어음을 인수할 수 있다.
③ 신용장이 매입방식에 의해 이용 가능하다면, ABC은행은 만기일 이전에 환어음 및/또는 서류를 매수할 수 있다.
④ 일람지급에 의하여 이용 가능한 신용장이라면, 환어음을 발행하는 것은 선택사항이다.

이용 가능, 유효기일 및 제시장소

출제빈도 ★★

04 Under UCP600, a credit must not be issued available by a draft drawn on the :

① applicant.
② issuing bank.
③ confirming bank, if any.
④ beneficiary.

UCP600하에서, 신용장은 (　　　)을 지급인으로 하는 환어음에 의하여 이용 가능하도록 발행될 수 없다.

① 개설의뢰인
② 개설은행
③ 확인은행이 있다면 확인은행
④ 수익자

정답 및 해설

03 ③ 신용장이 매입방식에 의해 이용 가능하고 환어음을 요구하고 있다면, 환어음의 지급은행인 ABC은행은 만기일 또는 그 이전에 환어음 및/또는 서류를 매수할 수 없다. 환어음을 요구하는 매입신용장에서 매입은행은 환어음의 지급은행이 될 수 없기 때문이다.

04 ① 개설의뢰인을 지급인으로 하는 환어음을 요구하는 신용장은 발행될 수 없다. 1차적이고 최종적인 결제이행의무는 개설은행이 부담하므로, 개설의뢰인은 개설은행의 최종적인 지급대상자가 될 수 없기 때문이다.

개설은행의 의무

05 Which of the following statements is NOT correct in reference to an issuing bank's undertaking?

① An issuing bank must reimburse a nominated bank that has honoured or negotiated a complying presentation and forwarded the documents to the issuing bank.

② The issuing bank must honour if the credit is available by acceptance with a nominated bank, and that nominated bank does not accept a draft drawn on the nominated bank.

③ An issuing bank is irrevocably bound to honour at the time the advising bank receives the credit.

④ If the nominated bank that incurred its deferred payment undertaking does not pay at the maturity date, the issuing bank must honour.

다음 중 개설은행의 의무에 관한 설명으로 옳지 않은 것은?

① 개설은행은 일치하는 제시에 대하여 결제 또는 매입을 하고 그 서류를 개설은행에 송부한 지정은행에 대하여 상환해야 한다.
② 신용장이 지정은행의 인수방식에 의해 이용 가능하고 그 지정은행이 자신을 지급인으로 하는 환어음을 인수하지 않는다면, 개설은행이 결제해야 한다.
③ 개설은행은 통지은행이 신용장을 통지받은 시점부터 취소불능으로 결제할 의무를 부담한다.
④ 연지급확약을 부담한 지정은행이 만기일에 지급하지 않는다면, 개설은행이 결제해야 한다.

확인은행의 의무

06 Which of following statement is NOT correct in reference to confirming bank's undertaking?

① A confirming bank must honour or negotiate if stipulated documents that constitute a complying presentation and presented to the confirming bank or any other nominated bank.

② The reason that confirming bank must negotiate without recourse, the confirming bank has to honour in the same position as the issuing bank.

③ If a bank that advise to beneficiary is authorized or requested by the issuing bank to confirm a credit, that advising bank must add its confirmation to the credit.

④ The presentation of discrepant documents to the confirming bank has no obligation to honour or negotiate unless it has stated otherwise.

다음 중 확인은행의 의무에 대한 설명으로 옳지 않은 것은?

① 일치하는 제시를 구성하는 서류가 명시되고 확인은행 또는 다른 지정은행에 제시한다면, 확인은행은 반드시 결제 또는 매입해야 한다.
② 확인은행은 상환청구권 없이 매입해야 하는 이유는 확인은행이 개설은행과 동일한 지위에서 결제해야 하기 때문이다.
③ 수익자에게 통지하는 은행이 개설은행에 의하여 신용장의 확인을 승인받거나 요청받는다면, 그 통지은행은 신용장에 자신의 확인을 추가해야 한다.
④ 신용장에서 별도로 명시하지 않는 한, 하자 있는 서류의 제시에 대해 확인은행이 결제 또는 매입해야 할 의무는 없다.

정답 및 해설

05 ③ 개설은행은 신용장을 개설한 때부터 취소불능으로 결제할 의무를 부담한다.
06 ③ 수익자에게 신용장을 통지하는 통지은행이 확인할 수 있도록 요청받은 경우, 요청받은 통지은행은 확인을 추가할 수도 있고 추가하지 않을 수 있으므로 확인을 반드시 추가해야 하는 의무는 없다.

신용장 및 조건변경의 통지

07 Which of the following statements is correct in relation to the advising of credits and an advising bank's undertaking?

① An advising bank that is requested to advise must advise the credit to the beneficiary.

② An issuing bank may send a credit directly to the beneficiary or through an advising bank.

③ By advising the credit, the advising bank signifies that it has the obligation to honour or negotiate.

④ If the credit cannot satisfy itself as to the apparent authenticity of the credit, the advising bank must notify the beneficiary of that without delay.

출제빈도 ★★

다음 중 신용장의 통지와 통지은행의 의무에 대한 설명으로 옳은 것은?

① 통지를 요청받은 통지은행은 수익자에게 신용장을 반드시 통지해야 한다.
② 개설은행은 신용장을 수익자에게 직접 송부하거나 통지은행을 통해서 송부할 수도 있다.
③ 신용장을 통지함으로써, 통지은행은 결제 또는 매입해야 하는 의무가 있다는 점을 표명한다.
④ 신용장의 외견상 진정성을 확인할 수 없다면, 통지은행은 지체 없이 수익자에게 알려야 한다.

조건변경

08 A credit, except a transferable credit, can neither be amended nor cancelled without the agreement of the :

> A. applicant.
> B. beneficiary.
> C. advising bank.
> D. confirming bank, if any.

① A and C
② B and D
③ A, B and D
④ A, B, C and D

출제빈도 ★★

양도가능신용장을 제외한 신용장은 (　　)의 동의가 없으면 변경되거나 취소될 수 없다.

> A. 개설의뢰인
> B. 수익자
> C. 통지은행
> D. 확인은행이 있다면 확인은행

정답 및 해설

07 ②　① 통지를 요청받은 통지은행이 수익자에게 반드시 신용장을 통지해야 하는 것은 아니다.
　　　③ 신용장을 통지함으로써, 통지은행이 결제 또는 매입해야 할 의무가 발생하는 것은 아니다.
　　　④ 신용장의 외견상 진정성을 확인할 수 없다면, 통지은행은 지체 없이 통지를 요청한 은행에 알려야 한다.

08 ②　신용장은 개설은행(issuing bank), 확인은행이 있는 경우에는 확인은행(confirming bank), 그리고 수익자(beneficiary)의 동의가 없으면 변경되거나 취소될 수 없다.

09 서류심사의 기준 〔출제빈도 ★★★〕

If a credit does not indicate the period of presentation, the presentation of transport documents must be made by or on behalf of the beneficiary no later than 21 calendar days after the date of shipment. When a document is presented on September 30, 202X, which of the following original transport documents is NOT deemed to be a discrepancy?

31D Date and Place of Expiry	: 2X/10/02 KOREA
44C Latest Date of Shipment	: 2X/09/01
48 Period for Presentation	: N/A

① Commercial invoice
② Non-negotiable sea waybill
③ Charter party bill of lading
④ Certificate of posting

신용장이 서류제시기간을 표시하지 않으면, 운송서류의 제시는 선적일 후 21일보다 늦지 않게 수익자에 의해 또는 그를 대신하여 이루어져야 한다. 아래 신용장의 조건에 따라 서류가 202X년 9월 30일에 제시된다면, 다음 원본 운송서류 중 하자로 간주되지 <u>않는</u> 것은?

31D 유효기일 및 장소	: 202X년 10월 2일 대한민국
44C 최종 선적일	: 202X년 9월 1일
48 서류제시기간	: 없음

① 상업송장
② 비유통 해상화물운송장
③ 용선계약부 선하증권
④ 우편증명서

---

10 서류심사의 기준 〔출제빈도 ★★★〕

Which of the following statements is NOT correct in relation to the examination of documents?

① The address in a commercial invoice needs not be the same as that of the beneficiary stated in the credit, but it must be within the same country.
② When the address and contract details of the applicant appear as part of the consignee or notify party details on a bill of lading, they must be as stated in the credit.
③ The documents not required in the credit will not be examined by banks.
④ If the beneficiary is not stated as the shipper or consignor on a transport document, it is deemed to be discrepant.

다음 중 서류심사에 관한 설명으로 옳지 <u>않은</u> 것은?

① 상업송장의 주소는 신용장에 명시된 수익자의 주소와 동일할 필요는 없지만, 동일한 국가 내에 있어야 한다.
② 개설의뢰인의 주소와 계약 명세가 선하증권의 수하인 또는 착하통지처의 일부로서 나타날 때에는 신용장에 명시된 대로 기재되어야 한다.
③ 신용장에서 요구되지 않은 서류는 은행이 심사하지 않을 수 있다.
④ 수익자가 운송서류에 선적인 또는 송하인으로서 명시되지 않는다면, 이는 하자로 간주된다.

정답 및 해설

09 ① 상업송장(Commercial invoice)은 UCP600의 제18조에 따른 서류에 해당하므로, 선적일 후 21일보다 늦게 제시되더라도 유효기일 전까지만 제시된다면 하자로 보지 않는다.

10 ④ 모든 서류의 선적인 또는 송하인을 신용장의 수익자가 아닌 자로 표시하여도 하자로 보지 않는다.

하자 있는 서류, 권리포기 및 통지

출제빈도 ★★★

11 When a confirming bank determines that a presentation does not comply, a confirming bank may :

① in its sole judgement approach the applicant for a waiver of the discrepancies.
② send multiple notices to that effect to the presenter.
③ refuse to honour or negotiate.
④ return the documents to the presenter no later than five banking days following the date of presentation.

확인은행이 그 제시가 일치하지 않는다고 결정한 때, 확인은행은 (　　) 수 있다.

① 독자적인 판단으로 불일치에 관한 권리포기를 위하여 개설의뢰인과 교섭할
② 제시인에게 그러한 취지를 여러 번 통지할
③ 결제 또는 매입을 거절할
④ 서류제시일의 다음 날로부터 5은행영업일까지 제시인에게 서류를 반환할

원본서류 및 사본

출제빈도 ★★

12 In case a credit requires presentation of multiple documents by using the terms such as "in 3 copies", the beneficiary is to present :

① only 3 originals.
② only 3 copies.
③ at least one original and the rest in copies.
④ two originals and one copy only.

신용장이 "3통의 사본"과 같은 용어를 사용하여 복수의 서류제시를 요구하는 경우, 수익자는 (　　)을 제시해야 한다.

① 3통의 원본만
② 3통의 사본만
③ 적어도 1통의 원본과 나머지 사본
④ 2통의 원본과 1통의 사본만

정답 및 해설

11　③　① 개설의뢰인과 불일치에 관한 권리포기의 여부를 교섭할 수 있는 것은 개설은행만 할 수 있다.
　　　　② 은행은 제시인에 대한 하자통지를 한 번만 할 수 있다.
　　　　④ 은행은 제시인에게 언제든지 서류를 반환할 수 있다.

12　③　신용장에서 "in 3 copies" 또는 "in 3 fold" 등과 같이 동일한 서류를 복수의 통수를 제시하도록 요구하는 경우, 수익자는 1통이 원본인 서류를 제시하고 나머지는 사본으로 제시하여도 인정된다.

상업송장

13 Unless a credit indicates otherwise, a commercial invoice :

① must appear to have been issued by the issuing bank except the transferable credit.
② must be made out in the name of the applicant except the transferable credit.
③ may be made out in the different currency as the credit.
④ must be signed.

신용장에서 달리 표시하지 않는다면, 상업송장은 (　　)

① 양도가능신용장을 제외하고 개설은행에 의하여 발행된 것으로 보여야 한다.
② 양도가능신용장을 제외하고 개설의뢰인 앞으로 작성되어야 한다.
③ 신용장과 다른 통화로 작성될 수 있다.
④ 서명되어야 한다.

선하증권

14 UCP600 sub-article 20(a) stipulates standards for a bill of lading when credit requires it. Which of the following statements is NOT correct under sub-article 20(a)?

① B/L must indicate name of the carrier and signature by or on behalf of carrier.
② B/L must indicate that the goods have been shipped on board a named vessel at the named port of loading stated in the credit.
③ B/L must indicate shipment from the port of loading to the port of discharge stated in the credit.
④ B/L must contain indication of a charter party, if it is subject to a charter party.

UCP600 제20조 a항에는 신용장에서 선하증권을 요구하는 때에 그 선하증권의 기준을 명시하고 있다. 제20조 a항 하에서 다음 설명 중 옳지 않은 것은?

① 선하증권은 운송인의 명칭과 운송인 또는 그 대리인에 의한 서명을 표시해야 한다.
② 선하증권은 신용장에 명시된 선적항에서 지정선박으로 선적되었음을 표시해야 한다.
③ 선하증권은 신용장에 명시된 선적항으로부터 도착항까지의 선적으로 표시해야 한다.
④ 용선계약을 적용한다면, 선하증권은 용선계약의 표시를 포함해야 한다.

정답 및 해설

13 ② ① 양도가능신용장을 제외하고 수익자에 의하여 발행된 것으로 보여야 한다.
　　　　③ 신용장과 동일한 통화로 작성되어야 한다.
　　　　④ 서명될 필요가 없다.
14 ④ UCP600 제20조에서 정하는 선하증권의 수리요건으로 선하증권은 용선계약에 따른다는 어떠한 표시도 포함하고 있지 아니할 것임이 보여야 한다고 명시하고 있다.

선하증권

15 Under UCP600 article 20, which of the following statements about transhipment is NOT correct?

① A bill of lading that includes the clause "carrier reserves the right to tranship" is not acceptable.

② Transhipment means unloading from one vessel and reloading to another vessel during the carriage from the port of loading to the port of discharge stated in the credit.

③ If the entire carriage is covered by one and the same bill of lading, the bill of lading may indicate that the goods will be transhipped.

④ To prohibit transhipment during the carriage, a credit must state that sub-article 20(c) is excluded.

UCP600 제20조하에서, 환적에 대한 다음 설명 중 옳지 않은 것은?

① "운송인이 환적할 권리를 보유하고 있다"라는 조항을 포함하고 있는 선하증권은 수리할 수 없다.

② 환적이란 신용장에 명시된 선적항으로부터 도착항까지의 운송과정 중에 한 선박에서의 양하와 다른 선박으로의 재적재를 말한다.

③ 모든 운송이 동일한 선하증권에 의해 커버된다면, 선하증권은 물품이 환적될 것이라고 표시할 수 있다.

④ 운송과정 중 환적을 금지하기 위해서는 신용장에 제20조 c항의 적용이 배제된다고 명시해야 한다.

용선계약부 선하증권

16 Which of the following statements about a charter party bill of lading is NOT correct?

① If a bill of lading indicates that it is subject to a charter party, it is regarded as the charter party bill of lading.

② A charter party bill of lading must be signed by the master, owner, charterer or an agent.

③ The port of loading may be shown as a range of ports or a geographical area, as stated in the credit.

④ Although a credit requires to present charter party contracts, a bank need not examine charter party contracts.

용선계약부 선하증권에 대한 다음 설명 중 옳지 않은 것은?

① 선하증권이 용선계약에 따른다고 표시한다면 용선계약부 선하증권으로 간주된다.

② 용선계약부 선하증권은 선장, 선주, 용선자 또는 대리인에 의해 서명되어야 한다.

③ 선적항은 신용장에 명시된 대로 항구의 구역 또는 지리적 지역으로 나타낼 수 있다.

④ 신용장이 용선계약서를 제시할 것을 요구하더라도 은행은 용선계약서를 심사할 필요가 없다.

정답 및 해설

15 ① 운송인이 환적할 권리를 보유하고 있음을 명시한 선하증권의 조항은 무시되기 때문에 수리할 수 있다.

16 ③ 용선계약부 선하증권의 도착항(port of discharge)은 신용장에 명시된 대로 항구의 구역 또는 지리적 지역으로 나타낼 수 있다.

항공운송서류와 도로, 철도 및 내수로 운송서류 출제빈도 ★

17 Which of the following statements relative to a transport document is NOT correct?

① An air waybill must appear to indicate that the goods have been accepted for carriage.

② The date appearing on the air transport document relative to the flight date will be deemed to be the date of shipment.

③ A rail or inland waterway transport document will be accepted as an original, even if these documents do not state that they are an original.

④ A road transport document must appear to be the original for the consignor or shipper or bear no marking indicating for whom the document has been prepared.

다음 중 운송서류에 관한 설명으로 옳지 않은 것은?

① 항공운송서류는 물품이 운송을 위하여 수리되었음을 표시하고 있는 것이 보여야 한다.

② 운항일자와 관련하여 항공운송서류에 보이는 일자는 선적일로 간주한다.

③ 철도 또는 내수로 운송서류는 원본이라고 명시하지 않더라도 원본으로서 수리된다.

④ 도로운송서류는 송하인 또는 선적인용 원본으로 보이거나 또는 그 서류가 누구를 위하여 작성되었는지에 대한 표시가 없어야 한다.

보험서류 및 담보 출제빈도 ★★★

18 Which of the following statements about insurance documents is correct?

① An insurance document must be issued and signed by two concerned parties, such as an insurance company and an underwriter.

② Cover notes will be accepted.

③ In case a credit requires an insurance policy, it will not be acceptable if the beneficiary presents an insurance certificate to the bank.

④ If the date of the insurance document is stipulated later than the date of shipment, the insurance document must not be accepted.

다음 중 보험서류 및 담보에 대한 설명으로 옳은 것은?

① 보험서류는 보험회사와 보험업자와 같은 두 이해당사자에 의해 발행되고 서명되어야 한다.

② 부보각서는 수리될 것이다.

③ 신용장이 보험증권을 요구하는 경우, 수익자가 은행에 보험증명서를 제시한다면 수리되지 않을 것이다.

④ 보험서류의 일자가 선적일보다 늦게 명시되었다면, 그 보험서류는 수리되어서는 안 된다.

정답 및 해설

17 ② 운항일자와 관련하여 항공운송서류에 보이는 일자는 선적일로 간주하지 않는다.

18 ③ ① 보험서류는 보험회사와 보험업자 및 그들의 대리인 또는 대리업자에 의하여 발행되고 서명되어야 한다.
② 부보각서는 수리되지 아니한다.
④ 보험서류의 일자가 선적일보다 늦게 명시된 보험서류라 하더라도 보험담보가 선적일보다 늦지 않은 일자로부터 유효하다고 표시되어 있다면 예외적으로 수리될 수 있다.

신용장 금액, 수량 및 단가의 과부족 허용

19 Under UCP600, which of the following terms does NOT fit in the blanks?

출제빈도 ★★

> The words "about" or "approximately" used in connection with the (   ) stated in the credit are to be constructed as allowing a tolerance not to exceed 10% more or 10% less than the (   ) to which they refer.

① amount of the credit
② quantity
③ unit price
④ amount of insurance coverage

UCP600하에서, 다음 용어 중 괄호에 들어가기에 적절하지 않은 것은?

> 신용장에 명시된 (   )와/과 관련하여 사용된 "약" 또는 "대략"이라는 단어는 이에 언급된 (   )의 10%를 초과하지 않는 과부족을 허용하는 것으로 해석된다.

① 신용장 금액
② 수 량
③ 단 가
④ 부보금액

양도가능신용장

20 Which of the following concerned parties fits in the blanks?

출제빈도 ★★★

> • Presentation of documents by or on behalf of a second beneficiary must be made to the (A).
> • Unless otherwise agreed, all charges incurred in respect of a transfer must be paid by the (B).

	A	B
①	applicant	first beneficiary
②	first beneficiary	applicant
③	transferring bank	first beneficiary
④	issuing bank	second beneficiary

다음 이해당사자 중 괄호에 들어가기에 적절한 것은?

> • 제2수익자 또는 그 대리인에 의한 서류의 제시는 (A)에 행해져야 한다.
> • 별도의 합의가 없는 한 양도와 관련하여 발생한 모든 수수료는 (B)에 의해 지급되어야 한다.

	A	B
①	개설의뢰인	제1수익자
②	제1수익자	개설의뢰인
③	양도은행	제1수익자
④	개설은행	제2수익자

정답 및 해설

19 ④ 신용장에 명시된 신용장 금액, 수량 및 단가와 관련하여 사용된 '약' 또는 '대략'이라는 단어는 이에 언급된 신용장 금액, 수량 및 단가의 10%를 초과하지 않는 과부족을 허용하는 것으로 해석된다.

20 ③ • 제2수익자 또는 그 대리인에 의한 서류의 제시는 (양도은행)에 행해져야 한다.
       • 별도의 합의가 없는 한 양도와 관련하여 발생한 모든 수수료는 (제1수익자)에 의해 지급되어야 한다.

출제예상문제 제1장 | 신용장통일규칙(UCP600)

✓ 출제예상문제를 통해 다양한 외환전문역 Ⅱ종 문제를 풀어볼 수 있습니다.
✓ 다시 봐야 할 문제(틀린 문제, 풀지 못한 문제, 헷갈리는 문제 등)는 문제 번호 하단의 네모박스(□)에 체크하여 반복 학습할 수 있습니다.

출제빈도 ★

01 If a letter of credit by SWIFT(MT700) system is stated as below, which of the following statements is NOT correct?

| 40E Applicable rule   : UCP LATEST VERSION |

① "UCP LATEST VERSION" means that the credit is subject to the version of the UCP that is in effect on the date of issue.
② UCP may be modified or excluded by the mutual consent of the concerned parties.
③ UCP600 is the rules that apply to a documentary credit except for a standby letter of credit.
④ UCP600 is applicable when the letter of credit expressly indicates that it is subject to these rules.

SWIFT(MT700)방식에 의한 신용장이 아래와 같이 기재된 경우, 다음 설명 중 옳지 않은 것은?

| 40E 적용 가능한 규칙
 : UCP LATEST VERSION |

① "UCP LATEST VERSION"은 신용장이 개설일자에 시행되는 신용장통일규칙의 적용을 받는다는 것을 의미한다.
② UCP는 이해당사자 상호 간 동의에 의하여 수정 또는 배제될 수 있다.
③ UCP600은 보증신용장을 제외한 화환신용장에 적용하는 규칙이다.
④ UCP600은 신용장에서 명시적으로 적용된다는 표시가 있을 때 적용할 수 있다.

출제빈도 ★

02 Complying presentation means a presentation that is in compliance with :

A. terms and conditions of the credit.
B. all of UCP600 rules.
C. ISBP821.

① A
② A and B
③ A and C
④ A, B and C

일치하는 제시는 (   )에 따른 제시를 하는 것을 의미한다.

A. 신용장 조건
B. 모든 UCP600의 규칙
C. ISBP821

03 The following statement provides the rules of UCP600 in relation to application of UCP. Which of the following terms fits in the blanks?

> The words "to", "until", "till", "from" and "between" when used to determine a period of (A) (B) the date or dates mentioned, and the words "before" and "after" (C) the date mentioned.

	A	B	C
①	presentation	include	exclude
②	presentation	exclude	include
③	shipment	include	exclude
④	shipment	exclude	include

다음 설명은 UCP의 해석에 관한 UCP600의 규정이다. 다음 용어 중 괄호에 들어가기에 적절한 것은?

> (A)기간을 정하기 위하여 사용된 "to", "until", "till", "from" 및 "between"이라는 단어는 언급된 일자 또는 일자들을 (B)하며, "before" 및 "after"라는 단어는 언급된 일자를 (C)한다.

	A	B	C
①	제시	포함	제외
②	제시	제외	포함
③	선적	포함	제외
④	선적	제외	포함

정답 및 해설

01 ③ UCP600은 화환신용장과 UCP600에서 적용 가능한 범위 내의 보증신용장을 포함하여 적용되는 규칙이다.

02 ① 일치하는 제시는 신용장의 조건(terms and conditions of the credit)과 적용 가능한 범위 내에서의 UCP600규칙(the applicable provisions of UCP600 rules) 및 국제표준은행관행(international standard banking practice, ISBP821에 한정하지 않은 포괄적인 국제표준은행관행을 말함)을 동시에 충족해야 한다.

03 ③ (선적)기간을 정하기 위하여 사용된 "to", "until", "till", "from", "between"이라는 단어는 언급된 일자 또는 일자들을 (포함)하며, "before", "after"라는 단어는 언급된 일자를 (제외)한다.

04 출제빈도 ★★

Which of the following statements is NOT correct in relation to parties of contract with credit?

① The applicant cannot refuse a payment because documents don't comply with sales contracts.

② If the beneficiary has fulfilled the terms and conditions of credit, the beneficiary can receive payment regardless of contract cancellation.

③ If a document complies with the terms and conditions of the credit, an issuing bank must honour with or without sales of contracts.

④ An issuing bank has to include copies of the underlying contract as an integral part of the credit to ensure safe transaction to applicant.

신용장과 관련된 계약의 당사자에 관한 다음 설명 중 옳지 않은 것은?

① 개설의뢰인은 서류가 매매계약과 일치하지 않는다는 이유로 대금지급을 거절할 수 없다.
② 수익자가 신용장 조건을 이행한다면 매매계약의 취소와 관계없이 대금지급을 받을 수 있다.
③ 서류가 신용장 조건에 일치하는 경우, 개설은행은 매매계약의 여부와 관계없이 결제해야 한다.
④ 개설은행은 개설의뢰인의 거래안전을 보장하기 위해 기초계약의 사본을 신용장의 필수적인 부분에 포함시켜야 한다.

05 출제빈도 ★★

Under UCP600, which of the following statements is NOT correct?

① Banks deal with documents only.

② The beneficiary may claim to pay after the delivery of goods even if it presented a discrepant document to an issuing bank.

③ If documents constitute a complying presentation with credit, the applicant shall be liable to indemnify a bank regardless of the delivery.

④ All concerned parties other than banks may deal with not only documents but also goods, services or performance to which the documents may relate.

UCP600하에서, 다음 설명 중 옳지 않은 것은?

① 은행은 단지 서류만을 취급한다.
② 수익자는 하자 있는 서류를 개설은행에 제시했더라도 물품인도의 완료를 이유로 대금지급을 주장할 수 있다.
③ 서류가 신용장과 일치하는 제시를 구성한다면, 물품수령과 관계없이 개설의뢰인은 은행에 보상해야 할 책임이 있다.
④ 은행 이외의 모든 이해당사자는 서류뿐만 아니라 서류와 관련될 수 있는 물품, 용역 또는 이행을 취급할 수 있다.

06

출제빈도 ★★★ 최신출제유형

Under UCP600, which of the following statements relative to credit is correct?

① A credit may be issued available by a draft drawn on the applicant.

② An issuing bank must negotiate if the credit is available by negotiation with a nominated bank and that nominated bank does not negotiate.

③ A confirming bank is bound to honour or negotiate when it issues the credit.

④ A confirming bank must negotiate, without recourse, if the credit is available by negotiation with the confirming bank.

UCP600하에서, 신용장에 관한 다음 설명 중 옳은 것은?

① 신용장은 개설의뢰인을 환어음의 지급인으로 하여 사용되도록 개설할 수 있다.
② 신용장이 지정은행에서 매입에 의해 이용 가능하지만 그 지정은행이 매입하지 않는다면, 개설은행은 매입을 해야 한다.
③ 확인은행은 신용장을 개설할 때 결제 또는 매입을 해야 하는 의무를 부담하게 된다.
④ 신용장이 확인은행에서 매입에 의해 이용 가능하다면, 확인은행은 소구권 없이 매입을 해야 한다.

07

출제빈도 ★★

A credit that does NOT require a draft in any case is :

① acceptance L/C.
② sight payment L/C.
③ deferred payment L/C.
④ negotiation L/C.

어떠한 경우에도 환어음을 요구하지 않는 신용장은 (　　)이다.

① 인수신용장
② 일람지급신용장
③ 연지급신용장
④ 매입신용장

정답 및 해설

04 ④ 개설은행은 신용장의 필수적인 부분으로서 근거계약의 사본, 견적송장 등의 서류를 포함시키려는 개설의뢰인의 시도를 저지해야 한다.

05 ② 신용장은 매매계약 또는 기타 계약과는 독립된 거래이므로, 물품인도 등의 매매계약이 이행되었다고 하더라도 하자 있는 서류가 제시되었다면, 수익자는 개설은행에 대금지급을 주장할 수 없다.

06 ④ ① 신용장은 개설의뢰인을 환어음의 지급인으로 하여 사용되도록 개설할 수 없다.
② 신용장이 지정은행에서 매입에 의해 이용 가능하지만 그 지정은행이 매입하지 않는다면, 개설은행은 결제(honour)를 해야 한다.
③ 확인은행은 신용장에 자기의 확인을 추가하는 때에 결제 또는 매입을 해야 하는 의무를 부담한다.

07 ③ 어떠한 경우에도 환어음을 요구하지 않는 신용장은 연지급신용장이다.

08

Under UCP600, which of the following would best fit in the blanks?

- The issuing bank must (A) if the credit is available by negotiation with a nominated bank and that nominated bank does not negotiate.
- The issuing bank undertakes to reimburse a nominated bank that has (B) a complying presentation and forwarded the documents to the issuing bank.

	A	B
①	honour	honoured
②	honour	honoured or negotiated
③	honour or negotiate	honoured or negotiated
④	honour or negotiate	reimbursed

09

Which of the following statements is NOT correct in relation to an issuing bank?

① Even if the credit is available with a nominated bank by negotiation, the issuing bank must honour the documents that the beneficiary has directly presented to an issuing bank.

② An issuing bank has an obligation to reimburse a bank other than the nominated bank that has honoured or negotiated a complying presentation and has forwarded the documents to the issuing bank.

③ In any case, an issuing bank does not have a duty to negotiate the credit.

④ An issuing bank is irrevocably bound to honour after it issues the credit.

10 If an applicant requests a credit that is available with an issuing bank, the issuing bank has the obligation to honour. According to this condition, the credit that an issuing bank may NOT honour is :

① sight payment L/C.
② deferred payment L/C.
③ acceptance L/C.
④ negotiation L/C.

개설의뢰인이 개설은행에서 사용 가능한 신용장을 요청하는 경우, 개설은행은 결제 의무를 갖게 된다. 이와 같은 조건에서 개설은행이 결제할 수 없는 신용장은 (   )이다.

① 일람출급신용장
② 연지급신용장
③ 인수신용장
④ 매입신용장

11 Reimbursement by an issuing bank for the amount of a complying presentation under a credit available by acceptance or deferred payment is :

① payable in advance of maturity if the nominated bank has accepted the draft before maturity.
② payable when the nominated bank has incurred its deferred payment.
③ due at maturity whether or not the nominated bank prepaid or purchased before maturity.
④ allowed to pay anytime.

인수신용장 또는 연지급신용장하에서 일치하는 제시에 대응하는 대금의 상환은 (   )

① 지정은행이 환어음을 만기 전에 인수했다면, 만기일 이전에 지급할 수 있다.
② 지정은행이 연지급을 부담하였을 때에 지급할 수 있다.
③ 지정은행이 만기 전에 선지급 또는 매입을 하였는지 여부에 관계없이 만기에 이루어져야 한다.
④ 언제든 지급해도 된다.

정답 및 해설

08 ② • 신용장이 지정은행에서 매입에 의해 사용 가능하고 그 지정은행이 매입하지 않는다면, 개설은행은 (결제)해야 한다.
• 개설은행은 일치하는 제시를 (결제 또는 매입)하고 그 서류를 개설은행에게 발송하는 지정은행에게 상환할 것을 확약한다.

09 ② 개설은행은 지정은행이 아닌 은행에 대해서 상환할 의무가 없다.

10 ④ 신용장이 개설은행에서 사용 가능한 경우, 개설은행은 매입신용장에 대해서 결제할 수 없다.

11 ③ 인수 또는 연지급에 의하여 이용될 수 있는 신용장의 일치하는 제시에 대한 개설은행의 상환은 지정은행이 만기일 전에 선지급 또는 매입을 하였는지 여부에 관계없이 만기일에 지급해야 한다.

12 Under the following terms of a credit, which of the following statements is correct? (14 February, 202X is Saturday)

| 31D Date and place of expiry | : 2X/02/14 KOREA |
| 41D Available with … by … | : ANY BANK BY NEGOTIATION |

① The beneficiary must present the complying documents to any bank no later than 16 February, 202X.

② The beneficiary cannot present the complying documents to an issuing bank directly.

③ The issuing bank has to honour or negotiate the complying documents that are presented by the beneficiary.

④ The confirming bank must negotiate if the nominated bank does not negotiate.

아래의 신용장 조건하에서 다음 설명 중 옳은 것은? (202X년 2월 14일은 토요일이다)

| 31D 유효기일 및 제시장소 | : 2X/02/14 KOREA |
| 41D 이용장소 및 이용방식 | : ANY BANK BY NEGOTIATION |

① 수익자는 늦어도 202X년 2월 16일까지는 어떤 은행에라도 일치하는 서류를 제시해야 한다.
② 수익자는 직접 개설은행에 일치하는 서류를 제시할 수 없다.
③ 개설은행은 수익자에 의해 제시된 서류에 대하여 결제 또는 매입을 해야 한다.
④ 지정은행이 매입하지 않는다면, 확인은행은 매입해야 한다.

13 Although the credit didn't satisfy itself as to the apparent authenticity, the bank decided to advise the notice. To whom of the following must the advising bank inform?

| A. applicant | B. beneficiary |
| C. advising bank | D. second advising bank |

① A or B
② A or C
③ B or D
④ C or D

신용장이 외견상 진정성에 관하여 스스로 충족하지 못했음에도 불구하고 은행은 신용장을 통지하기로 결정하였다. 통지은행은 누구에게 통지하여야 하는가?

| A. 개설의뢰인 | B. 수익자 |
| C. 통지은행 | D. 제2통지은행 |

14 Which of the following statements about an amendment is NOT correct?

① If the confirming bank adds its confirmation to the terms and conditions of the original credit, it should extend its confirmation to an amendment.

② The beneficiary should send notification of acceptance or rejection of an amendment.

③ A provision in an amendment to the effect that the amendment shall enter into force unless rejected by the beneficiary within a certain time shall be disregarded.

④ Partial rejection of an amendment by the beneficiary is not allowed.

조건변경에 대한 다음 설명 중 옳지 않은 것은?

① 확인은행이 원신용장의 조건에 확인을 추가한다면, 조건변경에도 확인을 확장해야 한다.
② 수익자는 조건변경의 수락 또는 거절의 통지를 송부해야 한다.
③ 수익자가 일정한 시간 내에 조건변경을 거절하지 않으면 조건변경이 효력을 가지게 된다는 규정이 조건변경 내용에 있는 경우 이는 무시된다.
④ 수익자에 의한 조건변경의 부분적인 거절은 허용되지 않는다.

정답 및 해설

12 ① ② 수익자는 직접 개설은행에 일치하는 서류를 제시할 수 있다.
　　　③ 개설은행은 수익자에 의해 제시된 서류에 대하여 결제를 해야 하는 의무가 있을 뿐, 매입은 할 수 없다.
　　　④ 매입에 의해 이용할 수 있는 지정은행이 매입하지 않는 경우, 확인은행은 결제해야 한다.
13 ③ 신용장의 외견상 진정성에 관하여 스스로 충족할 수 없음에도 불구하고 신용장을 통지하기로 결정한다면 통지은행은 수익자 또는 제2통지은행에게 이 사실을 통지하여야 한다.
14 ① 확인은행이 원신용장에 확인을 추가하였다고 반드시 조건변경에도 확인을 확장해야 하는 것은 아니다.

15

출제빈도 ★★★

The applicant requested an amendment of the credit as below, and an issuing bank notified that to the beneficiary. Which of the following is an indication that the beneficiary agrees to the amendment?

The terms and conditions of the original credit
32B Amount : US$50,000
44C Latest Date of Shipment : 202X. 01. 27.

Amendment of the credit
32B Amount : US$25,000
44C Latest Date of Shipment : 202X. 02. 04.
47A Additional Conditions
: THIS AMENDMENT SHALL BE IN FORCE UNLESS REJECTED BY BENEFICIARY ON OR BEFORE January 30, 202X.

① The beneficiary gave notification of rejection of an amendment to the issuing bank.
② The beneficiary notified acceptance of only "44C" in the amendment and rejected the rest of it.
③ The beneficiary who hadn't notified the acceptance of an amendment forwarded the complying documents.
④ The beneficiary did not give any notification of acceptance or rejection on or before January 30, 202X.

개설의뢰인이 아래와 같이 신용장 조건변경을 개설은행에 신청했고, 개설은행은 그것을 수익자에게 통지하였다. 다음 중 수익자가 조건변경에 동의했다는 표시인 것은?

원신용장의 조건
32B 신용장대금 : US$50,000
44C 최종 선적일 : 202X. 01. 27.

신용장의 조건변경
32B 신용장대금 : US$25,000
44C 최종 선적일 : 202X. 02. 04.
47A 추가조건
: 202X년 1월 30일 또는 그 이전까지 수익자에 의하여 거절되지 않는다면 이 조건변경은 효력이 있을 것이다.

① 수익자가 개설은행에 조건변경의 거절을 표시하였다.
② 수익자가 신용장의 조건변경 중 "44C"만 승낙을 통지하였고, 나머지는 거절하였다.
③ 조건변경의 승낙을 통보하지 않은 수익자가 조건변경과 일치하는 서류를 은행에 송부하였다.
④ 수익자가 202X년 1월 30일까지 승낙 또는 거절의 통지를 알리지 않았다.

16

출제빈도 ★★

When nominated bank is not confirming bank, which of the following authorization is given to nominated bank by issuing bank according to the terms of credit below?

41a Available with … by … : ABC BANK, BY ACCEPTANCE

A. honour or negotiate
B. reimbursement for the amount of a complying presentation
C. prepay or purchase a draft or a deferred payment undertaking
D. receive or examination of documents

① A and B ② A and D ③ B and C ④ C and D

확인은행이 아닌 지정은행일 때, 다음 중 아래의 신용장 조건에 따라 개설은행에 의해 지정은행에게 부여된 권한은?

41a 유효장소 및 이용방법 : ABC은행, 인수방식

A. 결제 또는 매입
B. 일치하는 제시에 대응하는 대금의 상환
C. 환어음 또는 연지급확약의 선지급 또는 구매
D. 서류의 수취 또는 심사

출제빈도 ★★★

17 Which of the following statements is NOT correct in relation to reimbursement?

① Unless otherwise expressly stipulated, a reimbursing bank's charges are for the account of the beneficiary.

② The reimbursement authorization must not be subject to an expiry date.

③ Reimbursement by an issuing bank is due at maturity whether or not the nominated bank prepaid or purchased before maturity.

④ If the credit does not state that reimbursement is subject to URR, ICC rules for bank-to-bank reimbursement is applied to UCP600 article 13.

상환에 관한 다음 설명 중 옳지 않은 것은?

① 명시적으로 달리 규정되지 않는다면 상환은행의 수수료는 수익자의 부담으로 한다.

② 상환수권은 유효기일을 적용받지 않아야 한다.

③ 개설은행에 의한 상환은 지정은행이 만기 전에 선지급 또는 구입했는지에 상관없이 만기에 지급되어야 한다.

④ 신용장에서 상환은 URR이 적용된다고 명시하지 않는다면, 은행 간 상환에 대한 ICC 규칙은 UCP600 제13조가 적용된다.

정답 및 해설

15 ③ 수익자가 조건변경에 일치하는 서류를 제시하는 경우 원신용장의 조건변경에 동의하는 것으로 본다.

16 ④ 개설은행은 지정은행이 인수한 환어음 또는 연지급확약을 선지급 또는 구매할 권한을 부여함으로써 그 지정은행은 연지급확약을 선지급 또는 구매할 수 있으며, 지정은행은 서류의 수취 및 심사를 할 수 있다.

17 ① 명시적으로 달리 규정된 경우를 제외하고 상환은행의 비용은 개설은행이 부담한다. 상환은행의 비용을 수익자가 부담하려면 개설은행은 신용장과 상환수권서에 그러한 사실을 표시할 책임이 있다.

18 The following statement is the rules of UCP600 relative to the standard for the examination of documents. Which of the following terms fits in the blanks?

> A presentation including one or more original transport documents must be made by or on behalf of the beneficiary not later than (A) calendar days after the date of shipment, but in any event not later than the (B) of the credit.

	A	B
①	14	latest date of shipment
②	14	expiry date
③	21	latest date of shipment
④	21	expiry date

다음 설명은 서류심사의 기준에 대한 UCP600의 규정이다. 다음 용어 중 괄호에 들어가기에 적절한 것은?

> 하나 또는 그 이상의 운송서류의 원본을 포함하는 제시는 선적일 이후 (A)일보다 늦지 않게 수익자에 의하여 또는 그를 대리하여 행해져야 하지만, 어떠한 경우에도 신용장의 (B)보다 늦지 않아야 한다.

	A	B
①	14	최종 선적일
②	14	유효기일
③	21	최종 선적일
④	21	유효기일

19 Until when must the documents required in the credit below be presented? (January 24, 202X is Saturday)

```
31D Date and Place of Expiry   : 202X. 01. 25. KOREA
44C Latest Date of Shipment    : 202X. 01. 10.
46A Documents Required
   + SIGNED COMMERCIAL INVOICE IN 3 ORIGINALS
   + CERTIFICATE OF ORIGIN IN 1 ORIGINAL
48 Period for Presentation      : N/A
```

① January 24, 202X
② January 25, 202X
③ January 26, 202X
④ January 31, 202X

아래의 신용장 조건에서 요구된 서류는 언제까지 제시되어야 하는가? (202X년 1월 24일은 토요일이다)

```
31D 유효기일 및 제시장소
    : 202X. 01. 25. 대한민국
44C 최종 선적일 : 202X. 01. 10.
46A 요구되는 서류
   + 서명된 원본 상업송장 3부
   + 운송중개인화물인수증
48 서류제시기간 : 없음
```

① 202X년 1월 24일
② 202X년 1월 25일
③ 202X년 1월 26일
④ 202X년 1월 31일

20 If the following documents satisfy the requirements defined in the UCP600, which of the following documents may NOT be issued by any party other than a carrier, owner, master or charterer?

① bill of lading
② courier receipt
③ air waybills
④ inland waterway transport documents

다음의 서류들이 UCP600에서 명시된 요건들을 충족하는 경우, 다음 서류 중 운송인, 선주 또는 용선자 이외의 모든 당사자에 의해 발행될 수 없는 것은?

① 선하증권
② 특송배달영수증
③ 항공화물운송장
④ 내륙수로운송서류

21 When a confirming bank determines that presentation is complying, it must :

① honour.
② honour or negotiate.
③ honour or negotiate and forward the documents to the applicant.
④ honour or negotiate and forward the documents to the issuing bank.

확인은행이 제시가 일치한다고 결정한 때에는 ( )을/를 해야 한다.

① 결제
② 결제 또는 매입
③ 결제 또는 매입을 하고 개설의뢰인에게 서류를 전달
④ 결제 또는 매입을 하고 개설은행에 서류를 전달

정답 및 해설

18	④	하나 또는 그 이상의 운송서류의 원본을 포함하는 제시는 선적일 이후 (21)일보다 늦지 않게 수익자에 의하여 또는 그를 대리하여 행해져야 하지만, 어떠한 경우에도 신용장의 (유효기일)보다 늦지 않아야 한다.
19	③	신용장에서 요구되는 서류가 UCP600 제14조 c항에서 정하는 운송서류가 없으므로 유효기일까지 선적서류를 제시하여야 한다. 다만, 신용장에서 명시된 유효기일이 일요일이므로, 그 다음 첫 은행영업일인 202X년 1월 26일을 선적서류의 최종 제시일자로 한다.
20	②	UCP600의 제19조부터 제24조까지 해당되는 운송서류로서 그 요건을 충족하면 운송인, 선주 또는 용선자 이외의 모든 당사자에 의해 발행될 수 있는데, 특송배달영수증은 UCP600의 제25조에 해당되는 운송서류이므로 이 규정을 적용받을 수 없다.
21	④	확인은행이 제시가 일치한다고 결정한 경우 결제 또는 매입을 하고 개설은행에 서류를 전달해야 한다.

22 When a bank decides to refuse to honour discrepant documents, the bank must notify the presenter. Which of the following statements is NOT required in the notification?

① that the bank is refusing to honour or negotiate
② each discrepancy in respect of which the bank refuses to honour or negotiate
③ that the bank is holding the documents pending further instructions from the presenter
④ that the bank may dispose of discrepant documents in its sole discretion

은행이 하자 있는 서류에 대하여 결제를 거절하기로 한 경우 은행은 제시인에게 통지해야 한다. 제시인에게 통지할 시 통지문에 필히 명시해야 할 사항이 아닌 것은?

① 은행이 결제 또는 매입을 거절한다는 것
② 은행이 결제 또는 매입을 거절하는 이유가 된 각각의 불일치사항
③ 은행이 제시인으로부터 추가 지시를 받을 때까지 서류를 보관하고 있다는 것
④ 은행이 하자 있는 서류를 임의로 처분할 수 있다는 것

23 If an issuing bank determines that a presentation does not comply with the terms and conditions of the credit, which of the following parties may approach the applicant for a waiver of the discrepancies in its sole judgement?

① beneficiary
② issuing bank
③ nominated bank
④ confirming bank

개설은행이 서류의 제시가 신용장 조건과 일치하지 않는다고 결정한 경우, 독자적인 판단으로 개설의뢰인과 불일치에 관한 권리포기의 여부를 교섭할 수 있는 당사자는?

① 수익자
② 개설은행
③ 지정은행
④ 확인은행

24 Under the rules of UCP600, which of the following matches is NOT correct in relation to the interpretation of original documents and copies?

① "one invoice" – a requirement of an original invoice
② "invoice in 3 fold" – presentation of at least one original and any remaining as copies
③ "photocopy of a invoice" – presentation of either a photocopy, copy or an original invoice
④ "photocopy of a signed invoice" – presentation of only a signed original invoice

UCP600의 규정하에서, 원본서류와 사본의 해석에 대한 연결이 잘못된 것은?

① "1통의 송장" – 1통의 원본 송장 요구
② "3통의 송장" – 적어도 1통의 원본과 나머지 통수의 사본 제시
③ "1통의 송장의 사진복사본" – 1통의 사진복사본, 사본, 원본 송장 중 하나 제시
④ "1통의 서명된 송장의 사진복사본" – 1통의 서명된 원본 송장만 제시

25

Which of the following documents is NOT deemed to be the original document?

① A document forwarded by fax machine
② A photocopy apparently indicating signature by issuer's hand
③ A document that states it is an original
④ A document that appears to be on the document issuer's original stationery

다음 서류 중 원본서류로 간주되지 않는 것은?

① 팩스기계에 의해 송부된 서류
② 서류발행자의 손으로 명백히 서명이 표시된 사진복사본
③ 원본이라고 명시한 서류
④ 서류발행인의 원본용지상에 기재된 것으로 보이는 서류

정답 및 해설

22	④	은행이 일치하지 않는 제시에 대하여 결제를 거절하기로 결정한 경우, 제시인에게 통지할 때 은행이 하자 있는 서류를 임의로 처분할 수 있다는 것은 명시할 수 없다.
23	②	개설은행이 불일치서류라고 결정한 경우, 독자적인 판단으로 개설의뢰인과 교섭할 수 있는 권리를 가진다.
24	④	1통의 서명된 송장 사진복사본은 1통의 서명된 원본뿐 아니라 1통의 서명된 사진복사본이나 사본으로 제시하여도 인정된다.
25	①	팩스기계로 송부된 서류나 발행자 서명이 없는 보통용지 복사서류 등은 사본서류로 간주한다.

26 Under the terms and conditions of a credit given below, which of the following information stated on commercial invoice is deemed to comply with the terms and conditions of the credit?

40A Form of documentary credit	: IRREVOCABLE
50 Applicant	: KOREA TOYS CO., Ltd.
51 Beneficiary	: USA TOYS CO., Ltd.
45A Description of goods and/or services	
: 1,000 PIECES OF USA GIANT BEAR TOY	
SIZE : MIN 1.5 METERS AT US$50/PCS FOB SEATLE PORT, USA	
47A Additional conditions	
: INVOICE SHOWING AN AMOUNT EXCEEDING THE L/C MAXIMUM AMOUNTS ARE NOT ACCEPTABLE.	

① The invoice states "FOB" as trade terms of the invoice.
② The invoice states "KOREA TOYS CO., Ltd." as a notify party of invoice.
③ The invoice states "$50/PCS" as the unit price of the invoice.
④ The invoice states "US$50,500" as the amount of the invoice.

27 Carrier is "ABC Shipping Co., Ltd." and the agent for the carrier is "XYZ Ltd." If the name of the carrier is not indicated on the face of B/L, which of the followings satisfies the signature requirements of B/L as stipulated in sub-article 20(a)?

운송인은 "ABC 선박주식회사"이고 운송인의 대리인은 "XYZ 주식회사"이다. 선하증권의 문면상에 운송인의 명칭이 명시되지 않는다면, 다음 중 제20조 a항에서 규정한 서명요건을 충족하는 것은?

A. Bill of Lading
ABC Shipping Co., Ltd.
As Carrier
(Signature)

B. Marine Bill of Lading
ABC Shipping Co., Ltd.
(Signature)

C. Ocean Bill of Lading
XYZ Ltd.
As agent for the carrier
(Signature)

D. Shipped Bill of Lading
XYZ Ltd.
As agent for the carrier,
ABC Shipping Co., Ltd.
(Signature)

A. 선하증권
ABC 선박주식회사
운송인으로서
(서명)

B. 해상선하증권
ABC 선박주식회사
(서명)

C. 해양선하증권
XYZ 주식회사
운송인의 대리인으로서
(서명)

D. 선적선하증권
XYZ 주식회사
운송인의 대리인으로서,
ABC 선박주식회사
(서명)

① A and B
② A and D
③ B and C
④ C and D

정답 및 해설

26 ③ 신용장의 통화는 US$인데 상업송장에 단순하게 $로만 표시하더라도 하자가 되지 않으므로 요건을 충족한 것으로 본다.
① 신용장상의 상품명세와 관련하여 무역거래조건이 기재되어 있다면, 상업송장에도 반드시 이를 동일하게 기재해 주어야 하므로 단순히 "FOB"로만 표시하는 것은 요건을 충족시키지 않고 "FOB SEATLE PORT, USA"로 표시함으로써 요건을 충족시킬 수 있다.
② 상업송장의 통지처란에 개설의뢰인의 명칭을 표시하는 것은 요건을 충족시키지 않고, 송장에 "To applicant"로 표시하고 개설의뢰인 명칭을 표시함으로써 요건을 충족시킬 수 있다.
④ 신용장의 추가조건에서 상업송장 금액이 신용장 금액을 초과하여 제시하는 것을 허용할 수 없다고 명시하고 있으므로, 신용장 금액(US$50,000)을 초과한 상업송장 금액(US$50,500)은 허용하지 않는다.

27 ② 'A, D'는 선하증권의 요건을 충족하는 형식에 해당된다.
B. "ABC Shipping Co., Ltd."가 운송인이라는 표시가 없다. 다만, 선하증권에 "carrier, ABC Shipping Co., Ltd."의 표시가 있었다면 운송인의 표시는 생략할 수 있다.
C. "XYZ Ltd."가 어떤 운송인을 대리하여 선하증권을 발행하는 것인지에 대한 표시가 없다. 다만, 선하증권에 "carrier, ABC Shipping Co., Ltd."의 표시가 있었다면 운송인의 표시는 생략할 수 있다.

출제빈도 ★

28

If the bill of lading does not indicate the port of loading as stated in the credit, on board notation is required to indicate :

A. port of loading.
B. date of shipment.
C. name of the vessel.

① A
② A and B
③ B and C
④ A, B and C

선하증권이 신용장에 명시된 적재항을 표시하지 않은 경우, 본선적재표기는 (　　)을 표시해야 한다.

A. 적재항
B. 선적일
C. 선박의 명칭

출제빈도 ★★

29

Even if the credit stipulates that transhipment is not allowed, a bill of lading indicating that transhipment will take place is acceptable, if the goods have been shipped in :

A. a container.　　B. a trailer.
C. a pallet.　　　　D. a LASH barge.

① A and B
② A, B and C
③ A, B and D
④ A, B, C and D

신용장에서 환적이 허용되지 않는다고 명시하고 있더라도, 물품이 (　　)에 선적된다면 환적이 이루어질 것이라고 표시한 선하증권은 수리될 수 있다.

A. 컨테이너　　B. 트레일러
C. 팔레트　　　D. 래쉬바지

30

Which of the following transport documents fits in the blank?

- (A) marked "duplicate" will be accepted as an original.
- (B) must indicate that the goods have been accepted for carriage.

	A	B
①	Inland waterway transport document	Air waybill
②	Air waybill	Inland waterway transport document
③	Road transport document	Rail transport document
④	Rail transport document	Air waybill

31

A bill of lading containing an indication that it is subject to a charter party needs NOT be signed by :

① the carrier. ② the owner.
③ the charterer. ④ the master.

정답 및 해설

28 ④ 선하증권이 적재항으로서 신용장에 명시된 적재항을 표시하고 있지 않은 경우, 신용장에 명시된 대로 적재항, 선적일 및 선박의 명칭을 표시하고 있는 본선적재표기가 요구된다.

29 ③ 신용장에서 환적이 허용되지 않는다고 명시하고 있더라도, 물품이 컨테이너, 트레일러, 래쉬바지에 선적된다면 환적이 행해질 것이라고 표시한 선하증권은 수리될 수 있다.

30 ④
- 부본으로 표시된 (철도운송서류)는 원본으로서 수리된다.
- (항공화물운송장)은 물품이 운송을 위하여 수리되었다는 것을 표시해야 한다.

31 ① 용선계약부 선하증권은 선장(master), 선주(owner), 용선자(charterer) 또는 그 대리인에 의하여 서명되어 있는 것이 보여야 한다.

32 Which of the following indications of a transport document is NOT acceptable?

① "the goods will be loaded on deck"
② "the goods may be loaded on deck"
③ "shipper's load and count"
④ "said by shipper to contain"

다음 운송서류 표기 중 수리될 수 없는 것은?

① "물품이 적재될 것임"
② "물품이 갑판에 적재될 수도 있음"
③ "선적인의 적재 및 수량 확인"
④ "선적인의 신고내용에 따름"

33 Part of the terms and conditions of a credit are given below. According to the rules of the UCP600, which of the following sea transport documents complies to the terms and conditions of the credit?

43T Transhipment	: NOT ALLOWED
44E Port of loading	: ANY KOREAN PORT
44F Port of discharge	: ANY CHINESE PORT

	A. B/L	B. Marine B/L	C. Charter party B/L
Port of Loading	Busan port	any Korean port	Incheon port
Port of Discharge	Qingdao port	any Chinese port	any Chinese port

① A and B
② A and C
③ B and C
④ A, B and C

신용장 조건의 일부가 아래에 주어져 있다. UCP600의 규칙에 따라, 다음 해상운송서류 중 신용장 조건과 일치하는 것은?

| 43T 환적 : 허용되지 않음 |
| 44E 선적항 : 한국에 있는 항구 |
| 44F 도착항 : 중국에 있는 항구 |

	A. 선하증권	B. 해상 선하증권	C. 용선계약부 선하증권
선적항	부산항	한국에 있는 항구	인천항
도착항	칭다오항	중국에 있는 항구	중국에 있는 항구

34 Which of the following statements relative to insurance document and coverage is NOT correct?

① The cover notes issued by an insurance broker will not be acceptable.

② When the insurance document indicates that it has been issued in more than one original, it is deemed to be discrepant if the beneficiary presents only one original insurance document.

③ An insurance certificate or a declaration is acceptable instead of an insurance policy under an open cover.

④ An insurance document will be accepted without regard to any risks that are not covered if the credit uses imprecise terms such as "usual risks" or "customary risks."

보험서류와 담보에 관한 다음 설명 중 옳지 않은 것은?

① 보험중개인에 의해 발행된 부보각서는 수리되지 않는다.
② 보험서류가 1통을 초과한 원본으로 발행되었다고 표시한 때, 수익자가 원본 보험서류를 1통만 제시한다면 이는 하자로 간주된다.
③ 보험증명서 또는 통지서는 포괄예정보험에 의한 보험증권 대신에 수리될 수 있다.
④ 신용장이 "통상적 위험" 또는 "관습적 위험"과 같은 부정확한 용어를 사용하는 경우, 보험서류는 부보되지 않은 어떠한 위험에 관계없이 수리된다.

정답 및 해설

32 ① 운송서류에는 물품이 갑판에 적재되거나(goods are loaded on deck) 적재될 것(goods will be loaded on deck)이라고 표시해서는 안 된다.

33 ② 'A, C'는 선하증권에 실제의 선적항과 도착항을 표시하였고, 용선계약부 선하증권에 실제의 선적항과 지리적 지역의 도착항을 표시하였으므로 신용장 조건과 일치한다.
B. 해상선하증권에 선적항과 도착항을 지리적 지역으로 표시하였으므로 신용장 조건과 일치하지 않는다.
[참고] 해상운송서류는 신용장에 명시된 선적항과 도착항에 대하여 실제 항구명을 표시해야 하지만, 예외적으로 용선계약부 선하증권은 신용장에 명시된 도착항에 대하여 항구의 범위 또는 지리적 지역으로 표시할 수 있음

34 ③ 보험증권은 포괄예정보험에 의한 보험증명서 또는 통지서를 대신하여 수리될 수 있다. 보험증권은 포괄예정보험하에서의 보험증명서 또는 통지서보다 완전한 보험서류로 인정되기 때문이다.

35 출제빈도 ★★ 최신출제유형

If there is no indication in the credit of the insurance coverage, what is the amount of insurance coverage required under following credit condition?

- Credit amount : US$100,000(CIF value)
- Payment : 10% prepaid, 90% payable at sight against presentation of required documents

① US$90,000
② US$99,000
③ US$100,000
④ US$110,000

보험담보에 대한 표시가 없는 신용장이 아래의 조건으로 발행되었다면, 보험담보의 금액으로 적절한 것은?

- 신용장 금액 : US$100,000(CIF 가액)
- 지급 : 10% 선지급, 요구되는 서류제시에 대하여 90% 일람불지급

---

36 출제빈도 ★★

Under UCP600, which of the following statements is NOT correct?

① If the expiry date of a credit or the last day for shipment falls on a scheduled holiday of the nominated bank, the date will be extended to the first following banking day.

② A bank has no obligation to accept a presentation outside of its banking hours.

③ If a credit states the weight of goods as "about 100M/T", a tolerance not exceeding 10% is allowed.

④ If a credit doesn't state that partial drawings or shipments are prohibited, partial drawings or shipments are allowed.

UCP600하에서, 다음 설명 중 옳지 않은 것은?

① 신용장의 유효기일 또는 최종 선적일이 지정은행의 예정된 휴업일에 해당한다면, 그 기일은 이후 최초의 은행영업일로 연장된다.
② 은행은 은행영업시간 외 시간에 서류제시를 수리할 의무는 없다.
③ 신용장이 물품의 수량을 "약 100톤"이라고 명시한다면, 10%를 초과하지 않는 과부족은 허용된다.
④ 신용장에서 분할청구 또는 분할선적이 금지된다고 명시되지 않으면, 분할청구나 분할선적은 허용된다.

37 출제빈도 ★★

A documentary credit that stipulates an instalment shipment within a specific period of time has the following shipment schedule.

Period for shipment (YY/MM/DD)	Description of goods
2X/01/01~2X/01/31	1,500units
2X/02/01~2X/02/28	3,000units
2X/03/01~2X/03/31	2,500units

The beneficiary shipped the goods as follows.

Set No.	The date of shipment (YY/MM/DD)	Description of goods
#1	2X/01/14	1,000units
#2	2X/01/29	500units
#3	2X/02/18	2,500units
#4	2X/03/16	2,500units

If the partial shipment is allowed in each installment shipments, which of the following is discrepant?

① #3
② #2 and #3
③ #3 and #4
④ #2, #3 and #4

특정 기간 내에 할부선적을 규정하고 있는 화환신용장이 아래 선적일정을 갖고 있다.

선적기간(연/월/일)	물품 명세
2X/01/01~2X/01/31	1,500units
2X/02/01~2X/02/28	3,000units
2X/03/01~2X/03/31	2,500units

수익자는 아래와 같이 물품을 선적하였다.

세트 번호	선적일 (연/월/일)	물품 명세
#1	2X/01/14	1,000units
#2	2X/01/29	500units
#3	2X/02/18	2,500units
#4	2X/03/16	2,500units

각각의 할부선적 내에서 분할선적이 허용된다면, 다음 중 어떤 것이 하자에 해당하는가?

정답 및 해설

35 ④ 보험담보에 관하여 신용장에 표시가 없으면 보험담보의 금액은 적어도 물품의 CIF 또는 CIP 가격의 110%이어야 하며, 그 110%의 기준금액은 어떠한 감액 전의 금액으로 한다. 따라서 10% 선지급된 금액을 포함한 전체 CIF 가격인 US$100,000의 110%인 US$110,000 이상을 보험담보의 금액으로 해야 한다.

36 ① 신용장의 유효기일 또는 최종 제시일(the last day for presentation)이 지정은행의 정기 휴업일에 해당하는 경우에 그 기일 이후 최초의 은행영업일로 연장되지만, 최종 선적일은 연장되지 않는다.

37 ③ 신용장에서 선적기간 중 2월 선적수량이 3,000개로 정해져있지만, 실제로 #3(2월 할부선적분)은 이에 미달하는 2,500개가 선적되었으므로, #3과 그 이후의 할부선적분인 #4는 모두 하자가 된다.

출제빈도 ★

38 A bank assumes no liability or responsibility for :

> A. genuineness, falsification or legal effect of documents.
> B. interruption of banking business by strikes or lockouts.
> C. charges incurred by the bank that is instructed to perform services.
> D. delay or loss in transit of documents.

① A, B
② A, B and C
③ A, B and D
④ A, B, C and D

은행은 (　　)에 대하여 의무 또는 책임을 부담하지 않는다.

> A. 서류의 진정성, 위조 또는 법적 효력
> B. 동맹파업 또는 직장폐쇄에 의한 은행 영업의 중단
> C. 서비스를 이행하도록 지시받은 은행에 의해 부담되는 비용
> D. 서류 전송 중의 지연 또는 분실

출제빈도 ★★★　최신출제유형

39 Which of the following terms and conditions of the original credit may NOT be reduced or curtailed in the transferred credit?

① the amount of the credit
② the percentage for which insurance cover
③ the expiry date
④ the latest date of shipment

원신용장의 다음 조건 중 양도된 신용장에서 감액하거나 단축할 수 없는 것은?

① 신용장 금액
② 보험부보비율
③ 유효기일
④ 최종 선적일

40 Which of the following statements about transferable credits is NOT correct?

① Unless otherwise agreed between concerned parties, all charges incurred in relation to a transfer must be paid by the second beneficiary.

② Even if partial shipments are allowed, a transferred credit cannot be transferred to any subsequent beneficiary other than the first beneficiary.

③ A transferring bank means a bank that transfers a credit to the second beneficiary at the request of the first beneficiary and subsequently pays, accepts, or negotiates.

④ A bank has no obligation to transfer, even if it is requested to transfer from the first beneficiary.

다음 중 양도가능신용장에 관한 설명으로 옳지 않은 것은?

① 당사자 간 별도의 동의가 없다면, 양도와 관련하여 부담된 모든 비용은 제2수익자에 의하여 지급되어야 한다.

② 분할선적이 허용되더라도 양도된 신용장은 제1수익자 이외에는 그 이후의 어떤 수익자에게도 양도될 수 없다.

③ 양도은행이란 제1수익자의 요청에 따라 제2수익자에게 신용장을 양도하고 이에 따라 지급, 인수 또는 매입을 하는 은행을 말한다.

④ 은행은 제1수익자로부터 양도를 요청받는다 해도 신용장을 양도해야 할 의무는 없다.

정답 및 해설

38 ③ 'A, B, D'는 은행의 면책사항이다.
C. 은행은 서비스를 이행하도록 지시받은 은행에 의해 부담되는 비용(수수료, 요금 등)에 대해서는 책임을 부담한다.

39 ② 제1수익자는 원신용장의 담보금액을 충족시키기 위하여 보험부보비율(percentage for which insurance cover)을 증가시켜 양도할 수 있다.

40 ① 이해당사자 간 별도의 동의가 없다면, 양도와 관련한 모든 비용은 제1수익자가 지급해야 한다.

금융·자격증 전문 교육기관 해커스금융
fn.Hackers.com

■ 출제경향 및 학습전략

청구보증통일규칙(URDG758)은 제2과목 전체 25문제 중 총 2~3문제 정도 출제된다.

청구보증통일규칙(URDG758)은 제2과목 국제무역규칙 중에서 적은 비중으로 출제되고 있으며, 제1장 신용장통일규칙(UCP600)과 동일한 포맷으로 구성되어 있으므로 다른 규칙들에 비해 상대적으로 학습하기 수월한 파트이다. 따라서 제2장 청구보증통일규칙(URDG758)에서만 적용되는 지급 및 심사 관련 규정을 중심으로 꼼꼼히 학습하기를 권한다.

■ 빈출포인트

구 분	문제번호	빈출포인트	출제빈도
총 칙 (13%)	01	URDG의 적용, 해석, 발행과 발효	★★
청구보증의 특성 (20%)	02	보증의 독립성, 추상성, 비서류적 조건	★★★
조건변경 관련 규정 (9%)	03	보증과 조건변경의 통지, 조건변경	★★
제시 관련 규정 (30%)	04	제시, 지급청구의 요건, 일부청구와 수차청구	★★★
심사 관련 규정 (28%)	05	서류심사, 서류심사기간 및 지급, 연장 또는 지급, 불일치한 지급청구, 권리포기 및 통지	★★★

해커스 외환전문역 Ⅱ종 최종핵심정리문제집

제2과목 **국제무역규칙**

제2장
**청구보증통일규칙
(URDG758)**

개념완성문제 제2장 | 청구보증통일규칙(URDG758)

✓ 개념완성문제를 통해 외환전문역 Ⅱ종 시험에 나오는 개념을 이해할 수 있습니다.
✓ 다시 봐야 할 문제(틀린 문제, 풀지 못한 문제, 헷갈리는 문제 등)는 문제 번호 하단의 네모박스(□)에 체크하여 반복 학습할 수 있습니다.

URDG의 적용, 해석, 발행과 발효

출제빈도 ★★

01
□

Under URDG758, which of the following statements is NOT correct?

① These rules apply to any demand guarantee that expressly indicates it is subject to them.
② When a guarantee leaves the control of the guarantor, it is issued.
③ If a guarantee does not state that it is irrevocable, it may be canceled.
④ Guarantor's branches or other offices in a country are considered to be the same entity.

URDG758하에서, 다음 설명 중 옳지 않은 것은?

① 이 규칙은 이를 준거한다고 명시적으로 표시된 어떤 청구보증이라도 적용된다.
② 보증은 보증인의 통제에 벗어났을 때 발행된다.
③ 보증에 취소불능하다고 언급되어 있지 않다면, 보증은 취소될 수 있다.
④ 한 국가 내의 보증인의 지점들 또는 다른 사무실들은 동일한 주체로 본다.

용어 알아두기

Demand guarantee (청구보증) 기초계약상 채무자의 채무가 이행되지 못할 위험을 담보하기 위하여 제3자인 보증인이 기초계약과는 독립적으로 채권자의 일치하는 지급청구에 대해 지급할 것을 확약하는 보증이다.

정답 및 해설

01 ③ 보증에 취소불능하다고 별도의 언급이 없더라도 발행된 후에는 취소할 수 없다. 단, 보증인의 통제에 벗어나지 않았다면 취소가 가능하다.

보증의 독립성, 추상성, 비서류적 조건

02 Under URDG758, which of the following statements in a guarantee is NOT a non-documentary condition?

① The guarantee will expire two years after issuance.
② The guarantee will expire on the issue of a performance guarantee by ABS bank.
③ This payment guarantee will expire on 31 March 202X upon receipt of USD1,000,000 transferred by the buyer to the deposit account of the seller.
④ Beneficiary is allowed to demand payment only if shipment has not been effected on or before 30 June 202X.

출제빈도 ★★★

URDG758하에서, 다음 보증 문구 중 비서류적 조건이 아닌 것은?

① 보증은 발행 후 2년 뒤에 만료된다.
② 보증은 ABS은행으로부터 이행보증이 발행되면 만료된다.
③ 이 지급보증은 202X년 3월 31일까지 수출자의 계좌에 수입자가 USD1,000,000을 이체하면 만료된다.
④ 수익자는 202X년 6월 30일까지 선적되지 않았을 경우에만 지급청구가 허용된다.

> **용어 알아두기**
> Performance guarantee (이행보증)   기초관계상 한 당사자가 수출계약이나 건설계약과 같은 약정상의 의무를 이행하지 못할 경우에 대비하여 보증인이 수익자에게 지급할 것을 확약하는 보증이다.

정답 및 해설

02 ① 서류를 요구하지 않았지만 기간경과에 대한 조건이므로 비서류적 조건에 해당하지 않는다.

보증과 조건변경의 통지, 조건변경

03 Which of the following statements is NOT correct under the URDG758?

① If a advising party is requested to advise an amendment by guarantor but is unable to do so, it should immediately so inform him.
② At the time of receipt of instructions for the issue of an amendment to the guarantee, the guarantor must issue that amendment of the guarantee.
③ Partial acceptance of an amendment will be deemed to reject the amendment.
④ If the beneficiary presents the complying documents of the amendment without any notification of its rejection, it is deemed to accept the amendment.

URDG758하에서, 다음 설명 중 옳지 않은 것은?

① 통지당사자가 보증인으로부터 조건변경에 대한 통지요청을 받았으나 그렇게 할 수 없을 경우 즉시 보증인에게 알려야 한다.
② 보증인은 보증의 조건변경 발행지시를 수령하는 때에는 반드시 조건변경을 발행하여야 한다.
③ 조건변경에 대한 일부수락은 조건변경에 대한 거절로 간주한다.
④ 수익자가 어떠한 거절의 통지 없이 조건변경에 대한 일치하는 서류를 제시하면 이를 수락한 것으로 본다.

제시, 지급청구의 요건, 일부청구와 수차청구

04 In accordance with URDG758, which of the following statements is NOT correct?

① If the place for presentation is not specified in the guarantee, a presentation shall be made to the guarantor at the place of issue.
② The presentation can identify the guarantee by stating the guarantor's reference number for the guarantee.
③ If there are no separate requirements in guarantee, a demand need not to be supported by supporting statement.
④ "Multiple demands prohibited" means that only one demand covering all or part of the amount available may be made.

URDG758에 따르면, 다음 설명 중 옳지 않은 것은?

① 보증에 제시장소가 명시되어 있지 않으면, 제시는 발행장소에서 보증인에게 이루어져야 한다.
② 제시는 보증에 관한 보증인의 참조번호를 기재함으로서 보증을 특정할 수 있다.
③ 보증에 별도의 요구가 없다면 지급청구는 보강진술에 의하여 보강될 필요가 없다.
④ "수차청구 금지"는 이용 가능한 금액의 전부 또는 일부에 대한 단 한 번의 지급청구만이 가능하다는 것을 의미한다.

정답 및 해설

03 ② 보증인이 조건변경 발행지시를 받았다고 하더라도 무조건 그 지시를 따라야하는 것은 아니다.
04 ③ 보증에 별도의 요구가 없더라도 지급청구는 보강진술(기초관계상 의무위반의 내용을 표시하는 수익자의 진술)에 의하여 보강되어야 한다.

05 서류심사, 서류심사기간 및 지급, 연장 또는 지급, 불일치한 지급청구, 권리포기 및 통지

출제빈도 ★★★

The beneficiary presented documents that was specified in a guarantee to guarantor on Thursday 13 AUG. Until when shall the examination be completed?

① 17 AUG
② 18 AUG
③ 19 AUG
④ 20 AUG

수익자는 보증인에게 보증에 명시된 서류를 8월 13일(목)에 제시하였다. 서류심사는 언제까지 완료되어야 하는가?

① 8월 17일
② 8월 18일
③ 8월 19일
④ 8월 20일

정답 및 해설

05 ④ 서류심사기간은 서류제시일 다음 날로부터 5영업일 이내에 이루어져야 한다. 따라서 수익자가 8월 13일(목)에 서류를 제시하였다면 8월 14일(금)부터 주말을 제외한 8월 20일(목)까지가 서류심사기간이다.

출제예상문제 제2장 | 청구보증통일규칙(URDG758)

✔ 출제예상문제를 통해 다양한 외환전문역 Ⅱ종 문제를 풀어볼 수 있습니다.
✔ 다시 봐야 할 문제(틀린 문제, 풀지 못한 문제, 헷갈리는 문제 등)는 문제 번호 하단의 네모박스(□)에 체크하여 반복 학습할 수 있습니다.

출제빈도 ★★

01 Under URDG758, which of the following statements is NOT correct?

① If the counter-guarantee is subject to the URDG, the demand guarantee must also be subject to the URDG.

② "Business day" means a day on which the place of business where an act of a kind subject to URDG is to be performed is regularly open for the performance of such an act.

③ The beneficiary may present a demand from the time of issue of the guarantee or such later time or event as the guarantee provides.

④ Any requirement for presentation of one or more originals or copies of an electronic document is satisfied by the presentation of one electronic document.

URDG758하에서, 다음 설명 중 옳지 않은 것은?

① 구상보증이 URDG에 적용될 경우에는 청구보증도 URDG에 적용되어야 한다.
② "영업일"은 URDG의 적용을 받는 행위가 수행되어야 하는 영업장소가 그러한 행위의 수행을 위하여 정기적으로 영업하는 날을 의미한다.
③ 수익자는 보증의 발행 시부터 또는 보증의 규정에 따른 이후의 시기 또는 사건 시부터 지급청구를 제시할 수 있다.
④ 하나 또는 둘 이상의 전자서류 원본 또는 사본의 제시를 요구하는 요건은 하나의 전자서류의 제시로써 충족된다.

출제빈도 ★★

02 Which of the following statements is NOT correct under the URDG758?

① The URDG apply to any demand guarantee or counter guarantee that expressly indicates it is subject to them.

② A guarantee is irrevocable on issue even if it does not state this.

③ When the issuer of document is described using terms such as "first class", "well-known", this allows any issuer except the beneficiary or the applicant.

④ Branches of a guarantor is considered to be separate entities even if they are in the same country.

URDG758하에서, 다음 설명 중 옳지 않은 것은?

① URDG는 이를 준거한다고 명시적으로 표시한 청구보증이나 구상보증에 적용된다.
② 보증은 발행되면 취소불능이며, 심지어 이것이 명시하지 않은 경우에도 마찬가지다.
③ 서류발행자가 "first class", "well-known"이라는 용어를 사용하여 표현되었을 때, 수익자와 보증신청인을 제외한 어떠한 자도 서류의 발행자가 될 수 있다.
④ 보증인의 지점들은 비록 같은 나라에 있더라도 별개의 주체로 간주된다.

03 출제빈도 ★★

Under URDG758, which of the following parties is indicated in the guarantee as having its obligation under the underlying relationship supported by the guarantee?

① applicant   ② beneficiary
③ guarantor   ④ instructing party

URDG758하에서, 보증이 보증하는 기초관계상 채무를 가진 자로 보증에 표시된 자는 누구인가?

① 보증신청인   ② 수익자
③ 보증인   ④ 지시당사자

04 출제빈도 ★

Under URDG758, When used with a date or dates to determine the start, end or duration of any period, the term(s) :

① "after" includes the date or dates mentioned.
② "before" and "between" exclude the date or dates mentioned.
③ "from" includes the date or dates mentioned.
④ "until" and "till" exclude the date or dates mentioned.

URDG758하에서, 기간의 시작일, 종료일, 또는 존속기간을 결정하기 위해 일자와 함께 사용될 때, 용어 (   )

① "after"(~후에)는 지칭된 일자를 포함한다.
② "before"(~전에)와 "between"(~사이에)은 지칭된 일자를 제외한다.
③ "from"(~부터)은 지칭된 일자를 포함한다.
④ "until"(~까지)과 "till"(~까지)은 지칭된 일자를 제외한다.

정답 및 해설

01 ① 구상보증이 URDG에 적용된다고 하더라도 반드시 청구보증도 URDG에 적용되어야 한다고 볼 수 없다.
02 ④ URDG에서는 다른 국가에 있는 지점들만을 별개의 주체로 보고 있다.
03 ① 보증이 보증하는 기초관계상 채무자로 보증에 표시된 자는 보증신청인(applicant)이다.
04 ③ 보증서상의 일자 앞에 "from", "to", "until", "till", "between"이 사용되면 지칭된 일자를 포함하여 기간을 판단하고, "before", "after"를 사용하면 지칭된 일자를 포함하지 않고 기간을 판단한다.

05 Under URDG758, which of the following statements is NOT correct?

① A guarantor is in no way concerned with or bound by the underlying relationship.

② Guarantors deal with documents and not with goods, services or performance to which the documents may relate.

③ A reference in the counter-guarantee to the underlying relationship for the purpose of identifying it can change the independent nature of counter-guarantee.

④ If the guarantee does not specify any document that it indicates compliance with condition under the guarantee, guarantor will disregard it.

URDG758하에서, 다음 설명 중 옳지 않은 것은?

① 보증인은 기초관계와 아무런 관련이 없고 그에 구속되지도 아니한다.
② 보증인은 서류만을 취급하며, 서류와 관련된 물품, 서비스, 수행 여부는 관련이 없다.
③ 구상보증을 특정하려는 목적으로 구상보증상 기초관계에 관한 언급은 구상보증의 독립성을 상실시킬 수 있다.
④ 보증상의 조건이 준수되었음을 표시하는 어떤 서류라도 보증에 명시하지 않으면 보증인은 이를 무시할 수 있다.

06 According to URDG758, the guarantor will disregard a non-documentary condition under a guarantee. Which of the followings is deemed as non-documentary conditions?

① the guarantee specifies a document to indicate compliance with conditions.

② the fulfillment of the condition can not be determined from the guarantor's own records.

③ It can determine to meet the condition from an index specified in the guarantee.

④ Data that may appear in a document presented under the guarantee do not conflict with data in the guarantee.

URDG758에 따르면, 보증인은 보증서상 비서류적 조건에 대해서 무시할 수 있다. 다음 중 비서류적 조건으로 볼 수 있는 것은?

① 보증에 조건이 준수되었음을 표시하는 서류가 명시되어 있다.
② 조건의 충족 여부를 보증인 자신의 기록으로 결정할 수 없다.
③ 보증상 명시된 지수로 조건이 충족하는지를 결정할 수 있다.
④ 보증상 제시된 서류에 나타나는 정보가 보증상의 정보와 저촉되지 않는다.

07 In accordance with URDG758, the undertaking of a guarantor to pay under the guarantee is not subject to claim or defences arising from any relationship. Which of the followings is NOT applied to "any relationship" of prior sentence?

① The advising party and the guarantor
② The guarantor and the beneficiary
③ The beneficiary and the applicant
④ The applicant and the advising party

URDG758에 따르면, 보증상 보증인의 지급의무는 어떠한 관계로부터의 주장이나 항변에 영향을 받지 않는다. 다음 중 앞 문장의 "어떠한 관계"에 해당하지 않는 것은?

① 통지당사자와 보증인
② 보증인과 수익자
③ 수익자와 보증신청인
④ 보증신청인와 통지당사자

08 Under URDG758, which of the following statements about advising of guarantee is NOT correct?

① The advice has to satisfy itself as to the apparent authenticity of the guarantee.
② The advice should accurately reflect the terms and conditions of guarantee.
③ An advising party advises a guarantee without any additional representation or any undertaking whatsoever to the beneficiary.
④ If a advising party is requested to advise a guarantee but is not prepared, it should without delay so inform the beneficiary.

URDG758하에서, 다음 보증의 통지에 대한 설명 중 옳지 않은 것은?

① 통지는 보증의 외견상 진정성에 관하여 만족하여야 한다.
② 통지는 보증의 조건을 정확하게 반영하여야 한다.
③ 통지당사자가 보증을 통지함으로써 수익자에 대하여 어떠한 추가적인 표시나 확약을 하는 것은 아니다.
④ 보증을 통지하도록 요청을 받은 통지당사자가 준비가 되지 않았다면, 지체 없이 수익자에게 알려야 한다.

정답 및 해설

05 ③ 기초계약과의 관계를 확인하기 위한 목적으로 구상보증서에 기초계약과의 관계에 대한 언급이 있더라도 독립성은 변하지 않는다.
06 ② 조건의 충족 여부를 보증인 자신의 기록으로 결정할 수 없을 때는 비서류적 조건으로 본다.
07 ② 보증인과 수익자 사이에서 발생하는 요인으로 인하여 보증서 내용이 변경될 수 있다.
08 ④ 통지당사자가 준비되지 않아 통지를 못 할 것 같은 경우에는 지체 없이 자신에게 통지할 것을 요청한 당사자(보증인 또는 제1통지당사자 등)에게 알려야 한다.

09 Which of the following statements is NOT correct in respect of an amendment under URDG758?

① Even if the beneficiary agreed to an amendment for guarantee, this is not binding on the beneficiary.

② An advising party shall without delay inform the party from which it has received the amendment of the beneficiary's notification of acceptance or rejection of that amendment.

③ Partial acceptance of an amendment is not allowed and will be deemed to be notification of rejection of the amendment.

④ A provision in an amendment to the effect that the amendment shall take effect unless rejected within a certain time shall be disregarded.

URDG758하에서, 조건변경에 대한 다음 내용 중 옳지 않은 것은?

① 수익자가 보증에 대한 조건변경에 동의하였더라도, 그 조건변경은 수익자를 구속하지 못한다.
② 통지당사자는 자신에게 조건변경을 발송한 당사자에게 수익자의 수락 또는 거절의 통지를 지체 없이 통지하여야 한다.
③ 조건변경의 일부 수락은 허용되지 않으며, 그 조건변경의 거절통지로 간주된다.
④ 일정기간 내에 거절을 하지 않으면 조건변경이 효력을 갖는다는 조건변경상 규정은 무시되어야 한다.

10 Under URDG758, which of the following statements is incorrect?

① A presentation shall be made to the guarantor on or before expiry.

② Each presentation need not identify the guarantee under which it is made.

③ When the guarantee does not indicate whether a presentation is to be made in electronic or paper form, it should be made in paper form.

④ Except where the guarantee otherwise provides, documents issued by the applicant shall be in the language of the guarantee.

URDG758하에서, 다음 설명 중 옳지 않은 것은?

① 제시는 만기일 또는 그 이전에 보증인에게 행해져야 한다.
② 각 제시는 그 제시가 이루어지는 보증을 특정하지 않아도 된다.
③ 보증에서 제시가 전자형태나 종이형태로 이루어져야 하는지를 표시하지 않은 경우에 제시는 종이형태로 이루어져야 한다.
④ 보증에서 달리 규정한 경우를 제외하고, 보증신청인에 의하여 발행된 서류는 보증 언어로 작성되어야 한다.

11 In accordance with URDG758, which of the following statements about demand under the guarantee is NOT correct?

① A demand under the guarantee shall be supported by such other documents as the guarantee specifies.
② The guarantor shall immediately inform the beneficiary of any demand under the guarantee.
③ Partial demand means that a demand may be made for less than the full amount available.
④ If a demand is for more than the amount available under the guarantee, it is a non-complying demand.

URDG758에 따라, 보증상의 지급청구에 대한 설명으로 옳지 않은 것은?

① 보증상 지급청구는 그 보증에 명시된 다른 서류에 의하여 보강되어야 한다.
② 보증인은 보증상 지급청구가 있음을 수익자에게 즉시 알려야 한다.
③ 일부청구는 이용 가능한 전액보다 적게 청구할 수 있다는 것을 의미한다.
④ 이용 가능한 전액보다 더 많이 지급청구된 경우 이것은 일치하지 않는 지급청구이다.

12 If the guarantee under URDG758 states "Multiple demands prohibited", it means that :

① only one demand covering the full amount may be made.
② one or more demands covering part of the amount may be made.
③ only one demand covering all or part of the amount available may be made.
④ one or more demands covering all or part of the amount available may be made.

URDG758하에서, 보증에 "복수청구금지"라고 표시되어 있다면 이는 (　　)을 의미한다.

① 전액에 대해서 오직 한 번의 지급청구만 가능하다는 것
② 일부 금액에 대해서 한 번 이상의 지급청구가 가능하다는 것
③ 이용 가능한 전액 또는 일부 금액에 대해서 오직 한 번의 지급청구가 가능하다는 것
④ 이용 가능한 금액의 전부 또는 일부에 대해서 한 번 이상의 지급청구가 가능하다는 것

정답 및 해설

09 ① 조건변경에 대해서 수익자가 동의하였다면 보증에 의하여 수익자는 구속된다.
10 ② 각 제시에는 그 제시가 이루어지는 보증을 특정하여야 한다. 특정하는 방법으로는 보증인의 참조번호를 기재하는 방법 등이 있다.
11 ② 보증인은 보증상의 어떠한 지급청구에 대해 지시당사자(instructing party)에게 즉시 알려야한다.
12 ③ "복수청구금지(Multiple demands prohibited)"는 전체 또는 일부 금액에 대해서 한 번의 지급청구가 가능하다는 것을 의미한다.

13 출제빈도 ★★★ 최신출제유형

On Oct. 10, the beneficiary made a demand on part of the amount under the guarantee but it was not a complying demand. However, the guarantor didn't notice it during the examination and paid. If the beneficiary made a further demand on the remaining amount under the guarantee, which of the following statements is correct?

① The further demand must be paid though it is a non-complying demand since the previous demand has been paid.

② The further demand must be rejected since the previous demand was a non-complying demand.

③ The further demand may be paid if it is a complying demand, regardless of whether or not the previous demand was a non-complying demand.

④ The further demand should not be paid since the previous demand has already been paid.

10월 10일, 수익자는 보증상금액 중 일부에 대해서 지급청구를 하였으나, 이는 일치하는 지급청구가 아니었다. 하지만 보증인은 서류심사 중에 이 사실을 발견하지 못하고 보증금을 지급하였다. 만약 수익자는 보증서상 나머지 금액에 대해서 추가 지급청구를 하였다면, 다음 설명 중 옳은 것은?

① 이전 지급청구가 지급되었으므로 이번 지급청구가 불일치한 지급청구이더라도 무조건 지급되어야 한다.

② 이전 지급청구가 불일치한 지급청구이므로 이번 지급청구는 거절되어야 한다.

③ 이전 지급청구가 불일치한 지급청구인 것과 무관하게 이번 지급청구가 일치하는 지급청구라면 지급될 수 있다.

④ 이전 지급청구에서 이미 지급되었으므로 이번 지급청구는 지급되지 않아야 한다.

14 출제빈도 ★★★

In accordance with URDG758, which of following statements is NOT correct in reference to the examination of a demand under the guarantee?

① When the guarantor determines that a demand is complying, it shall pay.

② The guarantor shall determine whether it appears on its face to be a complying presentation on the basis of a presentation.

③ Data in a document required by the guarantee shall be examined in context with that document, the guarantee and URDG758.

④ If a document that is not required by the guarantee or referred to in URDG758 was presented, it is regarded as discrepant.

URDG758에 따르면, 보증상 지급청구의 서류심사에 대한 다음 설명 중 옳지 않은 것은?

① 보증인은 일치하는 지급청구라고 결정할 때에 지급하여야 한다.

② 보증인은 제시와 보증인의 기록을 기초로 하여 문면상 일치하는 제시로 보이는지를 결정하여야 한다.

③ 보증에 의해 요구된 서류의 정보는 그 서류, 보증 그리고 URDG758에 따라 심사되어야 한다.

④ 보증에서 요구되지 않았거나 URDG758에서 규정되지 않은 서류가 제시된 경우에 이를 하자로 본다.

15 Under URDG758, if a presentation of a demand does not indicate that it is to be completed later, the guarantor shall examine that demand and determine if it is a complying demand within :

① three banking days following the day of presentation.
② five business days following the day of presentation.
③ seven business days following the day of presentation.
④ five calendar days following the day of presentation.

URDG758하에서, 지급청구의 제시가 그것이 추후 완결될 것임을 표시하지 아니한 경우, 보증인은 지급청구를 심사하여 그것이 일치하는 지급청구인지를 (   ) 내에 결정해야 한다.

① 지급제시가 있는 다음 날로부터 3은행영업일
② 지급제시가 있는 다음 날로부터 5영업일
③ 지급제시가 있는 다음 날로부터 7영업일
④ 지급제시가 있는 다음 날로부터 달력상 5일

16 Under URDG758, which of the following is most suitable for the blanks in order?

- Where a complying demand includes, as an alternative, a request to extend the expiry, the guarantor may suspend payment for a period not exceeding (   ) calendar days following its receipt of the demand.
- When the guarantor rejects a demand, the guarantor shall notice without delay but not later than the close of the (   ) business days following the day of presentation.

① 5, 15   ② 15, 30
③ 30, 5   ④ 15, 5

URDG758하에서, 다음 중 괄호에 순서대로 들어가기에 가장 적절한 것은?

- 일치하는 지급청구 내에서 만기 연장을 선택적으로 요구하는 경우, 보증인은 지급청구 수령일 다음 날부터 달력상 (   )일을 초과하지 않는 기간 동안 지급을 정지할 수 있다.
- 보증인이 지급청구를 거절할 때, 보증인은 지체 없이 알리되, 제시일의 다음 날로부터 (   )영업일 종료 이전에 하여야 한다.

정답 및 해설

13 ③ 이전 지급청구가 불일치한 지급청구였음에도 불구하고 지급되었다 하더라도 각각의 지급청구는 독립적이므로 이번 지급청구가 일치하는 지급청구라면 지급될 수 있다.

14 ④ 보증에서 요구되지 않았거나 또는 URDG758에서 규정하지 않은 서류가 제시되었다 하더라도 하자로 보지 않으며, 단순히 무시하는 것으로 규정하고 있다.

15 ② URDG758에 따르면 서류심사기간은 지급제시를 받은 날로부터 5영업일(Five business day) 이내이다.

16 ③ • 보증인은 지급청구에 대하여 (30)일을 초과하지 않는 선에서 지급을 정지할 수 있다.
       • 보증인이 지급청구를 거절할 때, 제시일의 다음 날로부터 (5)영업일 이내에 전달하여야 한다.

출제빈도 ★

17 Which of following statements is incorrect in relation to the notice that it rejects the demand?

① The notice shall state that the guarantor is rejecting the demand and each discrepancy for which the guarantor rejects the demand.

② The notice shall be sent without delay but no later than the close of the fifth business day following the day of presentation.

③ The guarantor must return any documents presented in paper form to the presenter after providing the notice about rejection of the demand.

④ A guarantor failing to notice the rejection of the demand to the presenter shall be precluded from claiming that the demand and any related documents do not constitute a complying demand.

다음 중 지급청구를 거절하는 통지에 관한 설명으로 옳지 않은 것은?

① 통지에는 보증인이 지급청구를 거절한다는 사실과 보증인이 지급청구를 거절하는 사유가 되는 각 하자가 명시되어야 한다.
② 통지는 지체 없이 전달하되, 제시일의 다음 날로부터 5영업일 종료 이전에 하여야 한다.
③ 보증인은 지급거절에 대한 통지를 한 후 제시인에게 종이형태의 서류를 반드시 돌려주어야 한다.
④ 제시인에게 지급청구를 거절한다는 통지를 실패한 보증인은 지급청구 및 관련서류가 일치하는 지급청구를 이루지 못한다고 주장할 수 없다.

출제빈도 ★★

18 Under URDG758 Article 33, which of the following statements is incorrect in reference to the transfer of guarantee?

① A transferable guarantee means a guarantee that may be made available by the guarantor to a new beneficiary at the request of the existing beneficiary.

② A demand guarantee or counter-guarantee are transferable only if it states that it is "transferable".

③ If a guarantee indicates the term "transferable", it may be transferred more than once for the full amount available.

④ Even if a guarantee states that it is transferable, the guarantor is not obliged to give effect to a request to transfer that guarantee after its issue.

URDG758의 33조항하에서, 보증서의 양도에 관한 다음 설명 중 옳지 않은 것은?

① 양도 가능한 보증은 기존 수익자의 요청에 의해서 보증인이 새로운 수익자에 의하여 이용될 수 있도록 한 보증서를 의미한다.
② 보증이나 구상보증은 "양도 가능"이라고 명시되어 있어야 양도가 가능하다.
③ 만약 보증에 "양도 가능"이라고 표시되어 있다면, 이용 가능한 전액으로 2회 이상 양도될 수 있다.
④ 보증에서 양도 가능하다고 명시되어 있더라도, 보증인은 보증 발행 후 양도하라는 요청에 따라야 할 의무가 없다.

19 A presentation was made to the guarantor on Monday, October 5. The examination was interrupted by force majeure during the guarantor's examination on Thursday, October 8. If the force majeure ceased on Monday, October 12, until when shall the guarantor under the URDG758 complete the examination? (The weekend is not a business day)

① Thursday, October 15
② Monday, October 19
③ Monday, November 2
④ Wednesday, November 11

보증인에게 10월 5일(월) 제시가 이루어졌다. 보증인이 서류심사 중, 10월 8일(목) 불가항력이 발생하여 서류심사가 중단되었다. 불가항력이 10월 12일(월)에 소멸되었다면, URDG758상 보증인은 서류심사를 언제까지 완료하여야 하는가? (단, 주말은 영업일로 보지 않는다)

① 10월 15일(목)
② 10월 19일(월)
③ 11월 2일(월)
④ 11월 11일(수)

20 Unless otherwise provided in the guarantee under URDG758, any dispute between the guarantor and the beneficiary relating to the guarantee shall be settled exclusively by the competent court of the country of the location of :

① the guarantor's branch that issued the guarantee.
② the beneficiary's office that presented the demand.
③ the instructing party's branch that required the guarantee.
④ the advising party's branch that advised the guarantee.

URDG758하의 보증에 달리 규정되지 않았다면, 보증과 관련한 보증인과 수익자 사이의 어떤 분쟁이라도 (   )이 위치하는 국가의 관할법원에서 전담하여 해결해야 한다.

① 보증을 발행한 보증인의 지점
② 지급청구를 제시한 수익자의 사무실
③ 보증을 요청한 지시당사자의 지점
④ 보증을 통지한 통지당사자의 지점

정답 및 해설

17	③	보증인은 지급청구의 거절을 통지한 후에, 제시된 서류에 대해서는 반드시 돌려줄 의무는 없으며, 언제든지 돌려주어도 된다고 규정하고 있다.
18	②	구상보증(counter-guarantee)은 "양도 가능(transferable)"이라는 표기가 있어도 원천적으로 양도가 불가능한 보증서이다.
19	①	서류심사 중에 불가항력으로 인하여 중단된 경우, 보증인의 영업이 다시 시작할 때까지 정지된다. 따라서 서류심사기간은 10월 6일(화), 10월 7일(수) 2영업일 그리고, 불가항력 소멸 이후 10월 13일(화)부터 3영업일을 계산하면 10월 15일(목)까지이다.
20	①	보증으로 인해 보증인과 수익자 간에 발생한 분쟁은 보증인의 국가에 있는 관할법원에서 해결하는 것으로 규정되어 있다.

금융·자격증 전문 교육기관 해커스금융
fn.Hackers.com

■ 출제경향 및 학습전략

보증신용장통일규칙(ISP98)은 제2과목 전체 25문제 중 총 2~4문제 정도 출제된다.

보증신용장통일규칙(ISP98)은 보증과 신용장의 특성을 함께 가지고 있으므로, 제1장 신용장통일규칙(UCP600)과 제2장 청구보증통일규칙(URDG758)에서 규정한 내용과 유사한 부분이 많다. 그러나 두 규칙에 비해 상당히 자세하게 규정하고 있으며 그 양이 방대한 편이다. 하지만 시험에서는 상세한 내용보다는 핵심 내용을 중심으로 쉽게 출제된다. 특히 'Rule3 제시'와 'Rule4 심사'는 반드시 익혀두도록 한다.

■ 빈출포인트

구 분	문제번호	빈출포인트	출제빈도
Rule1 총칙 (17%)	01	법률 및 기타 규칙과의 관계, 보증신용장의 성격, 개설인의 책임제한	★★
Rule2 의무 (13%)	02	수익자에 대한 개설인의 결제의무, 다른 지점 등의 의무, 개설조건	★★
Rule3 제시 (28%)	03	보증신용장상 일치하는 제시, 제시의 구성, 적시의 제시, 일부청구와 수차제시	★★★
Rule4 심사 (32%)	04	일치성 심사, 요구되지 않은 서류의 심사 불필요, 비서류적 조건	★★★
Rule5 통지 (10%)	05	적시의 결제거절통지, 적시의 결제거절통지의 불이행, 만기통지	★★

해커스 **외환전문역** Ⅱ종 최종핵심정리문제집

제2과목 **국제무역규칙**

제3장
보증신용장통일규칙
(ISP98)

개념완성문제 제3장 | 보증신용장통일규칙(ISP98)

✓ 개념완성문제를 통해 외환전문역 Ⅱ종 시험에 나오는 개념을 이해할 수 있습니다.
✓ 다시 봐야 할 문제(틀린 문제, 풀지 못한 문제, 헷갈리는 문제 등)는 문제 번호 하단의 네모박스(□)에 체크하여 반복 학습할 수 있습니다.

법률 및 기타 규칙과의 관계, 보증신용장의 성격, 개설인의 책임제한

출제빈도 ★★

01 Under ISP98, which of the following statements is NOT correct?

① ISP98 supplements the applicable law to the extent not prohibited by that law.

② A standby is an irrevocable, independent, documentary, and binding undertaking when issued and need not so state.

③ Because a standby is independent, an issuer's obligations under a standby cannot be amended by the issuer.

④ An issuer's obligations under the standby depend on the presentation of documents and an examination of required documents on their face.

ISP98하에서, 다음 설명 중 옳지 않은 것은?

① ISP98은 준거법에 금지되지 않는 범위에서 그 준거법을 보완한다.
② 보증신용장은 취소불능하고 독립적이며, 서류적이고 개설된 때 구속력을 갖는 확약이며, 반드시 명시되어야 하는 것은 아니다.
③ 보증신용장은 독립적이므로 보증신용장하의 개설인의 의무가 개설인에 의하여 변경될 수 없다.
④ 보증신용장하의 개설인의 의무는 서류의 제시 및 요구된 서류의 문면상 심사에 의존한다.

정답 및 해설

01 ③ 보증신용장의 독립성이 아닌 취소불능성에 의해 보증신용장하의 개설인의 의무가 개설인에 의하여 변경될 수 없다.

02 수익자에 대한 개설인의 결제의무, 다른 지점 등의 의무, 개설조건

출제빈도 ★★

An issuer undertakes to the beneficiary to honour a complying presentation in accordance with ISP98. The standby must not be honoured :

① by paying the amount demanded of it at sight.
② by acceptance of a draft drawn by the beneficiary on the issuer.
③ by deferred payment of a demand made by the beneficiary on the issuer.
④ by negotiation paying the amount demanded at sight with recourse.

개설인은 ISP98에 따라 일치하는 제시에 대하여 수익자에게 결제할 의무를 가진다. 보증신용장은 (　　) 결제되어서는 안 된다.

① 일람불로 청구된 금액을 지불함으로써
② 수익자에 의해 개설인 앞으로 발행된 환어음을 인수함으로써
③ 수익자에 의해 개설인에게 행해진 청구에 대하여 연지급함으로써
④ 청구된 금액을 소구권을 포함하여 일람불로 지급하는 매입을 함으로써

용어 알아두기

Standby (보증신용장)   기초거래상 채무자의 의무이행을 담보하기 위해, 개설인이 기초거래와 독립적으로 일치하는 지급청구가 있거나 지급기일 도래 시 수익자에게 지급할 것을 확약한 것을 말한다.

정답 및 해설

02 ④ 매입방식의 결제의 경우에는 청구된 금액을 소구권 없이(without recourse) 일람불로 지급하여야 한다.

03

보증신용장상 일치하는 제시, 제시의 구성, 적시의 제시, 일부청구와 수차제시

출제빈도 ★★★

Under ISP98, a presentation is timely if made :

① before the performance of the underlying transaction related to standby.
② at any time after issuance and before expiry on the expiration date.
③ within 30 calendar days after the expiration date.
④ after the close of business at the place of presentation on the expiration date.

ISP98하에서, 제시가 (　　) 이루어졌다면 적시의 제시로 본다.

① 보증신용장과 관련된 기초계약의 이행 전에
② 개설 이후부터 만료일에 만료되기 전까지 언제든
③ 만료일 이후부터 달력상 30일 내에
④ 만료일에 제시장소의 영업 마감 후

04

일치성 심사, 요구되지 않은 서류의 심사 불필요, 비서류적 조건

출제빈도 ★★★

Which of the following statements about examination for compliance with terms and conditions under the standby is incorrect?

① The complying presentation is determined by examining the presentation on its face against the terms and conditions of the standby.
② Even if documents which are not required by the standby are presented, they must be examined.
③ A standby term or condition which is non-documentary must be disregarded.
④ Terms or conditions in standby are non-documentary if the fulfillment cannot be determined by the issuer from the issuer's own records.

보증신용장하의 조건 일치성 심사에 대한 다음 설명 중 옳지 않은 것은?

① 일치하는 제시는 보증신용장의 조건과 대조하여 그 제시를 문면상 심사함으로써 결정된다.
② 보증신용장에서 요구하지 않은 서류가 제시되어도 서류는 심사되어야 한다.
③ 비서류적인 보증신용장상 조건은 무시되어야 한다.
④ 개설인이 개설인 자신의 기록으로 충족 여부를 결정할 수 없다면, 보증신용장상 조건은 비서류적이다.

정답 및 해설

03　②　적시의 제시는 개설 이후부터 만료일에 만료되기 전까지 이루어져야 한다.
04　②　보증신용장에서 요구하지 않음에도 불구하고 제시된 서류는 심사할 필요가 없으며 무시되어야 한다.

05 적시의 결제거절통지, 적시의 결제거절통지의 불이행, 만기통지

출제빈도 ★★

Under ISP98, which of the followings is NOT considered timely notice of dishonour on the discrepant documents presented on Wednesday, 16 SEP? (Saturday and Sunday are not business days)

① 17 SEP
② 22 SEP
③ 24 SEP
④ 28 SEP

ISP98하에서, 다음 중 9월 16일(수)에 제시된 하자 있는 서류에 대한 적시의 결제거절통지일로 간주되지 않는 것은? (토요일과 일요일은 영업일이 아니다)

① 9월 17일
② 9월 22일
③ 9월 24일
④ 9월 28일

정답 및 해설

05 ④ ISP98에서는 서류접수 후 7영업일 이후에 대한 통지는 불합리한 것으로 규정하고 있다. 따라서, 9월 28일은 8영업일이 지났으므로 적시의 결제거절통지일로 보지 않는다.

출제예상문제 제3장 | 보증신용장통일규칙(ISP98)

✔ 출제예상문제를 통해 다양한 외환전문역 Ⅱ종 문제를 풀어볼 수 있습니다.
✔ 다시 봐야 할 문제(틀린 문제, 풀지 못한 문제, 헷갈리는 문제 등)는 문제 번호 하단의 네모박스(□)에 체크하여 반복 학습할 수 있습니다.

출제빈도 ★

01

Under ISP98, which of the following statements is NOT correct?

① These rules are applied to direct pay standby letters of credit.
② These rules supersede conflicting provisions in any other rules of practice to which a standby L/C is also made subject.
③ These rules do not provide for defenses to honour based on fraud, abuse or similar matters.
④ These rules define power or authority to issue a standby.

ISP98하에서, 다음 설명 중 옳지 않은 것은?

① 이 규칙은 직불보증신용장에 적용된다.
② 이 규칙은 보증신용장에 함께 적용되는 관행상의 다른 규칙들과의 상충하는 규정에 대해서 우선한다.
③ 이 규칙은 사기, 권리남용 또는 기타 유사 문제에 따른 지급거절항변에 대해 규정하지 않고 있다.
④ 이 규칙은 보증신용장을 개설할 능력 및 권한에 대해 정의하고 있다.

출제빈도 ★★

02

Which of the following statements is correct in reference to the irrevocable nature of standbys?

① An issuer's obligations under a standby cannot be amended or cancelled by the issuer.
② The enforceability of an issuer's obligations under a standby does not depend on the beneficiary's right to obtain payment from the applicant.
③ An issuer's obligations depend on the presentation of documents and an examination of required documents on their face.
④ An issuer's obligations toward the beneficiary are not affected by the issuer's rights and obligations toward the applicant under any applicable agreement, practice or law.

보증신용장의 취소불능성에 대한 다음 설명 중 옳은 것은?

① 보증신용장하의 개설인의 의무는 개설인에 의하여 변경되거나 취소될 수 없다.
② 보증신용장하의 개설인 의무에 대한 강제력은 개설의뢰인에게 지급받을 수익자의 권리에 의존하지 않는다.
③ 개설인의 의무는 서류의 제시 및 필요서류에 대한 문면상 심사에 의존한다.
④ 수익자에 대한 개설인의 의무는 적용 가능한 합의, 관행 또는 법률에 따른 개설의뢰인에 대한 개설인의 권리와 의무에 영향을 받지 않는다.

출제빈도 ★★

03 In accordance with ISP98, an issuer is not responsible for :

A. performance or breach of any underlying transaction.
B. accuracy, genuineness or effect of any document presented under the standby.
C. action or omission of others
D. observance of law or practice applicable at the place of issuance.

① A and B
② A and C
③ A, B and C
④ All of them

ISP98에 따르면, 개설인은 (　　)에 대한 책임이 없다.

A. 기초계약의 이행 또는 위반
B. 보증신용장상 제시된 서류의 정확성, 진정성 또는 효력
C. 타인의 작위 또는 부작위
D. 개설장소에서 적용되는 법률 또는 관행의 준수

정답 및 해설

01 ④ ISP98에서는 보증신용장의 발행에 관하여 어떠한 능력 및 권한에 대해서 규정하고 있지 않다.
02 ① 보증신용장의 취소불능성에 관련한 내용이다.
② 보증신용장의 독립성에 관련한 내용이다.
③ 보증신용장의 서류성에 관련한 내용이다.
④ 보증신용장의 독립성으로 기인한 개설인과 수익자의 관계에 대한 설명이다.
03 ③ 'A, B, C'에 대해서는 개설인의 책임이 없는 것으로 ISP98에서 규정하고 있다.
D. 개설인의 책임이 있으며, 개설장소뿐만 아니라 보증신용장 내에서 지정된 법률 또는 관행에 대해서도 준수하여야 할 책임이 있다. 단, 그 이외의 법률 또는 관행의 준수에 대해서는 책임이 없다.

출제빈도 ★

04 Which of the following statements incorrectly defines the terms of ISP98?

① "Applicant" is a person who applies for issuance of a standby.
② "Beneficiary" is a named person who is entitled to draw under a standby.
③ "Demand" means either the act of delivering documents for examination under a standby or the documents so delivered.
④ "Drawing" means either a demand presented or a demand honoured.

다음 중 ISP98에 사용된 용어를 올바르지 않게 정의한 것은?

① "개설의뢰인"은 보증신용장의 개설을 의뢰한 자이다.
② "수익자"는 보증신용장상하에서 지급청구할 자격이 있는 자로 기명된 자이다.
③ "청구"는 보증신용장상 심사를 목적으로 서류를 인도하는 행위 또는 그렇게 인도된 서류를 의미한다.
④ "지급청구"는 제시된 청구 또는 지급된 청구를 의미한다.

출제빈도 ★★

05 Under ISP98, which of the following statements is NOT correct in relation to undertaking to honour by the issuer to the beneficiary?

① An issuer undertakes to the beneficiary to honour a presentation that appears on its face to comply with the terms and conditions of the standby in accordance with ISP98.
② An issuer honours a complying presentation made to it by paying the amount demanded of it at sight.
③ The standby provides for honour by negotiation, in which case the issuer honours by paying the amount demanded at sight with recourse.
④ An issuer honours by paying in immediately available funds in the currency designated in the standby.

ISP98하에서, 수익자에 대한 개설인의 결제의무에 관한 설명으로 옳지 않은 것은?

① 개설인은 ISP98에 준거하는 보증신용장의 조건에 문면상 일치해 보이는 제시에 대하여 수익자에게 결제할 의무를 가진다.
② 개설인은 자신에게 청구된 금액을 일람불로 지급함으로써 자신에게 행하여진 일치하는 제시에 대하여 결제한다.
③ 보증신용장에서 매입에 의한 결제를 규정한 때에는 개설인은 소구권을 포함하여 청구된 금액을 일람불로 결제하여야 한다.
④ 개설인은 보증신용장에서 지정된 통화로 즉시 가용한 자금을 지급함으로써 결제한다.

06 Which of the following statements regarding ISP98 is incorrect?

① An issuer's branch, agency or other office other than as issuer under the standby shall be treated as a different person.

② Statements that a standby is not "issued" or "enforceable" do not affect its irrevocable and binding nature.

③ If a standby has no provision for automatic amendment, the beneficiary must consent to the amendment for it to be binding.

④ Nomination does not obligate the nominated person to act except to the extent that the nominated person undertakes to act.

다음 중 ISP98에 관한 설명으로 옳지 않은 것은?

① 보증서상의 개설인 외에 개설인의 지점, 대리점 또는 다른 사무소는 타인으로 취급되어야 한다.
② 보증신용장이 "개설되"거나 "강제력을 갖지" 않는다는 표현은, 취소불능하고 구속력을 갖는 보증신용장의 특성에 영향을 주지 않는다.
③ 보증신용장에 자동조건변경 관련 규정이 없는 경우, 그 조건변경이 구속력을 갖기 위해서는 수익자가 조건변경에 동의해야 한다.
④ 지정은 지정인에게 어떠한 작위의 무를 지우지 아니하나, 지정인이 의무를 부담하기로 확약한 범위 내에서는 예외로 한다.

정답 및 해설

04 ③ "Presentation"(제시)에 대한 설명이다. "Demand"(청구)는 보증신용장에 따른 지급요구 또는 그러한 요구를 하는 서류를 의미한다.

05 ③ 보증신용장에서 매입에 의한 결제를 규정한 때에는 개설인은 청구된 금액에 대하여 소구권 없이 일람불로 결제하여야 한다.

06 ② 보증신용장에 보증신용장 개설과 관련하여 "not issued" 또는 "not enforceable"이라는 문구를 사용한 경우에는 보증신용장이 개설되지 않는 것으로 규정하므로, 취소불능 및 구속력을 갖는 보증신용장의 성격에 영향을 주는 것으로 볼 수 있다.

07 출제빈도 ★★

Under ISP98, which of the following statements is correct?

① The party requested to advise a standby is obliged to advise it following the instructions.

② The advisor needs to check the authenticity of its advised message.

③ If the advisor decides that the received message has satisfied itself as to the apparent authenticity and notified, the advisor does not take further responsibility for authenticity.

④ A person who is requested to advise a standby and decides not to do so should notify the issuer under the standby.

ISP98하에서, 다음 설명 중 옳은 것은?

① 보증신용장을 통지하도록 요청받은 당사자는 그 지시에 따라 보증신용장을 통지하여야 할 의무가 있다.
② 통지인은 자신이 통지한 통지문이 실제로 진정성이 있는지에 대하여 확인하여야 한다.
③ 수신된 내용이 외견상 진정성이 있다고 판단하고 통지하면, 통지인은 진정성에 대해 더 이상의 책임을 지지 않는다.
④ 보증신용장 통지를 요청받고서 그렇게 하지 않기로 결정한 자는 보증신용장상의 개설인에게 통보하여야 한다.

08 출제빈도 ★★★ 최신출제유형

Which of the following statements regarding presentation under the standby is incorrect?

① The receipt of a document required by a standby constitutes a presentation requiring examination even if not all of the required documents have been presented.

② Even if the standby indicates the place of presentation to the issuer, presentation to the issuer must be made at the place of business from which the standby was issued.

③ A presentation is timely if made at any time after issuance and before expiry on the expiration date.

④ An issuer is not required to notify the applicant of receipt of a presentation under the standby.

다음 중 보증신용장상의 제시에 대한 설명으로 옳지 않은 것은?

① 비록 요구된 서류가 전부 제시되지 않았더라도, 보증신용장에서 요구된 서류의 수령은 심사를 요하는 제시로 본다.
② 보증신용장이 개설인에 대한 제시 장소를 표시하고 있더라도, 개설인에 대한 제시는 보증신용장이 개설된 영업소에서 이루어져야 한다.
③ 개설 이후부터 만료일에 만료되기 전까지 언제라도 제시가 이루어졌다면 적시의 제시로 본다.
④ 개설인은 보증신용장하에서의 제시가 수령되었음을 개설의뢰인에게 통지할 필요가 없다.

09

An issuer issued a standby at an applicant's request for the guarantee of the underlying relationship with the beneficiary. After that, the beneficiary made a presentation before the expiry, and is waiting for the result from the issuer. Given this situation, which of the following is NOT correct under ISP98?

① The beneficiary can make a timely re-presentation even after he made a non-complying presentation.

② The beneficiary may request to honour a presentation by re-presentation in case of getting wrongful dishonour of a complying presentation.

③ A beneficiary's re-presentation after wrongful dishonour doesn't mean that the beneficiary consents to the reason for the wrongful dishonour.

④ If an issuer has honoured a non-complying presentation, he is obliged to honor an additional non-complying presentation of the same standby.

개설인은 개설의뢰인으로부터 수익자와의 기초계약에 따른 보증을 요청받아 보증신용장을 발급하였다. 이후 수익자는 서류제시기간 만료 전에 제시를 하였으며, 개설인으로부터 그 결과를 기다리는 중이다. 이 상황을 토대로 ISP98하에서, 다음 설명 중 옳지 않은 것은?

① 수익자가 불일치한 제시를 한 이후에도 적시의 제시를 다시 할 수 있다.

② 수익자가 일치하는 제시를 하였음에도 불구하고 부당한 결제거절을 받은 경우 적시의 재제시를 통해 결제요청을 할 수 있다.

③ 부당한 지급거절 이후에 수익자가 재제시를 했다고 해서 수익자가 부당한 지급거절 사유에 동의한 것은 아니다.

④ 개설인이 불일치한 제시에 대하여 결제를 하였다면, 개설인은 동일한 보증신용장에 관한 추가적인 불일치한 제시에 대해서 결제해야 할 의무가 있다.

정답 및 해설

07 ③ ① 보증신용장을 통지하도록 요청받았더라도 반드시 통지하여야 할 의무는 없다.
② 통지인이 통지한 통지문이 실제로 진정성이 있는지에 대해서 반드시 확인할 필요는 없다.
④ 보증신용장 통지를 하지 않기로 결정하였을 경우, 보증신용장상의 개설인이 아니라 통지요청을 한 당사자에게 알려 주어야 한다.

08 ② 개설인에 대한 제시는 보증신용장에 제시된 장소에서 이루어져야 한다. 다만, 보증신용장에 제시장소가 언급되어 있지 않을 경우에는 보증신용장을 개설한 영업소에 제시를 하여야 한다.

09 ④ 각각의 제시는 독립적이다. 따라서 이전 제시가 불일치한 제시임에도 불구하고 개설인이 결제하였다고 하더라도, 이번에 불일치한 제시에 대해서 반드시 결제해야 하는 것은 아니다.

출제빈도 ★★

10 In accordance with ISP98, a presentation may identify the standby by :

A. stating the complete reference number of the standby.
B. stating the name and location of the issuer.
C. attaching the original or a copy of the standby.
D. determining to check the issuer's own records regarding the standby.

① A and B
② A and C
③ A, B and C
④ All of them

ISP98에 따르면 제시는 (   )함으로써 보증신용장을 특정할 수 있다.

A. 보증신용장의 완전한 고유번호를 기재
B. 개설인의 이름과 위치를 기재
C. 보증신용장의 원본 또는 사본을 첨부
D. 보증신용장과 관련한 개설인 자신의 기록을 확인하여 결정

출제빈도 ★★

11 Which of the following statements is NOT correct under ISP98?

① A presentation may be made for less than the full amount available under the standby.
② The statement "multiple drawings prohibited" means that only one presentation may be made and honoured but that it must be for the full amount available.
③ If a demand exceeds the amount available under the standby, the drawing is discrepant.
④ Use of "approximately", "about" or a similar word permits a tolerance not to exceed 10 percent more or less of the amount to which such word refers.

ISP98하에서, 다음 설명 중 옳지 않은 것은?

① 보증신용장하에서 이용 가능한 전체 금액보다 적은 액수로 제시가 이루어질 수 있다.
② "수차청구금지"라는 문구는, 오직 한 번의 제시만 이루어질 수 있는데 이것이 이용 가능한 전체 금액에 대해 이루어져야 함을 의미한다.
③ 지급청구가 보증신용장하에서 이용 가능한 금액을 초과하는 경우, 그 지급청구는 하자이다.
④ "약", "대략" 또는 이와 유사한 문구가 사용되면, 그러한 말이 가리키는 금액의 10%를 넘지 않는 정도의 과부족을 허용한다.

12 Under ISP98, "extend or pay" does NOT imply that the beneficiary :

① consents to the amendment to extend the expiry date to the date requested.
② requests the issuer to exercise its discretion to seek the approval of the applicant and to issue that amendment.
③ upon issuance of that amendment, retracts its demand for payment.
④ consents to the minimum time available under these rules for examination and notice of dishonour.

ISP98하에서, "연장 또는 지급"은 수익자가 (　　)는 것을 함의하지 않는다.

① 수익자는 요구된 일자까지 만료일을 연장하기로 조건변경하는 데 동의한다.
② 수익자는 개설인으로 하여금 그의 재량으로 개설의뢰인으로부터 승인을 구하고 그에 따라 보증신용장을 조건변경할 것을 개설인에게 요구한다.
③ 수익자는 조건변경이 있음과 동시에 자신의 지급청구를 철회한다.
④ 수익자는 심사 및 결제거절통지에 관하여 이 규칙상 허용되는 최소기간에 동의한다.

13 If the last day for presentation stated in a standby is not a business day of the issuer where presentation is to be made, then the presentation shall be deemed timely that is made there on :

① the business day immediately preceding the expiration date.
② the first following business day.
③ the expiration date.
④ the business day reaching issuer's agreement.

보증신용장에 명시된 최종 제시일이 제시가 이루어져야 하는 개설인의 영업일이 아닌 경우, 제시장소에서 (　　)에 이루어진 제시는 적시의 제시로 본다.

① 만기일 바로 이전 영업일
② 바로 다음 첫 영업일
③ 만기일
④ 개설인과 합의에 도달한 영업일

정답 및 해설

10　④　'A, B, C, D'를 통해서 보증신용장을 특정할 수 있다. 다만, 제시되는 서류에 위 사항이 없을 경우에는 개설인 자신의 기록에 의하여 어떠한 보증신용장하에 제시되었는지 결정할 수 있으면 보증신용장을 특정할 수 있는 것으로 간주한다.

11　②　보증신용장상에 "수차청구금지"라는 문구가 있으면 오직 한 번으로 제시하여 결제가 가능하고, 보증신용장 금액의 전액 미만으로 제시할 수 있다.

12　④　"연장 또는 지급"에 따른 수익자의 청구는 수익자가 심사 및 결제거절통지에 관하여 ISP98에서 허용되는 최대기간에 동의하는 것을 함의하고 있다.

13　②　ISP98에서는 제시가 이루어져야 할 만기일이 공휴일과 같이 비영업일인 경우에는 그 다음의 최초 영업일까지 제시를 할 수 있다고 규정하고 있다.

14 Under ISP98, which of the following statements about examination of document by presentation is incorrect?

① Whether a presentation appears to comply is determined by examining the presentation on its face against the terms and conditions stated in the standby.

② Documents presented which are not required by the standby need not be examined and shall be disregarded.

③ The language of all documents issued by the beneficiary is to be that of the standby.

④ The issuance date of a required document may be later but not earlier than the date of its presentation.

ISP98하에서, 다음 중 제시에 따른 서류심사에 대한 설명으로 틀린 것은?

① 제시가 일치해 보이는지 여부는 보증신용장에 명시된 조건과 대조하여 문면상 심사함으로써 결정된다.
② 보증신용장에서 요구하지 않았음에도 제시된 서류는 심사할 필요가 없고, 무시되어야 한다.
③ 수익자에 의해 발행된 모든 문서의 언어는 보증신용장의 언어여야 한다.
④ 요구되는 서류의 발행일은 제시일 이후일 수 있으나, 제시일 이전은 안 된다.

15 In accordance with ISP98, which of the following statements about non-documentary conditions is incorrect?

① A standby condition which is non-documentary must be disregarded.

② If the standby does not require presentation of a document in which they are to be evidenced, the conditions are non-documentary.

③ If the issuer can determine the fulfillment within the issuer's normal operations, the conditions are non-documentary.

④ An issuer need not re-compute a beneficiary's computations under a formula stated in a standby.

ISP98에 따르면, 다음 중 비서류적 조건에 대한 설명으로 틀린 것은?

① 보증신용장상의 비서류적 조건은 무시되어야 한다.
② 보증신용장에서 조건을 증명하기 위한 서류의 제시를 요구하지 않았다면, 그 조건은 비서류적 조건이다.
③ 개설인이 개설인의 통상적인 업무 범위 내에서 충족 여부를 결정할 수 있다면, 그 조건은 비서류적이다.
④ 개설인은 보증서상에 명시된 계산공식에 따른 수익자의 계산을 검산할 필요가 없다.

16

출제빈도 ★★★ 최신출제유형

The following are the conditions in the standby. Choose all the ones that are NOT considered as non-documentary conditions.

다음은 보증신용장에 제시된 조건들이다. 비서류적 조건으로 보지 않는 것을 모두 고르시오.

> A. Documents should be presented at issuer until SEP. 30, 202X.
> B. This standby will expire upon receipt of USD100,000 transferred by the buyer to the deposit account of the seller.
> C. Interest is paid Libor + 3% at the time of expiry.

> A. 202X년 9월 30일까지 개설인에게 서류가 제시되어야 한다.
> B. 이 보증신용장은 수출자의 입출금 계좌에 수입자가 USD100,000을 이체하면 만료된다.
> C. 이자는 만기일에 Libor + 3%를 지급한다.

① A and B
② A and C
③ B and C
④ A, B and C

정답 및 해설

14 ④ 보증서에서 요구된 서류의 발행인은 제시일 이전일 수 있으나, 제시일 이후여서는 안 된다.
15 ③ 개설인이 개설인의 통상적인 업무 내에서 충족 여부를 결정할 수 있는 조건을 비서류적 조건으로 보지 않는다.
16 ② A. 개설인이 제시되는 시점을 확인할 수 있으므로 비서류적 조건으로 보지 않는다.
        B. 타인이 보유하고 있는 계좌이므로 입금여부를 개설인이 확인할 수 없으므로 비서류적 조건으로 본다.
        C. Libor 등 외부지수로 명시되어 있어 해당 지수를 확인할 수 있으므로 비서류적 조건으로 보지 않는다.

17 A presented document under the standby must be an original. If multiples of the same document are requested, which of the following statements is incorrect?

① Only one must be an original.
② If "duplicate originals" are requested, all must be original
③ If "multiple originals" are requested, one must be an original and the others can be copies.
④ If "two copies", "two-fold" are requested, either originals or copies may be presented.

보증신용장에 따른 제시된 서류는 원본이어야 한다. 만약, 동일한 서류의 복수 부수가 요구된 경우, 다음 설명 중 옳지 않은 것은?

① 최소한 1부는 원본이어야 한다.
② "duplicate originals"가 요구된 경우, 모든 서류가 원본이어야 한다.
③ "multiple originals"가 요구된 경우, 1부는 반드시 원본이어야 하며, 나머지는 사본이어도 된다.
④ "Two copies", "two-fold"가 요구된 경우, 원본으로도 또는 사본으로도 제시될 수 있다.

18 Under ISP98, a demand for payment need not be separate from the beneficiary's statement or other required document. However, if a separate demand is required, it must contain :

A. a demand for payment from the beneficiary directed to the issuer or nominated person.
B. a date indicating when the demand was issued.
C. the amount demanded.
D. the beneficiary's signature.

① A and B
② A and C
③ A, B and C
④ All of them

ISP98하에서, 지급청구는 수익자의 진술서 또는 기타 필요서류와 분리될 필요가 없다. 그러나 별도의 지급청구가 요구되는 경우 ( )을/를 반드시 포함해야 한다.

A. 개설인 또는 지정인에 대한 수익자의 지급청구
B. 지급청구서의 발행일
C. 청구금액
D. 수익자의 서명

19 Under ISP98, which of the following is most suitable for the blanks in order?

> Notice of dishonour must be given within a time after presentation of documents that is not unreasonable. Notice given within ( ) business days is deemed to be not unreasonable and beyond ( ) business days is deemed to be unreasonable.

① 3, 7
② 3, 15
③ 5, 7
④ 5, 30

ISP98하에서, 다음 중 괄호에 순서대로 들어가기에 가장 적절한 것은?

> 지급거절통지는 불합리하지 아니한 서류제시기간 내에 이루어져야 한다. ( )영업일 이내에 이루어진 통지는 불합리하지 아니한 것으로 보고, ( )영업일 이후의 통지는 불합리한 것으로 본다.

20 Under ISP98, a standby is not transferable unless it so states. If standby states that it is transferable without further provision, it means that drawing rights:

① may be transferred in their entirety more than once.
② may be partially transferred.
③ may be transferred by an advisor that is not nominated by standby.
④ may be transferred if the issuer only agrees to and effects the transfer requested by the beneficiary.

ISP98하에서, 보증신용장은 양도가능하다고 명시되어 있지 않으면 양도할 수 없다. 보증신용장에 추가 규정 없이 양도 가능하다고 명시되어 있다면, 지급청구권은 ( )는 것을 의미한다.

① 전체 2회 이상 양도될 수 있다.
② 일부 양도가 가능하다.
③ 보증신용장에 지정되어 있지 않은 통지인에 의해 양도될 수 있다.
④ 수익자에 의한 양도요청에 대해 개설인만 동의하고 그 양도를 실행한다면 양도가 가능하다.

정답 및 해설

17 ③ "multiple originals"가 요구된 경우에는 모든 서류가 원본이어야 한다.
18 ④ 별도의 지급청구서를 요청할 경우에는 개설인 또는 지정인에 대한 수익자의 지급청구, 지급청구서의 발행일, 청구금액, 수익자의 서명이 반드시 포함되어 있어야 한다.
19 ① (3)영업일 이내의 통지는 불합리하지 않는 것으로 보고, (7)영업일 후의 통지는 불합리한 것으로 본다.
20 ① ② 일부 양도는 허용하지 않는다.
  ③ 지급청구권의 양도는 개설인과 보증신용장에서 지정된 지정인을 제외한 제3자는 보증신용장을 양도할 수 없다.
  ④ 개설인과 보증신용장에서 지정된 지정인 모두 동의하고 양도를 실행한다면 양도가 가능하다.

금융·자격증 전문 교육기관 해커스금융
fn.Hackers.com

■ 출제경향 및 학습전략

기타 국제무역규칙(ISBP821, URR725, URC522)에서는 제2과목 전체 25문제 중 총 4~5문제 정도 출제된다.
기타 국제무역규칙(ISBP821, URR725, URC522)은 범위는 넓으나 출제되는 문제 수는 적기 때문에 지나치게 세부적인 내용은 출제되지 않는다. 정의(Definition)를 아는지의 여부가 중요하고, 빈출포인트를 중심으로 반복 학습하도록 한다.

■ 빈출포인트

구 분	문제번호*	빈출포인트	출제빈도
ISBP821 (40%)	18	01 일 자	★
	01, 02, 03, 18	02 UCP600에서 정의되지 않은 표현	★★★
	04, 18	03 오자 또는 오타	★★★
	18	04 원본과 사본	★★
	05	05 서 명	★★
	06, 07	06 기 한	★★
	08	07 송장의 제목	★★★
	09	08 용선계약부 선하증권의 양륙항	★★★
	10	09 무고장 선하증권	★★★
	11	10 용선계약부 선하증권의 서명	★★
	12	11 항공운송서류의 원본	★
	13	12 보험서류의 발행인	★
	14	13 원산지증명서의 발행인	★
	15	14 수익자 증명서의 내용	★
	16	15 증명서의 수리요건	★
	17	16 증명서의 발행인	★
URR725 (20%)	19, 20	17 정 의	★★★
	21, 22, 25	18 상환수권서 또는 상환조건변경서의 발행 및 수령	★★★
	23, 24, 25	19 상환확약	★★★
	26	20 상환청구의 기준	★
	27	21 상환청구의 처리	★
URC522 (40%)	28, 29	22 정 의	★★★
	30, 31, 32	23 추심당사자	★★★
	33	24 추심지시서	★★
	34	25 제 시	★★
	35	26 물품에 대한 의무 및 책임	★
	36	27 지시받은 자의 행동에 대한 면책	★
	37	28 서류의 유효성에 대한 면책	★
	38	29 내국통화에 의한 지급	★
	39	30 인 수	★★
	40	31 통 지	★★

* 제4장에서는 별도의 개념완성문제를 수록하지 않은 관계로 출제예상문제의 번호를 안내해 드립니다.

해커스 **외환전문역** Ⅱ종 최종핵심정리문제집

제2과목 **국제무역규칙**

제4장
기타 국제무역규칙
(ISBP821, URR725, URC522)

출제예상문제 제4장 | 기타 국제무역규칙(ISBP821, URR725, URC522)

✓ 출제예상문제를 통해 다양한 외환전문역 Ⅱ종 문제를 풀어볼 수 있습니다.
✓ 다시 봐야 할 문제(틀린 문제, 풀지 못한 문제, 헷갈리는 문제 등)는 문제 번호 하단의 네모박스(□)에 체크하여 반복 학습할 수 있습니다.

출제빈도 ★★★　**최신출제유형**

01 Which of the following statements is incorrect under ISBP821?

① "shipping documents" exclude drafts and teletransmission reports.
② "stale documents acceptable" means that documents may be presented later than 21 calendar days after the date of shipment if within the expiry date of the credit.
③ "third party documents acceptable" means that all documents, including drafts, not indicating an issuer in the credit or UCP600 may be issued by a named person or entity other than the beneficiary.
④ "third party documents not acceptable" has no meaning and is to be disregarded.

ISBP821하에서, 다음 설명 중 옳지 않은 것은?

① "선적서류"는 환어음과 전송보고서를 제외한다.
② "기간경과서류 수리가능"은 신용장 유효기일 이내라면, 서류가 선적일 후 달력상 21일 경과 이후에도 제시될 수 있다는 것을 의미한다.
③ "제3자 서류 수리가능"은 신용장 또는 UCP600에 발행인이 표시되지 않은, 환어음을 포함한 모든 서류가 수익자 외에 기명된 자연인이나 실체에 의해 발행될 수 있다는 것을 의미한다.
④ "제3자 서류 수리불가"는 아무런 의미가 없고, 무시되어야 한다.

출제빈도 ★★★

02 Which of the following documents are included in "shipping documents"?

① drafts　　　② teletransmission reports
③ courier receipts　　　④ bill of lading

다음 서류 중 "선적서류"에 포함되는 것은?

① 환어음　　② 전송보고서
③ 특송영수증　　④ 선하증권

출제빈도 ★★★

03 Which of the following countries are deemed "exporting country"?

A. the country where the beneficiary is domiciled
B. the country of origin of the goods
C. the country of receipt by the carrier
D. the country shipment or dispatch is made

① A, B　　　② A, B and C
③ C, D　　　④ A, B, C and D

다음 국가 중 "수출국"으로 간주되는 것은?

A. 수익자가 주소를 두고 있는 국가
B. 물품의 원산지 국가
C. 운송인의 물품수령 국가
D. 물품의 선적 또는 발송이 이루어지는 국가

04 Which of the following misspelling or typing errors is regarded as a discrepancy?

① "mashine" instead of "machine"
② "fountan pen" instead of "fountain pen"
③ "modle" instead of "model"
④ "model 123" instead of "model 321"

다음 오자 또는 오타 중 하자로 간주되는 것은?

① "machine" 대신 "mashine"
② "fountain pen" 대신 "fountan pen"
③ "model" 대신 "modle"
④ "model 321" 대신 "model 123"

05 Which of the following statements is NOT correct under ISBP821?

① A signature need not be handwritten in credit.
② Documents may be signed with facsimile signature, perforated signature, stamp or symbol.
③ A signature cannot be signed by mechanical or electronic method of authentication.
④ A signature on the letterhead paper is regarded as signature of the company, the name of company need not be written next to the signature.

ISBP821하에서, 다음 설명 중 옳지 않은 것은?

① 신용장에서 서명은 자필서명일 필요는 없다.
② 서류는 모사서명, 천공서명, 스탬프 또는 상징으로 서명하는 것도 가능하다.
③ 서명은 기계적 또는 전자적 인증방법으로 할 수 없다.
④ 레터헤드 용지상의 서명은 그 회사의 서명으로 간주되고, 서명 옆에 회사 명칭이 기재될 필요는 없다.

정답 및 해설

01 ③ "제3자 서류 수리가능"은 신용장 또는 UCP600에 발행인이 표시되지 않은 모든 서류를 포함하나, 환어음은 제외한다.
02 ④ "선적서류"는 신용장에서 요구하는 모든 서류를 의미하지만, 환어음, 전송보고서, 서류의 발송을 증명하는 특송영수증, 우편영수증 및 우편증명서를 제외한다.
03 ④ "수출국"은 수익자의 주소가 있는 국가, 물품의 원산지 국가, 운송인이 물품을 수령한 국가, 물품의 선적 또는 발송이 이루어지는 국가 중의 어느 하나를 의미한다.
04 ④ 오자나 오타는 해당 단어나 문장의 의미에 영향을 주지 않으면 하자가 되지 않는다. 그러나 "model 321" 대신 "model 123"을 표시한다면 다른 모델이 되어 의미가 달라지므로 하자로 본다.
05 ③ 서명은 기계적 또는 전자적 인증방법으로도 가능하다.

06 When a credit calls for drafts at a tenor 60 days after the bill of lading date, and when the date of the bill of lading is 14 May 202X, which of the following indications for the tenor of the draft is incorrect?

① "60 days after bill of lading date 14 May 202X"
② "60 days after 14 May 202X"
③ "60 days after bill of lading date" and state "a draft date 14 May 202X" on the face of the draft
④ "13 July 202X"

07 When is the tenor of the draft?

- The tenor of the draft : 10 days after the bill of lading date
- The date of issuance of the bill of lading : 3 May 202X
- The on board date : 5 May 202X

① 3 May 202X
② 5 May 202X
③ 13 May 202X
④ 15 May 202X

08 When a credit requires presentation of an invoice without further description, which of the following invoices is NOT accepted?

① commercial invoice
② customs invoice
③ pro-forma invoice
④ final invoice

09 When a credit indicates a geographical area or range of ports of loading or discharge, a bill of lading is to indicate the actual port of loading or discharge within that geographical area or range of ports. Which of the following statements may be indicated the geographical area or range of ports, not actual ports?

① the ports of loading of non-negotiable sea waybill
② the ports of discharge of non-negotiable sea waybill
③ the ports of loading of charter party bill of lading
④ the ports of discharge of charter party bill of lading

신용장이 선적항 또는 양륙항의 지리적 영역이나 범위를 표시하고 있는 경우, 선하증권은 그 지리적 영역이나 범위 내에 있는 실제 선적항 또는 양륙항을 표시하고 있어야 한다. 다음 중 실제 항구가 아닌 항구의 지리적 영역이나 범위로 표시될 수 있는 것은?

① 비유통 해상화물운송장의 선적항
② 비유통 해상화물운송장의 양륙항
③ 용선계약부 선하증권의 선적항
④ 용선계약부 선하증권의 양륙항

정답 및 해설

06 ③ 환어음의 만기가 "선하증권일자 후 60일"로 표시된 경우라면, 환어음 앞면에는 환어음의 발행일(draft date)이 아닌 선하증권일자(bill of lading date)가 기재되어야 한다
07 ④ 선하증권에 발행일과 본선적재일이 다른 경우 본선적재일이 선하증권일자가 된다. 따라서 본선적재일인 5월 5일이 만기산정의 기준일자가 되며 환어음의 만기는 5월 15일이 된다.
08 ③ 견적송장은 아직 가격이 확정되지 않은 가송장이므로 수리되지 않는다.
09 ④ 용선계약부 선하증권의 양륙항은 신용장과 동일하게 지리적 영역 또는 범위를 기재하여도 무방하다.

10 Which of the following statements is NOT correct under ISBP821?

① A bill of lading is not to include a clause or clauses that expressly declare a defective condition of the goods or their packaging.

② If it is indicated on a bill of lading that "packaging is not sufficient for the sea journey", the bill of lading is not accepted.

③ A clause on a bill of lading such as "packaging may not be sufficient for the sea journey" does not expressly declare a defective condition of the packaging.

④ If it is deletion of the word "clean" on a bill of lading, the bill of lading is deemed "dirty".

ISBP821하에서, 다음 설명 중 옳지 않은 것은?

① 선하증권은 물품 또는 포장의 결함을 명백하게 표시하는 문구를 포함하지 않아야 한다.
② 선하증권에 "포장이 해상운송에 충분하지 않다"라고 표시되어 있으면, 그 선하증권은 수리되지 않는다.
③ "포장이 해상운송에 충분하지 않을 수도 있다"와 같은 선하증권의 문구가 포장의 결함을 명백히 표시하는 것은 아니다.
④ 선하증권에 "무고장"이라는 단어가 삭제되었다면, 그 선하증권은 "고장부"로 간주된다.

11 When a charter party bill of lading is signed by an agent for the master, it need not state :

① the name of the agent.
② the signature of the agent.
③ the name of the master.
④ the indication of agent for the master.

용선계약부 선하증권이 선장의 대리인에 의해 서명되는 경우, (   )은/는 기재할 필요가 없다.
① 대리인의 성명
② 대리인의 서명
③ 선장의 성명
④ 선장의 대리인이라는 표시

12 When a credit requires a full set of originals, it is enough to present an air transport document indicating :

① original for consignor or original for shipper.
② original for consignee or original for beneficiary.
③ original for issuing bank or original for applicant.
④ original for carrier or original for agent.

신용장이 원본 전통을 요구할 때는, (   )이 표시된 항공운송서류를 제시하는 것으로 충분하다.
① 송하인용 원본 또는 선적인용 원본
② 수하인용 원본 또는 수익자용 원본
③ 개설은행용 원본 또는 개설의뢰인의 원본
④ 운송인용 원본 또는 대리인용 원본

13 Which of the following statements is incorrect under ISBP821?

① An insurance document is to appear to have been issued and signed by an insurance company or underwriter or their agent or proxy.

② When an issuer is identified as "insurer", the insurance document should indicate that it is an insurance company or underwriter.

③ An insurance broker may sign an insurance document as agent or proxy for a named insurance company or named underwriter.

④ An insurance document is not to indicate an expiry date for the presentation of any claims thereunder.

ISBP821하에서, 다음 설명 중 옳지 않은 것은?

① 보험서류는 보험회사, 보험인수인, 그들의 대리인 또는 수탁인에 의하여 발행되고 서명된 것으로 보여야 한다.
② 발행인이 "보험자"인 것으로 확인된다면, 보험서류에는 그 발행인이 보험회사나 보험인수인이라고 표시되어야 한다.
③ 보험중개인은 기명된 보험회사나 기명된 보험인수인의 대리인이나 수탁인으로서 보험서류에 서명할 수 있다.
④ 보험서류는 보험금지급청구의 만기일을 표시해서는 안 된다.

14 A certificate of origin is to be issued by the entity stated in the credit. However, if a credit does not indicate the name of an issuer, who can issue a certificate of origin?

① beneficiary only   ② exporter only
③ manufacturer only   ④ any entity

원산지증명서는 신용장에 명시된 자에 의하여 발행되어야 한다. 그러나 신용장에 발행인의 이름이 표시되지 않은 경우, 누가 원산지증명서를 발행할 수 있는가?

① 수익자만   ② 수출자만
③ 제조업자만   ④ 누구든지

정답 및 해설

10 ④ "무고장"이란 단어가 선하증권에 표시되었다가 삭제되었더라도, 물품 또는 포장상 결함이 있다는 별도의 문구가 없는 한, 그 선하증권이 "고장부"로 간주되는 것은 아니다.
11 ③ 용선계약부 선하증권에 선장의 대리인이 서명하는 경우, 선장의 성명은 기재할 필요가 없다.
12 ① 신용장에서 원본 전통을 요구하는 경우 송하인용 원본 또는 선적인용 원본이 표시된 항공운송서류를 제시하면 된다.
13 ② 발행인이 보험자인 것으로 확인된다면, 보험서류에서는 보험회사 또는 보험인수인이라는 문구를 표시하지 않아도 된다.
14 ④ 신용장에서 발행인의 이름을 표시하지 않은 경우에는 수익자를 포함하여 누구든지 원산지증명서를 발행할 수 있다.

15 출제빈도 ★

Which of the following statements is NOT correct under ISBP821?

① A beneficiary's certificate is to be signed by the beneficiary or their agent.
② Data mentioned on a beneficiary's certificate is not to conflict with the requirements of the credit.
③ The data or certification mentioned on a beneficiary's certificate should be identical to that required by the credit.
④ The data or certification mentioned on a beneficiary's certificate need not include a goods description or any other reference to the credit or another stipulated document.

ISBP821하에서, 다음 설명 중 옳지 않은 것은?

① 수익자의 증명서는 수익자나 그 대리인에 의해 서명되어야 한다.
② 수익자의 증명서에 기재되는 정보는 신용장의 요건과 상반되어서는 안 된다.
③ 수익자의 증명서에 기재되는 정보나 증명사항은 신용장에 요구된 것과 동일하여야 한다.
④ 수익자의 증명서에 기재되는 정보나 증명사항은 물품 명세를 포함하거나 신용장 또는 명시된 다른 서류에 대한 참조를 포함할 필요가 없다.

16 출제빈도 ★

When a credit requires the presentation of a certificate that relates to an action required to take place on or prior to the date of shipment, which of the following certificates is NOT accepted?

① a certificate whose issuance date is no later than the date of shipment
② a certificate indicating that the action took place prior to the date of shipment
③ a certificate titled "Pre-shipment Inspection Certificate"
④ a certificate whose issuance date is later than the date of presentation

선적일 또는 그 이전에 수행해야 하는 조치에 관련되는 증명서의 제시를 신용장이 요구하는 경우, 다음 증명서 중 수리되지 않는 것은?

① 발행일이 선적일 이전인 증명서
② 조치가 선적일 이전에 취해졌다고 기재된 증명서
③ "선적 전 검사증명서"라는 제목의 증명서
④ 발행일이 제시일보다 늦은 증명서

17 출제빈도 ★

When a credit makes reference to an issuer of a certificate in the context of its being "independent", "official", "qualified" or words of similar effect, a certificate may be issued by any entity except :

① the shipper.
② the beneficiary.
③ the consignor.
④ the exporter.

신용장이 "독립된", "공식적인", "자격 있는" 또는 이와 유사한 취지의 단어의 맥락 속에서 증명서의 발행인을 언급한 경우, 증명서는 (   )을/를 제외한 누구에 의해서라도 발행될 수 있다.

① 선적인
② 수익자
③ 송하인
④ 수출자

18 Which of the following statements is NOT correct under ISBP821?

① A description shown as "model 123" instead of "model 321" is regarded as a conflict of data.

② The "exporting country" is either a country where the beneficiary is domiciled, a country of origin of the goods, a country of receipt by the carrier, or a country from which shipment or dispatch is made.

③ If the word "from" is used to calculate a maturity date, that date is excluded in the calculation of the period.

④ If a credit requires presentation of "invoice of 4 copies", it will be enough to present four copies of the invoice.

ISBP821하에서, 다음 설명 중 옳지 않은 것은?

① "model 321" 대신 "model 123"이라 나온 기재사항은 정보의 상충으로 간주된다.
② "수출국"은 수익자의 주소가 있는 국가, 물품의 원산지국, 물품을 수령한 국가, 선적국 또는 발송국 중의 어느 하나를 의미한다.
③ "from"이라는 단어가 만기일을 계산하는데 사용된다면, 해당일은 기간의 계산에서 제외된다.
④ 신용장에서 "invoice in 4 copies"의 제시를 요구한다면, 송장사본 4부를 제시하는 것으로 충분하다.

정답 및 해설

15 ③ 수익자의 증명서에 명시된 정보는 신용장 조건과 동일하게 기재될 필요는 없고, 신용장에 요구된 조건을 명확하게 기재하여 신용장 조건을 충족하면 된다.

16 ④ 서류의 발행일은 제시일보다 늦어서는 안 된다. 다만, 선적 전에 사건이 일어났다고 서류에 명백히 표시된 경우에는 서류의 발행일은 선적일 이후여도 된다.

17 ② 신용장에서 증명서의 발행인을 언급하면서 문맥에 "독립적", "공식적", "자격 있는" 또는 이외 유사한 취지의 단어를 사용한 경우, 증명서는 수익자를 제외한 누구라도 발행할 수 있다.

18 ④ 신용장에서 "invoice in 4 copies"의 제시를 요구한다면, 최소한 1부의 송장원본과 나머지 수의 사본이 제시되어야 한다.

19 Who honours or negotiates a credit and presents a reimbursement claim to the reimbursing bank?

① reimbursing bank
② issuing bank
③ claiming bank
④ beneficiary

누가 신용장을 결제 또는 매입하고 상환은행에 상환청구서를 제시하는가?

① 상환은행 ② 개설은행
③ 청구은행 ④ 수익자

20 Which of the following definitions is NOT correct under URR725?

① "Issuing bank" means the bank that has issued a credit and the reimbursement authorization under that credit.
② "Reimbursement authorization" means an instruction or authorization, independent of the credit, issued by an issuing bank to a reimbursing bank to reimburse a claiming bank.
③ "Claiming bank" means a bank that honours or negotiates a credit and presents a reimbursement claim to the reimbursing bank.
④ "Reimbursement claim" means a separate irrevocable undertaking of the reimbursing bank, issued upon the authorization or request of the issuing bank.

URR725하에서, 다음 정의 중 옳지 않은 것은?

① "개설은행"은 신용장과 그 신용장 하에서 상환수권서를 발행하는 은행을 의미한다.
② "상환수권서"는 신용장으로부터 독립된 지시서 또는 수권서를 의미하는데, 신용장은 청구은행에 상환할 것을 목적으로 개설은행이 상환은행에 발행한다.
③ "청구은행"은 신용장거래에서 결제 또는 매입하고 상환은행에 상환청구서를 제시하는 은행을 의미한다.
④ "상환청구"는 개설은행의 수권 또는 요청에 따라 발행되는, 상환은행의 독립된 취소불능한 약정을 의미한다.

21 If the reimbursing bank is not prepared to act under the reimbursement authorization, it must inform without delay :

① the issuing bank.
② the reimbursing bank.
③ the claiming bank.
④ none of the above.

상환은행이 상환수권에 따라 행동할 준비가 되어 있지 않은 경우 지체 없이 (   )에 통지해야 한다.

① 개설은행 ② 상환은행
③ 청구은행 ④ 위 보기에 답 없음

22 Which of the following statements is NOT correct under URR725?

① All reimbursement authorizations and reimbursement amendments must be issued in the form of an authenticated teletransmission or a signed letter.
② An issuing bank shall not require a certificate of compliance with the terms and conditions of the credit in the reimbursement authorization.
③ In all cases, a reimbursement authorization must state the credit number, currency and amount, and tenor of draft to be drawn.
④ An issuing bank should not require a sight draft to be drawn on the reimbursing bank.

URR725하에서, 다음 설명 중 옳지 않은 것은?

① 모든 상환수권서와 상환조건변경서는 인증된 전신 또는 서명된 문서의 형식으로 발행되어야 한다.
② 개설은행은 상환수권서에서 신용장 조건 준수증명서를 요구해서는 안 된다.
③ 모든 경우에, 상환수권서는 신용장 번호, 통화와 금액, 발행될 환어음의 만기를 기재해야 한다.
④ 개설은행은 상환은행을 지급인으로 하는 일람출급환어음을 요구해서는 안 된다.

23 In accordance with URR725, an irrevocable reimbursement authorization cannot be amended or cancelled without the agreement of :

| A. the beneficiary. | B. the confirming bank. |
| C. the reimbursing bank. | D. the claiming bank. |

① A and B
② C only
③ A and C
④ C and D

URR725에 따르면, 취소불능 상환수권은 (　　)의 동의 없이 조건변경되거나 취소될 수 없다.

| A. 수익자 | B. 확인은행 |
| C. 상환은행 | D. 청구은행 |

정답 및 해설

19 ③ 신용장거래에서 결제 또는 매입하고 상환은행에 상환청구서를 제시하는 것은 청구은행이다.
20 ④ 상환확약에 대한 설명이다. 상환청구는 청구은행으로부터 상환은행에게 상환을 요청하는 것을 의미한다.
21 ① 상환은행이 상환수권에 따라 행동할 준비가 되어 있지 않은 경우 지체 없이 개설은행에 통지해야 한다.
22 ③ 발행될 환어음의 만기는 상환은행이 일람후정기출급환어음을 인수, 만기 지급하도록 요청받은 경우에 한하여 추가 기재하여야 할 사항이다.
23 ② 취소불능 상환수권을 수정하거나 취소하려면 상환은행의 동의를 받아야 한다.

출제빈도 ★★★

24

A reimbursement undertaking cannot be amended or cancelled without the agreement of :

① the beneficiary.
② the confirming bank.
③ the claiming bank.
④ the issuing bank.

상환확약은 (　　)의 동의 없이 조건 변경 또는 취소될 수 없다.

① 수익자
② 확인은행
③ 청구은행
④ 개설은행

출제빈도 ★★★

25

Which of the following statements is NOT correct under URR725?

① If the reimbursing bank is not prepared to act under the reimbursement authorization, it must inform the issuing bank without delay.
② The issuing bank must cancel its reimbursement authorization for any unutilized portion of the credit, informing the claiming bank without delay.
③ If the reimbursing bank is authorized or requested by the issuing bank to issue its reimbursement undertaking to the claiming bank but is not prepared to do so, it must so inform the issuing bank without delay.
④ If a reimbursing bank chooses not to issue its reimbursement undertaking amendment, it must so inform the issuing bank without delay.

URR725하에서, 다음 설명 중 옳지 않은 것은?

① 상환은행이 상환수권에 따라 행동할 준비가 되어 있지 않은 경우 지체 없이 개설은행에 통지해야 한다.
② 개설은행은 신용장의 이용되지 않은 부분에 대해서 상환수권을 취소하고, 지체 없이 청구은행에 통지하여야 한다.
③ 상환은행이 청구은행에 상환확약을 발행하도록 개설은행에 의해 수권 또는 요청받았으나 준비가 되어 있지 않은 경우, 지체 없이 개설은행에 통지하여야 한다.
④ 상환은행이 그 상환확약 조건변경을 발행하지 않기로 한 경우, 지체 없이 개설은행에 통지하여야 한다.

26 Which of the following statements is NOT correct under URR725?

① The claiming bank must be in the form of a teletransmission for the reimbursement claim.

② The reimbursement claim must clearly indicate the credit number and the issuing bank.

③ The reimbursement claim must not be a copy of the claiming bank's advice of payment, deferred payment, acceptance or negotiation to the issuing bank.

④ The reimbursement claim may include multiple reimbursement claims under one teletransmission or letter.

URR725하에서, 다음 설명 중 옳지 않은 것은?

① 청구은행은 상환청구를 전신의 형태로 진행하여야 한다.
② 상환청구서는 신용장번호와 개설은행을 명백히 표시하여야 한다.
③ 상환청구서는 청구은행의 지급 통지, 지연된 지급, 개설은행에 대한 인수 또는 매입의 사본이어서는 안 된다.
④ 상환청구서는 하나의 전신 또는 서신에 여러 개의 상환청구를 포함할 수 있다.

정답 및 해설

24　③　상환확약은 청구은행의 동의 없이 조건변경 또는 취소될 수 없다.
25　②　개설은행은 신용장의 이용되지 않은 부분에 대한 상환수권을 취소하고, 지체 없이 상환은행에 통지하여야 한다.
26　④　하나의 전신 또는 서신에 여러 개의 상환을 청구해서는 안 된다.

27 출제빈도 ★

On Monday May 1, a reimbursement claim was received outside banking hours. The reimbursing bank is required to provide a 3-working-days pre-debit notification to the issuing bank. (Saturday and Sunday not banking days) The reimbursing bank :

① must effect payment on May 4.
② must effect payment on May 5.
③ may effect payment between May 4~9.
④ may effect payment between May 5~10.

5월 1일 월요일에, 상환청구서가 은행 영업시간 이외 시간에 수령되었다. 상환은행은 개설은행에 선차통지 3영업일을 제공해야 한다. (토요일과 일요일은 은행영업일이 아님)
상환은행은 (   )

① 5월 4일에 지급하여야 한다.
② 5월 5일에 지급하여야 한다.
③ 5월 4~9일 사이에 지급할 수 있다.
④ 5월 5~10일 사이에 지급할 수 있다.

28 출제빈도 ★★★

Which of the following statements is NOT correct under URC522?

① "Documents" means only financial documents.
② "Financial documents" means bills of exchange, promissory notes, cheques, or other similar instruments used for obtaining the payment of money.
③ "Clean collection" means collection of financial documents not accompanied by commercial documents.
④ "Documentary collection" means collection of financial documents accompanied by commercial documents or commercial documents not accompanied by financial documents.

URC522하에서, 다음 설명 중 옳지 않은 것은?

① "서류"는 오직 금융서류만을 의미한다.
② "금융서류"란 환어음, 약속어음, 수표, 또는 금전지급 취득을 위해 사용되는 다른 유사한 증서를 의미한다.
③ "무담보추심"이란 상업서류가 첨부되지 않은 금융서류의 추심을 의미한다.
④ "화환추심"이란 상업서류가 첨부된 금융서류의 추심 또는 금융서류가 첨부되지 않은 상업서류의 추심을 의미한다.

29 출제빈도 ★★★

Which of the following documents are NOT regarded as "Commercial documents"?

① invoices
② transport documents
③ documents of title
④ bill of exchange

다음 서류 중 "상업서류"로 간주되지 않는 것은?

① 송장
② 운송서류
③ 권리증권
④ 환어음

30 To which type of bank does the principal entrust the handling of a collection under URC522?

① issuing bank
② remitting bank
③ collecting bank
④ presenting bank

URC522하에서, 추심의뢰인이 추심업무의 처리를 의뢰하는 은행은 어느 것인가?
① 개설은행
② 추심의뢰은행
③ 추심은행
④ 제시은행

31 Under URC522, which of the following statements about parties to a collection is incorrect?

① The "applicant" is the party entrusting the handling of a collection to a bank.
② The "collecting bank" is any bank, other than the remitting bank, involved in processing the collection.
③ The "presenting bank" is the collecting bank making the presentation to the drawee.
④ The "drawee" is the one to whom presentation is to be made in accordance with the collection instruction.

URC522하에서, 추심당사자에 대한 다음 설명 중 옳지 <u>않은</u> 것은?
① "개설의뢰인"이란 은행에 추심업무의 처리를 맡기는 당사자이다.
② "추심은행"이란 추심의뢰과정에 참여하는, 추심의뢰은행 이외의 모든 은행이다.
③ "제시은행"이란 지급인에게 제시를 행하는 추심은행이다.
④ "지급인"이란 추심지시서에 따라 제시를 받는 자이다.

정답 및 해설

27 ④ 1일(월) 은행영업시간 이외의 시간에 수령하였으므로 2일(화)에 수령한 것이며, 따라서 3일(수)부터 기산한다. 상환청구 처리기간은 최대 3은행영업일이므로 3일(수)~5일(금)까지 상환청구를 처리할 수 있지만, 여기에 선차기통지기간이 3일이므로 3일을 추가하면(단, 토요일과 일요일은 은행영업일이 아니므로 6일(토) 및 7일(일)은 제외함) 5일(금)~10일(수)까지 상환청구를 처리할 수 있다.
   참고 상환은행은 상환청구서를 수령한 다음 날부터 최대 3은행영업일 간 상환청구를 처리할 수 있다. 은행영업시간 이외의 시간에 제시된 경우에는 그 다음 영업일에 수령한 것으로 보며, 선차기통지기간이 있는 경우 그 기간을 위의 상환청구 처리기간에 추가함

28 ① 서류는 금융서류와 상업서류를 모두 의미한다.
29 ④ 환어음은 금융서류에 해당한다.
30 ② 추심의뢰은행에 대한 설명이다.
31 ① 은행에 추심업무의 처리를 맡기는 당사자를 "추심의뢰인(principal)"이라고 한다.

32 Which of the following statements is NOT correct under URC522?

① The "principal" is the party entrusting the handling of a collection to a bank.

② In the case of documents payable at sight the presenting bank must make presentation for payment without delay.

③ Banks will act in good faith and exercise reasonable care.

④ If the documents that the remitting bank has presented to the collecting bank are different from the listed ones, the remitting bank shall be disputing the type and number of the documents.

URC522하에서, 다음 설명 중 옳지 않은 것은?

① "추심의뢰인"은 은행에 추심업무 처리를 맡기는 당사자이다.
② 일람출급서류인 경우 제시은행은 지체 없이 지급을 위한 제시를 하여야 한다.
③ 은행은 신의성실에 따라 행동하고 상당한 주의를 기울일 것이다.
④ 추심은행이 추심의뢰은행에 제시한 서류가 추심지시서에 열거된 서류와 다르다면, 추심의뢰은행은 그 서류의 종류와 숫자를 반박할 수 있다.

33 Under URC522, which of the following statements is incorrect?

① All documents sent for collection must be accompanied by a collection instruction indicating that the collection is subject to URC522 and giving complete and precise instructions.

② Banks will not examine documents in order to obtain instructions.

③ Collection instructions should bear the complete address of the drawee or of the domicile at which the presentation is to be made.

④ If the address of collection instructions is incomplete or incorrect, the collecting bank must endeavour to ascertain the proper address.

URC522하에서, 다음 설명 중 옳지 않은 것은?

① 추심을 위해 송부된 모든 서류에는, 추심에 URC522가 적용된다는 것과 추심이 완전하고 정확한 지시사항을 주고 있다는 것이 기재된 추심지시서가 첨부되어야 한다.
② 은행은 지시사항을 받으려고 서류를 검토하지는 않을 것이다.
③ 추심지시서에는 지급인의 완전한 주소 또는 제시가 이루어져야 하는 곳의 완전한 주소가 적혀 있어야 한다.
④ 추심지시서의 주소가 불완전하거나 부정확하다면, 추심은행은 적절한 주소를 확인하기 위해 노력하여야 한다.

34 출제빈도 ★★

Under URC522, which of the following statements is incorrect?

① The collection instruction should state the exact period of time within which any action is to be taken by the drawee.

② In principle documents are to be presented to the drawee in the form in which they are received.

③ The documents and collection instruction have to be sent directly by the remitting bank to the collecting bank.

④ If the remitting bank does not nominate a specific presenting bank, the collecting bank may utilise a presenting bank of its choice.

URC522하에서, 다음 설명 중 옳지 않은 것은?

① 추심지시서는 지급인이 조치를 취해야 하는 정확한 기한을 기재하여야 한다.
② 원칙적으로 서류는 접수되었던 형태로 지급인에게 제시되어야 한다.
③ 서류와 추심지시서는 추심의뢰은행에 의해 추심은행으로 직접 송부되어야 한다.
④ 추심의뢰은행이 특정 제시은행을 지정하지 않으면, 추심은행은 자신이 선택한 제시은행을 이용할 수 있다.

정답 및 해설

32 ④ 서류가 목록에 나타나지 않아 외관상 열거된 것과 다른 경우에 추심의뢰은행은 추심은행에 의해 접수된 서류의 종류와 숫자를 반박할 수 없다.

33 ④ 추심은행은 추심지시서의 주소가 불완전하거나 부정확하더라도, 이를 수정해야 할 어떠한 의무나 책임이 없으므로, 올바른 주소를 확인하기 위해 반드시 노력해야 하는 것은 아니다. 다만, 추심은행은 의무나 책임이 없지만, 올바른 주소를 확인하기 위해 노력할 수도 있다. (=may)

34 ③ 서류와 추심지시서는 추심의뢰은행이 추심은행으로 직접 송부하거나, 다른 은행을 중개인으로 하여 송부될 수 있다.

35 Who paid for any charges or expenses incurred by banks in connection with any action taken to protect the goods in the collection?

① the remitting bank
② the collecting bank
③ the presenting bank
④ the party who sent the collection

추심에서 물품을 보호하기 위해 취해진 조치와 관련하여 은행에 의해 발생된 수수료 또는 비용은 누가 부담하는가?

① 추심의뢰은행
② 추심은행
③ 제시은행
④ 추심을 송부한 당사자

36 Banks utilising the services of another bank or other banks for the purpose of giving effect to the instructions of the principal, do so for the account and at the risk of such :

① principal
② drawee
③ remitting bank
④ collecting bank

추심의뢰인의 지시를 이행할 목적으로 다른 은행(들)의 서비스를 이용하는 은행들은 (　　　)의 비용과 위험으로 이를 행한다.

① 추심의뢰인
② 지급인
③ 추심의뢰은행
④ 추심은행

37 Under URC522, banks have liability or responsibility for :

① the legal effect of the document.
② the general conditions stipulated in the document.
③ description of the goods in the document.
④ compliance with the collection instructions.

URC522하에서, 은행은 (　　　)에 대한 의무와 책임이 있다.

① 서류의 법적 효력
② 서류에 명시된 일반적 조건
③ 서류의 물품 명세
④ 추심지시서의 준수

38 Which of the following statements about payment is NOT correct under URC522?

① Amounts collected must be made available without delay to the party from whom the collection instruction was received in accordance with the terms and conditions of the collection instruction.

② In the case of documents payable in the currency of the country of payment(local currency), the presenting bank must, unless otherwise instructed in the collection instruction, release the documents to the drawee against payment in local currency only if such currency is immediately remitted in accordance with the instructions given in the collection instruction.

③ In respect of clean collections, partial payments may be accepted if, to the extent to which, and on the conditions under which partial payments are authorized by the law in force in the place of payment.

④ In respect of documentary collections, partial payments will only be accepted if specifically authorized in the collection instruction.

URC522하에서, 지급에 대한 다음 설명 중 옳지 않은 것은?

① 추심된 금액은 추심지시서의 조건에 따라 추심지시서를 송부한 당사자에게 지체 없이 제공되어야 한다.
② 지급국가의 통화로 지급하도록 한 서류의 경우, 추심지시서에 별도의 지시가 없는 한, 제시은행은 그 통화가 추심지시서의 지시에 따라 즉시 송금될 수 있는 경우에 한하여 현지화에 의한 지급 상환 조건으로 지급인에게 서류를 인도해야 한다.
③ 무담보추심에 있어서, 지급지에서의 강제 통용력이 있는 법률에 의해 허용되는 범위까지 그리고 그 조건에 따라 분할 지급이 허용될 수 있다.
④ 화환추심에 있어서, 분할지급은 추심지시서에서 특별히 허용된 경우에만 인정된다.

정답 및 해설

35 ④ 물품을 보호하기 위해 취해진 조치와 관련하여 은행에게 발생한 수수료 또는 비용은 추심을 송부한 당사자의 부담으로 한다.

36 ① 추심의뢰인의 지시를 이행하기 위한 것이므로 그를 위하여 다른 은행의 서비스를 이용하는 은행은 추심의뢰인의 비용과 위험으로 이를 행한다.

37 ④ 은행은 서류의 법적 효력, 서류에 명시된 일반적 조건, 물품 명세에 대하여 어떠한 의무나 책임이 없다. 다만, 추심지시서를 준수할 의무와 책임은 있다.

38 ② 내국통화는 추심지시서에 명시된 방법으로 즉시 처분할 수 있는 경우에만 현지화에 의한 지급과 상환으로 지급인에게 서류를 인도해야 한다. 외국통화의 경우 추심지시서의 지시에 따라 즉시 송금될 수 있는 경우에 한하여 그 외국통화에 의한 지급과 상환으로 지급인에게 서류를 인도해야 한다.

39

Which of the following statements is NOT correct under URC522?

① The presenting bank is responsible for seeing that the form of the acceptance of a bill of exchange appears to be complete and correct, and for the genuineness of any signature or for the authority of any signatory to sign the acceptance.

② The presenting bank is not responsible for the genuineness of any signature or for the authority of any signatory to sign a promissory note, receipt, or other instruments.

③ When the collection instruction expressly states that interest may not be waived and the drawee refuses to pay such interest, the presenting bank must inform without delay the bank from which the collection instruction was received.

④ If the principal nominates a representative to act as case-of-need in the event of non-payment and/or non-acceptance, the collection instruction should clearly and fully indicate the powers of such case-of-need.

URC522하에서, 다음 설명 중 옳지 않은 것은?

① 제시은행은 환어음의 인수 형식이 완전하고 정확하게 나타나 있는지를 확인해야 할 책임이 있고, 모든 서명의 진정성이나 인수의 서명을 한 서명인의 권한에 대하여 책임을 진다.

② 제시은행은 모든 서명의 진정성에 대하여, 또는 약속어음, 영수증, 또는 기타 증서에 서명을 한 서명인의 권한에 대하여 책임을 지지 아니한다.

③ 이자가 포기될 수 없음이 추심지시서에 명백히 기재되었는데 지급인이 그 이자의 지급을 거절하는 경우, 제시은행은 지체 없이 추심지시서를 송부한 은행에 통지해야 한다.

④ 추심의뢰인이 인수거절 및/또는 지급거절의 경우에 예비지급인으로 행동할 대표자를 지정한다면, 그러한 예비지급인의 권한이 추심지시서에 명확하고 완전하게 기재되어야 한다.

40 출제빈도 ★★

Under URC522, who must send, without delay, advice of non-payment and/or advice of non-acceptance to the bank from which it received the collection instruction?

① collecting bank
② remitting bank
③ presenting bank
④ buyer

URC522하에서, 누가 지급거절 통지 및/또는 인수거절통지를, 추심지시서를 송부한 은행으로 지체 없이 송부해야 하는가?

① 추심은행
② 추심의뢰은행
③ 제시은행
④ 구매자

정답 및 해설

39 ① 제시은행은 환어음의 인수 형식이 완전하고 정확하게 나타나 있는지를 확인해야 할 책임이 있지만, 서명의 진정성이나 인수의 서명을 한 서명인의 권한에 대하여 책임을 지지 아니한다.

40 ③ 제시은행은 지급거절 또는 인수거절의 통지를 지체 없이 추심지시서를 송부한 은행으로 송부해야 한다.

금융·자격증 전문 교육기관 해커스금융
fn.Hackers.com

해커스 **외환전문역 Ⅱ종** 최종핵심정리문제집

제3과목
외환관련여신

[총 20문항]

제1장 무역금융
제2장 외화대출
제3장 외화지급보증
제4장 외환회계

금융·자격증 전문 교육기관 해커스금융
fn.Hackers.com

■ **출제경향 및 학습전략**

무역금융은 제3과목 전체 20문제 중 총 10~13문제 정도 출제된다.

무역금융은 제3과목 외환관련여신 중에서 많은 문제가 출제되는 부분이므로 무역금융 파트를 집중적으로 학습한다면 고득점을 노릴 수 있다. 특히, 무역금융 융자대상, 수출실적, 융자금액과 내국신용장 등 주요한 내용은 매번 출제되므로 체계적으로 정리하고 반복해서 학습하는 것이 중요하다.

■ **빈출포인트**

구 분	문제번호	빈출포인트	출제빈도
무역금융 (65%)	01	무역금융의 총론	★★
	02	무역금융 융자대상	★★★
	03~04	융자대상 수출실적	★★★
	05	융자금의 종류	★★★
	06	융자방법 및 융자한도	★★★
	07	융자금액	★★★
	08	위탁가공무역 관련 무역금융	★★
	09	포괄금융	★★
내국신용장 (20%)	10	내국신용장의 개요	★★★
	11	내국신용장의 개설 및 매입	★★
	12~13	내국신용장과 구매확인서의 비교	★★★
평균원자재의존율의 산정 (1%)	14	평균원자재의존율과 평균가득률	★
	15	평균가득률	★★
융자취급은행 (7%)	16	융자취급은행	★★
무역금융 기타사항 (4%)	17	무역금융 기타사항	★
무역어음제도 (3%)	18	무역어음제도	★

해커스 외환전문역 Ⅱ종 최종핵심정리문제집

제3과목 **외환관련여신**

제1장
무역금융

개념완성문제 제1장 | 무역금융

✓ 개념완성문제를 통해 외환전문역 Ⅱ종 시험에 나오는 개념을 이해할 수 있습니다.
✓ 다시 봐야 할 문제(틀린 문제, 풀지 못한 문제, 헷갈리는 문제 등)는 문제 번호 하단의 네모박스(□)에 체크하여 반복 학습할 수 있습니다.

무역금융의 총론

출제빈도 ★★

01 다음 중 무역금융제도의 특징이 아닌 것은?

① 자금의 수출단계별 지원
② 선적 후에 지원되는 금융
③ 융자취급은행의 제한
④ 내국신용장제도 운용

> **용어 알아두기**
> **내국신용장제도** 내국신용장에 의해 국내에서 물품을 생산하고 수출업자에게 공급하여 은행으로부터 대금을 영수할 수 있도록 하는 제도이며, 이 제도에 의하여 수출물품 공급자도 무역금융을 지원받을 수 있다.

무역금융 융자대상

출제빈도 ★★★

02 다음 중 무역금융 융자대상에 해당하는 경우로 옳은 것은?

① 한국수출입은행의 수출자금대출을 수혜받은 경우
② 중계무역방식으로 수출을 하는 경우
③ 무역어음을 할인받은 경우
④ 보세판매장에서 자가생산품을 외화로 판매한 경우

> **용어 알아두기**
> **중계무역방식** 물품을 수입하여 가공을 하지 않고 원형 그대로 수출함으로써 수출입 대금의 차익을 취득할 목적으로 거래하는 방식이다.
> **보세판매장** 외국물품을 외국으로 반출하거나 외교관면세를 받을 수 있는 자가 사용하는 것을 조건으로 판매하는 구역을 말하며 세관장이 특허한 구역이다.

정답 및 해설

01 ② 무역금융은 선적 전에 수출물품을 제조·가공하는 데 소요되는 자금을 지원하는 것이다.
02 ④ 보세판매장에서 자가생산품을 외화로 판매하는 경우에는 실적기준금융을 수혜받을 수 있다.
① ② ③ 무역금융 융자대상에서 제외되는 경우에 해당한다.

융자대상 수출실적

출제빈도 ★★★

03 다음 중 실적기준금융으로 무역금융을 취급할 경우 융자대상 수출실적으로 인정되지 <u>않는</u> 것은?

① 국산원자재를 사용하여 제조·가공한 물품을 유상으로 북한에 반출하는 경우
② 수출승인이 면제되는 수출에 해당하는 물품을 현지에서 매각한 경우
③ 무역어음이 전액 인수취급된 수출신용장에 의한 수출인 경우
④ 내국신용장에 의해 국내제조업자가 수출업자에게 물품을 공급한 경우

융자대상 수출실적

출제빈도 ★★★

04 다음 중 무역거래에 대하여 무역금융 융자대상 수출실적 인정시점이 올바르게 짝지어진 것은?

① 구매확인서에 의한 국내공급 – 공급대금이 입금된 때
② 사전송금방식에 의한 국외수출 – 수출물품과 관련하여 세금계산서가 발급된 때
③ 내국신용장에 의한 국내공급 – 내국신용장이 매입 또는 추심의뢰된 때
④ 위탁가공무역방식에 의한 국외수출 – 수출신용장에 의한 수출대금이 입금된 때

> **용어 알아두기**
> **사전송금방식** 매매계약 체결 후 수입상이 현금, 수표 등의 대외지급수단을 통해 수출대금(외화)을 수출상에게 미리 보내면 수출상은 그 돈을 원화로 바꾸어 계약물품을 조달한 후 선적하는 방식이다.

정답 및 해설

03 ③ 수출신용장 등에 의한 수출실적 중 무역어음이 인수취급된 분은 융자대상 수출실적으로 인정되지 않는다. 다만, 무역어음 인수취급분을 제외한 나머지에 대해서는 인정된다.
04 ③ ① 구매확인서에 의한 국내공급은 물품 관련 세금계산서가 발급된 때 수출실적으로 인정된다.
② 사전송금방식에 의한 국외수출은 대응수출이 이행되고 수출대금 전액이 입금된 때 수출실적으로 인정된다.
④ 위탁가공무역방식에 의한 국외수출은 수출신용장의 경우, 매입 또는 추심의뢰 시 수출실적으로 인정된다.

융자금의 종류

05 무역금융의 종류 중 원자재자금 융자대상으로 모두 묶인 것은?

> 가. 수출용 원자재의 해외수입 소요자금
> 나. 수출용 원자재의 개발 소요자금
> 다. 외국인에 대한 국내에서의 용역수출 소요자금
> 라. 내국신용장에 의해 조달하기 곤란한 중고품, 농수산물 등 구매 소요자금

① 가
② 가, 나
③ 가, 나, 다
④ 가, 나, 다, 라

융자방법 및 융자한도

06 무역금융의 융자방법 중 신용장기준금융에 대한 설명으로 적절하지 않은 것은?

① 수출신용장, 내국신용장, 수출 관련 계약서 등을 보유해야 신용장기준금융으로 융자를 취급할 수 있다.
② 융자대상 증빙을 건별로 심사하여 관리하므로 융자를 취급하는 데 불편함이 있다.
③ 당해 신용장의 선적기일 및 유효기일을 고려하여 한국은행이 융자기간을 정한다.
④ 수출신용장 범위 내에서 과다한 지원이 발생하지 않고 적정 융자가 이루어질 수 있도록 관리하여야 한다.

정답 및 해설

05 ① '가'는 원자재자금 융자대상이다.
      '나, 다, 라'는 생산자금 융자대상이다.
06 ③ 융자기간은 거래 외국환은행이 지정한다.

융자금액

출제빈도 ★★★

07 다음은 A기업이 202X년 5월 미국으로부터 받은 해상운송수출신용장이다. A기업이 신용장기준으로 포괄금융을 융자받고자 할 경우 융자금액은 얼마인가?

- 수출신용장 금액 $1,000,000(FOB기준)이며, 이 중 $200,000는 무역어음으로 인수취급되었다.
- 융자비율은 80%이며, 4월 평균매매기준율은 1,100원(KDW/USD)이다.

① 658,000,000원
② 683,000,000원
③ 704,000,000원
④ 728,000,000원

위탁가공무역 관련 무역금융

출제빈도 ★★

08 A수출기업은 베트남의 B기업과 가구(완제품)를 수출하는 계약을 체결하였다. 생산능력을 갖추지 못한 A수출기업은 위탁가공무역방식으로 완제품을 수출할 계획을 수립하였으며, 생산에 소요되는 국산원자재를 구매하여 가공하지 않고 현지에 있는 수탁가공업체에 무상으로 수출하였다. 해당 수탁업체의 가공임에 대하여 A수출기업이 취급 가능한 무역금융은 무엇인가?

① 생산자금
② 원자재자금
③ 완제품구매자금
④ 포괄금융

정답 및 해설

07 ③ 포괄금융 융자금액 = FOB기준 금액 × 전월 평균매매기준율 × 융자비율
= ($1,000,000 − $200,000) × 1,100원 × 80% = 704,000,000원

08 ② A수출기업이 위탁가공무역에 소요되는 국산원자재를 구매하여 가공하지 않고 무상으로 수탁업체에 수출하여 완제품을 생산한 후 현지에 매각할 경우 무상으로 수출한 실적은 융자대상 수출실적으로 인정되며, 해당 수탁업체의 가공임에 대하여 원자재자금만 취급 가능하다.

포괄금융 　　　　　　　　　　　　　　　　　　　　　　　　　출제빈도 ★★

09 다음 중 무역금융 포괄금융에 대한 설명으로 옳지 않은 것은?

① 포괄금융은 일정요건을 갖춘 융자대상업체에게 자금용도의 구분 없이 물품수출에 필요한 원자재구매자금, 제조비, 가공비를 일괄 현금으로 융자취급하므로 융자취급절차가 간편하다.
② 융자대상업체에 직접 현금으로 지급되기에 다른 용도로 유용될 가능성이 있다.
③ 생산자금, 원자재자금, 완제품구매자금을 포괄하여 이용할 수 있으며 완제품구매자금만으로도 포괄금융으로 이용이 가능하다.
④ 융자대상업체는 과거 1년간 수출실적이 미화 2억달러 미만인 업체이다.

내국신용장의 개요 　　　　　　　　　　　　　　　　　　　　　출제빈도 ★★★

10 내국신용장에 대한 설명으로 옳은 것은?

① 내국신용장은 개설은행이 물품대금에 대하여 지급보증하므로 대금회수의 안정성이 보장된다.
② 내국신용장은 수평적으로만 다수의 신용장을 개설할 수 있다.
③ 내국신용장은 국내업체 간의 거래뿐만 아니라 해외업체와의 무역거래에서도 사용 가능하다.
④ 내국신용장은 원화금액을 기준으로 결제되므로 신용장에 원화로만 표시된다.

정답 및 해설

09 ③ 일반적으로 완제품구매자금만으로는 포괄금융으로 이용할 수 없다.
10 ①　② 내국신용장은 원수출신용장 등을 근거로 수평적으로 다수의 내국신용장을 개설할 수 있을 뿐만 아니라 물품의 제조공정에 따라 수직적으로 다수의 내국신용장을 개설할 수 있다.
　　　③ 내국신용장은 국내업체 간의 거래에서만 사용 가능하다.
　　　④ 내국신용장의 표시통화는 원화, 외화, 원화표시(외화부기) 중 하나로 표시할 수 있다.

내국신용장의 개설 및 매입

출제빈도 ★★

11 A기업이 거래 수출업체에 물품공급을 위하여 내국신용장을 개설할 때, 내국신용장의 개설 조건으로 <u>틀린</u> 것은?

① 내국신용장은 양도가 불가능한 신용장으로 개설해야 한다.

② 내국신용장에 표기되는 금액은 공급하고자 하는 물품대금의 전액이어야 한다.

③ 서류제시기간은 공급자발행 세금계산서 발급일로부터 최장 5영업일 범위 내에서 책정되어야 한다.

④ 내국신용장은 개설의뢰인을 지급인으로, 개설은행을 지급장소로 하는 일람출급식이어야 한다.

내국신용장과 구매확인서의 비교

출제빈도 ★★★

12 다음 중 구매확인서에 대한 설명으로 옳지 <u>않은</u> 것은?

① 구매확인서에 의해서 외화획득용 원료와 물품을 구매할 수 있다.

② 무역금융 융자대상 수출실적 인정 및 부가가치세 영세율 적용의 혜택은 동일하나, 구매확인서는 관세환급이 불가하다.

③ 당사자 간의 수출대금을 결제할 경우 수출실적 인정시점은 세금계산서 발급일이다.

④ 구매확인서는 기한에 상관없이 사후발급이 가능하다.

> **용어 알아두기**
> **구매확인서** 외화획득용 원료·기재를 구매하려는 경우이거나 구매한 경우, 외국환은행의 장 또는 산업통상자원부장관이 지정한 전자무역기반사업자가 내국신용장에 준하여 발급하는 증서이다.

정답 및 해설

11 ③ 서류제시기간은 물품수령증명서 발급일로부터 최장 5영업일 범위 내에서 책정되어야 한다.

12 ② 구매확인서도 관세환급 혜택이 있다.

내국신용장과 구매확인서의 비교 출제빈도 ★★★

13 다음 중 내국신용장 및 구매확인서에 대한 설명으로 적절하지 <u>않은</u> 것은?

① 내국신용장의 거래당사자는 개설의뢰인(구매자), 수혜자(공급자), 개설은행, 매입은행이다.

② 내국신용장은 물품대금의 회수를 위한 판매대금추심의뢰서가 발행된다.

③ 외국환은행의 장은 1차 구매확인서에 의하여 2차 구매확인서를 발급할 수 있다.

④ 구매확인서는 발급한도의 제한 없이 발급이 가능하다.

평균원자재의존율과 평균가득률 출제빈도 ★

14 다음 중 평균원자재의존율과 평균가득률에 대한 설명으로 옳지 <u>않은</u> 것은?

① 원자재의존액은 수출물품을 제조·가공하기 위하여 투입한 원자재의 총 구입비용을 의미한다.

② 평균원자재의존율은 원자재의존액을 자사제품 수출실적으로 나눈 값에 100을 곱하여 산출한다.

③ 평균가득률은 100%에서 평균원자재의존율을 제한 값으로 수출금액에 대한 외화가득액의 비율을 의미한다.

④ 평균원자재의존율 및 평균가득률은 신용장기준금융 수혜업체의 융자한도 산정 시에만 적용되는 제도이다.

정답 및 해설

13 ④ 구매확인서는 구매자가 보유한 발급근거서류(수출신용장 등)의 범위 내에서 발급할 수 있다.

14 ④ 평균원자재의존율 및 평균가득률은 신용장기준금융 및 실적기준금융 수혜업체의 융자한도 산정 시 적용되는 제도이다.

평균가득률

15 다음 중 평균가득률에 대한 설명으로 옳지 않은 것은?

① 평균가득률의 산정대상은 신용장기준금융 및 실적기준금융으로 생산자금 및 원자재자금을 이용하는 업체이다.
② 수출신용장에 소요원자재 수량과 금액이 표기되어 있는 경우 해당 비율로 평균가득률을 계산할 수 있다.
③ 업체가 재산정을 신청하였더라도 평균가득률의 재산정은 불가능하다.
④ 수출용 원자재 과소계상으로 재산정이 필요하다고 판단될 경우, 평균가득률의 재산정이 가능하다.

융자취급은행

16 융자취급은행의 공통의무에 대한 설명으로 적절하지 않은 것은?

① 외국환은행은 무역금융 취급 시 수혜업체의 수출실적과 능력, 실제 소요자금과 적정기간 여부 등을 종합적으로 심사하여야 한다.
② 동일 신용장에 대한 중복금융 취급을 방지하기 위해 융자대상 증빙서류 뒷면에 융자취급상황을 기재하여야 한다.
③ 융자취급은행은 무역금융이 자금용도에 따라 사용될 수 있도록 관리하여야 한다.
④ 외국환은행은 수혜업체에 대하여 무역금융 지급보증에 대한 제재조치를 취할 시 지체 없이 해당 업체에 통보하여야 한다.

정답 및 해설

15 ③ 업체가 재산정을 신청하였고 그 사유가 타당하다고 인정되면 평균가득률의 재산정이 가능하다.
16 ④ 외국환은행은 수혜업체에 대하여 제재조치 등의 사항이 있을 경우 지체 없이 한국은행 취급점 및 각 외국환은행(본점)에 통보하여야 하는 공통의무가 있다.

무역금융 기타사항

출제빈도 ★

17 신용장기준금융 취급 시 검토사항으로 적절하지 않은 것은?

① 수출신용장 등이 무역금융 관련 규정에서 정하고 있는 융자대상 증빙의 요건을 갖추었는지 확인하여야 한다.
② 융자기간이 융자취급의 근거가 되는 수출신용장 등의 유효기간 범위 내인지 확인하여야 한다.
③ 융자금액이 개별 수출신용장 등의 금액 범위 내인지 확인하여야 한다.
④ 신청금액이 향후 신청업체의 수출이행능력 등을 감안할 때 과다한지 확인하여야 한다.

정답 및 해설

17 ④ 실적기준금융 취급 시에 해당하는 검토사항이다.

무역어음제도

출제빈도 ★

18 다음 중 무역어음에 대한 설명으로 옳지 않은 것은?

① 무역어음은 수출업체가 인수기관과의 일정한 약정에 의하여 선적 전에 소요자금을 조달할 목적으로 발행하는 기한부 환어음이다.

② 인수기관은 수출업체가 발행한 무역어음에 대하여 지급의무를 부담하므로 결국 수출업체에 대해 지급보증을 하는 것이다.

③ 수출업체는 할인기관을 통해 무역어음을 할인함으로써 자금조달을 용이하게 할 수 있다.

④ 무역어음의 매출은 할인기관이 일반투자자에게 무역어음을 할인매출하는 것으로, 수출업체에 대해 여신을 취급하는 것과 같다.

정답 및 해설

18 ④ 외국환은행이 인수한 무역어음을 할인기관이 일반투자자에게 할인매출하는 것으로, 할인기관의 입장에서는 수신을 취급하는 것과 같다.

출제예상문제 제1장 | 무역금융

✓ 출제예상문제를 통해 다양한 외환전문역 Ⅱ종 문제를 풀어볼 수 있습니다.
✓ 다시 봐야 할 문제(틀린 문제, 풀지 못한 문제, 헷갈리는 문제 등)는 문제 번호 하단의 네모박스(□)에 체크하여 반복 학습할 수 있습니다.

출제빈도 ★

01 다음 중 무역금융에 대한 설명으로 옳지 않은 것은?
① 무역금융은 외화획득을 위하여 수출물품을 생산하거나, 원자재 및 완제품을 구매하는 데 필요한 자금을 지원하는 단기 원화자금대출이다.
② 무역금융은 한국은행 금융중개지원대출 관련 무역금융지원 프로그램 운용세칙 및 동 운용절차 등을 기본규정으로 하여 시행되고 있다.
③ 수출신용장을 받은 수출업자 이외에 수출용 원자재 생산업자까지도 융자대상에 포함된다.
④ 생산능력을 보유하지 않는 업체가 외화획득을 위하여 기획·개발·위탁가공 등으로 수출한 경우 무역금융을 취급할 수 없다.

출제빈도 ★★ **최신출제유형**

02 다음 중 무역금융의 특징으로 적절하지 않은 것은?
① 무역금융은 물품 등을 선적하기 전에 그 물품 등을 제조·가공하는 데 소요되는 자금을 지원하는 제도이다.
② 수출이행의 전 과정을 대상으로 각종 자금을 개별적으로 지원한다.
③ 외국환업무에 대한 취급인가를 받은 금융회사만이 무역금융을 취급할 수 있다.
④ 무역금융은 지정된 용도 외의 다른 목적으로 사용되지 않도록 관리되어야 한다.

출제빈도 ★★

03 전년도 수출실적이 미화 1억달러인 영세수출업자가 원자재 수입 후 수출용 제품을 생산하여 외국에 판매할 경우, 지원받을 수 있는 무역금융으로 가장 적절한 것은?
① 생산자금
② 원자재자금
③ 완제품구매자금
④ 포괄금융

04 다음 중 무역금융 융자대상에 대한 내용으로 잘못된 것은? 출제빈도 ★★

① 무역금융 융자대상의 범위가 확대되고 있으나, 수출이행이 확실시되고 대금회수가 보장되는 경우로 한정하고 있다.
② 금융중개지원대출 관련 무역금융을 융자받을 수 있는 대상은 중소기업기본법상 중소기업에 대한 대출로 한다.
③ 폐업업체에 대한 무역 관련 대출은 금융기관별 한도배정에 반영하지 아니한다.
④ 은행업감독규정에서 정하는 주채무계열 소속 기업체에 대한 무역 관련 대출은 금융기관별 한도 내에 제공된다.

05 다음 중 한국은행 금융중개지원대출 관련 무역금융을 융자받을 수 있는 업체로 옳은 것은? 출제빈도 ★★ 최신출제유형

① 주채무계열 소속 기업체
② 최종부도거래처로 분류된 중소기업체
③ 폐업 신고된 중소기업체
④ 건설 및 용역을 수출하는 중소기업체

정답 및 해설

01 ④ 생산능력을 보유하지 않더라도 기획·개발·위탁가공 등에 필요한 자금은 무역금융(생산자금)으로 취급할 수 있다.
02 ② 무역금융은 수출이행과 관련된 전 과정을 대상으로 각종 자금을 연계하여 지원한다.
03 ④ 전년도 또는 과거 1년간 수출실적이 미화 2억달러 미만인 영세수출업자의 경우, 자금용도의 구분 없이 포괄금융으로 지원받을 수 있다.
04 ④ 은행업감독규정에서 정하는 주채무계열 소속 기업체에 대한 무역 관련 대출은 금융기관별 한도배정에 반영하지 않는다.
05 ④ 주채무계열 소속 기업체, 최종부도거래처로 분류된 중소기업체, 폐업 신고된 중소기업체는 융자대상이 아니다.

06 다음 중 무역금융 융자대상에 해당하지 않는 자는? [출제빈도 ★★★]

① 수출신용장에 의하여 물품을 수출하고자 하는 자
② 수출계약서에 의하여 용역을 국내에 공급하고자 하는 자
③ 중계무역방식으로 외국에 물품을 수출하고자 하는 자
④ 내국신용장에 의하여 수출용 완제품을 위탁가공하고자 하는 자

07 다음 중 신용장기준금융을 수혜받을 수 있는 대상으로 모두 묶인 것은? [출제빈도 ★★★]

> 가. 한국무역보험공사가 보증서를 제공한 국제기구에서 발급한 구매주문서를 보유한 자
> 나. 정부투자기관이 외국으로부터 받은 차관자금에 의한 국제경쟁입찰에 의하여 국내에서 물품을 유상으로 공급하는 물품공급계약서를 보유한 자
> 다. 한국국제협력단이 개발도상국 재난구호사업을 위하여 물자 및 용역을 외국에 무상으로 원조하기로 체결한 물품공급계약서를 보유한 자
> 라. 외국공공기관과 체결한 물품을 수출하기 위하여 발급한 물품공급계약서를 보유한 자

① 가, 나
② 가, 다, 라
③ 나, 다, 라
④ 가, 나, 다, 라

08 다음 중 무역금융을 취급할 수 있는 경우는? [출제빈도 ★★]

① 한국수출입은행의 수출자금대출을 수혜받은 경우
② 신용장 등의 금액 일부를 무역어음으로 인수취급한 경우
③ 중소기업협동조합 공동사업자금을 융자받은 경우
④ 중계무역방식에 의하여 수출하는 경우

09 융자대상 수출실적에 대한 설명으로 옳지 않은 것은?

① 융자대상 수출실적은 특정 업체의 자금 종류별 융자한도를 결정하는 데 활용된다.
② 수출신용장 등의 보유와 관계없이 과거 융자대상 수출실적만으로도 융자를 취급할 수 있다.
③ 수출승인이 면제되는 수출에 해당하는 물품 등의 수출실적 중 현지에서 매각된 분에 대해서만 융자대상 수출실적이 인정된다.
④ 산업통상자원부장관이 지정하는 생산자의 수출물품에 사용된 포장용 골판지상자의 공급은 융자대상 수출실적으로 인정되지 않는다.

10 다음 중 융자대상 수출실적 인정금액이 1천만불인 것으로 모두 묶인 것은?

> 가. 대금교환도(COD)방식 수출로서 수출대금 입금분이 1천만불일 경우
> 나. 외환항공운송을 통한 외화입금액이 1천만불일 경우
> 다. 사전송금방식수출로서 이행분이 5백만불이고 수출대금 입금분이 1천만불일 경우
> 라. 보세판매장을 통하여 수입생산품을 외화 1천만불로 판매한 경우
> 마. 수출신용장에 의한 수출로서 운임보험료 포함가격(CIF)이 1천만불일 경우

① 가, 나
② 가, 나, 다
③ 나, 다, 라
④ 다, 라, 마

정답 및 해설

06 ③ 중계무역방식을 제외한 나머지의 경우 무역금융 융자대상에 해당한다.
07 ④ '가, 나, 다, 라' 모두 신용장기준금융으로 수혜받을 수 있다.
08 ② 무역어음 인수취급분을 제외한 나머지 금액에 대해서 융자취급이 가능하다.
09 ④ 산업통상자원부장관이 지정하는 생산자의 수출물품 포장용 골판지상자의 공급은 융자대상 수출실적으로 인정된다.
10 ① '가, 나'는 무역금융 수출실적 인정금액이 1천만불인 경우이다.
　　다. 사전송금방식수출은 대응수출이 이행되고 입금된 5백만불에 대해 인정된다.
　　라. 보세판매장을 통하여 자가생산품을 외화로 외국인에게 판매한 실적에 대해서만 인정된다.
　　마. 수출신용장, 수출계약서, 외화표시물품공급계약서 등은 본선인도가격(FOB)을 기준으로 인정된다.

11 무역금융 수출실적으로 인정되는 시점을 잘못 짝지은 것은?

① 내국신용장에 의한 수출 – 내국신용장이 추심의뢰된 때
② 구매확인서에 의한 수출 – 당해 물품 관련 세금계산서가 발급된 때
③ 사전송금방식에 의한 수출 – 공급대금이 입금된 때
④ 위탁가공무역방식에 의한 수출 – 수출신용장 이외의 방법에 의한 경우 수출대금이 입금된 때

12 다음 중 무역금융 융자대상 수출실적에 관한 내용으로 틀린 것은?

① 신용장기준금융 수혜업체가 동일한 외국환은행을 통하여 무역금융의 취급 및 수출대금 영수를 하지 않을 경우 융자대상 수출실적으로 인정되지 않는다.
② 무역어음이 인수취급된 수출신용장 등의 수출실적은 당해 인수취급분을 제외한 나머지 부분만을 융자대상 수출실적으로 인정한다.
③ 위탁가공방식으로 국산원자재를 구매하여 가공하지 않고 무상으로 수출한 실적은 포괄금융 융자한도 산정 시 융자대상 수출실적으로 인정된다.
④ 실적기준금융 수혜업체가 발행한 내국신용장의 매입과 추심이 해당 업체에 대한 융자취급은행을 통하여 이루어지지 아니한 경우 수출실적 인정이 제한된다.

13 다음은 A제조기업의 무역거래 현황이다. 다음 자료를 토대로 한 202X년 9월 A제조기업의 무역금융 수출실적 인정금액은 얼마인가?

- 202X년 8월 10일 내국신용장 매입 부도분 1,000,000원
- 202X년 8월 22일 수출환어음 매입 부도처리 입금분 2,000,000원
- 202X년 9월 12일 수출환어음 매입 5,000,000원
- 202X년 9월 23일 내국신용장 매입 6,000,000원
- 202X년 9월 28일 수출환어음 매입 부도분 3,000,000원

① 5,000,000원
② 6,000,000원
③ 8,000,000원
④ 10,000,000원

14 수출실적 승계 및 이관에 대한 설명으로 적절하지 않은 것은?

① 개인기업이 법인기업으로 전환하는 경우 외국환은행은 해당 기업에 대하여 수출실적의 승계를 인정할 수 있다.

② 외국환은행은 기업 간 신설합병 및 흡수합병이 이루어지는 경우 수출실적의 승계를 인정할 수 있다.

③ 외국환은행은 기업 간 영업의 일부를 양수하는 경우 수출실적의 승계를 인정할 수 있다.

④ 외국환은행은 거래업체의 요청으로 다른 외국환은행으로부터 수출실적을 이관받아 거래 업체의 여신한도 산정 시에 수출실적으로 반영할 수 있다.

15 무역금융에서 취급하는 융자금에 대한 설명 중 적절한 것은?

① 무역금융은 용도에 따라 생산자금, 원자재자금, 완제품 구매자금, 포괄금융으로 구분한다.

② 포괄금융은 수출절차의 간소화를 위하여 일정한 자격요건을 갖춘 중소수출업체에 대하여 구매에 소요되는 자금을 구분 없이 일괄 융자하는 제도이다.

③ 생산자금은 국내에서 수출용 완제품 또는 원자재를 제조·가공·개발하거나 용역을 수출하는 데 소요되는 자금에 대하여 취급되므로 생산능력을 갖추지 못한 업체는 취급할 수 없다.

④ 수출물품의 조달 형태에 따라 소요시기에 맞추어 융자금을 지원하는 것은 자금유용을 방지하고 적정융자를 도모하는 데 그 목적이 있다.

정답 및 해설

11 ③ 사전송금방식에 의한 수출의 경우, 대응수출이 이행되고 수출대금 전액이 입금된 때가 수출실적으로 인정되는 시점이다.

12 ③ 위탁가공무역의 경우 국산원자재를 구매하여 가공하지 않고 무상으로 수출한 실적은 생산자금 및 포괄금융 융자한도의 산정대상이 되는 수출실적에서 제외한다.

13 ③ 수출환어음 또는 내국신용장의 매입금액 중 소정기일 내에 미회수되어 부도처리된 분은 부도 발생월의 매입실적에서 차감하고, 부도처리 후 입금된 분은 당해 입금월의 매입실적에 재산입한다.
∴ 202X년 9월 수출실적 인정금액 = 수출환어음 또는 내국신용장의 매입금액 − 당월 부도처리분 + 당월 부도처리 후 입금분
= 5,000,000원 + 6,000,000원 − 3,000,000원 + 0원 = 8,000,000원

14 ③ 기업 간 영업의 전부 또는 특정업종 전체를 양수하는 경우 수출실적의 승계를 인정받을 수 있다.

15 ④ ① 포괄금융은 용도별로 구분되는 자금이 아니라 업체별로 자격요건에 따라 구분되는 제도이다.
② 포괄금융은 생산에 드는 자금에 대해서 융자받을 수 있다.
③ 생산능력을 보유하지 않은 업체라도 수출품의 기획·개발 및 위탁가공 등에 필요한 자금일 경우 생산자금으로 지원받을 수 있다.

출제빈도 ★★★

16 무역금융의 용도별 자금 중 생산자금에 대한 설명으로 옳지 <u>않은</u> 것은?

① 생산자금은 국내에서 수출용 완제품 또는 원자재를 제조·가공·개발하거나 용역을 수출하는 데 소요되는 자금을 취급한다.
② 생산자금은 CIF기준으로 환산한 신용장 금액에서 소요원자재액을 차감하여 계산한다.
③ 관례상 내국신용장에 의하여 조달하기 어려운 수출용 원자재를 구매하는 데 소요되는 자금은 생산자금으로 취급할 수 있다.
④ 생산시설을 갖추고 있지 않은 업체라도 기획·개발·위탁가공을 통해 원자재를 수출할 경우 생산자금을 지원받을 수 있다.

출제빈도 ★★

17 다음 중 원자재자금에 대한 내용으로 적절한 것은?

① 원자재 임가공 내국신용장에 의하여 수탁가공업체에 대한 가공임을 결제하는 데 원자재구매자금을 취급할 수 있다.
② 수출용 수입원자재를 해외로부터 Usance 조건으로 수입하는 데 소요되는 자금은 원자재자금으로 융자가 가능하다.
③ 원자재를 수입할 경우에 원자재자금에 대한 융자대상금액은 FOB 금액을 기준으로 한다.
④ 원자재 수입에 따른 해상운임을 수입어음금액에 포함하여 지급하기로 되어 있는 경우 운임증명서에 의한 운임은 원자재수입자금으로 지원할 수 있다.

출제빈도 ★

18 다음 중 신용장기준금융 및 실적기준금융 등 융자방법에 대한 설명으로 <u>잘못된</u> 것은?

① 수출업체의 금융편의와 여신절차를 간소화하기 위하여 자금별로 구분하여 운용하고 있다.
② 신용장기준금융과 실적기준금융은 동일한 자금에 대하여는 병행하여 사용할 수 없다.
③ 수출업자가 융자방법을 변경하는 경우에 이미 지급된 대출금 및 지급보증 잔액이 융자방법 변경 후 융자한도를 초과한다면 외국환은행은 신규 금융을 취급할 수 없다.
④ 신용장기준금융으로 융자를 취급하게 되면 원자재를 사전에 확보하는 데 용이하며, 대체로 원자재자금을 신용장기준으로 이용하고 있다.

출제빈도 ★★　최신출제유형

19 다음 중 무역금융의 융자방법에 대한 내용으로 적절하지 <u>않은</u> 것은?

① 신용장기준금융은 업체가 보유한 수출신용장 등이 있어야 하지만, 실적기준금융은 수출신용장 등의 보유와 관계없이 과거 수출실적만으로도 수혜받을 수 있다.

② 신용장기준금융은 수출신용장 등의 건별로 금융을 관리하게 되므로 취급하는 데 불편함이 있다.

③ 신용장기준금융은 융자한도 산정기준에 의거 수출실적을 기준으로 융자한도를 관리한다.

④ 신용장기준금융 융자기간은 당해 신용장의 선적기일 및 유효기일을 고려하여 외국환은행이 정한다.

출제빈도 ★★★

20 다음 중 무역금융 융자한도에 대한 설명으로 적절하지 <u>않은</u> 것은?

① 무역금융 융자한도는 특정 기업이 자금별 또는 업체별로 융자취급은행에서 융자받을 수 있는 최고한도를 의미한다.

② 실적기준금융은 수출신용장 등 개별증빙을 징구하지 않고 융자하는 제도이므로 업체별 수출규모를 감안한 융자한도의 설정이 필수적이다.

③ 신용장기준금융은 업체의 과거 수출실적에 비추어 수출이행이 확실시되는 금액 범위 내에서 적정융자가 이루어지도록 관리하여야 한다.

④ 신용장기준금융의 융자한도는 편의상 미달러화로 표시하고 있으며 매월 산정되는 융자한도 범위 내에서 회전사용할 수 있다.

정답 및 해설

16　② 생산자금은 신용장 금액을 FOB기준으로 환산한 후 해당 금액에서 소요원자재액을 차감하여 계산한다.
17　① ② Usance 또는 D/A와 같이 외상으로 수입하는 조건일 경우 원자재자금을 취급할 수 없다.
　　　③ 원자재를 수입할 경우에는 운임·보험료를 포함한 가격(CIF)을 융자대상금액 기준으로 한다.
　　　④ 해상운임을 수입어음금액에 포함하여 결제하지 않을 경우에 운임증명서에 의한 운임을 지원할 수 있다.
18　④ 실적기준금융을 활용하면 원자재를 사전에 확보하는 데 용이하며, 대체로 원자재자금은 실적기준금융을 이용하고 있다.
19　③ 실적기준금융이 융자한도 산정기준에 의거 수출실적을 기준으로 융자한도를 관리한다.
20　④ 편의상 미달러화로 표시하고, 매월 산정되는 융자한도 범위 내에서 회전사용이 가능한 것은 실적기준금융이다.

21 무역금융의 융자금액에 대한 설명으로 옳지 <u>않은</u> 것은?

① 무역금융은 융자한도 범위 내에서 자금별 융자대상금액에 평균매매기준율을 곱한 금액 범위까지 취급할 수 있다.
② 융자금액이 소요자금보다 클 경우에는 소요자금 범위 내에서 취급하여야 한다.
③ 포괄금융의 경우 신용장기준금융으로 구한 융자금액과 실적기준금융으로 구한 융자금액은 동일하다.
④ 지급인도(D/P)조건 수입계약서에 의하여 원자재자금을 취급하는 경우 융자대상금액은 수입어음금액으로 한다.

22 다음은 A기업이 보유하고 있는 수출신용장과 관련된 내용이다. A기업이 신용장기준 생산자금을 취급하려고 할 때 융자금은 얼마인가? (단, 10만원 미만 단위는 절사)

- 미국에 있는 B기업에 국산원자재를 수출하기 위하여 개설된 선수금 영수조건의 수출신용장이다.
- 수출신용장 금액은 USD1,000,000이다. (CIF조건이며 항공에 대한 FOB환산율은 미주·구주 0.9806)
- 이미 영수한 선수금은 신용장 금액(CIF)기준 20%이다.
- 무역어음 인수취급분은 USD100,000이다.
- 평균매매기준율은 1,400원이며, 평균원자재의존율은 40%이다.
- 융자비율은 90%이다.

① 323,600,000원
② 343,000,000원
③ 458,300,000원
④ 514,500,000원

23 무역금융의 융자대상금액 산정기준에 대한 설명으로 적절하지 <u>않은</u> 것은?

① 신용장기준에 따라 무역금융을 융자받는 업체의 경우에는 수출신용장 등의 FOB금액을 기준으로 한다.
② 전자적 형태의 무체물 수출의 경우에는 신용장 등의 CIF금액을 기준으로 한다.
③ 과부족 허용(10% more or less)조건과 같이 특수조건 수출신용장을 보유하는 경우 해당 수출신용장 금액에서 10%를 차감한 금액을 기준으로 산출한다.
④ 선수금 영수조건의 경우에는 수출신용장이나 수출계약서 금액에서 이미 영수한 선수금을 차감한 금액을 기준으로 산출한다.

24 수출신용장 등의 무역금융 융자대상금액 산정과 관련된 내용으로 옳지 <u>않은</u> 것은?

① FOB조건 수출신용장상 금액이 USD100,000인 경우 융자대상금액은 USD100,000이다.

② 수출신용장 금액이 USD100,000이고, 이 중에서 USD40,000을 선수금으로 수령한 경우 융자대상금액은 USD100,000이다.

③ 회전신용장의 액면금액이 USD100,000인 경우 융자대상금액은 USD100,000이다.

④ 5% more or less조건 수출신용장상 금액이 USD100,000인 경우 융자대상금액은 USD95,000이다.

25 무역금융 융자금액에 대한 설명 중 옳지 <u>않은</u> 것은?

① 신용장방식 매입금액 중 부도처리분은 부도발생월의 매입실적에 포함되나, 부도처리 후 입금된 분은 당해 입금월의 매입실적에서 차감된다.

② 무역어음을 인수취급한 경우 해당 인수취급액을 차감한 금액을 기준으로 융자금액을 산정한다.

③ 위탁가공무역방식의 경우 융자금액은 위탁가공무역에 소요되는 국산원자재를 무상으로 수출하는 금액 범위 내로 한다.

④ 중계무역방식 및 중장기 연불방식 등 융자대상에서 제외되는 수출의 실적은 무역금융 융자금액 산정 시에 고려되지 않는다.

정답 및 해설

21 ③ 포괄금융의 경우 신용장기준금융으로 산출한 융자금액은 융자대상금액에 평균매매기준율과 융자비율을 곱하나, 실적기준 금융으로는 융자한도금액에 평균매매기준율과 융자비율을 곱하여 구하므로 서로 차이가 날 수 있다.

22 ④ 생산자금 융자금
= [(CIF기준 금액 × FOB환산율) − 선수금 및 무역어음 금액] × (1 − 평균원자재의존율) × 평균매매기준율 × 융자비율
= [(USD1,000,000 × 0.9806) − (USD1,000,000 × 20%) − USD100,000] × (1 − 40%) × 1,400원 × 90%
= 514,500,000원(10만원 미만 단위 절사)

23 ② 전자적 형태의 무체물 수출의 경우에는 CIF금액이 아니라 신용장에 제시된 금액을 기준으로 산출한다.

24 ② 선수금 영수조건의 경우 당해 수출신용장상 금액에서 이미 영수한 선수금을 차감한 금액으로 융자대상금액을 산정한다. 따라서 USD60,000이 융자대상금액이 된다.

25 ① 신용장방식 매입금액 중 부도처리분은 부도발생월의 매입실적에서 차감되나, 부도처리 후 입금된 분은 당해 입금월의 매입실적에 재산입된다.

26 다음 중 무역금융 취급시기에 대한 설명으로 적절하지 <u>않은</u> 것은?

① 자금의 유용을 방지하고 금융의 효율성을 제고하기 위해 해당 자금의 실제 소요시기에 맞추어 융자를 취급하도록 하고 있다.
② 원자재자금 중 수입결제는 선적서류 접수 익영업일로부터 5영업일 이내, 내국신용장 결제는 지급제시된 날로부터 3영업일 이내에 취급하여야 한다.
③ 완제품구매자금은 융자한도 산정 후 즉시 융자 가능하며, 융자한도 금액 범위 내에서 분할융자도 가능하다.
④ 외국환은행은 수출물품의 제조·수출에 소요되는 수혜업체의 1회전 소요기간을 고려하여 융자기간을 정한다.

27 다음 중 위탁가공무역에 대한 설명으로 틀린 것은?

① 위탁가공무역이란 가공임을 지급하는 조건으로 외국에서 가공할 원료의 전부 또는 일부를 거래 상대방에게 수출하거나 외국으로 인도하는 수출입을 말한다.
② 인건비 등이 저렴한 국가에 현지법인 또는 지사를 설치하거나 현지기업과 위탁가공계약을 체결하여 수출물품을 제조·가공한다.
③ 국내기업이 국산원자재를 위탁가공계약을 체결한 업체에 유상으로 수출하여 제조한 물품을 현지에 판매하는 경우에는 무역금융 융자대상이 된다.
④ 수출신고서상의 거래구분(11항)란에는 '관리번호 29', 결제방법(13항)란에는 '결제부호 PT'를 반드시 기재해야 한다.

28 위탁가공무역과 관련한 무역금융의 설명으로 적절한 것은?

① 현지법인에 가공임을 지급하는 조건으로 국내기업이 국산원자재를 구매하여 가공하지 않은 상태에서 수탁업체에 무상으로 수출한 실적은 융자대상 수출실적으로 인정되지 않는다.
② 수출업자가 직접 제조 및 가공한 원자재를 현지법인에 무상으로 수출하여 생산한 위탁가공물품이 현지에서 판매될 경우 융자대상 수출실적으로 인정되지 않는다.
③ 생산시설을 갖추고 있는 국내기업이 외화획득을 목적으로 위탁가공할 경우 완제품구매자금을 취급할 수 있다.
④ 국내기업이 생산시설을 갖추지 않더라도 위탁가공방식을 통해 제3국에 수출할 경우 원자재자금만 취급할 수 있다.

29. 다음 중 무역금융 포괄금융에 대한 설명으로 적절하지 않은 것은?

① 일정요건을 갖춘 융자대상업체에게 자금용도의 구분 없이 물품수출에 필요한 자금을 일괄하여 융자함으로써 편의를 도모하고 있다.

② 수출실적 보유기간이 1년 미만인 신규업체라 하더라도 해당 기간 수출실적이 미화 2억달러 미만인 경우에는 포괄금융 수혜업체로 선정할 수 있다.

③ 포괄금융은 신용장기준금융방식은 이용할 수 없고, 실적기준금융방식만을 이용하여야 한다.

④ 포괄금융 이용 시 어느 한 은행에서 포괄금융을 이용하는 업체는 다른 은행에서도 포괄금융을 이용하여야 한다.

정답 및 해설

26 ③ 생산자금은 융자한도 산정 후 즉시 융자 가능하며, 융자한도 금액 범위 내에서 분할융자도 가능하다.

27 ③ 위탁가공방식에 의하여 국산원자재를 무상으로 수출하여야 무역금융 융자대상이 된다.

28 ④ ① 국산원자재를 직접 가공하지 않더라도 위탁가공방식으로 수탁업체에 무상으로 수출한 실적은 융자대상 수출실적으로 인정된다. (단, 현지 또는 제3국에 판매할 경우에만 해당함)
② 위탁가공방식으로 생산한 물품이 현지에서 판매될 경우 융자대상 수출실적으로 인정된다.
③ 생산시설을 갖춘 기업이 위탁가공방식으로 수출할 경우 생산자금, 원자재자금, 포괄금융을 취급할 수 있다.

29 ③ 포괄금융도 용도별 금융처럼 신용장기준금융방식 또는 실적기준금융방식 중 업체가 임의로 선택, 이용할 수 있다.

30 다음 중 포괄금융에 대한 설명으로 적절한 것은?

① 원자재자금을 생산자금, 완제품구매자금과 함께 포괄금융으로 이용할 수 있지만, 원자재자금만으로는 포괄금융을 이용할 수 없는 경우가 대부분이다.
② 특정 은행에서 포괄금융을 이용하고 있다면, 다른 은행에서도 포괄금융만을 이용하여야 한다.
③ 융자대상 수출실적으로 자사제품 수출실적과 타사제품 수출실적의 합계액이 2억달러 이상이더라도 자사제품 수출실적이 2억달러 미만이면 포괄금융을 이용할 수 있다.
④ 포괄금융은 용도별 금융과 달리 융자방법을 임의로 선택할 수 없으며, 주거래외국환은행이 정한 융자방법에 의하여 취급할 수 있다.

31 다음 중 내국신용장에 대한 설명으로 옳지 않은 것은?

① 내국신용장의 개설의뢰인은 원수출신용장을 근거로 다수의 내국신용장을 개설할 수 있다.
② 수출신용장과는 달리 국제 간 무역거래에서는 사용할 수 없다.
③ 수출에 제공하기 위한 국내업체 간 국내거래에서만 사용 가능하다.
④ 물품의 제조공정에 따라 다수의 내국신용장을 개설할 수 없다.

32 다음 중 내국신용장과 관련된 내용으로 잘못된 것은?

① 개설의뢰인은 원수출신용장 등을 근거로 하여 수평적으로 다수의 내국신용장을 개설할 수 있을 뿐만 아니라 물품의 제조공정에 따라 수직적으로 다수의 내국신용장을 개설할 수 있다.
② 개설의뢰인은 내국신용장에서 정한 기일 내에 물품을 공급받으므로 수출물품 확보가 원활하게 이루어진다.
③ 개설의뢰인은 내국신용장으로 인하여 부가가치세 영세율을 적용받을 수 있으며, 관세 환급의 혜택도 누릴 수 있다.
④ 수익자는 내국신용장을 제시하여 무역금융을 수혜받을 수 있으며, 은행의 지급보증으로 물품대금의 회수를 보장받을 수 있다.

출제빈도 ★★★

33 다음 중 내국신용장제도의 기능에 대한 설명으로 적절하지 않은 것은?

① 내국신용장은 개설은행의 지급보증이므로 개설의뢰인의 지급능력이 상실되더라도 대지급 등으로 하여 물품대금의 회수가 보장된다.

② 내국신용장상의 물품공급을 완료한 수혜자는 매입은행을 통한 매입·추심으로 인하여 내수거래에 비해 조기회수가 가능하다.

③ 내국신용장에 의하여 수출용 원자재 또는 수출용 완제품을 구매하는 수출업체는 원자재자금 및 완제품구매자금을 취급할 수 있다.

④ 내국신용장에 의한 국내 공급실적은 부가가치세 영세율 및 관세환급을 적용받을 수 있으나, 대외무역법상 수출실적으로는 인정되지 않는다.

정답 및 해설

30 ② ① 포괄금융을 이용함에 있어 완제품구매자금을 생산자금, 원자재자금과 함께 포괄금융으로 이용할 수 있지만, 완제품구매자금만으로는 포괄금융을 이용할 수 없는 경우가 대부분이다.
③ 자사제품 수출실적과 타사제품 수출실적의 합계액이 2억달러 미만인 경우에 포괄금융대상이 된다.
④ 포괄금융은 용도별 금융과 동일하게 신용장기준금융방식 또는 실적기준금융방식 등의 융자방법을 임의로 선택하여 이용할 수 있다.

31 ④ 물품의 제조공정에 따라 수직적으로 다수의 내국신용장의 개설이 가능하다.

32 ③ 부가가치세 영세율 및 관세환급은 내국신용장의 수익자에게 적용되는 혜택이다.

33 ④ 내국신용장에 의한 국내 공급실적은 무역금융 및 대외무역법상 수출실적으로 인정된다.

34 다음 중 내국신용장의 특징에 대한 설명으로 옳지 않은 것은?

① 내국신용장은 개설의뢰인이 자기자금으로 대금을 결제하는 기한부 내국신용장과 개설은행이 융자하여 대금을 결제하는 일람불 내국신용장으로 이원화하여 운용되고 있다.
② 내국신용장 매입 시 외화금액이 부기되어 있는 경우 매입 당시의 매매기준율을 적용하여 환산매입하도록 하고 있다.
③ 내국신용장은 물품대금 회수를 위한 판매대금 추심의뢰서가 발행되며, 해당 서류를 근거로 매입 또는 추심을 통해 대금이 결제되고 있다.
④ 생산시설이 없거나 부족한 업체가 생산시설을 보유한 업체와 위탁가공계약을 체결하여 수출용 원자재를 가공함으로써 발생한 가공임에 대하여 원자재 임가공 내국신용장을 개설할 수 있다.

35 내국신용장의 단계별 거래절차가 순서대로 연결된 것은?

> 가. 공급자가 개설의뢰인에게 물품매도확약서를 발행한다.
> 나. 개설은행은 개설의뢰인과 공급자에게 내국신용장을 통지한다.
> 다. 개설의뢰인과 수출물품의 구매인은 내국신용장의 개설을 신청한다.
> 라. 개설의뢰인은 공급자에게 물품수령증명서를 발급한다.
> 마. 공급자는 개설의뢰인에게 전자세금계산서를 발급한다.
> 바. 개설의뢰인은 개설은행에 지급지시서를 송부한다.
> 사. 매입은행이 공급자에게 판매대금 추심처리결과를 통지하고, 계산서를 발행하며 입금통지한다.
> 아. 공급자는 거래은행에 판매대금의 추심(매입)을 의뢰한다.
> 자. 개설은행이 개설의뢰인에게 출금통지를 한다.
> 차. 개설은행은 개설의뢰인에게 판매대금추심의뢰서가 도착하였음을 통지한다.

① 가 ⇨ 나 ⇨ 마 ⇨ 아 ⇨ 라 ⇨ 차 ⇨ 다 ⇨ 바 ⇨ 사 ⇨ 자
② 가 ⇨ 다 ⇨ 나 ⇨ 마 ⇨ 라 ⇨ 아 ⇨ 차 ⇨ 바 ⇨ 사 ⇨ 자
③ 나 ⇨ 라 ⇨ 마 ⇨ 가 ⇨ 사 ⇨ 다 ⇨ 차 ⇨ 바 ⇨ 아 ⇨ 자
④ 나 ⇨ 가 ⇨ 마 ⇨ 라 ⇨ 다 ⇨ 사 ⇨ 바 ⇨ 아 ⇨ 차 ⇨ 자

36 다음 중 구매확인서에 대한 내용으로 틀린 것은?

① 외화획득용 원료·기재를 구매하려는 경우 또는 구매한 경우에 외국환은행의 장 또는 산업통상자원부장관이 지정한 전자무역기반사업자가 내국신용장에 준하여 발급하는 증서이다.

② 구매확인서에 의해 구매할 수 있는 외화획득용 원료·기재는 내국신용장에 의한 수출보다 광의의 개념이다.

③ 구매확인서에 의한 임가공 위탁은 대외무역관리규정에 명문화된 규정이 없으므로 구매확인서에 의한 구매행위에 포함하지 않는다.

④ 구매확인서를 발급한 외국환은행 또는 전자무역기반사업자는 구매확인서 발급사실을 공급자에게 통지하여야 하며, 별도의 요청이 없는 경우 구매확인서를 공급자에게 직접 교부하여야 한다.

37 다음 중 내국신용장과 구매확인서에 대한 설명으로 적절하지 않은 것은?

① 구매확인서는 내국신용장과 다르게 은행의 지급보증이 수반되지 않는다.

② 구매확인서는 수출신용장, 수출계약서 등 신용장기준으로 발급할 수 있으나, 내국신용장과 같이 실적기준으로는 발급할 수 없다.

③ 물품의 제조·가공·유통과정이 여러 단계인 경우 내국신용장과 구매확인서는 각 단계별로 순차적으로 차수 제한 없이 발급할 수 있다.

④ 구매확인서는 내국신용장과 같이 사후발급을 인정하고 있으며, 발급 기한에는 제한이 없다.

정답 및 해설

34 ① 내국신용장은 개설의뢰인이 자기자금으로 대금을 결제하는 일람불 내국신용장과 개설은행이 융자하여 대금을 결제하는 기한부 내국신용장으로 이원화하여 운용되고 있다.

35 ② '가 ⇨ 다 ⇨ 나 ⇨ 마 ⇨ 라 ⇨ 아 ⇨ 차 ⇨ 바 ⇨ 사 ⇨ 자' 순이다.

36 ③ 구매확인서에 의한 임가공 위탁은 대외무역관리규정에 명문화된 규정은 없으나, 구매확인서가 내국신용장에 준하여 발급되므로 구매확인서에 의한 구매행위로 본다.

37 ④ 내국신용장은 사후발급을 인정하지 않고 있으며, 구매확인서만 사후발급을 인정하고 있다.

38 다음 중 내국신용장의 개설대상에 대한 설명으로 **틀린** 것은?

① 외국환은행은 수출용 완제품을 임가공 위탁하고자 하는 업체의 신청에 의해 내국신용장을 개설할 수 있다.
② 내국신용장 수혜자는 해당 내국신용장을 근거로 수출용 원자재를 구매하기 위한 또 다른 내국신용장 개설을 의뢰할 수 있다.
③ 내국신용장 개설 이전에 이미 물품공급이 완료된 분에 대해서는 해당 물품 대금결제를 위한 내국신용장을 개설할 수 있다.
④ 선수금 영수조건 수출신용장의 경우 해당 수출신용장을 근거로 내국신용장을 개설할 수 있으며, 융자금액은 선수금을 제외한 금액 범위 내로 한다.

39 다음 중 내국신용장 조건변경 시 동의가 필요한 관계당사자만을 모두 묶은 것은?

| 가. 매입은행 |
| 나. 개설은행 |
| 다. 개설의뢰인 |
| 라. 수혜자 |

① 가
② 가, 다
③ 나, 다, 라
④ 가, 나, 다, 라

40 내국신용장에 대한 내용으로 옳은 것은?

① 완제품 내국신용장의 신용장기준 개설한도는 수출신용장의 FOB기준 금액에 원자재의 존율을 곱한 범위 내로 한다.
② 실적기준으로 내국신용장 개설한도 산정 시 수입원자재분이 있을 때 원자재의 수입신용장 개설액을 차감하여야 한다.
③ 내국신용장의 유효기일은 물품의 인도기일에 최장 5일을 가산한 기일 이내여야 하며, 서류제시기간은 물품수령증명서 발급일로부터 최장 10영업일 범위 내에서 책정되어야 한다.
④ 내국신용장 등의 형식은 개설의뢰인을 지급인으로 하고, 개설은행을 지급장소로 하는 Usance 방식이어야 한다.

41 다음 중 내국신용장 매입 시 구비해야 할 서류에 해당하지 <u>않는</u> 것은?

① 물품수령증명서
② 판매대금 추심의뢰서
③ 구매확인서
④ 공급자발행 세금계산서

42 내국신용장 매입 시 검토사항으로 옳지 <u>않은</u> 것은?

① 매입신청금액이 내국신용장의 금액 범위 내이며, 세금계산서 및 물품수령증명서의 금액과 일치하는지 확인하여야 한다.
② 대기업으로부터 물품을 구매한 중소기업의 경우에는 물품수령증명서를 세금계산서상의 공급일로부터 10일 이내에 발급된 것인지 확인하여야 한다.
③ 물품수령증명서가 개설의뢰인이 작성한 것이며, 세금계산서가 건별로 발급되었는지 확인하여야 한다.
④ 세금계산서상의 발급일자와 물품수령증명서상의 물품인수일자가 일치하는지 확인하여야 한다.

정답 및 해설

38	③	내국신용장 개설 이전에 이미 물품공급이 완료된 분에 대해서는 해당 물품 대금결제를 위한 내국신용장을 개설할 수 없다.
39	③	내국신용장 조건변경은 개설은행, 개설의뢰인, 수혜자 전원의 합의가 있는 경우에 가능하다.
40	②	① 완제품 내국신용장의 신용장기준 개설한도는 수출신용장의 FOB기준 금액 범위 내로 한다. ③ 유효기일은 물품의 인도기일에 최장 10일을 가산한 기일 이내여야 하며, 서류제시기간은 물품수령증명서 발급일로부터 최장 5영업일 범위 내에서 책정되어야 한다. ④ 내국신용장 등의 형식은 개설의뢰인을 지급인으로 하고, 개설은행을 지급장소로 하는 일람출급식(at sight)이어야 한다.
41	③	내국신용장 매입 시 구비해야 할 서류는 '물품수령증명서', '판매대금 추심의뢰서', '부가가치세법상 전송 가능한 공급자발행 세금계산서'이다.
42	②	원칙적으로 물품수령증명서는 공급자발행 세금계산서상의 공급일로부터 10일 이내에 발급된 것이어야 하나, 중소기업이 대기업으로부터 물품을 구매하는 경우에는 제한을 두지 않는다.

출제빈도 ★

43 다음은 A기업이 수출물품을 제조하기 위하여 투입한 비용내역이다. A기업의 평균원자재의존율은 얼마인가?

- 원자재 내국신용장 결제금액 : 50억원
- 수출용 원자재의 수입신용장어음 결제금액 : 50만달러(평균매매기준율은 1,000원)
- 수출용 원자재의 현금구매분 : 5억원
- 총 수출실적 : 100억원(단, 타사제품 수출실적은 총 수출실적의 10%임)

① 58.8% ② 66.6%
③ 72.4% ④ 76.7%

출제빈도 ★★

44 다음 중 융자취급은행의 공통의무에 해당하지 않는 것은?

① 적정여신 준수의무
② 융자취급상황 기재의무
③ 무역금융 취급상황 보고의무
④ 수출실적관리카드 작성의무

출제빈도 ★

45 다음은 무역금융 취급 시 수익성분석과 관련된 내용이다. 한계이익은 얼마인가?

- 무역금융 10억원 취급, 금리 5%, 자체조달금리 4%
- 한국은행 차입비율 20%, 차입금리 1.5%
- 보증기금 출연금은 대출금 평잔의 0.25%
- 교육세는 대출이자의 0.5%

① 12,250,000원 ② 15,500,000원
③ 17,750,000원 ④ 20,250,000원

출제빈도 ★

46 다음 중 무역금융 취급 시 주요 검토사항으로 옳지 <u>않은</u> 것은?

① 실적기준 포괄금융의 경우 수출실적관리를 위한 주거래 외국환은행인지 부거래 외국환은행인지 여부
② 실적기준 포괄금융의 경우 연간수출금액이 미화 1억달러 미만인지 여부
③ 실적기준금융의 경우 신청금액이 향후 신청업체의 수출이행능력 등을 감안했을 때 과다한지 여부
④ 신용장기준금융의 경우 수출 등에 소요되는 원자재 기확보 여부

출제빈도 ★

47 다음 중 무역금융 및 관련 지급보증의 실행에 대한 설명으로 옳은 것은?

① 자금별로 구분하여 무역어음대출이자계정으로 처리한다.
② 무역금융은 이자를 매월 선취하며, 대출실행 당일에 회수되는 대출금에 대해서는 1일간의 이자를 징수한다.
③ 무역금융 대출기간은 대출실행 당일로부터 대출기일까지의 기간으로서 양편넣기로 계산한다.
④ 무역금융에 대한 중복취급을 방지하기 위하여 관련 수출신용장 등의 뒷면에 여신대상 또는 무역어음의 인수취급내용 등을 기재하여야 한다.

정답 및 해설

43 ② 평균원자재의존율(%) = (원자재 내국신용장 결제금액 + 수출용 원자재의 수입신용장어음 결제금액 + 수출용 원자재의 현금구매분) ÷ 자사제품 수출실적 × 100
= [50억원 + (50만달러 × 1,000원) + 5억원] ÷ (100억원 × 0.9) × 100 = 66.6%

44 ④ 수출실적관리카드 작성의무는 포괄금융 수혜업체의 주거래 외국환은행의 의무이다.

45 ① • 대출금이자 = 10억원 × 5% = 50,000,000원
 • 직접비용 = 자금조달비용 + 출연금 + 교육세
  = 35,000,000원 + 10억원 × 0.25% + 50,000,000원 × 0.5% = 37,750,000원
  ⇨ 자금조달비용 = (한국은행차입금 × 차입금리) + (자체자금 × 조달금리)
   = (10억원 × 20% × 1.5%) + {10억원 × (1 – 20%) × 4%} = 35,000,000원
 ∴ 한계이익 = 대출금이자 – 직접비용 = 50,000,000원 – 37,750,000원 = 12,250,000원

46 ② 실적기준 포괄금융의 경우 연간수출금액이 미화 2억달러 미만인지 여부를 확인한다.

47 ④ ① 자금별 구분 없이 무역어음대출이자계정으로 처리한다.
② 무역금융 이자는 매월 후취한다.
③ 대출기간은 대출실행 당일로부터 대출기일 전일까지의 기간으로서 한편넣기로 계산한다.

48 다음 중 무역금융 융자취급 시 외국환은행 계정과목으로 옳은 것은?

① 무역어음대출 ② 무역금융대출
③ 무역어음할인 ④ 무역어음인수

49 다음 중 무역금융 및 관련 지급보증의 회수에 대한 설명으로 적절한 것은?

① 실적기준금융의 경우 융자기간이 만료되기 이전이라 하더라도 융자대상 수출 관련 대금이 입금된 때에 회수하여야 한다.
② 무역금융의 회수는 무역금융을 취급한 외국환은행을 통하여 이루어져야 한다.
③ 신용장기준 생산자금과 신용장기준 포괄금융은 융자기간 만료 시 새롭게 산정된 융자한도 범위 내에서 회전대출을 사용할 수 있다.
④ 신용장기준금융은 융자기간 만료 시 일괄회수할 수 있으므로 수출대금이 입금되었다 하더라도 기취급된 무역금융을 회수하지 않아도 된다.

50 다음 중 무역금융 제재대상자에 해당하지 <u>않는</u> 것은?

① 동일한 수출 건에 대해서 관련 서류를 중복으로 발급하여 외국환은행이 자체적으로 정한 융자한도 내에서 무역금융을 지원받는 경우
② 내국신용장 개설의뢰인이 정당한 사유 없이 물품인수를 지연 또는 거부하여 내국신용장 수익자에게 신고당한 경우
③ 내국신용장 개설의뢰인이 물품을 인수하고 물품수령증명서를 공급자의 세금계산서 발행일로부터 10일이 경과하여 발급한 경우
④ 융자대상증빙 또는 관련계약서 등을 위조·변조한 경우

출제빈도 ★★

51 다음 중 무역어음제도에 대한 내용으로 잘못된 것은?

① 수출업체가 발행한 환어음을 인수기관에서 인수하여 중개기관을 통해 시중에 유통하고 어음기일에 무역어음을 결제하는 제도이다.

② 무역어음의 인수는 지급보증, 할인은 할인어음에 준하여 업무를 처리한다.

③ 무역어음은 수출업체가 인수기관과 일정한 약정에 의하여 수출물품을 제조 또는 국내 구매하는 데 소요되는 자금을 선적 후에 조달할 목적으로 발행하는 기한부 환어음이다.

④ 인수기관은 무역어음발행인이 발행한 무역어음에 인수사실을 기명날인함으로써 해당 무역어음의 지급기일에 지급의무를 부담하는 금융기관이다.

출제빈도 ★★

52 다음 중 무역어음의 인수 및 할인에 대한 설명으로 틀린 것은?

① 수출업체가 발행한 기한부 환어음에 대하여 인수기관이 지급기일에 지급의무를 부담하는 것을 인수라고 한다.

② 수출물품을 직접 제조·가공하지 않고 국내에서 완제품을 구입하여 직수출하는 경우에는 무역어음 인수대상이 되지 않는다.

③ 인수기관은 인수한 무역어음을 무역어음발행인의 신청에 의하여 할인기관으로 하여금 무역어음을 할인매입하도록 할 수 있다.

④ 할인기관의 입장에서 무역어음의 할인은 인수기관의 인수사실이 담보이므로 별도의 채권보전 조치가 불필요하다.

정답 및 해설

48	①	무역어음대출 계정으로 처리한다.
49	②	① 실적기준금융의 경우에는 융자기간 만료 시에 회수할 수 있다. ③ 실적기준 생산자금 및 실적기준 포괄금융일 경우에 융자기간 만료 시 새로운 융자한도 범위 내에서 회전대출을 사용할 수 있다. ④ 실적기준금융은 융자기간 만료 시에 일괄회수할 수 있으며, 만료 전에 수출대금 등이 입금되었다 하더라도 회수하지 않는다.
50	①	동일한 수출 건에 대해서 관련 서류를 중복으로 발급하여 무역금융을 취급하더라도 외국환은행이 자체적으로 정한 융자한도 이내라면 제재대상자로 보지 않는다.
51	③	무역어음은 수출관련계약서 또는 수출실적을 근거로 수출물품을 제조·가공 또는 국내 구매하는 데 소요되는 자금을 선적 전에 조달할 목적으로 발행하는 어음이다.
52	②	국내에서 완제품을 구입하여 직수출하는 수출업체의 무역어음도 인수대상이 된다.

금융·자격증 전문 교육기관 해커스금융
fn.Hackers.com

■ 출제경향 및 학습전략

외화대출은 제3과목 전체 20문제 중 총 1~3문제 정도 출제된다.
외화대출은 출제되는 비중이 매우 낮지만 그만큼 학습해야 할 분량이 적고 문제도 쉽게 출제되므로 수월하게 점수를 획득할 수 있다. 특히, 외화대출 구분 운용, 외화대출 위험관리 부분은 확실하게 익혀둘 필요가 있다.

■ 빈출포인트

구 분	문제번호	빈출포인트	출제빈도
외화대출 구분 운용 (30%)	01	거주자 대상 외화대출	★★
외화대출 위험관리 (40%)	02~03	외화대출 리스크 관리	★★★
	04	외화대출 리스크 안내	★★★
외화대출 금리결정 (10%)	05	대출금리 결정 구성요소 및 체계	★
외화대출 약정 및 실행 (10%)	06	대출 실행	★
사후관리 (10%)	07	자금용도 사후점검 및 중점관리대상 정기점검	★

해커스 외환전문역 Ⅱ종 최종핵심정리문제집

제3과목 **외환관련여신**

제2장
외화대출

개념완성문제 제2장 | 외화대출

✓ 개념완성문제를 통해 외환전문역 Ⅱ종 시험에 나오는 개념을 이해할 수 있습니다.
✓ 다시 봐야 할 문제(틀린 문제, 풀지 못한 문제, 헷갈리는 문제 등)는 문제 번호 하단의 네모박스(□)에 체크하여 반복 학습할 수 있습니다.

거주자 대상 외화대출
출제빈도 ★★

01 거주자 대상 외화대출에 대한 설명으로 적절하지 <u>않은</u> 것은?
① 해외실수요 용도제한은 외국환은행의 외화대출금계정과 대내외화사모사채에 대해서만 적용한다.
② 매입외환 및 내국수입유산스 등은 외화대출 용도제한 적용을 받지 않는다.
③ 해외 직접투자자금, 해외차입금 상환자금, 외화표시 내국신용장 결제대금은 해외사용 실수요 자금으로 외화대출 취급이 허용된다.
④ KIKO 등 통화옵션 결제자금 및 중소제조업체 시설자금은 예외적으로 외화대출 취급이 허용된다.

외화대출 리스크 관리
출제빈도 ★★★

02 환위험과 금리위험에 따른 외화대출 리스크에 대한 설명으로 적절하지 <u>않은</u> 것은?
① 환율 상승 시 원화로 환산한 외화대출의 원금 및 이자는 증가한다.
② 외화대출의 기준금리가 상승하더라도 환율변동이 없다면 외화대출 이자의 변동은 없다.
③ 환율 상승 시 외화대출에 대한 담보물의 차주는 담보여력 부족으로 인한 담보 부족액만큼 대출금을 상환해야 한다.
④ 외화대출의 기준금리가 상승하면 영업현금흐름 감소로 이어져 신용등급의 하락이 예상된다.

정답 및 해설

01 ③ 외화표시 내국신용장 결제대금은 외화로 결제하지만 국내 실수요 자금이므로 외화대출 취급이 불가하다.
02 ② 외화대출의 기준금리가 상승할 경우 환율이 변동하지 않더라도 외화대출의 이자는 증가한다.

외화대출 리스크 관리

출제빈도 ★★★

03 외화대출 환위험 관리방법으로 적절하지 <u>않은</u> 것은?

① 신디케이티드론
② 무역보험공사의 환변동보험 가입
③ 선물환 매수
④ 통화옵션 매수

외화대출 리스크 안내

출제빈도 ★★★

04 금융소비자 보호로서 은행이 차주의 리스크 관리를 위해 할 수 있는 것으로 적절하지 <u>않은</u> 것은?

① 은행은 대출실행 전 고객에게 외화대출의 구조와 리스크를 충분히 설명해야 한다.
② 은행은 리스크요인에 대한 질문 형식의 '위험고지 확인서'를 고객의 자필서명을 포함하여 제출받아야 한다.
③ 은행은 외화대출의 위험고지가 적정하였는지에 대한 사후점검을 하여야 한다.
④ 은행이 고객에게 외화대출 위험을 고지하면, 은행의 의무는 종결된다.

정답 및 해설

03 ① 신디케이티드론은 외화대출의 신용위험을 관리하기 위해 활용한다.
04 ④ 은행은 외화대출 차주가 원할 경우 차주의 환리스크 관리에 필요한 정보를 주기적으로 제공해야 한다.

대출금리 결정 구성요소 및 체계 [출제빈도 ★]

05 다음 중 외화대출금리 결정에 대한 설명으로 적절하지 <u>않은</u> 것은?

① 외화대출금리는 대부분 변동금리로 기준금리가 변하면 여신금리도 함께 변동된다.
② 외화대출의 기준금리는 기간별 대체금리에 조달스프레드를 가산하여 산출한다.
③ 조달스프레드란 차입은행의 신용도에 따라 대체지표금리에 덧붙는 비용이다.
④ 금융회사 등이 외국에 설치한 지점에서 대출한 대출금은 출연금납부 대상이다.

대출 실행 [출제빈도 ★]

06 다음 중 외화대출 실행에 대한 설명으로 가장 적절한 것은?

① 해외사용 실수요자금에 대한 외화대출의 경우 대출취급은행과 해외송금은행은 원칙적으로 상이해야 한다.
② 해외 결제용 대출자금을 차주가 자기자금으로 이미 송금한 경우 대출취급은행은 차주에 대한 대출금 지급을 중단한다.
③ 해외 실수요 증빙상의 통화와 대출취급통화는 반드시 일치하여야 한다.
④ 차주가 미리 집행한 시설자금에 대한 외화대출은 시설자금용도가 확인된 경우, 자금집행 후 6개월 이내인 경우에 한하여 취급을 허용하고 있다.

정답 및 해설

05 ④ 금융회사 등이 외국에 설치한 지점에서 대출한 대출금은 출연금납부 면제대상으로 차주에게 더 경쟁력 있는 금리가 적용된다.

06 ④ ① 해외사용 실수요 자금에 대한 외화대출의 경우 대출취급은행과 해외송금은행은 원칙적으로 동일해야 한다.
② 해외 결제용 대출자금을 차주가 자기자금으로 이미 송금한 경우 대출취급은행에서 차주의 계좌로 대출금을 입금한다.
③ 해외 실수요 증빙상의 통화와 대출취급통화는 달라도 무방하다.

자금용도 사후점검 및 중점관리대상 정기점검　　　　　　　　　　　출제빈도 ★

07 다음 중 외화대출의 사후관리에 대한 설명으로 적절하지 <u>않은</u> 것은?

① 타행 대환 시 해당 자금의 실질이 시설자금이지만 계정상 운전자금으로 되어 있는 경우 별도의 용도변경 없이 대환처리가 가능하다.

② 중소제조업체가 유형자산을 양수하면서 해당 자산의 취득목적으로 기취급된 외화대출을 채무인수하는 것은 가능하다.

③ 시설자금대출의 경우 원칙적으로 당해 대출로 완공된 자산을 후취담보로 취득해야 한다.

④ 기업부실화는 시장환경 악화, 영업실적 저하, 자금부담 가중, 유동성 리스크 확대의 과정으로 진행된다.

정답 및 해설

07　① 실질이 시설자금이라도 계정상 운전자금으로 되어 있는 경우 용도변경이 되지 않는 이상 시설자금으로 볼 수 없으므로, 당초 취급은행에서 시설자금용도로 변경처리 후 타행 대환이 가능하다.

출제예상문제 제2장 | 외화대출

✓ 출제예상문제를 통해 다양한 외환전문역 Ⅱ종 문제를 풀어볼 수 있습니다.
✓ 다시 봐야 할 문제(틀린 문제, 풀지 못한 문제, 헷갈리는 문제 등)는 문제 번호 하단의 네모박스(□)에 체크하여 반복 학습할 수 있습니다.

출제빈도 ★★

01 거주자 대상 외화대출 용도제한에 대한 적절한 설명으로 모두 묶인 것은?

> 가. 거주자 대상 외화대출 자금용도는 원칙적으로 해외에서 직접 사용하는 실수요 용도에 한하여 허용된다.
> 나. 국내수입자가 수입중개업체를 통하여 물품을 수입한 경우 수입대금결제 용도로 외화대출이 실행된다.
> 다. 매입외환 및 내국수입유산스는 외화대출 용도제한을 적용받지 않으므로 외화대출 범주에 속하지 않는다.
> 라. 은행 간 외화대출은 용도제한 대상이 아니나 제2금융권은 은행 간 외화대출 대상기관에 해당하지 않는다.

① 가, 나　　　　② 가, 다
③ 가, 라　　　　④ 나, 다

출제빈도 ★★ 최신출제유형

02 다음 중 외화대출의 자금용도가 아닌 것은?

① 해외 직접투자자금　　　　② 해외차입금 상환자금
③ 내국신용장 결제대금　　　④ 중계무역용 완제품 수입자금

03 외화대출 대상거래에 대한 설명으로 적절하지 않은 것은?

출제빈도 ★★

① 원화대출인 무역금융의 경우 원자재 수입용 Usance L/C는 거래대상에서 제외된다.
② 외화대출인 무역금융은 OA를 포함한 모든 기한부거래에 대해 결제가 가능하다.
③ 무역금융의 지원대상이 아닌 거래는 외화대출 시 해외 실수요 용도에 해당하더라도 융자 지원을 받을 수 없다.
④ 외국환은행이 거주자 대상으로 외화대출 취급 시에는 외국환거래법령상 별도의 신고 절차가 필요 없다.

정답 및 해설

01 ③ '가, 라'는 적절한 설명이다.
　　　나. 국내수입자가 수입중개업체를 통하여 물품을 수입한 경우 수입대금결제 용도로 외화대출을 받을 수 없다.
　　　다. 매입외환 및 내국수입유산스는 외화대출 범주에 포함되나 외화대출 용도제한 적용을 받지 않는다.
02 ③ 내국신용장 결제대금은 외화 실수요 자금에 해당하나 해외로 송금하지 않고 국내 결제자금으로 사용되어 외화대출 용도제한 대상이다.
03 ③ 무역금융에서는 지원대상이 아니지만, 외화대출은 해외 실수요 용도에 해당되면 무역거래형태와 관계없이 융자지원할 수 있다.

출제빈도 ★★

04 비거주자 대상 외화대출에 대한 설명으로 가장 적절한 것은?

① 비거주자 대상 외화대출은 국내법인의 해외 현지법인에 한하며 순수 비거주자인 외국기업은 지원 대상에 해당하지 않는다.
② 해외 현지법인이 아닌 국내 모기업이 대신 차입하여 현지법인 앞으로 투자할 경우 해외직접투자자금에 해당할 때에만 외화대출지원이 허용된다.
③ 해외 현지법인이 발행한 회사채를 구입하는 것은 해외직접투자에 해당하여 외화대출지원이 가능하다.
④ 외국환은행이 거주자의 보증 또는 담보를 제공받아 비거주자에 외화대출을 하는 경우 비거주자는 별도의 신고절차가 필요 없다.

출제빈도 ★★ **최신출제유형**

05 다음 외화대출 리스크에 대한 설명 중 빈칸에 들어갈 내용으로 옳은 것은?

- 환율이 상승하면 원화로 환산한 대출원금 및 이자가 (가)하고, 부채비율 및 차입금의존도는 (나)하여 차주의 상환여력이 (다)한다.
- 기준금리가 상승하면 대출이자가 증가하여 차주의 영업현금흐름이 (라)한다.

	가	나	다	라
①	증가	상승	감소	감소
②	증가	상승	증가	증가
③	증가	하락	감소	증가
④	감소	상승	감소	감소

출제빈도 ★★

06 다음에서 설명하는 외화차입금 관련 위험으로 적절한 것은?

금융기관이 부담하는 위험 가운데 가장 오래된 것으로 차입자가 원리금을 약속된 기간 내에 상환하지 못하여 발생하며, 여신업무에서 핵심적인 위험으로 대출의사결정에서 가장 중요한 요소로 꼽는다.

① 환위험
② 금리위험
③ 신용위험
④ 금융위험

07 다음 중 외화대출의 신용위험관리를 위한 방법으로만 모두 묶인 것은?

> 가. 모기업의 연대보증
> 나. 보증신용장 담보취득
> 다. 신디케이티드론(Syndicated Loan)
> 라. 이자율스왑거래

① 나, 라
② 가, 나, 다
③ 가, 다, 라
④ 가, 나, 다, 라

정답 및 해설

04 ② ① 비거주자 대상 외화대출은 국내법인의 해외 현지법인 또는 순수 비거주자인 외국기업 등에 지원할 수 있다.
③ 해외 현지법인이 발행한 회사채를 구입하는 것은 외국환거래법령상 해외직접투자에 해당되지 않아 외화대출지원이 불가하다.
④ 외국환은행이 거주자의 보증 또는 담보를 제공받아 비거주자에 외화대출을 하는 경우 비거주자가 한국은행총재에게 보증계약을 신고하여야 한다.

05 ① • 환율이 상승하면 원화로 환산한 대출원금 및 이자가 (증가)하고, 부채비율 및 차입금의존도는 (상승)하여 차주의 상환여력이 (감소)한다.
• 기준금리가 상승하면 대출이자가 증가하여 차주의 영업현금흐름이 (감소)한다.

06 ③ 신용위험에 대한 설명이다.

07 ② 이자율스왑거래는 금리위험관리방법에 해당한다.

08 다음 중 외화대출의 신용위험관리에 대한 설명으로 적절하지 <u>않은</u> 것은?

① 해외 현지법인 자체 신용만으로 외화자금을 현지에서 조달하는 경우 국내 투자자는 특별한 신고절차가 필요 없다.
② 해외 현지법인이 해외금융기관으로부터 조달하는 경우 현지금융에 해당하여 국내 모기업이 주채권은행에 보증계약신고를 이행한다.
③ 은행이 국내에 설립된 특수목적회사(SPC)에 외화대출을 하는 경우 SPC의 자금용도를 기준으로 외화대출의 용도규제대상 여부를 확인한다.
④ 수입보험은 결제기간이 2년을 초과하는 수입대금의 외화자금을 국내외 금융기관으로부터 저리에 차입할 수 있도록 보증지원한다.

09 다음 중 외화대출의 위험관리에 대한 설명으로 적절하지 <u>않은</u> 것은?

① 외화대출 심사대상은 외화대출을 받고자 하는 대기업 및 중소기업이며 개인사업자도 포함된다.
② 외화대출 심사의 평점이 일정 수준에 미달하였을 경우 여신 승인 전결권 상향 적용 및 여신 승인 거절 등을 통해 심사절차를 강화한다.
③ 은행은 대출실행 이전에 리스크요인에 대한 질문 형식의 위험고지 확인서에 고객의 자필서명을 제출받아야 한다.
④ 신디케이티드론 외화대출의 만기 연장 시 개별은행의 최초 대출 취급금액을 초과하여 대출한 경우 대출금액 전체를 신규대출로 취급해야 한다.

10 Banker's Usance L/C와 Shipper's Usance L/C의 위험분석에 대한 적절한 설명으로 모두 묶인 것은?

> 가. Banker's Usance L/C는 단기차입금으로서 지속적인 차환사용이 가능하며 실질적인 상환부담이 높다.
> 나. 수입자가 수출자보다 거래교섭력이 우위에 있는 기업의 경우 Banker's Usance L/C보다 회계상 매입채무로 분류되는 Shipper's Usance L/C를 주로 사용한다.
> 다. Banker's Usance L/C는 부채비율 증가의 결과를 초래하지만, Shipper's Usance L/C는 부채비율에 영향을 미치지 않는다.
> 라. Banker's Usance L/C와 Shipper's Usance L/C의 실질적 상환부담은 동일한 수준이다.

① 가, 나
② 나, 라
③ 가, 나, 라
④ 나, 다, 라

11 다음 중 보유 중인 외국환 여신한도의 재무융통성 분석에 대한 설명으로 적절하지 <u>않은</u> 것은?

① 수출채권 할인한도의 경우 수출자가 할인 후 수취한 자금에 대하여 용도제한을 받지만, 수입신용장(L/C)개설한도의 경우 용도제한 없이 사용할 수 있다.

② 외국환 여신한도 중 L/C개설한도는 사용제한에 따라 수출채권한도에 비해 유동성 확보수준이 떨어진다.

③ 여신심사 시 회사가 보유한 금융기관 여신한도와 한도미사용액은 재무적 융통성으로 간주한다.

④ 외화지급보증 한도는 회사가 선수금환급보증을 사용하고 있다면 해외발주처로부터 선수금을 수취할 수 있어 재무적 융통성으로 일부 인정할 수 있다.

정답 및 해설

08 ④ 중장기수출보험은 결제기간이 2년을 초과하는 수입대금의 외화자금을 국내외 금융기관으로부터 저리에 차입할 수 있도록 보증지원한다.

09 ④ 신디케이티드론 외화대출의 만기 연장 시 개별은행의 최초 대출 취급금액을 초과하여 대출한 경우 그 초과금액만 신규대출로 취급해야 한다.

10 ② '나, 라'는 적절한 설명이다.
  가. Banker's Usance L/C는 단기차입금으로서 지속적인 차환사용이 가능하며 실질적인 상환부담이 낮다.
  다. Banker's Usance L/C와 Shipper's Usance L/C 모두 부채비율 증가의 결과를 가져온다.

11 ① 수출채권 할인한도의 경우 수출자가 할인 후 수취한 자금을 용도제한 없이 사용할 수 있지만, L/C개설한도의 경우 수입자는 물품수입 등 용도에 제한을 받는다.

출제빈도 ★

12 다음 중 외화대출금리의 구성요소에 대한 설명으로 적절하지 <u>않은</u> 것은?

① 외화대출 기준금리는 기간별 대체금리에 조달스프레드를 반영하여 결정한다.
② 외화대출금리의 대부분은 고정금리이다.
③ 은행은 기준금리에 가산하는 가산금리를 자율적으로 정한다.
④ 가산금리는 리스크·유동성·신용프리미엄, 자본·업무원가 등으로 구성된다.

출제빈도 ★★

13 다음 중 외화대출약정에 대한 적절한 설명으로 모두 묶인 것은?

> 가. 은행은 부실여신을 방지하기 위해 고객과 별도의 여신거래 특별약정을 체결할 수 있다.
> 나. 은행은 대출자금 사용제한을 통해 대출금을 자회사 등에 대한 대여금으로 사용하는 것을 제한할 수 있다.
> 다. 은행은 특별약정을 통해 채무자 회사의 실제 상황과 업종 등을 고려하여 일정수준의 재무비율을 유지하도록 할 수 있다.
> 라. 국내부동산 담보로 외화대출을 취급하는 때에는 근저당권설정계약서의 금액란에 해당 외화금액을 원화로 환산하여 기재한다.

① 가, 나
② 가, 다
③ 가, 나, 다
④ 나, 다, 라

출제빈도 ★★

14 다음 중 외화대출의 실행에 대한 내용으로 적절하지 <u>않은</u> 것은?

① 기존 외화대출의 기한연장이나 대환 시 통화변경이 가능하다.
② 지정거래외국환은행제도 및 추심결제은행이 지정되어 있는 경우에는 특정은행을 통한 해외송금이 불가피하므로 대출취급은행과 해외송금은행을 달리 할 수 있다.
③ 해외결제용 대출자금은 대출취급은행이 외화대출 실행 시 차주의 계좌로 대출금을 입금하는 것이 원칙이다.
④ 차주가 자기자금으로 해외결제용 대출자금을 송금한 이후 1개월 이내에 대출이 실행되어야 한다.

15 기업 부실화 점검 항목 중 조기경보대상기업에 대한 재무적 항목의 점검사항으로 적절하지 않은 것은?

① 시설투자 없이 차입금 규모가 증가하는지 여부
② 차입금구조의 단기화 또는 제2금융권 여신비중의 증가 여부
③ 타법인 출자 및 손실처리 여부
④ 목적사업이 수시로 변경되는지 여부

정답 및 해설

12　②　외화대출금리의 대부분은 변동금리이다.
13　③　'가, 나, 다'는 적절한 설명이다.
　　　　 라. 국내부동산 담보로 외화대출을 취급하는 때에는 근저당권설정계약서의 금액란에 해당 외화금액으로 기재한다.
14　③　해외결제용 대출자금은 대출취급은행이 외화대출 실행 시 대출금을 직접 해외로 송금하는 것이 원칙이다.
15　④　목적사업이 수시로 변경되는지 여부는 비재무적 항목으로 구분하여 점검한다.

금융·자격증 전문 교육기관 해커스금융
fn.Hackers.com

■ 출제경향 및 학습전략

외화지급보증은 제3과목 전체 20문제 중 총 4~6문제 정도 출제된다.

외화지급보증은 출제되는 비중에 비하여 학습해야 할 내용이 많아 어려움이 있지만, 각 보증의 정의와 특징을 비교하면서 학습하면 대부분의 문제를 수월하게 해결할 수 있다. 특히, 보증의 형식과 종류, 지급청구서 내도 시 처리방법, 위험관리 등을 중심으로 꼼꼼히 학습하는 것이 중요하다.

■ 빈출포인트

구 분	문제번호	빈출포인트	출제빈도
지급보증의 개요 (68%)	01	지급보증의 개념	★
	02~03	지급보증의 형식	★★★
	04~07	지급보증의 종류	★★★
	08	외화지급보증과 국제규칙의 적용	★★
외화지급보증 발행 및 관리 (32%)	09	외화지급보증서의 발행절차	★
	10	내부통제절차의 강화	★★
	11	보증서의 지급청구서 내도 시 처리방법	★★★
	12	외화지급보증에 따른 위험관리	★★★

제3과목 외환관련여신

제3장
외화지급보증

개념완성문제 제3장 | 외화지급보증

✔ 개념완성문제를 통해 외환전문역 Ⅱ종 시험에 나오는 개념을 이해할 수 있습니다.
✔ 다시 봐야 할 문제(틀린 문제, 풀지 못한 문제, 헷갈리는 문제 등)는 문제 번호 하단의 네모박스(□)에 체크하여 반복 학습할 수 있습니다.

지급보증의 개념
출제빈도 ★

01 다음 중 지급보증과 관련한 설명으로 옳지 않은 것은?

① 지급보증은 제3자인 보증인이 채권자와 채무자의 거래에서 채무자의 요청에 따라 채무지급에 대해 보증하는 것을 의미한다.
② 최근 국제거래에서 은행이 발행한 보증서를 요구하는 경우가 증가함에 따라 지급보증업무에 대한 중요성이 강조되고 있다.
③ 지급보증서의 발행은 직접적인 자금부담이 없는 신용공여 여신행위로 채무자가 보증기일 내에 상환하지 못하더라도 은행의 재무상태에 영향을 미치지 않는다.
④ 지급보증에 대하여 은행은 일반대출과 동일하게 신중히 검토한 후 기타외화지급보증이란 은행여신과목으로 약정 후 취급하고 있다.

지급보증의 형식
출제빈도 ★★★

02 다음 중 Standby L/C(보증신용장)에 대한 설명으로 적절한 것은?

① 보증신용장은 주로 물품의 거래에 한정하여 개설되지만, 상업신용장은 다양한 용도로 개설된다.
② 보증신용장은 신용장 조건과 일치하는 서류를 제시하는 경우에 대금을 지급하는 조건부 지급확약이다.
③ 상업신용장은 계약불이행에 대하여 지급할 목적으로 개설되지만, 보증신용장은 주로 계약이행에 대하여 지급할 목적으로 개설된다.
④ 보증신용장은 상업신용장과 동일하게 독립성, 추상성, 서류거래성 등의 특징을 가진다.

정답 및 해설

01 ③ 채무자의 계약불이행에 따른 보증채무의 이행(대지급)으로 은행의 재무상태에 영향을 줄 수 있다.
02 ④ ① 상업신용장은 주로 물품의 거래에 한정하여 개설되며, 보증신용장은 계약이행보증, 선수금환급보증, 금융보증 등 다양한 용도로 개설된다.
② 보증신용장은 청구사유진술서 등을 제시하면 대금을 지급하여야 하는 무조건부 지급확약이다.
③ 상업신용장은 주로 계약이행에 대하여 지급할 목적으로 개설되며, 보증신용장은 주로 계약불이행에 대하여 지급할 목적으로 개설된다.

지급보증의 형식

03 다음 중 Demand Guarantee(청구보증)에 대한 설명으로 적절한 것은? 〔출제빈도 ★★★〕

① 청구보증은 이행성보증뿐만 아니라 금융보증에도 사용되고 있어 폭넓게 이용되고 있다.
② 청구보증은 신용장통일규칙(UCP600), 청구보증통일규칙(URDG758) 등의 영향을 받아 계약내용이 간결한 편이다.
③ 청구보증은 보증기일에 대하여 다소 관대한 적용을 요구받는 경향이 많다.
④ 청구보증은 신용장 조건과 일치하는 서류를 제시하여야 금액이 지급되는 조건부 보증이다.

지급보증의 종류

04 다음 중 직접보증의 당사자에 대한 설명으로 적절하지 않은 것은? 〔출제빈도 ★★★〕

① 기초계약에 대한 양 당사자는 수익자와 지시당사자이다.
② 지시당사자는 보증인에 대하여 상환책임을 지는 자로서 보증신청인과 상이한 개념이다.
③ 지시당사자와 보증인 사이에는 도급계약의 성격을 가진다.
④ 통지당사자는 보증서 통지를 담당하는 자로서 통지만 할 뿐 보증서상의 지급보증은 하지 않는다.

> **용어 알아두기**
> **도급계약** 당사자의 일방(수급인)이 어떤 일을 완성할 것을 약정하고, 상대방(도급인)은 그 일의 결과에 대해서 보수의 지급을 약정함으로써 성립하는 계약을 말한다.

정답 및 해설

03 ③ ① 청구보증은 주로 해외건설·용역·플랜트 사업 또는 수출입 관련 이행성보증 형태로 많이 이용되고 있다.
② 청구보증은 청구보증통일규칙(URDG758)이 적용되며, 당사자 간 계약내용이 충실하게 반영되기 때문에 보증서 내용이 비교적 장문인 경향이 많다.
④ 청구보증은 채권 불이행사실에 대한 채권자의 단순한 진술서만으로도 금액을 지급하여야 하는 무조건부 보증이다.

04 ③ 지시당사자와 보증인 사이에 보증의뢰계약이 체결되면, 위임계약의 성격을 갖는다.

지급보증의 종류 [출제빈도 ★★★]

05 다음 중 간접보증에 대한 설명으로 적절하지 않은 것은?

① 해외에 있는 수익자의 신용도를 믿지 못하는 경우에 간접보증을 활용할 수 있다.

② 간접보증은 지시당사자, 구상보증인, 보증인, 수익자 등 4당사자가 개입된다.

③ 보증인은 보증서상의 수익자의 지급청구에 응하면 구상보증서상의 구상보증인에 대해서 구상권이 발생한다.

④ 구상보증서는 청구보증의 형태로 발행되며 법적 성격은 보증서와 마찬가지로 독립적 보증이다.

지급보증의 종류 [출제빈도 ★★★]

06 다음 중 기초계약상의 채무자가 계약을 이행하지 않는 경우를 대비하여 체결하는 보증서는 무엇인가?

① 입찰보증

② 계약이행보증

③ 선수금환급보증

④ 유보금환급보증

정답 및 해설

05 ① 간접보증은 해외에 있는 보증인의 신용도를 믿지 못하는 경우에 활용된다.
06 ② 계약이행보증은 기초계약상의 채무자가 계약을 이행하지 않을 경우 수익자에게 보증서 금액을 지급하기로 하는 보증이다.

지급보증의 종류 출제빈도 ★★★

07 금융보증에 대한 설명 중 옳지 않은 것은?

① 금융보증은 Standby L/C 형태로 개설되며, 실무상 Demand Guarantee 형태로 발행되는 경우는 Payment Guarantee를 제외하고는 거의 없다.

② 상업보증신용장은 수출상에게 상업신용장보다 더 강한 지급확약기능이 있어 수입상으로부터의 대금회수불능위험을 제거할 수 있다.

③ 금융보증신용장은 개설은행의 공신력을 이용하여 채무자의 신용을 크게 향상시키는 이점이 있으나, 비용이 많이 든다는 단점이 있다.

④ 보험사가 보험계약자와 보험계약의 위험분산을 위하여 재보험에 가입한 후, 재보험사의 지급불능위험에 대비하기 위해서 보험보증신용장을 활용한다.

외화지급보증과 국제규칙의 적용 출제빈도 ★★

08 외화지급보증과 관련된 국제규칙에 대한 설명으로 옳지 않은 것은?

① UCP600에서는 신용장을 개설하는 자를 은행으로 한정하고 있으나, ISP98과 URDG758에서는 은행이 아닌 자도 개설할 수 있도록 규정하고 있다.

② UCP600과 URDG758에서는 다른 국가에 있는 동일 은행의 지점만을 다른 은행으로 간주하고 있다.

③ URDG758은 조건의 충족 여부를 확인하기 위한 서류를 요구하지 않으면 비서류적 조건으로 보고 있다.

④ UCP600에서는 서류심사기간을 서류접수 다음 영업일부터 최장 5영업일로 규정하고 있으며, 휴일도 서류접수일로 인정한다.

정답 및 해설

07 ③ 금융보증신용장은 개설은행의 공신력을 통해 낮은 비용으로 채무자의 신용을 크게 향상시키는 이점을 가지고 있다.
08 ③ URDG758은 어떤 서류도 요구하지 않았고, 조건의 준수 여부를 개설은행 자신의 기록 또는 활동으로부터 개설은행이 직접 결정할 수 없어야 한다는 조건이 모두 충족될 때 비서류적 조건으로 본다.

외화지급보증서의 발행절차 출제빈도 ★

09 외화지급보증서의 발행에 대한 설명으로 틀린 것은?

① 보증신청서 작성 시 보증신청인에게 국제상업회의소에서 정한 표준모델 양식으로 작성하도록 권장하며 비표준 양식으로 사용하지 않도록 권유하고 있다.
② 보증기간은 1년 이내로 하되 보증대상이 되는 주채무의 상환기간이 확정된 경우에는 주채무의 상환기간까지 할 수 있다.
③ 보증신청인의 요청에 따라 SWIFT 방식으로 보증서를 발행할 경우에는 Free Format인 MT760으로 작성하면 된다.
④ 보증료를 기일에 납입하지 않으면 보증료 금액에 대해 납입기일부터 납입일까지 외화여신연체이율로 지연배상금을 부과한다.

내부통제절차의 강화 출제빈도 ★★

10 지급보증업무와 관련한 내부통제절차의 강화에 대한 설명으로 옳지 않은 것은?

① 지급보증의 거래대상은 원칙적으로 제한하지 않으나, 피보증채무의 적정성 여부를 검토하여 불건전 영업행위에 연루되지 않도록 하여야 한다.
② 보증서 발행관리대장은 보증서 관련 발행이력을 수기 또는 전산으로 작성하여 관리하여야 한다.
③ 보증서가 해지된 후 수익자가 보증서를 반환하도록 명시하는 경우에는 실무상 보증서 발행대장에 보증서 원본회수 여부를 기록·유지한다.
④ 개설은행의 대금지급 청구권리가 종료된 후에 유효기일이 지난 보증서 원본을 소지하고 있다면 보증서의 효력이 유효하다고 본다.

정답 및 해설

09 ④ 지연배상금은 납입기일 다음 날부터 납입일까지 외화여신연체이율만큼 발생한다.
10 ④ 개설은행의 대금지급 청구권리가 종료된 후에는 유효기일이 지난 보증서 원본을 소지하고 있더라도 보증서의 효력이 상실된다.

보증서의 지급청구서 내도 시 처리방법

출제빈도 ★★★

11 보증서의 지급청구서 내도 시 처리방법에 대한 설명으로 옳지 <u>않은</u> 것은?

① 보증은행에 지급청구서가 접수된 경우 서류심사 후 불일치한 내용이 없다면 지급기일 이내에 수익자에게 지급이 이루어질 수 있도록 하여야 한다.
② 보증서상에서 지급청구서만을 요구하였더라도 반드시 보강진술서도 함께 제시되어야 한다.
③ ISP98에서 지급청구 시 보강진술서가 없는 지급청구는 하자사유에 해당한다.
④ 보증신청인은 문면상 명백하지 않은 사기, 위조, 또는 기타 하자의 주장만으로 보증인으로 하여금 수익자에게 지급거절하게 할 수 없다.

외화지급보증에 따른 위험관리

출제빈도 ★★★

12 외화지급보증서 발행에 따른 위험요소 중 수익자에 대한 위험에 해당하는 것은?

① 신용위험
② 공동시공의 위험
③ 정치적 위험
④ 계약위험

정답 및 해설

11 ③ URDG758에 대한 내용이다.
12 ③ 수익자에 대한 위험으로는 재무위험, 정치적 위험이 있으며, 보증신청인(지시당사자)에 대한 위험으로는 신용위험, 공동시공의 위험, 계약위험이 있다.

출제예상문제 제3장 | 외화지급보증

✓ 출제예상문제를 통해 다양한 외환전문역 Ⅱ종 문제를 풀어볼 수 있습니다.
✓ 다시 봐야 할 문제(틀린 문제, 풀지 못한 문제, 헷갈리는 문제 등)는 문제 번호 하단의 네모박스(□)에 체크하여 반복 학습할 수 있습니다.

출제빈도 ★

01 다음 중 지급보증과 관련된 내용으로 옳지 않은 것은?

① 채무자의 요청에 따라 채무자가 채권자에게 부담하고 있거나 장래에 부담하게 될 지급에 대하여 보증인이 보증하는 것을 의미한다.
② 주로 보증인은 공신력이 있는 은행이 담당하고 있으며, 채무자가 계약을 이행하지 못하게 될 시에 보증인이 대신 채무를 이행하게 된다.
③ 국제거래 시 은행이 발행한 보증서를 요구하는 사례가 증가함에 따라 지급보증업무의 중요성이 강조되고 있다.
④ 지급보증은 자금부담이 없는 신용공여 여신행위이므로 은행의 재무상태에 영향을 미치지 않는다.

출제빈도 ★

02 다음 중 지급보증의 구분에 대한 설명으로 틀린 것은?

① 지급보증은 표시통화에 따라 원화표시 지급보증과 외화표시 지급보증으로 구분할 수 있다.
② 대내 외화표시 지급보증은 국내 외국환은행이 외국 또는 비거주자에 대하여 보증하는 외국통화로 표시된 지급보증을 말한다.
③ 대외 외화표시 지급보증은 외국환거래법·시행령·규정의 적용대상이므로 발행 전에 관련 법령에 따른 신고 여부를 반드시 검토하여 취급하여야 한다.
④ 은행에서 발행되는 대외 외화표시 지급보증은 Standby L/C 또는 Bank Guarantee 등의 형식으로 개설된다.

출제빈도 ★★★

03 다음 중 Standby L/C에 대한 설명으로 옳은 것은?

① Standby L/C는 금융담보 또는 채무보증의 목적으로 개설되는 상업신용장과 달리 주로 수출입 물품대금을 결제할 목적으로 사용된다.
② 일반적으로 신용장통일규칙(UCP600)과 청구보증통일규칙(URDG758) 등을 적용하여 개설되고 있다.
③ 미국에서 은행보증서의 발행이 불법행위로 금지되자 대체수단으로서 도입되었으며, 현재 다양한 국제거래에서 사용이 증가하고 있다.
④ Standby L/C는 수익자가 신용장 조건과 일치하는 서류를 제시하는 경우에 보증서상 금액을 지급하는 조건부 지급확약이다.

출제빈도 ★★ **최신출제유형**

04 다음 중 이행성보증 시 필요한 보증으로 옳지 않은 것은?

① 계약이행보증(Performance Guarantee)
② 직불보증신용장(Direct Pay Standby L/C)
③ 유보금환급보증(Retention Guarantee)
④ 하자보증(Maintenance Guarantee)

정답 및 해설

01 ④ 지급보증은 자금부담이 없는 신용공여 여신행위이나, 채무불이행 시 보증채무를 보증인(은행)이 부담하여야 하므로 은행의 재무상태에 영향을 줄 수 있다.
02 ② 대내 외화표시 지급보증은 거주자에 대하여 보증하며, 대외 외화표시 지급보증은 외국 또는 비거주자에 대하여 보증한다.
03 ③ ① Standby L/C는 수출입 물품대금을 결제할 목적으로 개설되는 상업신용장과 달리 금융담보 또는 채무보증의 목적 등으로 주로 무역외거래에 사용된다.
② 일반적으로 신용장통일규칙(UCP600) 및 보증신용장통일규칙(ISP98) 등을 적용하여 개설되고 있다.
④ Standby L/C는 수익자가 기초계약상 채무불이행에 따른 불이행진술서 등을 제시하면 무조건적으로 지급하는 무조건부 지급확약이다.
04 ② 직불보증신용장(Direct Pay Standby L/C)은 금융보증 시 필요한 보증신용장이다.

05 다음의 보증신용장 중에서 개설목적에 따라 상업신용장으로도 볼 수 있는 것은 무엇인가?

① Bid Standby L/C　　② Performance Standby L/C
③ Direct Pay Standby L/C　　④ Financial Standby L/C

06 보증신용장과 상업신용장에 대한 설명 중 틀린 것은?

① 상업신용장은 UCP600을 적용하지만, 보증신용장은 UCP600이 적용되지 않는다.
② 상업신용장은 일반적으로 선적서류를 요구하지만, 보증신용장은 수익자가 개설의뢰인이 기초계약상 채무를 불이행한 사실을 증명하는 청구사유진술서를 요구한다.
③ 상업신용장은 계약이행에 대하여 지급할 목적으로 개설되지만, 보증신용장은 주로 계약불이행에 대하여 지급할 목적으로 개설된다.
④ 상업신용장은 주로 물품의 거래에 한정되어 개설되고, 보증신용장은 이행성보증뿐만 아니라 금융보증 등 다양한 용도로 개설된다.

07 다음 중 Demand Guarantee에 대한 설명으로 옳지 않은 것은?

① 통상적으로 청구보증통일규칙(URDG758) 등을 준거규칙으로 적용하고 있으며, 주로 해외건설·용역·플랜트사업 또는 수출입 관련 보증에 이용되고 있다.
② 부종성을 지니는 일반 보증채무와 달리 채무자와 채권자 사이의 기초계약과 독립되어 있으므로, 기초계약에 따른 사유로는 수익자에게 대항하지 못한다.
③ 계약위반 또는 채무불이행 사실에 대한 조사 또는 증명을 필요로 하며, 보증서상 일치하는 서류의 제시로 일정금액을 지급하는 조건적 보증이다.
④ 매수인의 대금지급을 담보하기 위한 매매계약에 이용되기보다 계약불이행 위험을 담보하기 위한 이행성보증에 많이 활용된다.

08 Standby L/C와 Demand Guarantee방식의 공통점으로 적절한 내용을 모두 고른 것은?

가. 지급약정의 추상성	나. 기초거래로부터 보증의 독립성
다. 보증의 서류거래성	라. 부종성

① 가
② 가, 나
③ 가, 나, 다
④ 가, 나, 다, 라

09 다음 중 Standby L/C와 Demand Guarantee의 차이점에 대한 설명으로 잘못된 것은?

① Standby L/C는 금융보증뿐만 아니라 이행성보증에도 사용되고 있으므로, Demand Guarantee보다 폭넓게 사용되고 있다.
② Demand Guarantee는 당사자 간 계약내용이 충실히 반영되기 때문에 보증서의 내용이 비교적 장문인 경향이 많다.
③ Demand Guarantee는 유효기일과 개설금액의 한도를 구체적으로 정하나, Standby L/C는 보증기일에 대하여 다소 관대한 적용을 요구받는 경향이 있다.
④ Standby L/C는 UCP600 또는 ISP98이 준용되며, Demand Guarantee에는 URDG758이 준용된다.

정답 및 해설

05 ③ Direct Pay Standby L/C(직불보증신용장)는 개설의뢰인의 금융계약이행을 담보할 목적으로 개설된다는 점에서는 보증신용장에 해당되나, 1차적 지급목적으로 개설된다는 점에서는 상업신용장에 해당된다고 볼 수 있다.
06 ① UCP600은 신용장의 문면에 UCP600이 적용된다는 것을 명시적으로 표시할 경우 모든 화환신용장(보증신용장 포함)에 적용된다.
07 ③ 은행보증은 독립적 보증으로서 계약위반 또는 채무불이행 사실에 대한 조사 또는 증명을 필요로 하지 않고 채권자의 단순한 진술서만으로 보증금을 지급하여야 하는 무조건적이며 절대적인 보증이다.
08 ③ '가, 나, 다'는 Standby L/C와 Demand Guarantee방식의 공통점이다.
　 라. Standby L/C와 Demand Guarantee는 부종성이 없는(Non-Accessory) 것이 특징이다.
09 ③ Demand Guarantee는 보증기일에 대하여 '만기일이 없는 문구(Open-ended clause)' 등의 다소 관대한 적용을 요구받으며, Standby L/C는 유효기일과 개설금액의 한도를 구체적으로 정한다.

10 Demand Guarantee 중 사용 용도가 다른 것은?

① Payment Guarantee
② Retention Guarantee
③ Maintenance Guarantee
④ Repayment Guarantee

11 다음 중 보증신용장과 청구보증에 포함해야 할 주요 내용을 모두 고른 것은?

가. 기초계약에 대한 내용	나. 보증서 증액에 대한 특정 약정내용
다. 대금청구 시 제시서류	라. 지급청구내용
마. 지급제시방법	

① 가, 나, 다
② 가, 다, 마
③ 나, 다, 마
④ 나, 라, 마

12 다음 중 외화지급보증의 종류에 대한 설명으로 옳지 않은 것은?

① 보증서의 발행 형태는 보증인의 수에 따라 직접보증과 간접보증으로 구분할 수 있다.
② 직접보증은 지시당사자의 의뢰에 따라 보증인에 의하여 수익자에게 발행되는 보증서이다.
③ 지시당사자는 보증서의 발행을 지시하고 보증인에 대하여 상환책임을 지는 자로서 보증신청인과 동일한 개념이다.
④ 간접보증의 구조에서 보증인은 보증서상의 수익자로부터 지급청구를 이행하면 구상보증서상 구상보증인에 대해서 구상권이 발생하게 된다.

13 다음 중 직접보증의 당사자 간 법률관계에 대한 설명으로 옳은 것은?

① 기초계약의 양 당사자는 보증인과 수익자이다.
② 지시당사자와 보증신청인이 동일할 경우 보증의 양 당사자는 보증인과 보증신청인이다.
③ 지시당사자와 보증신청인이 동일하지 않을 경우 기초계약의 양 당사자는 지시당사자와 수익자이다.
④ 지시당사자와 보증인 사이에 보증의뢰계약이 체결되면 위임계약의 성격을 갖는다.

14 다음 중 직접보증에 대한 설명으로 틀린 것은?

① 직접보증은 지시당사자와 보증인, 수익자의 3당사자가 개입되므로 3자보증이라고도 한다.

② 보증서의 발행통지는 보증인이 직접 수익자에게 하거나 통지당사자를 통하여 할 수 있다.

③ 지시당사자는 UCP600 및 URDG758에서 새롭게 도입된 개념이며, ISP98에는 개설의뢰인이라는 용어만 사용된다.

④ 지시당사자와 보증신청인이 상이한 경우 보증인은 수익자로부터 지급청구가 있을 때 지시당사자에게 상환청구를 하여야 한다.

15 다음에서 설명하는 자회사와 모회사가 의미하는 바를 순서대로 나열한 것은?

> 기초계약은 자회사가 하고 자회사가 자력으로 보증서를 발행할 수 없는 경우 자회사의 요청으로 모회사가 국내의 거래은행에 자회사를 위하여 보증서를 발행하게 된다.

① 통지당사자, 지시당사자
② 보증신청인, 지시당사자
③ 지시당사자, 보증신청인
④ 구상보증인, 보증신청인

정답 및 해설

10 ① 금융보증 용도로 사용된다.
② ③ ④ 이행성보증 용도로 사용된다.

11 ① '가, 나, 다'는 보증신용장과 청구보증에 포함해야 할 주요 내용에 해당한다.
라, 마. 보증신용장과 청구보증에 포함하지 않아도 국제무역규칙에서 규정하고 있으므로 무방하다.

12 ③ 지시당사자란 보증신청인과 상이한 개념이다. 보증신청인은 보증서의 기초계약상 채무자로 보증서상 표시된 자를 의미하며, 지시당사자는 보증서의 발행을 지시하고 보증인에 대하여 상환책임을 지는 자를 의미한다.

13 ④ ① 기초계약의 양 당사자는 지시당사자와 수익자이다.
② 지시당사자와 보증신청인이 동일한지 여부에 관계없이 보증의 양 당사자는 보증인과 수익자이다.
③ 지시당사자와 보증신청인이 동일하지 않을 경우 기초계약의 양 당사자는 보증신청인과 수익자이다.

14 ③ 지시당사자는 URDG758(청구보증통일규칙)에서 사용되는 개념이며, UCP600(신용장통일규칙) 및 ISP98(보증신용장통일규칙)에서는 사용하지 않고 개설의뢰인(Applicant)이라는 용어로 사용한다.

15 ② 자회사는 보증신청인을, 모회사는 지시당사자를 의미한다.

출제빈도 ★★

16 다음 중 간접보증과 관련한 내용으로 옳지 <u>않은</u> 것은?

① 간접보증은 지시당사자, 수익자, 보증인, 구상보증인 등 4당사자가 개입되므로 4자보증이라고도 한다.
② 지시당사자가 보증인인 자국의 은행을 통하여 구상보증인인 해외은행으로 하여금 해외에 있는 수익자를 위해 보증서를 발행하도록 하는 형태를 간접보증이라 한다.
③ 간접보증은 수익자가 해외에 있는 보증인의 신용도를 믿지 못하는 경우 또는 수익자의 현지법률상 해외에서 발행한 보증서가 효력이 없는 경우에 활용된다.
④ 구상보증서는 구상보증인이 보증인을 그 수익자로 하여 발행하는 보증서이며, 보증인이 구상보증인에 대하여 상환청구권을 담보할 목적으로 발행된다.

출제빈도 ★★

17 구상보증서에 대한 설명으로 적절한 것은?

① 구상보증서는 청구보증의 형태로 발행되며, 법적 성격은 일반 보증채무와 동일하게 부종성을 가지고 있다.
② 보증서는 기초계약상 지시당사자의 이행이 있는 경우 수익자가 지급청구를 하며, 구상보증서는 보증인이 자신의 의무를 불이행한 경우에 구상보증인에게 지급청구를 하게 된다.
③ 구상보증서상 지급청구 시에는 보증서상 일치하는 지급청구가 있었고 그에 대하여 보증은행이 지급을 하지 못하였다는 진술이 포함된 불이행진술서와 지급청구서가 함께 제시되어야 한다.
④ 보증서는 보증인이 기초계약 채무자의 계약이행에 관련되어 발행되는 반면, 구상보증서는 구상보증인이 보증인에 대하여 부담하는 상환의무에 관련되어 발행된다.

출제빈도 ★★

18 해외건설 및 플랜트계약에 따른 단계별 은행보증서의 발행흐름을 올바르게 연결한 것은?

① 입찰보증 ⇨ 선수금환급보증 ⇨ 계약이행보증 ⇨ 유보금환급보증 ⇨ 하자보증
② 입찰보증 ⇨ 계약이행보증 ⇨ 선수금환급보증 ⇨ 유보금환급보증 ⇨ 하자보증
③ 입찰보증 ⇨ 선수금환급보증 ⇨ 유보금환급보증 ⇨ 계약이행보증 ⇨ 하자보증
④ 입찰보증 ⇨ 계약이행보증 ⇨ 유보금환급보증 ⇨ 선수금환급보증 ⇨ 하자보증

19 매매계약 혹은 건설계약과 같은 기초계약 없이도 발행이 가능한 외화지급보증서로 옳은 것은?

① Commercial Standby L/C
② Bid Guarantee
③ Maintenance Guarantee
④ Financial Standby L/C

20 다음 중 보증신용장상 수익자(Beneficiary)가 반드시 여신을 실행할 해외 현지은행이 되어야 하는 신용장으로 옳은 것은?

① Financial Standby L/C
② Commercial Standby L/C
③ Insurance Standby L/C
④ Direct Pay Standby L/C

정답 및 해설

16	②	간접보증은 지시당사자가 자국의 은행(구상보증인)을 통하여 해외에 있는 은행(보증인)으로 하여금 수익자를 위해 보증서를 발행하도록 하는 보증 형태를 말한다.
17	④	① 구상보증서는 보증과 마찬가지로 청구보증 형태로 발행되며, 법적 성격은 독립적 보증이다. ② 보증서는 기초계약상 지시당사자의 불이행이 있는 경우에 수익자가 지급청구를 하며, 구상보증서는 보증인이 자신의 의무를 이행한 경우에 구상보증인에게 지급청구를 하게 된다. ③ 구상보증서상 지급청구 시에는 보증서상 일치하는 지급청구가 있었고 그에 대하여 보증은행이 지급을 하였다는 진술이 포함된 이행진술서가 지급청구서와 함께 제시되어야 한다.
18	②	해외건설 및 플랜트계약에 따른 단계별 은행보증서의 발행흐름은 '입찰보증(공사입찰 시) ⇨ 계약이행보증(계약체결 시) ⇨ 선수금환급보증(선수금 지급 시) ⇨ 유보금환급보증(기성고에 따른 공사대금 지급 시) ⇨ 하자보증(공사완료 시)' 순이다.
19	②	Bid Guarantee(입찰보증)는 보증서를 발행할 시 계약체결이 되어 있지 않으므로 기초계약이 존재하지 않는다.
20	①	금융보증신용장(Financial Standby L/C)에 대한 설명이다.

21 다음의 조건부 문언을 반드시 삽입하여야 하는 보증서는 무엇인가?

> Drawing not available until advance payment of USD100,000 is made to the applicant's account no. 142132 with us.

① Bid Guarantee
② Performance Guarantee
③ Repayment Guarantee
④ Retention Guarantee

22 당사자 간 불필요한 분쟁을 방지하기 위하여 다음과 같은 조건을 보증서에 삽입할 때, 어떠한 보증서에 적용되는 문언인가?

> It is a condition for any claim payment to be made under this guarantee that guarantee that the retention money payment referred above must have been received by the Applicant on his account number 142324 at MH Bank, Seoul, Korea.

① 하자보증
② 선수금환급보증
③ 계약이행보증
④ 유보금환급보증

23 다음 중 금융보증에 대한 설명으로 옳지 않은 것은?

① 금융보증은 Standby L/C 형태로 개설되며, 실무상 Demand Guarantee 형태로 발행되는 경우는 지급보증을 제외하고는 거의 없다.
② 금융보증신용장은 개설은행의 공신력을 이용하여 채무자의 신용을 크게 향상시키는 효과로 인하여 주로 국내 법인의 해외 현지법인에 대한 여신담보제공 등으로 사용된다.
③ 상업보증신용장은 수입상에게 상업신용장보다 더 강한 지급확약기능이 있어 수출상으로부터의 대금회수불능위험을 제거할 수 있다.
④ 보험보증신용장은 보험사가 보험계약자와의 보험계약에 대한 위험을 분산하기 위해 가입한 재보험사에 대하여 보험의무를 보장받기 위하여 요구하는 보증신용장이다.

24 출제빈도 ★★

외화지급보증과 관련한 국제무역규칙에 대한 설명으로 가장 적절한 것은?

① UCP600에서는 동일 국가에 있는 다른 지점을 같은 은행으로 보지만, URDG758과 ISP98에서는 다른 은행으로 본다.

② 불가항력의 사태가 발생하여 은행영업이 중단될 경우 UCP600에서는 유효기일이 연장되지 않지만, URDG758에서는 30일의 기간 동안 유효기일이 자동 연장된다.

③ 연장 또는 지급에 대하여 URDG758은 선택부 지급청구 시 최장 30일까지 지급을 정지할 수 있다고 규정하고 있으나, ISP98에서는 아무런 규정이 없다.

④ URDG758은 제1수익자가 제2수익자 앞으로 양도하는 것만 허용하고 있으나, UCP600에서는 양도횟수의 제한이 없다.

25 출제빈도 ★★

수익자가 지급청구를 위하여 유효기일 이내에 보증은행으로 서류를 제시하였다면 UCP600에 따른 서류심사의 기산일과 기간으로 옳은 것은? (단, 서류는 202X년 3월 9일(토)에 접수됨)

	서류심사기산일	서류심사기간
①	202X년 3월 9일(토)	3영업일
②	202X년 3월 11일(월)	5영업일
③	202X년 3월 12일(화)	5영업일
④	202X년 3월 12일(화)	7영업일

정답 및 해설

21 ③ 해당 문언은 '지시당사자(보증신청인)가 선수금을 지급받을 때까지 보증서가 유효하지 않다'라는 의미로 선수금환급보증(Advance Payment Guarantee)에 삽입하여야 하는 문언이다. 그리고 선수금환급보증은 Repayment Guarantee라는 용어로도 사용된다.

22 ④ 해당 문언은 '보증신청인의 유보금 수령과 동시에 보증서의 효력이 발생한다'라는 의미로 유보금환급보증(Retention Guarantee)에 삽입하여야 하는 문언이다.

23 ③ 상업보증신용장은 수출상에게 상업신용장보다 더 강한 지급확약기능이 있어 수입상으로부터의 대금회수불능위험을 제거할 수 있는 이점이 있다.

24 ② ① URDG758도 UCP600과 마찬가지로 동일 국가에 있는 다른 지점도 같은 은행으로 간주하며, ISP98에서만 다른 은행으로 간주하고 있다.
③ ISP98은 연장 또는 지급에 대해서 제시일의 다음 영업일부터 7영업일을 초과할 수 없다고 규정하고 있다.
④ URDG758에서는 구상보증서를 제외한 나머지에 대해서 양도횟수에 제한이 없으며, UCP600에서는 제1수익자가 제2수익자 앞으로 양도하는 것이 허용된다. (UCP600은 제2수익자가 제1수익자에게 신용장을 재양도하는 것도 가능함)

25 ② UCP600에 따른 서류심사기간은 서류접수 다음 영업일부터 최장 5영업일이며, 휴일도 서류접수일로 인정하고 있다. 따라서 3월 9일(토)에 서류가 접수된 것으로 보아 서류심사기산일은 3월 11일(월)이다.

26 외화지급보증서의 발행과 관련된 내용으로 틀린 것은?

① 발행통화는 반드시 기초계약 통화와 일치시킬 필요는 없으나, 자행의 보증서 발행에 사용 가능한 통화를 확인한 후 취급한다.

② 보증서를 SWIFT로 발행하는 경우 영어 및 한국어로 발행 가능하며, 기타 언어의 경우 번역 공증을 통해 영문과 병기하여 발행할 수 있다.

③ 비정형화된 문언을 사용하여 보증서를 SWIFT 형태로 발행하거나 자행의 Letter 양식으로 발행하는 경우 자행의 법무부서에 법률 검토를 받아 발행한다.

④ 간접보증과 관련하여 자행이 구상보증서 형태로 발행하는 경우 구상보증서의 유효기일은 보증서의 유효기일에 통상적으로 15일 또는 30일의 완충기간을 가산하여 발행한다.

27 국내기업이 해외플랜트공사의 입찰을 위하여 Guarantee 형식으로 입찰보증서를 발행하고자 한다. 보증서 발행을 신속하고 안전하게 진행하기 위하여 SWIFT 방식으로 통지은행에 전달하고자 하는데, 해당 보증서의 발행에 알맞은 Message Type으로 옳은 것은?

① MT760　　　　　　　　　　② MT767
③ MT769　　　　　　　　　　④ MT790

28 외화지급보증서 발행 시 보증료에 대한 설명으로 틀린 것은?

① 외화지급보증료는 보증을 한 날로부터 보증기일 전일까지의 기간에 대하여 선취하는 것이 일반적이다.

② 보증료율은 일반적으로 기준요율(1%)에 자행의 Scoring System에서 산출된 Spread를 더하여 적용한다.

③ 보증서가 우편 발송되기 전 취소요청이 있을 경우 최저요금을 징수하고 기징수한 보증료를 환급할 수 있다.

④ 보증기일 전 보증이 감액처리된 경우 감액처리일 다음 날로부터 보증료 징수기간까지의 기간에 대하여 감액된 금액을 대상으로 보증료를 환급받을 수 있다.

29 지급보증서와 관련한 내부통제절차 강화에 대한 설명으로 옳은 것은?

① 지급보증 취급 시 불건전 영업행위에 연루되지 않도록 하기 위하여 거래대상을 제한하고 있다.

② 보증서 발행일, 보증신청인 등 보증서와 관련한 발행이력을 관리대장에 작성하여야 하며, 반드시 전산으로 관리되어야 한다.

③ 개설은행이 유효기일이 경과한 보증서 원본을 회수하기 전까지는 ISP98에 의하여 해당 보증서가 유효하다고 본다.

④ 실무적으로 준거법이 적용되는 보증서의 경우 원본회수가 어렵고 분쟁의 소지가 있으므로 보증서가 유효기일 이후에 유효하지 않다는 문언을 삽입하기도 한다.

30 보증서의 지급청구서 내도 시 처리방법에 대한 내용으로 옳지 <u>않은</u> 것은?

① 수익자로부터 보증신청인의 채무불이행을 사유로 지급청구서가 접수된 경우 서류심사 후 불일치한 내용이 없으면 지급기일 이내에 지급이 이루어질 수 있도록 해야 한다.

② 보증인은 제시된 서류가 오직 문면상으로만 일치하는지 여부를 심사하고 그 서류에 기술된 내용의 진위까지는 조사할 필요가 없다.

③ URDG758에서는 지급청구서 내에 보강진술이 포함되어 있어도 별도의 보강진술서가 없는 지급청구는 하자사유에 해당하므로 서류심사 시 유의하여야 한다.

④ 서류심사기간 및 지정된 지급기일을 경과하여 결제하는 경우 추가적인 지연이자가 청구될 수 있으므로 정확한 지급기일 이내에 결제가 이루어져야 한다.

정답 및 해설

26 ② SWIFT(전신문)로 발행하는 경우 영어로만 발행할 수 있고, Letter(서면)로 발행하는 경우에는 영어 및 한국어로 발행 가능하며, 기타 언어의 경우에도 번역 공증을 통하여 영문과 병기하여 발행 가능하다.

27 ① Guarantee 발행 또는 Standby L/C 개설은 MT760으로 작성하여야 한다.
② Guarantee의 조건변경은 MT767로 작성하여야 한다.
③ 보증금액의 감액 또는 보증 해제의 통지는 MT769로 작성하여야 한다.
④ 수수료, 이자 등의 통지는 MT790으로 작성하여야 한다.

28 ④ 보증기일 전 감액처리된 경우에는 감액처리일부터 보증료 징수기간까지의 기간에 대하여 감액된 금액을 대상으로 당초 징수요율에 의한 보증료를 환급받을 수 있다.

29 ④ ① 지급보증의 거래대상에 대해서는 원칙적으로 제한을 두지 않지만, 불건전 영업행위에 연루되지 않도록 하기 위하여 증빙서류를 받아 확인하는 등의 노력을 하여야 한다.
② 보증서 발행관리대장은 수기 또는 전산으로 작성하여 관리할 수 있다.
③ ISP98에 따르면 유효기일이 경과한 보증신용장 원본을 소지하고 있더라도 어떠한 권리를 가지지 않는다고 규정하고 있으므로, 보증서 원본이 회수되지 않더라도 유효기일이 경과했다면 유효하다고 볼 수 없다.

30 ③ 지급청구서 내에 보강진술이 함께 기재되어 있으면 보강진술서가 제출된 것으로 보아 하자사유에 해당하지 않는다.

31 출제빈도 ★★

다음 중 보증금에 대하여 지급을 거절할 수 있는 사유로 적절하지 않은 것은?

① 기초계약의 무효에 따른 지급청구
② 보증서조건의 의무위반
③ 명백한 사기에 의한 지급청구
④ 권리남용에 의한 지급청구

32 출제빈도 ★★

다음 중 외화지급보증에 따른 지시당사자에 대한 위험으로 적절한 것을 모두 고르면?

가. 신용위험	나. 정치적 위험
다. 재무위험	라. 계약위험
마. 공동시공의 위험	

① 가, 나, 다
② 가, 다, 마
③ 가, 라, 마
④ 나, 다, 라

33 출제빈도 ★★★ 최신출제유형

수출 또는 해외공사계약과 관련하여 신용상태가 양호하지 못한 수출자 또는 수주자가 은행에서 입찰보증, 계약이행보증 등의 보증서발행을 용이하게 받을 수 있도록 한국무역보험공사에서 지원하는 제도는?

① 수출보증보험
② 수출신용보증
③ 해외투자보험
④ 수출기반보험

34 A은행이 단독으로 거액의 보증서를 발행할 경우 예상되는 위험에 대해서 회피할 수 있는 방법으로 가장 적절한 것은?

① Conditional Guarantee 활용
② Syndicated Guarantee 활용
③ Counter Guarantee 활용
④ 한국무역보험공사의 수출보증보험을 활용

35 다음 중 보증서상 Risk가 있는 문언에 해당하지 <u>않는</u> 것은?

① 확정일자 언급 없이 계약서상 만기일이나 물품인도일 등으로 보증서가 종료되는 조건
② 보증은행의 동의로 기초계약의 수정·변경이 가능하다는 조건
③ 보증서가 반환되어야만 보증채무가 종료된다는 조건
④ 미확정비용, 수수료, 세금, 관세, 법적비용 등을 추가 부담하는 조건

정답 및 해설

31 ① 지급보증은 독립성을 가지므로 기초계약의 무효 또는 계약이행의 유무 등과 상관없이 보증서조건에 문면상 일치하는 서류가 있으면 지급하여야 한다.
32 ③ '가, 라, 마'는 지시당사자(보증신청인)에 대한 위험에 해당한다.
　　　나, 다. 수익자에 대한 위험에 해당한다.
33 ① 수출보증보험에 대한 설명이다.
34 ② 거액의 보증서를 발행할 경우 한 은행이 단독으로 부담하게 되는 위험을 다수의 은행으로 분산시키기 위한 방법으로 Syndicated Guarantee 또는 다수의 은행이 공동으로 보증서를 발행하는 방법 등을 고려할 수 있다.
35 ② 보증은행의 동의로 기초계약의 수정·변경이 가능하다는 조건은 보증금액 또는 유효기간 등이 쉽게 수정·변경되지 않음을 의미하므로 보증서상 Risk가 있는 문언에 해당하지 않는다.

금융·자격증 전문 교육기관 해커스금융
fn.Hackers.com

■ 출제경향 및 학습전략

외환회계는 제3과목 전체 20문제 중 총 1~3문제 정도 출제된다.

외환회계는 제3과목 외환관련여신 중에서 적은 문제가 출제되지만 가장 어려운 내용을 다루고 있는 부분이다. 하지만 실제 시험에서는 개념을 중심으로 출제되는 경향이 높으므로 각 계정과목의 개념을 잘 이해하면 문제를 쉽게 해결할 수 있다. 특히, 난내계정(자산계정 및 부채계정)과 난외계정을 구분하여 정리하는 것이 중요하다.

■ 빈출포인트

구 분	문제번호	빈출포인트	출제빈도
외환회계 (28%)	01	외환회계의 개요	★
	02	외환회계의 계정체계	★★
계정과목 해설 (72%)	03~05	주요계정	★★★
	06~07	난외계정	★★★
	08	외화자산 및 부채평가	★★

해커스 외환전문역 Ⅱ종 최종핵심정리문제집

제3과목 **외환관련여신**

제4장
외환회계

개념완성문제 제4장 | 외환회계

✓ 개념완성문제를 통해 외환전문역 Ⅱ종 시험에 나오는 개념을 이해할 수 있습니다.
✓ 다시 봐야 할 문제(틀린 문제, 풀지 못한 문제, 헷갈리는 문제 등)는 문제 번호 하단의 네모박스(□)에 체크하여 반복 학습할 수 있습니다.

외환회계의 개요 출제빈도 ★

01 다음 중 외환회계의 특징으로 옳지 않은 것은?
① 외국환의 상품화
② 외환손익의 단순화
③ 원화계리 발생
④ 대내외 구분의 명확화

외환회계의 계정체계 출제빈도 ★★

02 대고객 외국환거래 시 지리적, 시간적 차이로 인하여 해당 거래가 종료되지 않고 결제가 이루어질 때까지 과도기적으로 처리하는 계정의 성격을 가지는 것은?
① 외화타점예수금
② 외화본지점
③ 외화예치금
④ 매입외환

정답 및 해설

01 ② 외환거래는 국제간 거래라는 특수성으로 이자부문 손익과 수수료부문 손익 등 복합적인 손익요소가 발생되는 거래이므로 '외환손익의 복합성'이라는 특징을 가지고 있다.

02 ④ 매입외환은 결제가 완료되는 시점까지 일시적으로 처리하는 가계정으로서 경과계정에 해당되며, 이외에도 미결제외환, 외화출자전환채권, 매도외환, 미지급외환 등이 있다.

03 주요계정

다음 중 자산계정에 해당하는 것으로 모두 묶인 것은?

가. 외화예치금	나. 외화예수금
다. 매입외환	라. 외화대출금
마. 외화차입금	

① 가, 나, 다
② 가, 나, 마
③ 가, 다, 라
④ 나, 라, 마

04 주요계정

Banker's Usance방식 중 기한부 수입신용장 개설 후 해당 신용장의 조건에 따라 외국환은행이 수입대금을 직접 결제하거나 다른 외국환은행에 결제를 위탁할 때 발생한 개설의뢰인에 대한 신용공여를 처리하는 외화재무상태표의 자산계정과목으로 옳은 것은?

① 인수
② 배서어음
③ 미결제외환
④ 내국수입유산스

정답 및 해설

03 ③ '가, 다, 라'는 외환회계 계정과목 중 자산계정에 해당한다.
   나, 마. 부채계정에 해당한다.
04 ④ 내국수입유산스(Domestic Import Usance Bill)에 대한 설명이다.

주요계정

출제빈도 ★★★

05 외국환은행의 외화타점예치금계정에 외국으로부터 송금된 대금이 입금되었으나, 국내의 수취인에게 지급이 이루어지지 않은 경우에 지급시점까지 처리하는 계정은 무엇인가?

① 외화예수금
② 매도외환
③ 외화차입금
④ 미지급외환

> **용어 알아두기**
> **외화타점예치금** 외화예치금(자산)계정의 세과목으로 외국환거래의 결제자금으로 사용하기 위하여 국내외은행에 개설해 놓은 요구불예치금을 처리하는 계정이다.

난외계정

출제빈도 ★★★

06 다음 중 외국환계정 회계처리기준에 따른 난외계정과목에 해당하는 것은?

① 외화리스자산
② 수입물품선취보증
③ 외화콜론
④ 내국수입유산스

> **용어 알아두기**
> **외화리스자산** 리스료가 외화로 발생하는 리스자산을 처리하는 계정과목으로 자산계정에 해당한다.
> **외화콜론** 외국환은행이 단기 여유자금을 타외국환은행 또는 해외은행에 일시적으로 공여하는 경우에 처리하는 계정과목으로 자산계정에 해당한다.

정답 및 해설

05 ④ 미지급외환은 부채계정의 대표적인 경과계정과목으로 외국으로부터 내도된 타발송금 대금이 국내의 수취인에게 지급되지 않은 경우에 지급하는 시점까지 처리하는 계정으로 지급이 완료되면 계정을 정리하고 거래가 종료된다.
06 ② 수입물품선취보증은 확정외화지급보증 계정과목의 하나로서 난외계정에 해당한다.

난외계정

07 수입신용장거래과정에서 난외계정이 발생하지 <u>않는</u> 단계는? 출제빈도 ★★★

① At sight 수입신용장의 발행단계
② Banker's Usance 수입신용장의 발행단계
③ Banker's Usance 수입신용장의 인수단계
④ Shipper's Usance 수입신용장의 수입물품선취보증(L/G) 발급단계

> **용어 알아두기**
> **Banker's Usance** 개설은행이 정한 제3의 은행(인수은행)이 기한부(Usance)기간 동안의 신용을 수입상에게 공여하는 방식이다.
> **Shipper's Usance** 수출상이 기한부(Usance)기간 동안의 신용공여를 수입상에게 제공하는 방식이다.
> **수입물품선취보증(L/G)** 선적서류 원본보다 수입화물이 먼저 도착한 경우 선하증권 원본 없이 사본만으로 미리 인도받을 수 있도록 하기 위한 개설은행의 보증이다.

외화자산 및 부채평가

08 다음 중 매도초과 포지션(Over Sold Position)이 이루어질 수 <u>없는</u> 거래는? 출제빈도 ★★

① 수출환어음 추심전매입
② 당발송금
③ 외국통화매도
④ 수입어음결제

정답 및 해설

07 ③ Banker's Usance 수입신용장의 인수단계에서는 난내(자산)계정인 내국수입유산스로 처리된다.
08 ① 수출환어음 추심전매입은 매입초과 포지션(Over Bought Position)이 이루어지는 거래이다.

출제예상문제 제4장 | 외환회계

✓ 출제예상문제를 통해 다양한 외환전문역 Ⅱ종 문제를 풀어볼 수 있습니다.
✓ 다시 봐야 할 문제(틀린 문제, 풀지 못한 문제, 헷갈리는 문제 등)는 문제 번호 하단의 네모박스(□)에 체크하여 반복 학습할 수 있습니다.

출제빈도 ★

01 외환회계에 대한 설명으로 옳지 않은 것은?

① 외국환은행이 외국환업무에 발생하는 자산, 부채의 증감사항과 손익사항을 복식부기의 원리에 따라 체계적으로 기록, 정리하는 제도이다.
② 국가의 외화부문 건전성 및 외환통계 등에 유용한 정보로 활용되므로 일반회계처럼 일반에 공표된다.
③ 외화재무상태표의 계정과목 배열은 일반회계와 동일하게 상대적 유동성배열법을 적용하고 있다.
④ 외국환거래에서 발생되는 모든 손익은 발생하는 즉시 원화로 평가하여 원화손익으로 계상한다.

출제빈도 ★

02 다음 중 외환회계의 특징에 대한 설명으로 옳지 않은 것은?

① 외화재무상태표를 작성하며 일반회계와 달리 손익계산서 등 기타 재무제표는 작성하지 않는다.
② 은행거래에서는 화폐 등의 지급수단 자체를 하나의 상품으로 간주하지만 외국환거래에서는 외국통화, 외화수표 등 외국환 자체를 상품으로 보지 않는다.
③ 국제은행 간 거래라는 특수성으로 인하여 경과계정 및 결제계정이 존재한다.
④ 외국환거래에서 발생되는 모든 손익은 즉시 원화로 평가하여 원화손익으로 계상한다.

출제빈도 ★★

03 외환회계의 국제 간 거래에 따른 특이한 계정체계에 대한 설명으로 옳은 것은?

① 외국환거래 시 거래가 종료되지 않은 경우 결제가 완료되는 시점까지 일시적으로 처리하는 가계정을 결제계정이라 한다.
② 매입외환, 미결제외환, 외화타점예치금은 경과계정의 성격을 가진 자산계정이다.
③ 해외 환거래은행에 개설한 국내 외국환은행의 환결제계정을 당방계정이라 한다.
④ 이론상 당방계정과 선방계정의 잔액이 일치하여야 하나, 외국환거래의 특성상 일치하지 않고 있어 실제 당방계정의 잔액을 자금운용상 기준으로 삼고 있다.

출제빈도 ★★★   최신출제유형

04 다음 중 외화재무상태표상 난외계정에 해당하는 것으로만 모두 묶인 것은?

> 가. 확정외화지급보증
> 나. 미확정외화지급보증
> 다. 내국수입유산스
> 라. 배서어음

① 가, 다
② 가, 나, 라
③ 나, 다, 라
④ 가, 나, 다, 라

정답 및 해설

01 ② 외환회계는 별도의 외화재무상태표 작성기준을 제시하고 있으며 일반회계처럼 일반에 공표되지 않는다.
02 ② 금전 등 자금의 대차가 대부분인 은행거래는 화폐 등 지급수단을 상품으로 보지 않지만, 외국환거래에서의 지급수단인 외국통화, 외화수표 등 외국환은 하나의 상품으로 간주한다.
03 ③ ① 경과계정에 대한 설명이며, 결제계정은 외국환거래가 최종적으로 귀착되는 계정과목을 의미한다.
    ② 외화타점예치금은 결제계정의 성격을 가진 자산계정이다.
    ④ 실무적으로 자금운용상의 기준은 선방계정의 잔액을 중심으로 하고 있다.
04 ② 내국수입유산스는 Banker's Usance 방식 기한부 수입신용장 개설 후 인수은행의 인수 및 지급 통보 시 재무상태표 난내에 표시하는 자산계정과목이다.

05 외화회계의 계정과목 중 성격이 다른 것은?

① 외화타점예치금　　　　② 미결제외환
③ 외화표시 내국신용장어음　④ 수입신용장발행

06 수출환어음 등의 외국환을 매입하여 추심 중에 있는 외화자금을 당방계정이나 해외본지점계정에 입금되기 전까지 일시적으로 처리하는 경과계정은 무엇인가?

① 외화예수금　　　　② 미결제외환
③ 매입외환　　　　　④ 미지급외환

07 다음은 외환회계 주요 계정에 대한 설명이다. 괄호에 들어갈 내용으로 올바르게 나열한 것은?

> 외국환은행이 국내 타외국환은행 또는 해외은행에 외화자금을 대여하는 경우에 실무적으로 최장 90일 이내의 대차거래는 (A) 계정으로 처리하고, 90일을 초과하는 대차거래는 (B) 계정으로 처리한다.

	A	B
①	외화콜론	외화대출금
②	외화콜머니	은행 간 외화대여금
③	외화콜론	은행 간 외화대여금
④	외화콜머니	외화대출금

08 외국환은행이 Banker's Usance 방식 기한부 수입신용장을 개설하여 개설신청인에 대하여 신용공여를 하였을 때, 다음 상황별 계정처리로 옳지 <u>않은</u> 것은?

① 수입신용장 개설 시
　　[난외] 수입신용장발행(미확정외화지급보증)　xxx

② 개설은행(국내은행본점)이 수입환어음을 인수하고 결제하는 경우
　　(차변) 내국수입유산스(국내본점)　　　xxx　　　(대변) 기타외화차입금　　　xxx
　　[난외] 수입신용장발행(미확정외화지급보증)　xxx : 삭제

③ 해외 예치환거래은행에 결제를 위탁하여 수입환어음을 인수하고 결제하는 경우
　　(차변) 내국수입유산스(해외은행)　　　xxx　　　(대변) 기타외화차입금　　　xxx
　　[난외] 수입신용장발행(미확정외화지급보증)　xxx : 삭제

④ 개설은행 해외지점에 결제를 위탁하여 수입환어음을 인수하고 결제하는 경우
　　(차변) 내국수입유산스(해외지점)　　　xxx　　　(대변) 외화본지점(차입)　　　xxx
　　[난외] 수입신용장발행(미확정외화지급보증)　xxx : 삭제

정답 및 해설

05　④　난외계정에 해당한다.
　　　　① ② ③ 자산계정에 해당한다.
06　③　수출환어음 등 외국환은 매입 후 추심을 통하여 입금되며, 입금되기 전까지 일시적으로 매입외환계정으로 처리한다.
07　③　외국환은행이 국내 타외국환은행 또는 해외은행에 외화자금을 대여하는 경우에 실무적으로 최장 90일 이내의 대차거래는 (외화콜론) 계정으로 처리하고, 90일을 초과하는 대차거래는 (은행 간 외화대여금) 계정으로 처리한다.
08　②　신용장 개설은행이 수입환어음을 인수하고 결제하는 경우 차변에 내국수입유산스, 대변에는 외화타점예치금으로 계정 처리한다.

출제빈도 ★★

09 자산계정 중 외화본지점계정에 대한 설명으로 옳은 것은?

① 본지점의 합산재무제표를 작성할 시 원칙적으로 대변 또는 차변에 잔액이 나타나야 한다.
② 외화본지점계정은 차변 또는 대변 모두 잔액이 표시될 수 있는 양변계정으로 대변 잔액일 경우 자산계정, 차변 잔액일 경우 부채계정이다.
③ 국내본지점계정은 외국환은행의 국내영업점과 국외영업점 간의 대차거래를 처리하는 계정과목이다.
④ 국외본지점계정의 경우 갑계정과 을계정으로 구분되며, 갑계정은 유동화하기 어려운 자본금의 성격을 가진다.

출제빈도 ★★★

10 외화예수금계정의 세과목 중 경과계정의 성격을 가지고 있는 것은?

① 외화당좌예금　　② 외화별단예금
③ 외화보통예금　　④ 외화통지예금

출제빈도 ★★★　최신출제유형

11 국내의 송금신청인의 요청에 의하여 외국으로 당발송금을 하였으나, 아직 외국의 송금수취인에게 지급이 일어나지 않는 경우에 잠정적으로 처리하는 계정은 무엇인가?

① 외화차입금　　② 미지급외환
③ 매도외환　　④ 외화콜머니

출제빈도 ★★

12 다음은 외환회계의 부채계정에 대한 설명이다. 괄호에 들어갈 내용으로 올바르게 나열한 것은?

> - 외국환은행이 외화표시 금융채권을 발행하는 방법에 의해 외화자금을 조달하는 경우 처리하는 계정과목은 (A)이다.
> - 외국환은행이 고객과의 거래와 관련하여 예치받은 담보금 및 보증금을 처리하는 계정과목은 (B)이다.
> - 외국환은행이 일시적인 자금부족을 충당하기 위해 국내 타외국환은행 및 해외은행으로부터 단기간 차입하는 경우 처리하는 계정과목은 (C)이다.

	A	B	C
①	외화발행금융채권	외화미지급금	외화콜론
②	외화발행금융채권	외화수입보증금	외화콜머니
③	외화차입금	외화수입보증금	외화콜론
④	외화차입금	외화미지급금	외화콜머니

정답 및 해설

09 ④ ① 본지점의 합산재무제표를 작성할 시에는 대변과 차변의 잔액이 상쇄되어 나타나지 않는 것이 원칙이다.
② 외화본지점계정은 양변계정으로 대변 잔액일 경우 부채계정, 차변 잔액일 경우 자산계정이다.
③ 외국환은행의 국내영업점과 국외영업점 간의 대차거래를 처리하는 계정과목은 국외본지점계정이며, 국내본지점계정은 외국환업무 취급 국내영업점 간의 외화 대차거래를 처리하는 계정과목이다.

10 ② 외화별단예금은 외화예수금 세과목 중 경과계정의 성격을 가진 계정이다.

11 ③ 국내에서 당발송금을 하였으나, 해당 대금이 지급되기까지 잠정적으로 처리하는 부채계정은 매도외환이다.

12 ② - 외국환은행이 외화표시 금융채권을 발행하는 방법에 의하여 외화자금을 조달하는 경우 처리하는 계정과목은 (외화발행금융채권)이다.
- 외국환은행이 고객과의 거래와 관련하여 예치받은 담보금 및 보증금을 처리하는 계정과목은 (외화수입보증금)이다.
- 외국환은행이 일시적인 자금부족을 충당하기 위해 국내 타외국환은행 및 해외은행으로부터 단기간 차입하는 경우 처리하는 계정과목은 (외화콜머니)이다.

출제빈도 ★

13 다음 중 난외계정에 대한 설명으로 옳지 <u>않은</u> 것은?

① 재무제표 본문에 표시되지 않는 회계정보로서, 특히 금융기관의 재무상태를 이해하는 데 필요한 사항을 재무상태표의 부외계정에 별도로 표시하고 있는 계정과목을 의미한다.
② 통상 부외거래라고 하며, BIS 자기자본비율 규제 시 부외자산을 위험가중자산에 포함시켜 적정 비율을 유지하도록 하고 있다.
③ 외국환은행의 외화표시 지급보증에 따른 우발채무로서 주채무가 미확정된 경우 이를 처리하는 계정과목으로 미확정외화지급보증이 있다.
④ 미확정외화지급보증에는 수입물품선취보증, 인수, 수입팩토링인수, 차관인수계정 등이 해당된다.

출제빈도 ★★

14 Banker's Usance 수입신용장의 거래단계별 계정처리에 대한 내용으로 옳지 <u>않은</u> 것은? (수입보증금 및 수입물품선취보증금 적립 면제를 가정함)

① 수입신용장 개설 시
　　[난외] 수입신용장발행　　×××
② 수입물품선취보증서(L/G) 발급 시
　　[난외] 수입신용장발행(미확정외화지급보증)　　××× : 삭제
　　[난외] 수입물품선취보증(확정외화지급보증)　　××× : 기재
③ 기한부 수입어음 인수행위 발생 시
　　[난외] 수입물품선취보증(확정외화지급보증)　　××× : 삭제
　　[난내] (차변) 내국수입유산스　　×××　　(대변) 외화타점예치금(해외은행)　　×××
④ 만기일에 수입대금결제 시
　　[난외] 인수(확정외화지급보증)　　　　××× : 삭제(계정마감)

출제빈도 ★

15 외국환 거래 시 업무취급과정에서 발생되는 비금리비용을 보상받기 위하여 징수하는 수수료 중 정률수수료에 해당하는 것은?

① 수출신용장 양도수수료　　　② 수입결제 하자수수료
③ 내국신용장 취급수수료　　　④ 수출신용장 통지수수료

16 거래당사자의 우발적 신용위험을 감안하여 외국환은행의 신용능력을 이용하는 대가로 징수하는 수수료가 <u>아닌</u> 것은?

① 수출실적증명 발급수수료
② 외화표시 지급보증수수료
③ 수출신용장 확인수수료
④ 수입신용장 개설수수료

17 외환포지션 중 매도초과 포지션(Over Sold Position)이 발생하지 <u>않는</u> 거래유형으로 적절한 것은?

① 당발송금
② 외국통화매도
③ 여행자수표 판매
④ 외화예금지급

정답 및 해설

13 ④ 미확정외화지급보증에는 수입신용장발행, 외화표시내국신용장발행, 차관외환보증계정 등이 해당되며, 확정외화지급보증에는 수입물품선취보증, 인수, 수입팩토링인수, 차관인수계정 등이 해당된다.
14 ④ 만기일에 수입대금이 결제될 시에는 난내계정으로 아래와 같이 처리하여야 한다.
　　[난내] (차변) 기타외화차입금　　xxx　　(대변) 내국수입유산스(해외은행)　　xxx
15 ③ 내국신용장 취급수수료는 정률수수료에 해당한다.
　　① ② ④ 정액수수료에 해당한다.
16 ① 수출실적증명 발급수수료는 취급수수료적 성격의 수수료 중 정액수수료에 해당한다.
　　② ③ ④ 신용위험부담 보상적 성격의 수수료에 해당한다.
17 ④ 외화예금지급은 매입초과 포지션(Over Bought Position)이 이루어지는 거래이다.

금융·자격증 전문 교육기관 해커스금융
fn.Hackers.com

해커스 **외환전문역 Ⅱ종** 최종핵심정리문제집

적중
실전모의고사

제1회 적중 실전모의고사
제2회 적중 실전모의고사
제3회 적중 실전모의고사
정답 및 해설

제1회 적중 실전모의고사

▶ 정답 및 해설 p.390

제1과목 | 수출입실무

* 배점 : 50점(1점×20문제, 2점×15문제)

01 수출계약의 체결단계에서부터 수출대금이 회수되어 거래가 종료되는 시점까지의 거래과정을 수출의 절차라 하는데, 다음의 항목을 일반적으로 인정되는 수출의 절차에 따라 순서대로 나열한 것은? [2점]

가. 수출통관	나. 수출승인
다. 사후관리 및 관세환급	라. 신용장의 수취
마. 물품의 선적	바. 수출계약의 체결
사. 수출물품의 확보	아. 수출대금의 회수
자. 운송계약 및 보험계약의 체결	

① 바 ⇨ 라 ⇨ 나 ⇨ 가 ⇨ 사 ⇨ 자 ⇨ 마 ⇨ 아 ⇨ 다
② 바 ⇨ 라 ⇨ 나 ⇨ 사 ⇨ 자 ⇨ 가 ⇨ 마 ⇨ 아 ⇨ 다
③ 바 ⇨ 나 ⇨ 라 ⇨ 사 ⇨ 자 ⇨ 가 ⇨ 아 ⇨ 마 ⇨ 다
④ 바 ⇨ 라 ⇨ 가 ⇨ 나 ⇨ 사 ⇨ 자 ⇨ 마 ⇨ 아 ⇨ 다

02 무역계약을 구성하는 주요 거래조건 중 보험조건에 대한 설명으로 옳은 것은? [2점]
① CIF와 CIP조건에서는 수입상이 부보해야 할 의무가 있는 반면, CFR과 CPT조건에서는 수출상이 부보해야 할 의무가 있다.
② ICC(All Risks)는 전쟁 또는 동맹파업 등을 포함한 모든 위험을 담보하는 조건으로서 신약관 ICC(A)의 담보 범위가 동일하다.
③ 추정전손의 경우에는 피보험자가 보험목적물을 보험회사에 위부(Abandonment)하여야 보험청구할 수 있는 요건이 충족된다.
④ 보험계약의 구체적인 요건이 확정되지 않은 상태에서 미리 부보가 이루어지는 보험을 포괄보험이라 하며, 이때 발행되는 보험서류를 보험증권(Insurance Policy)이라 한다.

03 Incoterms® 2020의 무역거래조건 중 DAP조건과 DDP조건을 비교한 설명으로 틀린 것은?

① DAP와 DDP는 물품에 대한 위험과 비용부담의 분기점이 서로 동일하다.
② DAP는 매도인이 양하비용을 부담하지만, DDP는 매수인이 양하비용을 부담한다.
③ DAP는 수입통관을 매수인이 해야 하는 반면에, DDP는 매도인이 수입통관의 책임을 부담한다.
④ DAP와 DDP는 해상 및 내수로 등의 운송방식에 관계없이 사용할 수 있는 무역거래조건이다.

04 다음 일정한 기준에 따라 무역거래조건을 분류한 것으로 잘못 짝지어진 것은?

① 해상 및 내수로 운송 시에만 사용되는 무역거래조건 : FAS, FOB, CIF, CIP
② 매도인이 운임을 부담하는 무역거래조건 : CFR, CPT, CIF, CIP, DAP, DPU, DDP
③ 매수인이 부보해야 하는 무역거래조건 : EXW, FCA, FAS, FOB, CFR, CPT
④ 매도인의 위험부담이 도착지(수입지)에서 종료되는 무역거래조건 : DAP, DPU, DDP

05 다음 중 중계무역에 대한 옳은 설명으로 모두 묶인 것은? [2점]

> 가. 수출상과 수입상 중 어느 한 쪽이 상대방에게 알려지지 않게 하기 위해 중계국에서는 Switch B/L을 이용하여 B/L을 변경할 수 있도록 하고 있다.
> 나. 신용장방식으로 수출입대금의 결제를 하고자 할 때 수출물품의 조달방법으로 Back-to-Back L/C 등의 수단이 활용된다.
> 다. 국내에서 수입대금이 지급되지만, 수입되는 물품은 외국에서 인수하는 방식의 거래이다.
> 라. 중계무역방식의 수출실적은 무역금융 융자대상 수출실적으로 인정한다.

① 가, 나
② 가, 라
③ 나, 다
④ 다, 라

06 다음 중 국제팩터링거래와 관련한 수출상의 효용으로 옳지 않은 것은?

① 국제팩터링은 무신용장방식의 거래임에도 불구하고 신용거래에 따른 위험을 부담하지 않고 안전하게 거래할 수 있다.
② 수출상은 소구권 청구에 따른 우발채무의 부담으로부터 벗어나 재무건전성을 유지할 수 있다.
③ 수입상에게 신용장거래보다 유리한 조건을 제시할 수 있기 때문에 대외교섭력을 향상시킬 수 있다.
④ 수입팩터링수수료는 수입상이 부담하고 수출상은 수출팩터링수수료만 부담하므로, 신용장거래에 비하여 서류 작성에 대한 부담이 적다.

07 비거주자와 물품의 임대차계약을 체결하고자 하는 경우에는 외국환거래규정에 의하여 사전에 한국은행총재에게 신고 또는 1개월 이내에 외국환은행의 장에게 보고 후 거래해야 하는데, 다음 중 외국환은행의 장에게 사전에 보고해야 하는 경우에 해당하는 것은? [2점]

① 거주자가 부동산이 아닌 물품을 비거주자로부터 무상으로 임차하는 경우
② 계약 건당 미화 5천만불에 상당하는 물품에 대하여 임대차계약을 체결하는 경우
③ 국내의 외항운송업자와 비거주자 간에 소유권을 이전하는 조건으로 선박이나 항공기의 임대차계약을 체결하는 경우로서, 계약 건당 금액이 미화 2천만불인 경우
④ 국내의 외항운송업자와 비거주자 간에 소유권을 이전하지 않는 조건으로 선박이나 항공기의 외국통화표시 임대차계약을 체결하는 경우로서, 임대차 계약기간이 10개월인 경우

08 대외무역법 이외의 법률에 산재되어 있는 물품의 수출입요건 및 절차 등에 관한 사항을 무역업자가 파악하기 쉽도록 산업통상자원부장관이 제반사항을 조정·통합하여 일괄적으로 하나의 공고에 별도로 고시하는 규정을 무엇이라 하는가?

① 수출입공고　　　　　　　　　　② 전략물자수출입고시
③ 원산지제도 운영에 관한 고시　　④ 통합공고

09 대외무역법에서는 공정한 거래질서의 확립과 생산자 및 소비자를 보호하고 정부가 무역을 관리하기 위하여 원산지표시제도와 원산지확인제도를 시행하고 있다. 다음 중 이와 관련된 설명으로 옳은 것은? [2점]

① 원산지표시제도란 수출입거래와 관련한 모든 물품 등에 원산지를 표시하도록 하는 제도로서, 거래의 모든 당사자가 준수할 것을 강제하고 있다.
② 수입물품의 원산지표시는 반드시 영문으로만 표기되어 있어야 한다.
③ 원산지를 표시할 때에는 국가명 또는 도시명이 기재되어 있어야 한다.
④ 통합공고에 의하여 특정 지역으로부터 수입이 제한되는 물품을 수입하고자 하는 자는 해당 물품의 원산지국 등에서 발행하는 원산지증명서를 제출해야 한다.

10 제시된 서류가 신용장의 조건에 엄격히 일치하더라도 그 서류가 위조나 사기로 작성되었음이 확인된 경우, 해당 신용장의 대금지급을 거절할 수 있다는 것을 사기거래배제의 원칙(Fraud Rule)이라 한다. 이와 관련된 설명으로 옳지 <u>않은</u> 것은?

① 사기거래배제의 원칙은 수출상의 사기적인 대금청구로부터 수입상을 보호하기 위한 안전장치의 역할을 한다.
② Fraud Rule은 국제적인 판례에 의하여 형성되어 왔으며 미국의 통일상법전 신용장편(UCC Article 5)에서는 명시적으로 인정하고 있다.
③ 신용장에서 요구하는 서류가 위조되었거나 사기를 목적으로 작성된 것으로 확인되면 선의 또는 악의를 불문하고 개설은행은 그 대금의 지급을 거절할 수 있어야 한다.
④ 사기거래라고 하더라도 개설은행은 선의로 지급을 행한 확인은행에 대하여는 반드시 그 대금을 지급해야 할 의무가 있다.

11 신용장통일규칙(UCP600)에 규정된 내용하에서, 신용장에 대한 설명으로 옳지 <u>않은</u> 것은?

① 지급·인수·매입을 위하여 신용장에 명시된 서류 및/또는 환어음을 제시하여야 하는 최종일자를 유효기일이라 한다.
② SWIFT 방식에 의하여 개설된 신용장이더라도 그 본문에 신용장통일규칙을 준거한다는 뜻을 기재하여야만 신용장통일규칙의 적용을 받을 수 있다.
③ 지급신용장, 연지급신용장, 인수신용장은 원칙적으로 어느 은행에서나 이용이 가능하다.
④ UCP600의 적용을 받는 신용장에 취소불능이라고 명시하지 않더라도 취소불능신용장이 된다.

12 통지은행에 대한 설명으로 옳지 <u>않은</u> 것은?

① 통지은행은 접수된 신용장이 외견상 진정성을 충족하지 않고 있음에도 불구하고 이를 수익자에게 통지할 때에는 그러한 사실을 지체 없이 개설은행에게 알려주어야 한다.
② 통지은행은 개설은행의 지시에 따라 수익자에게 신용장을 통지할 의무만 있을 뿐, 신용장상의 채무를 부담해야 할 의무는 없다.
③ 확인은행이 아닌 통지은행은 매입은행에 대하여 어떠한 책임을 부담하지 않는다.
④ 개설은행으로부터 신용장의 통지를 요청받더라도 그 통지를 요청받은 은행은 반드시 수익자에게 신용장을 통지해야 할 의무를 부담하는 것은 아니다.

13 신용장의 이용방법에 대하여 아래와 같은 신용장 조건이 기재되었을 때, 이에 해당되는 신용장에 대한 설명으로 옳은 것은? [2점]

> 41a Available … by …
> : Any bank by negotiation

① 수출지에 개설은행의 해외 본지점이나 예치환거래은행이 없을 경우에 주로 활용되는 신용장이다.
② 반드시 환어음의 발행을 요구해야 하는 어음부 신용장이다.
③ 신용장의 취급사실에 대한 배서를 요구하지 않는 신용장이다.
④ 일람출급은 사용될 수 없고, 기한부신용장으로만 사용된다.

14 다음 중 중계무역과 연계무역거래에서 주로 활용되는 신용장으로 옳은 것은? [2점]

① Green Clause L/C
② Back-to-Back Credit
③ Escrow Credit
④ Transferable Credit

15 신용장과 첨부된 서류에서 아래와 같은 표현들이 사용된 경우, 다음의 설명 중 옳은 것은?

[2점]

> - The inspection certificate issued and signed by the qualified inspector.
> - Certificate of origin issued by the local Chambers of Commerce.
> - Full set of transport documents should be sent to the applicant promptly after shipment by the courier.
> - Freight to be paid at destination.

① 수익자 이외의 자가 위의 서류를 발행하였다면 개설은행은 하자 있는 서류로 보아 지급을 거절할 수 있다.
② 수출입 하는 물품의 원산지에 소재하는 상업회의소에서 발행된 원산지증명서만이 일치하는 서류로서 수리된다.
③ 운송서류의 전통(Full set)은 운송인을 통하여 선적 후 유효기일 이내에 언제든지 개설의뢰인에게 송부하여도 하자가 되지 않는다.
④ 물품의 운임은 목적지에서 선지급되었으므로, 무역거래조건 중 C그룹 또는 D그룹의 조건으로 신용장이 개설되었을 것이다.

16 다음 중 개설은행의 담보권을 저해할 우려가 있는 부가조건(Additional conditions)으로 틀린 것은?

① Surrendered B/L is acceptable.
② One original B/L shall be dispatched directly to applicant by courier.
③ L/C expired shall not be considered as a discrepancy.
④ Stale B/L is acceptable.

17 다음 중 신용장의 조건을 변경할 때 유의해야 할 사항에 대한 설명으로 옳지 않은 것은?

① 수익자에 대한 조건변경의 효력은 수익자가 조건변경을 수락하고 그러한 사실을 통지은행에 통보한 때부터 유효하다.
② 조건변경서에 "20XX년 6월 2일 이내에 조건변경에 대하여 거절을 통보하지 않는다면 수락한 것으로 간주한다"는 문언이 기재되었더라도 수익자는 이를 무시할 수 있다.
③ 하나의 동일한 조건변경서에서 수익자가 유리한 조건변경은 수락하고 불리한 조건변경은 거절할 수 있다.
④ 수익자가 변경된 신용장의 조건과 일치하는 서류를 은행에 제시하는 경우에는 조건변경을 수락한 것으로 간주하며, 그 서류를 은행에 제시한 때에 조건변경의 효력이 발생한다.

18 매입외환의 결제과정에서 발생하는 수수료 등으로 인해 해당 원금에 미달하는 부족금액으로, 개설·상환·추심·결제은행 등이 관련 수수료를 공제하고 입금함으로써 발생하는 수수료를 무엇이라 하는가? [2점]

① Gr. Charge
② Less Charge
③ 개설수수료
④ A/D Charge

19 다음 중 개설은행에 제시된 서류가 신용장의 조건과 불일치하는 경우, 이와 관련된 설명으로 옳지 않은 것은?

① 개설은행은 선적서류의 심사 결과 신용장조건과 일치하지 않는다고 판단한 경우, 우선 개설의뢰인으로부터 하자 있는 서류의 수락 여부를 서면으로 통지받아야 한다.
② 개설의뢰인이 대금지급의 거절을 요구하는 경우, 개설은행은 서류접수일의 다음 날로부터 5은행영업일 이내에 결제를 거절한다는 사실을 제시인에게 통지해야 한다.
③ 매입은행이 서류를 매입하는 과정에서 서류의 하자가 발견된 경우에는 보증부 매입 또는 유보부 매입을 하게 되는데, 이러한 절차가 이행된다면 개설은행은 해당 서류의 하자통지를 하지 않을 수 있다.
④ 개설은행이 일정 기한 내에 하자통지를 하지 않는 경우에는 신용장대금의 결제를 거절할 수 없다.

20 일람후정기출급어음과 일자후정기출급어음의 만기일 산정방법에 대한 설명으로 옳지 않은 것은?

① 일람후정기출급어음은 어음지급인이 어음을 인수한 날로부터 만기가 기산되고, 이 경우 일수에 의하여 산정한다면 초일은 산입하지 않는다.
② 일자후정기출급어음은 특정 일자를 기준으로 만기일이 계산되는 어음으로서, 어음지급인이 인수한 날에 관계없이 만기일이 확정된다.
③ 환어음의 기한과 관련하여 "from"이라는 용어가 사용되는 경우에는 해당 일자를 제외하고 그 다음 날로부터 만기를 산정해야 한다.
④ 하나의 환어음에 선적일자가 다른 두 세트 이상의 선하증권이 첨부되어 있는 경우에는 그 선하증권에 기재된 발행일자 등의 선적일 중 가장 빠른 일자를 기준으로 어음의 만기를 산정해야 한다.

21 아래와 같이 환적으로 인하여 하나의 선하증권에 여러 개의 본선적재부기가 표시된 경우, 환어음 만기일 산정 시 기준일은 언제인가? [2점]

- 신용장에 명시된 선적항 : Any Japanese Port
- 선하증권의 발행일 : 202X/09/10
- 각 선박의 본선적재부기에 표시된 항구명과 본선적재일자
  · Vessel #101 : YOKOHAMA, 202X/09/12
  · Vessel #201 : KOBE, 202X/09/13
- 환어음의 만기일 : at 30 days from B/L date

① 202X년 9월 10일 ② 202X년 9월 12일
③ 202X년 9월 13일 ④ 202X년 9월 14일

22 선적서류의 인도 후에 수입상의 대금결제가 이루어지면 개설은행은 수입대금을 지정은행 등에 지급하여야 하는데, 그 대외결제 지급방법 중에서 상환방식에 대한 설명으로 옳지 않은 것은?

① 상환방식에서의 은행 간 대금결제는 ICC에 의해 제정되어 발효 중인 URR725의 규칙이 준거규칙으로 적용된다.
② 상환수권서는 신용장과 독립된 별도의 지시이기 때문에, 상환은행은 신용장의 조건과 일치한다는 증명서를 요구할 수 없다.
③ 상환수권은 취소불능으로 상환의무를 부담하기 때문에 개설은행과 상환은행의 동의가 없는 한, 상환수권을 취소하거나 조건변경할 수 없다.
④ 상환은행의 비용은 원칙적으로 개설은행이 부담하지만, 원신용장과 상환수권서에 수익자 또는 매입은행 등이 비용을 부담할 것으로 명시되었다면 예외적으로 그 당사자가 비용을 부담해야 한다.

23 추심에 관여하는 은행의 의무와 면책에 대한 설명으로 옳지 <u>않은</u> 것은?

① 추심에 관여하는 은행은 신의성실의 원칙에 따라 행동하고 업무취급 시 상당한 주의를 기울여야 한다.
② 추심은행은 접수된 서류가 외견상 추심지시서에 기재된 것과 일치하는지와 그 서류의 내용이 추심당사자들의 요구에 부합하는지 여부를 심사해야 할 의무가 있다.
③ 은행은 서류의 형식, 충분성, 정확성, 진정성, 위조여부, 법적효력, 서류상의 조건 등에 대하여 어떠한 의무나 책임을 부담하지 않는다.
④ 은행은 천재, 폭동, 소요, 반란, 전쟁 등의 불가항력적인 사유에 의하여 업무가 중단됨에 따른 결과에 대하여 책임을 부담하지 않는다.

24 보증신용장에 대한 설명으로 옳지 <u>않은</u> 것은?

① 보증신용장은 무역외거래의 결제, 금융의 담보 또는 각종 채무이행의 보증을 주된 목적으로 하여 발행되는 신용장이다.
② 보증서를 발행한 보증인은 주채무에 대하여 2차적으로 보충적인 책임을 지는 데 비해, 보증신용장의 개설은행은 1차적이고 독립적인 채무를 부담한다.
③ 개설은행은 유효기간 내에 신용장의 조건과 문면상 일치하는 서류가 제시되면 원인계약의 이행 여부와 관계없이 대금을 지급해야 할 의무가 있다.
④ 보증신용장은 화환신용장과 그 성격이 다르기 때문에 신용장통일규칙(UCP600)이 적용되지 않고, 별도의 구체적인 보증신용장통일규칙(ISP98)의 적용을 받는다.

25 다음 중 청구보증에 대한 설명으로 옳은 것은? [2점]

① 청구보증은 보증신용장과 달리 주채무자의 채무불이행 시 2차적으로 보충적인 책임을 부담하는 보증을 말한다.
② 청구보증은 보증신용장에 대해 적용되고 있는 보증신용장통일규칙(ISP98)을 준용하고 있다.
③ 직접보증하에서 지시당사자는 보증서의 발행을 지시하고 그 배상책임을 지는 자로서, 통상적으로 원인계약상의 주채무자인 보증인을 말한다.
④ 간접보증하에서 제2차 보증서(Demand Guarantee)를 발행하는 은행을 보증인이라고 하며, 그 보증인은 구상보증의 수익자가 된다.

26 신용장을 심사할 때에는 해당 신용장상의 내용이 상충되거나 수출상으로 하여금 이행하기 불가능한 조항을 삽입하여 수입상이 대금결제를 회피하고자 하는 등의 독소조항이 포함되었는지 여부를 유의하여 판단해야 하는데, 다음 중 위와 같은 독소조항에 해당하지 않는 것은?

① This Credit is available at sight basis for 70% of invoice value, and remainder will be negotiated upon receipt of notice from drawee that they are satisfied with merchandise.
② Inspection certificate issued and signed by applicant.
③ Bill of Lading showing said by shipper's load and count is not acceptable.
④ All banking charges including reimbursement charge outside Korea are for account of beneficiary.

27 확인은행에 대한 설명으로 옳은 것은? [2점]
① 확인은행이 확인을 추가할 수 있는 신용장은 취소불능신용장뿐 아니라 취소가능신용장도 포함된다.
② 확인신용장에서 환어음을 매입한 확인은행은 수익자에게 소구권을 행사할 수 있다.
③ 확인은행은 신용장의 조건변경에 확인을 추가하여 통지한 때부터 그 조건변경의 효력이 발생된다.
④ 하자 있는 서류에 대하여 개설은행이 수리하기로 결정하였다면, 확인은행은 신용장의 대금지급의무를 이행해야 한다.

28. 아래 내용에 대한 해석으로 옳은 것은? [2점]

> • 신용장의 조건
>   · 유효기일 및 제시장소 : May 11, 20XX in beneficiary's country
>   · 최종 선적일 : on or before April 30, 20XX
> • 선하증권의 기재사항
>   · 선하증권의 발행일 : 20XX. 04. 28.
>   · 본선적재일 : 20XX. 04. 30.
> • 환어음의 기재사항
>   · 환어음의 만기 : At 90 days after B/L date

① 수익자는 위 신용장 등의 서류를 수익자의 국가에 소재하는 은행에 제시할 수 있으며, 해당 은행을 거치지 않고 직접 개설은행에 제시할 수도 있다.
② 5월 11일이 은행휴업일(불가항력적인 사유로 인한 휴업 아님)에 해당하는 경우, 그 직전 은행영업일까지 서류가 제시되어야 한다.
③ 신용장상에서 수출물품이 4월 29일 전까지 선적되어야 함을 명시하였으므로, 4월 30일에 본선에 적재하였음을 표시한 선하증권은 일치하지 않는 제시로 보아 신용장의 대금지급을 거절할 수 있다.
④ 환어음의 만기일은 4월 28일로부터 90일째 되는 날이다.

29. 신용장에 명시된 선적지로부터 도착지까지의 운송 도중에 기존 운송수단에서 화물을 양하하여 다른 운송수단으로 재적재하는 것을 환적이라 하는데, 다음 설명 중 옳지 <u>않은</u> 것은?
① 운송서류상에 운송인이 환적할 권리를 갖고 있음을 기재한 조항에 대해서는 무시할 수 있기 때문에, 이러한 서류를 신용장 조건에 일치하지 않는다고 보아 지급거절을 주장할 수 없다.
② 환적을 금지하는 신용장하에서 하나의 선하증권이 모든 운송구간을 커버하고 화물이 목재 파레트(wooden pallet)에 선적되었다는 표시가 있더라도 환적이 발생한 경우에는 하자로 본다.
③ 신용장에서 환적을 금지하고 있더라도 전체의 운송구간이 하나의 동일한 복합운송서류에 의해 커버되고 환적이 발생한 경우 예외적으로 수리할 수 있다.
④ 신용장상에 환적에 대한 언급이 없다면 원칙적으로 환적을 허용하는 것으로 해석한다.

30 다음 중 각 선하증권의 종류별 설명으로 옳지 <u>않은</u> 것은?

① Received B/L : 운송인이 화물을 수령하고 아직 본선에 적재하지 않은 상태에서 발행한 선하증권으로서 신용장에서 특별히 허용하지 않는 한 수리할 수 없다.
② Surrendered B/L : 선하증권의 원본 없이 수입상의 화물인도를 할 수 있도록 하는 선하증권을 말하며, 주로 장거리항해 운송 시에 활용된다.
③ Unknown Clause B/L : 컨테이너운송에서 FCL 화물의 경우, 운송인은 선적화물의 중량·용적 등 어떠한 내용에 대해서도 책임이 없다는 약관을 기재하고 있는 선하증권이다.
④ Third Party B/L : 선하증권에 기재된 선적인 또는 송하인이 신용장상의 수익자가 아닌 제3자로 기재되어 있는 선하증권이다.

31 보험서류에 대한 설명으로 옳은 것은? [2점]

① 보험서류의 발행일자는 최소한 선적일 또는 그 이전의 일자로 표시되어야 하지만, 신용장에서 허용하고 있거나 소급적용의 표시가 있는 경우에는 그 이후의 날짜로 표시될 수 있다.
② 개별보험계약에 의하여 선적된 물품이 그 권면에 기재된 내용대로 부보가 이루어졌음을 증명하는 증서를 보험증명서라 한다.
③ 신용장상에 별도의 명시가 없는 한 Franchise 또는 Excess 등의 면책비율을 적용하는 보험서류도 수리할 수 있으나, 그 면책비율의 상한에는 제한이 있다.
④ Excess of 3%의 조건하에서 5%의 손해가 발생한 경우에는 5%를 모두 보상해야 한다.

32 다음 중 하자 있는 서류의 처리에 대한 설명으로 옳지 <u>않은</u> 것은?

① 공인 또는 사증 등의 인증된 서류에 대한 수정은 반드시 그 서류를 공인 또는 사증한 당사자에 의해 확인되어야 하는 것이 원칙이다.
② 수익자 본인이 발행한 상업송장상의 정보와 데이터에 대한 수정은 상업송장을 수익자로부터 송부받은 은행의 확인이 필요하다.
③ 하자내용이 비교적 경미하고 대금회수가 확실하다고 판단되는 경우에는 보증부 매입방식을 활용하여 하자 있는 서류를 처리한다.
④ 하자사항에 대한 개설은행의 승낙을 전제조건으로 하자 있는 서류를 매입하여 그 대금을 지급하는 방법을 유보부 매입이라 하며, 실무상 개설은행이 승낙할 때까지 매입대전의 지급을 유보하는 방식으로 운용하고 있다.

33 선적통지조건의 기한부 사후송금방식 수출거래에 의한 외상채권의 매입을 Open Account NEGO라 하는데, 이에 대한 다음의 설명으로 옳은 것은? [2점]

① 선적서류 또는 물품이 수입상에게 인도된 후 수출채권이 성립하여 대금결제가 이루어진다.
② OA NEGO는 외상수출채권의 매입과 동시에 신용장 또는 선하증권 등에 의하여 담보되는 화환어음을 매입함으로써 수출화물에 대한 물권적 지배권을 보유할 수 있다는 특징이 있다.
③ 외상수출채권을 매입하는 은행은 개설은행을 통하여 대금결제를 보장받을 수 있다.
④ 은행은 주로 재무상태나 신용도가 높은 우량기업에 한하여 제한적으로 OA NEGO를 허용하고 있다.

34 대외무역관리규정에 의한 수출실적의 인정 범위로 옳지 않은 것은?

① 내국신용장 또는 구매확인서에 의한 공급
② 대북한 유상반출
③ 증여를 원인으로 국내에서 외국으로 물품이 이동하는 것
④ 외국인으로부터 대금을 영수하고 외화획득용 시설기재를 외국인과 임대차계약을 맺은 국내업체에 인도하는 것

35 다음 중 대외무역관리규정상의 수출실적과 관련한 설명으로 옳은 것은?

① 위탁가공물품을 외국에 판매한 경우의 수출실적은 그 판매액을 인정금액으로 한다.
② 내국신용장 또는 구매확인서에 의한 수출실적은 한국무역협회에서 발급한 수출입확인서에 의하여 확인되는 입금액을 인정금액으로 한다.
③ 외화를 받고 외항선박에 내국선박용품을 공급하는 경우, 수출실적 확인 및 증명은 외국환은행의 장이 한다.
④ 중계무역과 외국인도수출의 경우, 수출실적 확인 및 증명은 외국환은행의 장이 한다.

제2과목 | 국제무역규칙

*배점 : 30점(1점×20문제, 2점×5문제)

36 Under UCP600, which of the following statements is NOT correct?

① If a credit stipulates that it applies to the rules of "UCP LATEST VERSION", the credit is subject to the version of the UCP that is in effect on the date of issue.

② In any case, the UCP must be given priority in application to the laws that legislate in nation of issuance of the credit.

③ UCP600 is rules that apply to not only documentary credit but standby letter of credit.

④ UCP is applicable when the letter of credit expressly indicates that it is subject to these rules.

37 The date on which the goods were shipped on board was August 16, 202X. Which of the following terms in relation to the period for shipment is deemed to be discrepant? [2점]

① Shipment should be effected on or about August 21, 202X.
② Shipment must be effected from August 16, 202X.
③ Shipment should be effected before August 16, 202X.
④ Shipment must be effected during the second half of August, 202X.

38 Of the following terms of the credit, a credit cannot be issued as available with :

① the issuing bank by acceptance.
② the nominated bank by deferred payment.
③ the nominated bank by sight payment calling for a draft drawn on that bank.
④ the issuing bank by negotiation.

39 By advising the credit, the advising bank that is NOT a confirming bank signifies that : [2점]

> A. it has satisfied itself as to the apparent authenticity of the credit.
> B. the advice accurately reflects the terms and conditions of the credit received.
> C. it has an obligation to honour or negotiate against a complying presentation.
> D. the data of the credit does not conflict with the data in the documents.

① A and B
② A and C
③ B and D
④ C and D

40 Under UCP600, which of the following statements is NOT correct?

① The issuing bank must honour to presentation of documents complying with the credit regardless of discrepancy in the sales contract.

② If the document does not comply with the sales contract, the applicant may refuse a payment.

③ When a confirming bank determines that a presentation is complying, it must honour or negotiate and forward the documents to the issuing bank.

④ A confirming bank's undertaking to reimburse another nominated bank is independent of the confirming bank's undertaking to the beneficiary.

41 Under UCP600, which of the following statements is NOT correct?

① A requirement for presentation within 21 days following the date of shipment is not applicable to the credit that requires "Commercial invoice in two originals" only.

② Even if a credit may indicate a geographical area as port of loading, the bill of lading must state the actual port of loading.

③ If an agent signs the bill of lading on behalf of the carrier, the bill of lading must indicate the name of the carrier.

④ When the address and contact details of the applicant appear as part of the consignee or notify party in transport documents, they need not correspond with those stated in the credit.

42 When a nominated bank determines that presentation is complying and honours or negotiates, the nominated bank must :

① honour.

② honour or negotiate.

③ forward the documents to the confirming bank or issuing bank.

④ honour or negotiate, and forward the documents to the issuing bank.

43 If an issuing bank fails to receive a waiver from the applicant until the fourth banking day following the day of the presentation, which of the following statements is correct? [2점]

① An issuing bank must require the applicant give an immediately reply.

② An issuing bank can decide to refuse a discrepant document.

③ An issuing bank must wait until it receives an applicant's reply.

④ An applicant can require extension of an expiry date to the issuing bank.

44. If a credit requires presentation of multiple documents by using terms such as "in 3 copies" this means that the beneficiary is to present :

① only 3 originals.
② only 3 copies.
③ only 1 original and 2 copies.
④ 1, 2 or 3 originals and the rest in copies.

45. Under UCP600, which of the following statements relative to definitions is NOT correct?

① Applicant means the party on whose request the credit is issued.
② Honour includes paying at sight if the credit is available by deferred payment.
③ Banking day means a day on which a bank is regularly open at the place at which an act subject to these rules is to be performed.
④ Presenter means a beneficiary, bank or other party that makes a presentation.

46. Carrier is "MH Shipping Ltd." and the agent for the carrier is "SO International Co., Ltd.". If the name of the carrier is not indicated on the face of B/L, which of the followings satisfies the signature requirements of B/L as stipulated in sub-article 20(1)? [2점]

A. Bill of Lading
   MH Shipping Ltd.
   (Signature)

B. Bill of Lading
   MH Shipping Ltd.
   As Carrier
   (Signature)

C. Bill of Lading
   SO International Co., Ltd.
   As agent for the carrier
   (Signature)

D. Bill of Lading
   SO International Co., Ltd.
   As agent for the carrier,
   MH Shipping Ltd.
   (Signature)

① A and B
② A and C
③ B and D
④ C and D

47 Under UCP600, which of the following clause stipulated in the document cannot be accepted?

① Inspection certificate must be issued by the first class Authorized Inspection Agency.

② Goods will be loaded on deck.

③ Shipment must be effected immediately.

④ Carrier reserves the right to tranship.

48 A documentary credit in which partial shipment is permitted includes the following shipping schedule.

Vessel Name	Start Date	Finish Date	Shipped Quantity
#1	202X/04/01	202X/04/30	1,000PCS
#2	202X/07/01	202X/07/20	2,000PCS
#3	202X/10/01	202X/10/15	2,000PCS
#4	202X/11/15	202X/11/30	3,000PCS

The beneficiary shipped the goods and presented documents as below.

	Vessel Name	Date of Shipment	Date of Presentation	Shipped Quantity
A	#1	202X/04/11	202X/04/24	1,000PCS
B	#2	202X/07/06	202X/07/19	2,000PCS
C	#3	202X/10/02	202X/10/14	3,000PCS
D	#4	202X/11/20	202X/11/30	2,000PCS

If the partial shipment is allowed in each installment shipments, which of the following is discrepant? [2점]

① A only   ② A and B

③ C only   ④ C and D

49 Under UCP600, which of the following parties is responsible to indemnify a bank against all obligations and responsibilities imposed by foreign laws and usages?

① beneficiary   ② advising bank

③ applicant   ④ issuing bank

50. Which of the following may NOT be reduced or curtailed when transferring a transferable credit?
   ① period for presentation
   ② expiry date of the credit
   ③ percentage for which insurance cover must be effected
   ④ unit price of the goods

51. Under URDG758, which of the following statements is incorrect?
   ① A guarantee cannot be cancelled or amended when a guarantee leaves the control of the guarantor.
   ② The guarantor is undertaking to pay to the presenter only when it has received a complying demand under the guarantee issued by the guarantor.
   ③ The guarantor shall determine whether it appears on its face to be a complying presentation only on the basis of a presented document.
   ④ If a guarantee includes a condition relating to a date or the lapse of a period not indicating a document in compliance with the condition, the condition is deemed as non-documentary.

52. Which of the following statements about demand is NOT correct under URDG758?
   ① A demand under the guarantee shall be supported by the beneficiary's supporting statement even if it is not required under the guarantee.
   ② The guarantor need not inform the instructing party of any demand under the guarantee.
   ③ A demand is a non-complying demand if it is for more than the amount available under the guarantee.
   ④ Neither the demand nor the supporting statement should be dated before the date when the beneficiary is entitled to present a demand.

53. Under URDG758, if a presentation of a demand under the guarantee was made to the guarantor by the beneficiary on Monday SEP. 19, 202X by when should the guarantor complete the examination?
   ① Thursday SEP. 22, 202X
   ② Friday SEP. 23, 202X
   ③ Monday SEP. 26, 202X
   ④ Tuesday SEP. 27, 202X

54 Under ISP98, which of the following statements is NOT correct?

① A standby credit is irrevocably bound to the issuer when issued even if it is not so stated.

② The issuer under the standby credit is obligated to honour only the beneficiary's complying demand.

③ The enforceability of and issuer's obligations under a standby credit does not depend on the issuer's right or ability to obtain reimbursement from the applicant.

④ An issuer is responsible for accuracy or genuineness of any document presented under the standby credit.

55 Which of the following statements about a complying presentation under a standby is incorrect?

① An issuer can examine the presented documents only if all of the required documents under a standby have been presented.

② A presentation must identify the standby under which the presentation is made.

③ If a place of presentation is not indicated in the standby, a presentation must be made at the place of business from which the standby was issued.

④ A presentation must be made at any time after issuance and before expiry on the expiration date.

56 In accordance with ISP98, documents presented which are not required by the standby :

① shall be disregarded for purposes of determining compliance of the presentation.

② must be returned to the presenter.

③ shall be examined to determine whether it appears on its face to be a complying presentation.

④ must not be passed on with the other documents presented to issuer or applicant.

57 In accordance with ISBP821, which of the following statements is incorrect?

① "shipping documents" means all documents required by the credit, except drafts, teletransmission reports, courier receipts, etc.

② "stale documents acceptable" means documents may be presented later than 21 calendar days after the date of shipment regardless of the expiry date of the credit.

③ "third party documents acceptable" means all documents for which the credit or UCP 600 do not indicate an issuer, except drafts, may be issued by a named person or entity other than the beneficiary.

④ The "exporting country" is either a country where the beneficiary is domiciled, a country of origin of the goods, a country of receipt by the carrier, or a country from which shipment or dispatch is made.

58 Which type of the bank is that be instructed or authorized to provide reimbursement pursuant to a reimbursement authorization issued by the issuing bank?

① issuing bank
② reimbursing bank
③ claiming bank
④ presenting bank

59 An irrevocable reimbursement authorization cannot be amended or cancelled without the agreement of :

① the issuing bank.
② the beneficiary.
③ the reimbursing bank.
④ the claiming bank.

60 Which of the following statements about parties to a collection is incorrect under URC522?

① "principal" is the party entrusting the handling of a collection to a bank.

② "remitting bank" is the bank to which the principal has entrusted the handling of a collection.

③ "collecting bank" is any bank, including the remitting bank, involved in processing the collection.

④ "presenting bank" is the collecting bank making presentation to the drawee.

제3과목 | 외환관련여신

*배점: 20점(1점×20문제)

61 무역금융제도의 특징으로 모두 묶인 것은?

> 가. 선적 후 금융 지원
> 나. 수출단계별 자금연계 지원
> 다. 사후관리제도 운용
> 라. 융자취급은행의 확대
> 마. 내국신용장제도 운용

① 가, 나, 다
② 가, 다, 라
③ 나, 다, 마
④ 나, 라, 마

62 다음 중 무역금융 융자대상에 대한 설명으로 옳지 <u>않은</u> 것은?
① 융자대상을 수출업자에서 수출용 원자재 생산업자도 포함함으로써 지원대상이 확대되었다.
② 국제거래방법의 다양화에 따라 융자대상 범위가 확대되었으나, 근본적으로 수출이행이 확실시되는 경우로 한정하고 있다.
③ 개발도상국에 물자 및 시설 지원사업을 위하여 한국국제협력단이 무상으로 원조하는 경우에도 무역금융을 취급할 수 있다.
④ 사전송금방식과 대금교환도방식에 의한 수출은 무역금융 융자대상에서 제외된다.

63 무역금융 융자대상 수출실적으로 인정되지 <u>않는</u> 것은?
① 대북한 무상반출실적
② 국제팩토링방식에 의한 수출실적
③ 외국선박의 수리로 인해 획득한 외화입금실적
④ 산업통상자원부장관이 지정하는 생산자의 수출물품 포장용 골판지상자의 공급실적

64. 무역금융 융자한도의 관리에 대한 설명으로 옳지 않은 것은?
① 실적기준금융을 이용하는 업체에 대한 융자한도는 과거실적 등을 고려하여 한국은행이 자율적으로 산정하여야 한다.
② 수입대행업체가 실수요자를 위하여 수출용 원자재의 수입신용장 개설을 의뢰하는 경우 원자재수입자금의 융자취급액은 실수요자의 원자재자금 한도관리대상에 포함하여야 한다.
③ 원자재자금의 경우 당해 내국신용장이 융자한도 내에서 개설되었다면 당해 어음의 결제시점에서 융자한도가 부족하더라도 융자를 취급할 수 있다.
④ 실적기준금융의 융자한도는 수출실적에 연동하여 결정되기 때문에 매월 산정되는 융자한도 범위 내에서는 회전사용할 수 있다.

65. 다음은 A기업이 202X년 9월 일본에 있는 B기업으로부터 받은 해상운송수출신용장이다. A기업이 신용장기준 생산자금을 취급하려고 한다면 융자금액은 얼마인가? (단, 10만원 미만 단위는 절사)

- 일본에 있는 B기업에게 자가생산한 완제품을 수출하기 위한 선수금 영수조건의 수출신용장이다.
- 수출신용장 금액(CIF조건)은 USD3,000,000이다. (선박에 대한 FOB환산율은 미주·구주 0.9648)
- 수출용 완제품을 생산하는 데 투하된 소요원자재액(Local L/C 외화금액)은 USD1,000,000이다.
- 이미 영수한 선수금은 USD600,000이며, 무역어음 인수취급분은 USD400,000이다.
- 202X년 8월 평균매매기준율은 1,400원이며, 202X년 9월 평균매매기준율은 1,430원이다.
- 융자비율은 90%이다.

① 0원
② 1,126,900,000원
③ 1,252,100,000원
④ 1,260,000,000원

66. 다음 중 위탁가공무역 관련 무역금융 취급방법에 대한 설명으로 옳지 않은 것은?
① 국내기업이 국산원자재를 사용하여 제조·가공한 물품을 현지 또는 제3국에 무상으로 수출한 실적에 한하여 무역금융 융자대상 수출실적으로 인정된다.
② 국내기업이 국산원자재를 구매하여 가공하지 않고 수탁업자에게 무상으로 수출하는 경우에는 생산자금 및 포괄금융 융자대상에서 제외된다.
③ 무역금융을 취급함에 있어 수출신용장에 따른 위탁가공무역 수출실적이 인정되는 시점은 수출대금이 입금된 때이다.
④ 무역금융 융자대상 금액은 위탁가공무역에 소요되는 국산원자재를 무상으로 수출한 금액 범위 내로 한다.

67 다음 중 포괄금융에 대한 설명으로 옳은 것은?
① 과거 1년간의 수출실적이 미화 5천만불 미만인 업체가 대상이다.
② 수출실적 보유기간이 1년 미만인 신규업체는 이용할 수 없다.
③ 수출실적 관리 등을 담당할 주거래은행을 지정해야 한다.
④ 실적기준금융 방식만 선택할 수 있다.

68 다음 중 내국신용장의 조건에 대한 설명으로 옳지 않은 것은?
① 내국신용장은 양도가 불가능한 취소불능신용장이어야 하며, 신용장통일규칙(UCP600)을 준거규칙으로 하고 있다.
② 내국신용장의 금액은 물품대금 전액으로 한다.
③ 서류제시기간은 물품수령증명서 발급일로부터 최장 5영업일 범위 내에서 책정된 것이어야 한다.
④ 내국신용장의 형식은 개설의뢰인을 지급인으로 하고, 개설은행을 지급장소로하는 일람출급식이어야 한다.

69 다음 중 내국신용장과 구매확인서에 대한 설명으로 옳은 것은?
① 내국신용장은 외국환은행에서만 발급 가능하지만 구매확인서는 전자무역기반사업자도 발급할 수 있다.
② 내국신용장과 마찬가지로 구매확인서도 실적기준으로 발급할 수 있다.
③ 내국신용장은 물품공급이 완료된 후 발급이 가능하지만 구매확인서는 사후발급이 불가능하다.
④ 내국신용장은 은행의 지급보증이 수반되지 않지만 구매확인서는 수반된다.

70 다음 융자취급은행의 의무에 대한 설명으로 옳지 <u>않은</u> 것은?

① 무역금융 수혜업체에 대해 종합적으로 심사하여 적정한 수준의 무역금융이 취급되도록 하여야 한다.
② 동일 신용장에 대하여 중복금융취급을 방지하기 위해 융자취급상황을 별도의 관리대장에 기록하여 보관하여야 한다.
③ 하나의 수출신용장 등과 관련된 무역금융의 취급 및 수출대금의 영수는 동일한 외국환은행을 통하여 이루어져야 한다.
④ 외국환은행은 무역금융의 취급상황을 소정 서식양식에 의하여 매월 다음 달 20일까지 한국은행 통화정책국에 제출하여야 한다.

71 거주자 대상 외화대출이 지원되는 거래로 모두 묶인 것은?

> 가. Usance L/C, D/A 및 OA 방식 원자재수입결제대금
> 나. 해외현지 임가공비
> 다. 위탁가공무역에 소요되는 원재료수입대금
> 라. 해외 완제품 수입대금

① 가, 라
② 나, 다
③ 가, 나, 다
④ 가, 나, 다, 라

72 외화대출 관련 위험분석에 대한 설명으로 적절하지 <u>않은</u> 것은?

① Shipper's Usance L/C는 은행에 대한 이자비용 지급 등을 고려하여 단기차입금으로 처리하도록 하고 있다.
② Banker's Usance L/C는 지속적인 차환사용이 가능하고 실질적 상환부담이 적다.
③ Banker's Usance L/C는 차입금의존도 상승 및 이자보상배율 하락 등으로 외견상 재무구조를 저하시켜 Shipper's Usance L/C보다 덜 선호되는 편이다.
④ 수입자가 수출자보다 거래교섭력이 우위에 있는 기업의 경우 Shipper's Usance L/C를 주로 사용한다.

73 외화대출 실행에 대한 설명으로 적절한 것은?

① 기존 외화대출의 기한연장 및 대환 시에는 통화변경이 불가하다.
② 차주가 자기자금으로 해외 결제용 대출자금을 이미 송금한 경우 차주가 송금한 금액을 초과하여 대출을 실행할 수 없다.
③ 차주가 자기자금 등으로 미리 집행한 시설자금에 대한 외화대출은 자금집행 후 1개월 이내인 경우에 한해 취급을 허용한다.
④ D/P, D/A(추심에 의한 수입거래) 등 특정은행을 통한 해외송금이 불가피한 경우에도 대출취급은행과 해외송금은행은 동일해야 한다.

74 다음 보증신용장과 상업신용장의 차이점에 대한 설명으로 옳지 않은 것은?

① 일반적으로 상업신용장은 선하증권을 요구하지만, 보증신용장은 청구사유진술서를 요구한다.
② 상업신용장은 계약의 이행에 대하여 지급할 목적으로 개설되지만, 보증신용장은 주로 계약의 불이행에 대하여 지급할 목적으로 개설된다.
③ 상업신용장은 신용장 조건과 일치하는 서류를 제시하는 경우에 지급하는 조건부 지급확약인 반면에 보증신용장은 채무불이행에 대한 진술서 등을 제시하면 지급하는 무조건부 지급확약이다.
④ 상업신용장은 주로 물품의 거래에 한정하여 개설되지만, 보증신용장은 주로 계약이행보증, 선수금환급보증 등 이행성보증과 관련하여 개설된다.

75 다음 보증신용장 중 이행성보증에 해당하지 않는 것은?

① Bid Standby L/C
② Retention Standby L/C
③ Direct Pay Standby L/C
④ Advance Payment Standby L/C

76 아래와 같은 문언이 삽입되어 있는 청구보증은?

> This guarantee shall become effective from the date the said advance payment has been credited to the applicant's account No. 2121-1548-4834 with us, ABC bank.

① Performance Guarantee
② Repayment Guarantee
③ Retention Guarantee
④ Maintenance Guarantee

77 다음 중 외화지급보증서 발행과 관련된 설명으로 옳지 않은 것은?

① 보증신용장은 일반적으로 UCP600 또는 ISP98을 준용하고, 청구보증은 URDG758을 준용한다.
② 보증기간은 1년 이내로 하되 보증대상이 되는 주채무의 상환기간이 확정된 경우에는 주채무의 상환기간까지 할 수 있다.
③ 발행통화는 기초계약통화와 일치시켜 발행하여야 하나, 자행에 가용한 통화가 없어 통화를 일치시키지 못할 경우 보증신청인과의 합의를 통해 변경할 수 있다.
④ 보증서를 SWIFT로 발행할 경우에는 영어로만 가능하지만, Letter의 경우에는 영어 및 한국어로 발행 가능하다.

78 수출계약 또는 건설용역 및 플랜트계약 등에서 수출자 또는 수주자가 은행에서 보증서 발행을 용이하게 받을 수 있도록 무역보험공사에서 수출지원제도의 일환으로 발급하는 것은?

① 수출기반보험
② 해외투자보험
③ 수출신용보증
④ 수출보증보험

79 다음 중 외국환회계의 특징이 아닌 것은?

① 외화손익계산서 작성
② 외국환의 상품화
③ 외환손익의 복합성
④ 국제 간 거래에 따른 특이한 계정체계

80 외국환은행이 자행에서 개설한 Banker's Usance 방식 기한부수입신용장의 조건에 따라 동 수입대금을 직접 결제하거나 다른 은행에 결제를 위탁하여 발행한 개설신청인에 대한 신용공여를 처리하는 계정과목은?

① 외화콜머니
② 내국수입유산스
③ 외화대출금
④ 외화수입보증금

fn.Hackers.com

제2회 적중 실전모의고사

▶ 정답 및 해설 p.402

제1과목 | 수출입실무

* 배점 : 50점(1점×20문제, 2점×15문제)

01 다음 중 대외무역법에서 정의하고 있는 수출입거래에 해당하는 것은? [2점]
① 국내 A기업이 중국의 B기업과 매매계약을 체결하고, 해당 계약에 따라 국내에 소재하는 중국 B기업의 지점에 물품을 인도하는 것
② 북한에서 생산된 원자재를 유상으로 반입하는 것
③ 우리나라의 선박이 북태평양의 공해상에서 포획한 명태를 일본에 판매하는 것
④ 우리나라 보세구역 안에 있는 보세공장으로부터 외국 물품을 보세구역이 아닌 국내로 반입하는 것

02 국제상업회의소(ICC)에서 제정한 Incoterms® 2020의 무역거래조건 중에서 CIF에 대한 설명으로 옳지 않은 것은?
① 매도인이 물품을 선적항에서 본선에 적재되는 때에 매수인에게 해당 물품의 모든 위험이 이전되는 거래조건으로서, 이는 FOB조건하에서 위험이 이전되는 시점과 동일하다.
② CIF조건은 위험부담의 분기점과 비용부담의 분기점이 동일하다.
③ CIF조건하에서 매도인은 CFR조건하의 비용에 추가하여 지정된 목적항까지의 보험료를 부담하게 된다.
④ 수출통관의 의무는 매도인이 부담하며, 수입통관의 의무는 매수인이 부담한다.

03 곡물, 원유, 광산물 등과 같은 산화물(Bulk Cargo)을 선적하는 경우에는 하역비용이 다른 화물의 선적에 비해 많이 소모되기 때문에 그 비용을 운임과 별도로 표시할 수 있는데, 이러한 하역비용의 표시방법과 무역거래조건별 하역비용의 부담자에 대한 설명으로 틀린 것은?
① FO조건하에서는 선주가 적재비용을 부담하고 화주가 양하비용을 부담해야 한다.
② FIO조건이란 하역비용을 모두 선주가 부담하는 조건을 말한다.
③ DPU조건하에서는 하역비용을 모두 수출상이 부담해야 한다.
④ FOB조건하에서는 매도인이 적재비용을 부담하고 매수인이 양하비용을 부담한다.

04 미국에서 핸드폰의 주요 부속품을 제조하여 해외에 수출하는 Q사가 한국에서 핸드폰을 제조하는 업체인 S사와 수출입계약을 체결하면서 무역거래조건을 FOB(Free On Board)조건으로 할 것을 합의하였다. 수입상인 S사가 국내의 거래은행에서 개설한 수입신용장을 통하여 Q사에게 아래와 같은 내용을 요구하는 경우, 다음 중 잘못된 요구조건으로 모두 묶인 것은?

> 가. 표기방법 : FOB NEW YORK Port
> 나. 요구되는 운송서류 : Air waybill
> 다. 보험서류조항을 명시한 사항 : 없음
> 라. 운송비부담조건 : Freight Prepaid

① 가, 나　　　　　　　　　② 가, 다
③ 나, 라　　　　　　　　　④ 다, 라

05 다음 대외무역관리규정에서 정하고 있는 특정거래형태와 그 거래형태별로 활용되는 예시가 잘못 짝지어진 것은?
① 외국인도수출 : 해외산업현장에서 사용한 기자재를 해외에서 곧바로 매각하고자 하는 경우
② 위탁가공무역 : 외국의 저렴한 노동력이나 국내에 전수되지 않은 고도기술 등을 이용하고자 할 경우
③ 임대수출 : 해외에 현지법인 등을 소유하고 있지 않은 국내기업이 새로운 수출시장을 개척하기 위하여 현지의 기업을 활용하여 수출하고자 하는 경우
④ 연계무역 : 무역마찰의 해소, 무역불균형 시정, 통상교역의 확대 등을 목적으로 광범위하게 활용됨

06 다음 서류와 관련된 특정거래형태로 옳은 것은?

> 가. Switch B/L
> 나. Back-to-Back L/C
> 다. Third party B/L

① 무환수출입　　　　　　　② 위탁가공무역
③ 연계무역　　　　　　　　④ 중계무역

07 추심방식과 송금방식에 대한 설명으로 옳지 <u>않은</u> 것은?

① 사전송금방식은 수출입물품이 견본상품이거나 시험용품 등의 소량 또는 소액인 경우에는 주로 활용되고 있으며, 수입상의 입장에서 가장 안전한 결제방식 중 하나이다.
② European D/P 방식하에서는 대체로 수출상이 직접 해외의 수입상 거래은행으로 선적서류를 송부하며 환어음이 발행되지 않는다는 점이 특징이다.
③ OA 방식은 수출상이 수입상에게 선적사실을 통보하는 시점에서 외상채권이 성립되기 때문에 수출상은 선적완료 후에 즉시 외상채권을 현금화할 수 있다.
④ D/P USANCE 방식은 수출상의 신용위험부담 및 수입상의 불필요한 자금부담을 동시에 커버할 수 있는 장점이 있다.

08 다음 중 국제팩터링과 포페이팅에 대한 설명으로 옳은 것은? [2점]

① 수출상에 대한 수출팩터의 신용위험부담에 대해서는 그 보상으로 수입상이 수출팩터링 수수료를 부담하게 된다.
② 팩터링거래에서는 신용장거래와 달리 매매계약의 위반 또는 물품의 하자 등을 이유로 클레임을 제기함으로써 그 대금지급을 거절할 수 있다.
③ 포페이팅거래는 기초상거래에서 발생하는 지급청구권을 소구권을 행사하는 조건으로 할인매매하는 금융서비스를 말한다.
④ 포페이팅거래는 주로 신용장대금채권이나 환어음 및 약속어음 등의 어음채권 및 기타의 증권 또는 채권을 할인대상으로 한다.

09 외국환거래규정에 의하여 제3자와 결제하는 행위는 원칙적으로 한국은행총재에게 신고 또는 1개월 이내에 외국환은행의 장에게 보고 후 거래하여야 하지만, 일정한 경우에는 그 신고대상에서 제외된다. 다음 중 신고대상에서 제외되는 경우가 <u>아닌</u> 것은?

① 수입대행업체에게 단순수입대행을 위탁한 거주자가 수입대행계약 시 미리 정한 바에 따라 수입대금을 수출자인 비거주자에게 지급하는 경우
② 수입대금을 수출상이 아닌 다른 자에게 송금하는 경우
③ 거주자가 외국환은행 또는 이에 상응하는 금융기관에 개설된 에스크로 계좌를 통해 비거주자에게 지급등을 하는 경우
④ 당해 거래의 당사자가 아닌 거주자가 거래의 당사자인 비거주자로부터 수령하는 경우

10 다음 중 신용장의 특성 중 독립성과 추상성에 대한 설명으로 옳은 것은? [2점]

① 개설은행은 신용장의 일부로서 매매계약서나 견적송장의 사본을 포함시키려는 개설의뢰인의 요청이나 시도를 강력히 저지하여야 한다.
② 상업송장에 기재된 상품 명세가 매매계약서와 일치하지 않는 경우, 개설은행은 일치하지 않는 제시로 보아 대금지급을 거절할 수 있다.
③ 신용장은 매매계약과 독립된 계약으로 보지만, 매매계약이 취소 또는 무효가 되는 경우에 개설의뢰인은 그러한 사실을 지체 없이 개설은행에 통보하여 대금지급의 거절을 요청해야 한다.
④ 제시된 선적서류와 일치하지 않거나 하자 있는 물품이 수입국에 도착한 경우, 개설은행은 수익자 또는 지정은행에 신용장대금의 지급을 거절해야 한다.

11 신용장에서 제시되어야 할 서류가 아래와 같이 명시된 경우, 다음의 조건 중에서 비서류적 조건에 해당하는 것은? [2점]

> 46A Documents Required
>   + SIGNED COMMERCIAL INVOICE IN 2 ORIGINALS
>   + FULL SET OF CLEAN ON BOARD OCEAN BILL OF LADING MADE OUT TO THE ORDER OF ABC BANK MARKED FREIGHT COLLECT AND NOTIFY APPLICANT
>   + CERTIFICATE OF ORIGIN

① 신용장에 제시된 서류 및/또는 환어음은 20XX년 3월 8일까지 제시되어야 한다.
② 물품의 선적은 20XX년 3월 10일까지 완료되어야 한다.
③ 물품의 원산지는 대한민국(Made in Korea)이어야 한다.
④ 검사증명서는 개설의뢰인에 의해 발행되고 서명되어야 한다.

12 개설은행의 의무에 대한 설명으로 옳지 않은 것은?

① 개설은행은 신용장을 개설하여 이를 수익자에게 통지해야 할 의무가 있다.
② 개설은행은 제시된 서류가 문면상으로 신용장 조건과 일치하는지 여부에 대하여 상당한 주의를 가지고 심사한 후에 그 서류가 일치한다고 판단하면 신용장대금을 지급해야 한다.
③ 신용장 조건과 일치하지 않는 서류가 제시된 경우, 개설은행은 서류접수일의 다음 날로부터 7영업일 이내에 수리 또는 거절 여부를 결정하여 제시인에게 통보해야 한다.
④ 제시된 서류가 신용장 조건에 일치하는 한, 해당 거래의 기초가 되는 매매계약 등의 하자 여부에 관계없이 개설은행은 신용장의 대금을 지급해야 할 의무가 있다.

13 다음 중 인수신용장과 관련된 개설은행의 지급확약 문언으로 옳은 것은? [2점]

① We hereby engage that payment will be duly made against documents presented in conformity with the terms and conditions of this credit.

② We hereby engage with drawers and/or bona fide holders that drafts drawn and negotiated in conformity with the terms and conditions of this credit will be duly honoured on presentation.

③ We hereby engage that drafts drawn in conformity with the terms and conditions of this credit will be duly accepted on presentation and duly honoured at maturity.

④ We hereby engage that payment will be duly undertaken against documents presented in conformity with the terms and conditions of this credit and payment will be duly made at maturity.

14 신용장통일규칙에서는 모든 신용장은 일람지급, 연지급, 인수 또는 매입에 의한 방법 중 어떠한 방식으로 이용 가능한지를 명시해야 하는데, 다음의 특징을 갖는 신용장의 이용방법으로 옳은 것은? [2점]

- 일반적으로 수출지의 통지은행이 개설은행의 해외 본지점 또는 예치환거래은행일 때 사용된다.
- 특별한 사정이 없는 한, 환어음의 발행을 요구하지 않는다.
- 일람출급신용장으로 사용된다.
- 지정된 특정의 은행만이 해당 업무를 취급할 수 있다.

① by sight payment
② by deferred payment
③ by acceptance
④ by negotiation

15 신용장 및 운송서류상의 일부 조건이 아래와 같이 주어졌을 때, 수익자가 인수를 위하여 은행에 서류를 제시하여야 하는 최종일자는 언제인가? [2점]

- 신용장상의 주요 정보
  - 41a Available with … By … : XYZ Bank by acceptance
  - 31D Date and place of expiry : 20XX/10/04 in KOREA
  - 44C Latest Date of Shipment : 20XX/09/24
  - 48 Period for presentation : Within 12 days after the date of shipment
- 운송서류상의 주요 정보
  - Place and date of issue : Incheon Korea, 20XX/09/22
  - Date of shipped on board : 20XX/09/21
- 오늘은 20XX년 9월 24일(목요일)이다.

① 20XX년 10월 2일　　② 20XX년 10월 4일
③ 20XX년 10월 5일　　④ 20XX년 10월 6일

16 다음 중 신용장 관련 수수료에 대한 설명으로 옳지 <u>않은</u> 것은?
① 인수수수료는 개설수수료보다 낮은 요율이 적용되며, 인수수수료와 개설수수료의 징수기간이 중복되는 경우에는 그 중복기간에 해당하는 인수수수료를 환급해야 한다.
② 상환수수료는 일반적으로 금액에 관계없이 매 어음 건별로 일정액을 부과한다.
③ L/G보증료는 연리 3%의 요율을 적용하여 징수하고 L/G발급액 전액에 대하여 수입보증금을 적립하는 경우에는 보증료의 징수를 면제한다.
④ 선적서류의 도착통지일 이후 일정기간 동안 대금결제를 유예시켜주고 그 결제유예기간에 대하여 별도로 징수하는 수수료를 Gr. Charge라고 한다.

17 매입은행 등의 지정은행에 대하여 신용장대금을 결제해주는 방법으로서 상환방식, 차기방식, 송금방식이 있는데, 다음의 설명과 대금결제방법이 올바르게 짝지어진 것은? [2점]

> 가. 지정은행이 가지고 있는 개설은행의 계좌에서 자금을 인출하여 지급하도록 함으로써 신용장 대금이 결제되도록 하는 방식이다.
> 나. 개설은행이 개설의뢰인으로부터 수입대금을 결제받은 이후에 지정은행에 대한 신용장대금의 상환이 이루어진다.
> 다. 신용장의 발행과 동시에 미리 상환은행을 지정하여 상환수권서를 보내고 지정은행으로 하여금 상환은행 앞으로 자금을 청구하도록 지시함으로써 신용장대금의 결제가 이루어지는 방식이다.

	가	나	다
①	상환방식	차기방식	송금방식
②	차기방식	송금방식	상환방식
③	상환방식	송금방식	차기방식
④	차기방식	상환방식	송금방식

18 다음 중 서류심사의 의무와 면책에 대한 설명으로 **틀린** 것은?

① 은행에 제시된 서류 중에서 신용장상에 요구되지 않은 서류가 포함된 경우, 은행은 해당 서류를 심사하지 않고 제시인에게 반환할 수 있다.
② 은행은 서류접수일의 다음 날부터 최장 5은행영업일(five banking days)까지 서류를 심사하여 일치하는 제시인지 판단하고 그 결과를 서류의 제시인에게 통보해야 한다.
③ 신용장거래는 오로지 서류의 문면상으로만 심사해야 하며, 서류의 형식이나 진정성, 위조 여부, 법적효력 및 서류상에 명시되어 있는 일반조건과 특수조건 등에 관하여 어떠한 책임을 부담하지 않는다.
④ 은행이 사전에 서류가 위조 또는 변조되었다는 것을 알았더라도 서류의 진정성 및 법적 효력과 관련한 은행의 면책조항은 유효하다.

19 하자 없는 선적서류의 수입대금 결제에 대한 설명으로 옳은 것은? [2점]

① 개설의뢰인은 개설은행으로부터 선적서류의 도착을 통지받은 날로부터 5은행영업일 이내에 수입대금을 결제하거나 기한부환어음의 인수의사를 표시해야 한다.
② 개설의뢰인이 수입대금의 결제기한 내에 결제하지 않는 경우, 개설은행은 수익자 또는 지정은행에 대한 대금지급을 하지 않을 수 있다.
③ 상환베이스의 일람불신용장의 대금결제 시 표준결제일수에 해당하는 수입환어음 결제 환가료를 징수해야 하며, 그 대금결제가 일정기일이 경과되면 경과일수만큼의 GR.Charge를 추가적으로 징수해야 한다.
④ 신용장대금은 원화 또는 외화로 결제할 수 있으며, 원화로 결제할 경우에는 결제일 당시의 전신환매입률이 적용된다.

20 은행에 제시된 서류가 신용장 조건과 일치하지 않는다는 하자통지를 할 때, 다음 중 유효한 하자통지가 되기 위해 기재되는 사항으로 모두 묶인 것은?

> 가. 은행이 결제 또는 매입을 거절한다는 사실
> 나. 결제 또는 매입을 거절하는 불일치 사유
> 다. 은행이 하자통지 이후에 발견된 불일치 사유에 대해서 재통지를 할 수 있다는 사실
> 라. 추가지시가 있을 때까지 은행이 서류를 보관할 것이라는 사실

① 가, 나
② 다, 라
③ 가, 나, 다
④ 가, 나, 라

21 다음 중 수입화물선취보증서(L/G)에 대한 설명으로 옳지 않은 것은?

① 수입화물선취보증서가 발행된 후에 선적서류에서 하자가 발견되는 경우, 개설은행은 대금지급을 거절할 수 있다.
② 개설은행은 수입선적서류가 도착하는 즉시 선하증권의 원본을 선박회사로 송부하고 L/G를 회수하여야 하지만, 항공운송의 경우에는 항공화물운송장에 의한 수입화물인도승낙서의 회수가 필요하지 않다.
③ 개설은행은 수입화물선취보증서를 발급할 때 수입대금의 결제를 담보하기 위하여 L/G 보증금을 적립하도록 하고 있으나, 해당 은행의 내규에 따라 적립의무를 면제할 수도 있다.
④ 항공화물운송장상의 수하인이 개설은행으로 되어 있는 경우, 개설의뢰인은 개설은행에 수입화물인도승낙서를 제시하여야 항공화물을 인도받을 수 있다.

22 개설은행에 다음의 조건이 명시된 Shipper's Usance 신용장과 선하증권이 202X년 4월 24일에 접수되었다면, 환어음의 만기일은 언제인가? (단, 제시된 서류는 신용장의 조건과 일치한다고 가정함) [2점]

> - 환어음의 발행일 : 202X. 04. 21.
> - 환어음의 만기일 : At 60 days after sight
> - 선하증권의 발행일자 : 202X. 04. 19.
> - 선하증권상의 본선적재일자 : 202X. 04. 20.

① 202X년 6월 18일 ② 202X년 6월 21일
③ 202X년 6월 23일 ④ 202X년 6월 24일

23 무신용장방식의 대금결제방법 중 D/P, D/A에 대한 설명으로 옳지 않은 것은?

① 추심지시서상에 D/P 또는 D/A로 간주되는 문언이 없거나 분명하지 않은 경우에는 D/A로 간주한다.
② D/P는 추심대금의 결제와 동시에 서류를 인도해야 하지만, D/A는 수입상이 서류를 인수함으로써 서류의 인도가 가능하다는 차이가 있다.
③ D/P, D/A거래는 수출상과 수입상의 매매계약서에 근거한 거래이기 때문에, 은행은 거래당사자로부터 위임받은 업무만 처리할 뿐 대금지급에 관하여는 어떠한 책임을 부담하지 않는다.
④ 추심지시서상에서 D/P 거래는 "against payment"에 표시하고 D/A거래는 "against acceptance"에 표시한다.

24 다음의 설명과 관련된 보증신용장은 무엇인가? [2점]

> 개설의뢰인이 수익자로부터 받은 선수금에 대해 계약의 이행을 보장하고, 계약 불이행 시 선수금 반환을 보장하는 목적의 보증신용장이다.

① Performance Standby L/C ② Advance Payment Standby L/C
③ Counter Standby L/C ④ Commercial Standby L/C

25 송금결제방식 중 OA(Open Account) 방식에 대한 설명으로 옳지 않은 것은?

① OA 방식에 의하여 대금결제를 하는 경우, 수출상의 입장에서 대금회수위험이 제거되어 매우 안전하지만 수입상은 상품인수의 불확실성과 물품의 하자에 대한 위험성이 있다.
② 수출업체가 선적을 완료하고 수입자에게 선적사실을 통보함과 동시에 채권이 발생한다는 의미로서 선적통지조건부 사후송금 결제방식이라고도 한다.
③ 본·지사 간 또는 고정 거래처 간에 지속적으로 수출입거래를 하는 경우, 매 거래 시 대금을 결제하지 않고 3개월, 6개월 등 미리 정한 결산시기에 채권·채무를 상계한 후에 차액만을 결제할 수 있다.
④ 본·지사 또는 고정 거래처의 신용이 불확실하여 대금회수의 위험이 있다고 판단되는 경우에는 상업보증(Commercial Standby) 및 기타 담보수단 등을 이용하여 OA 방식을 활용할 수 있다.

26 신용장의 통지에 대한 설명으로 틀린 것은?

① 통지은행은 전송 중에 발생하는 지연, 훼손, 기타의 오류에 대해서 의무나 책임을 부담하지 않지만, 통지내용 중 전문용어의 번역이나 그 해석상에 오류가 발생한 것에 대해서는 책임을 부담해야 한다.
② 신용장의 통지는 수출국에 있는 개설은행의 본·지점이나 환거래은행을 통하여 이루어지는 것이 일반적이다.
③ 개설은행은 통지은행을 거치지 않고 수익자에게 직접 신용장을 통지할 수 있다.
④ 신용장을 통지하기 위하여 제2통지은행을 이용하는 경우, 신용장의 조건변경에 대한 통지는 반드시 동일한 제2통지은행을 이용하여야 한다.

27 양도가능신용장에 대한 설명으로 옳지 않은 것은?

① 양도가능신용장에 별도의 명시가 없는 한, 해당 신용장에서 작성된 서류 및/또는 환어음은 반드시 양도은행에 제시되어야 한다.
② 신용장이 다수의 제2수익자에게 양도되었을 때 그 양도가능신용장의 조건변경에 대해서 제2수익자의 과반수가 수락의사를 표시한다면 모든 제2수익자는 조건변경의 내용에 구속된다.
③ 신용장을 양도할 때 소요되는 모든 비용은 원칙적으로 제1수익자가 부담해야 한다.
④ 양도가능신용장으로 사용되기 위해서는 반드시 신용장에 "transferable"이라는 조건이 명시되어야 한다.

28. 신용장의 조건변경과 관련한 아래의 사례에 대한 해석으로 옳은 것은? [2점]

> ㈜A상사는 그리스의 B은행에 신용장 개설을 요청하였고 터키의 C은행이 확인한 신용장 US$1,000,000에 대해 국내의 D은행을 통하여 통지받았다. 수익자인 ㈜B상사는 수출물품의 원재료 공급지연으로 인하여 ㈜A상사에게 선적기일의 연장을 요청하였고 B은행으로부터 신용장의 조건변경을 수락한다는 통지를 받은 후 물품을 선적하였다. 그런데 B은행이 조건변경 후 파산하여 확인은행인 C은행에게 대금지급을 요청하였다. 그러나 C은행은 조건변경에 동의하지 않았다는 이유로 신용장대금지급을 거절하였다.

① 사례의 신용장의 조건변경은 ㈜A상사, B은행, C은행의 동의를 받아야 그 효력이 있다.
② C은행은 원신용장에 확인을 추가하였으므로 B은행의 신용장 조건변경에 대하여 확인을 추가할 의무가 있기 때문에, 신용장대금지급을 거절한 것은 하자에 해당한다.
③ ㈜B상사는 국내의 D은행에 대해서도 신용장 대금지급을 요구할 수 있다.
④ 신용장의 조건변경에 동의하지 않은 C은행은 신용장의 대금지급의무를 부담하지 않는다.

29. 신용장에서 선적일과 서류제시기일을 아래와 같이 정하고 있을 때, 다음 중 하자가 되지 않는 선적일과 서류제시기간으로 옳게 짝지어진 것은? [2점]

> 44C Latest date of shipment
>   : ON OR ABOUT October 2, 202X
> 48 Period for presentation
>   : WITHIN 2 DAYS OF October 9, 202X

	선적일	서류제시기간
①	09. 27.~10. 07.	10. 07.~10. 11.
②	09. 27.~10. 07.	10. 09.~10. 11.
③	09. 29.~10. 03.	10. 09.~10. 11.
④	09. 29.~10. 03.	10. 07.~10. 11.

30 아래의 사례에 대한 해석과 상환은행과 관련된 설명으로 옳지 <u>않은</u> 것은?

> 개설은행은 "금액 : US$1,000,000, 유효기일 : 202X년 3월 3일, 추가조건 : 대금은 매입일로부터 5영업일이 되는 날에 청구함"을 조건으로 하는 상환신용장을 개설하였다. 상환은행은 개설은행의 요청에 따라 매입은행 앞으로 상환확약서를 발행하였다. 매입은행은 3월 2일 매입을 하여 신용장 및 상환확약서 조건에 따라 3월 6일 상환은행 앞으로 US$1,001,000을 청구하였으나 상환은행은 초과청구를 사유로 개설은행이 지급에 동의하지 않음에 따라 지급거절통보를 하였다. 이에 따라 3월 13일 매입은행이 US$1,000,000으로 재청구하자 상환은행은 신용장 및 상환확약서의 유효기일 경과로 지급거절을 하였다.

① 상환은행은 개설은행과 달리 서류를 심사해야 할 의무를 부담하지 않는다.
② 상환은행이 매입은행 앞으로 발행한 상환확약서는 그 매입은행의 동의 없이 일방적으로 취소되거나 조건변경될 수 없다.
③ 상환은행은 개설은행의 계좌에 대금이 부족하거나 개설은행으로부터 결제자금을 받지 못하더라도 상환대금을 결제해야 한다.
④ 매입은행이 3월 6일과 3월 13일에 상환은행 앞으로 청구한 상환청구서에 대하여 상환은행은 초과청구와 유효기일 경과를 사유로 대금지급거절을 통보한 것은 타당하다.

31 용선계약부 선하증권(Charter party B/L)에 대한 설명으로 옳은 것은? [2점]
① 신용장에서 용선계약서의 제시를 요구하더라도 은행은 그 용선계약서를 심사하지 않아도 된다.
② 용선계약부 B/L은 신용장에 기재된 바에 따라 일정 범위나 지역으로 선적항을 표시할 수 있다.
③ 신용장에서 특별히 금지하지 않는 한, 용선계약에 따른다는 선하증권은 수리할 수 있다.
④ 용선계약부 선하증권은 선주, 용선자, 운송인 또는 그들의 대리인에 의해 서명되어야 하며, 선주 또는 용선자의 대리인에 의해 서명되는 경우, 반드시 선주 또는 용선자의 명칭이 표시되어야 한다.

32 다음 중 원산지증명서(Certificate of Origin)의 심사에 대한 설명으로 옳지 <u>않은</u> 것은?
① 원산지증명서는 상품의 원산지를 증명하는 서류로서 반드시 서명되어 있어야 한다.
② 신용장에서 원산지증명서의 발행자에 관한 별도의 언급이 없다면 신용장상의 수익자 또는 그 대리인이 발행한 원산지증명서를 제시하여야 한다.
③ 신용장에서 수익자가 발행한 원산지증명서를 요구하는 경우, 그러한 서류를 대신하여 상업회의소가 발행한 원산지증명서도 수리할 수 있다.
④ 원산지증명서에 명시된 수출자 또는 송하인은 신용장의 수익자 또는 운송서류의 선적인과 다르게 표시될 수 있다.

33 다음의 경우에 통상적으로 선택하는 하자 있는 서류의 처리방법으로 옳은 것은?

> • 개설은행의 신용도가 매우 낮은 경우
> • 중대한 하자가 있는 서류로서 부도가능성이 매우 높은 경우
> • 독소조항을 내포하고 있는 신용장으로 결제가능성이 불투명한 경우
> • 신용장 또는 서류의 위조, 변조 및 사기 등의 여부가 심히 의심스러운 경우

① 보증부 매입
② 유보부 매입
③ 추심 후 지급
④ 전신 조회 후 매입

34 다음 중 대외무역관리규정 제26조에서 정하고 있는 수출실적의 인정금액에 대한 설명으로 옳은 것은? [2점]

① 수출입실적의 인정금액의 경우, 수출실적은 CIF 금액을 기준으로 하고, 수입실적은 FOB금액을 기준으로 하는 것을 원칙으로 한다.
② 수출실적으로 인정될 수 있는 금액은 수출통관액, 입금액, 가득액 등을 기준으로 하고 있다.
③ 외국에서 개최되는 박람회 등에 출품하기 위해 무상반출한 물품 등을 현지에 매각한 경우에는 반출 시 신고한 금액을 수출실적으로 인정한다.
④ 중계무역의 경우, 판매액에서 원자재 수출금액 및 가공임을 공제한 가득액을 수출실적의 인정금액으로 한다.

35 다음 중 무역금융 융자대상 수출실적에 대한 설명으로 옳지 않은 것은?

① 수출신용장 또는 수출계약서에 의하여 물품 등을 수출(중계무역방식에 의한 수출포함)하거나 국내에 공급한 실적은 융자대상 수출실적으로 인정된다.
② 융자대상 수출실적의 인정금액은 본선인도가격(FOB가격)을 원칙으로 한다.
③ 위탁가공무역의 수출실적은 위탁가공무역에 소요되는 국산원자재를 무상으로 수출한 실적으로 한다.
④ 수출신용장 및 내국신용장의 수출실적 인정시점은 수출환어음 또는 내국신용장어음이 매입(추심의뢰 포함)된 때로 한다.

제2과목 | 국제무역규칙

36 Under UCP600, which of the following provisions does NOT use the term "banking days"?

① Examination of documents
② Notification of discrepant documents
③ Extension of expiry date or last date for presentation
④ Presentation of original transport documents

37 Under the terms and conditions of a credit below, which of the following statements is correct? (15 February, 20XX is Sunday) [2점]

> 31D Date and Place of Expiry
> : XX/02/17 KOREA
> 41a Available with … by
> : ABC BANK, KOREA BY NEGOTIATION
> 42A Drawee
> : APPLICANT

① The beneficiary must present documents for negotiation to the bank before February 10, 20XX, excluding the period for the examination of documents(five banking days).
② The beneficiary must present complying documents only to the ABC bank.
③ A credit which requires a draft drawn on the applicant must not be issued.
④ A credit which provides to be available by negotiation must not call for a draft.

38 Under UCP600, which of the following statements is NOT correct in relation to undertaking of the issuing bank and confirming bank?

① An issuing bank is irrevocably bound to honour when it issues the credit.
② Even if a bank is authorized or requested by the issuing bank to confirm a credit, the bank has no duty to add its confirmation to the credit.
③ The issuing bank must honour if the credit is available by negotiation with a nominated bank and that nominated bank does not negotiate.
④ The confirming bank must negotiate without recourse if the credit is available by negotiation with another nominated bank and that nominated bank does not negotiate.

39 If it is not indicated in a credit that it is subject to the ICC rules for bank-to-bank reimbursements, which of the following statements is NOT correct under UCP600?

① The reimbursement authorization must not be subject to an expiry date stated in the credit.

② An issuing bank will be responsible for any loss of interest, together with any expenses incurred by it, if reimbursement is not provided on first demand by a reimbursing bank in accordance with the terms and conditions of the credit.

③ The reimburse bank should present the certificate of compliance with terms and conditions of the credit to the claiming bank.

④ Except as may be otherwise provided by the reimbursement authorization, a reimbursing bank's charges are for the account of the issuing bank.

40 The applicant requested an amendment of the credit as below, and an issuing bank notified that to the beneficiary. Which of the following statements is NOT correct?

The terms and conditions of the original credit
32B Amount : US$100,000
44C Latest Date of Shipment : 202X. 04. 18.
Amendment of the credit
32B Amount : US$80,000
44C Latest Date of Shipment : 202X. 05. 04.
47A Additional Conditions
: THIS AMENDMENT SHALL BE IN FORCE UNLESS REJECTED BY BENEFICIARY ON OR BEFORE April 30, 202X.

① A credit can be amended under the agreement of the issuing bank, the beneficiary and the confirming bank, if any.

② If the beneficiary notified acceptance of only "44C" in the amendment, it will be deemed to be a notification of rejection of the amendment.

③ If the beneficiary does not give any notification of the amendment, it will be deemed to have accepted it.

④ The beneficiary may disregard additional conditions.

41. Under the issuance of a documentary credit below, which of the following additional conditions is considered to be a non-documentary? [2점]

> 46A Documents Required
> + COMMERCIAL INVOICES IN TWO ORIGINALS INDICATING FULL DESCRIPTION OF GOODS
> + PACKING LIST IN TWO ORIGINALS INDICATING PACKS, BOXES, PALLETS ETC.
> + FULL SET OF CLEAN ON BOARD OCEAN BILL OF LADING MADE OUT TO THE ORDER OF ABC BANK MARKED FREIGHT COLLECT AND NOTIFY APPLICANT
> + CERTIFICATE OF ORIGIN

① MERCHANDISE MUST BE MADE IN KOREA.
② GOODS MUST BE INSPECTED BY AN AUTHORIZED INSPECTION AGENCY IN KOREA.
③ GOODS SHOULD BE PACKED IN 5 SETS (3 WOODEN BOXES AND 2 PALLETS).
④ 10% MORE OR LESS IN BOTH QUANTITY AND AMOUNT ALLOWED.

42. Which of the following bill of lading is acceptable without any specific restrictions unless otherwise prohibited?

① Third party B/L
② Surrendered B/L
③ Forwarder's B/L
④ On deck shipment B/L

43 Documents under documentary credit subject to UCP600 had been presented to the issuing bank in Seoul, Korea on February 26, 202X. On February 26, 202X, the issuing bank sent an advice of refusal message by SWIFT MT799 as follows.

> MT799 FREE FORMAT MESSAGE
>
> 20 Transaction Reference Number : SJJ411076102
>
> 21 Related reference : KHJ123206113
>
> 79 Narrative
> : DOCUMENTS FOUND TO CONTAIN THE FOLLOWING THREE DISCREPANCIES ACCORDING TO UCP600
>   1. LATE SHIPMENT
>   2. DESCRIPTION OF GOODS ON INVOICE DIFFERS FROM THAT IN THE CREDIT
>   3. INSURANCE NOT COVERED AS IN LETTER OF CREDIT
>
> WE ARE HOLDING THE DOCUMENTS UNTIL WE RECEIVE A WAIVER FROM THE APPLICANT AND AGREE TO ACCEPT IT, OR RECEIVE FURTHER INSTRUCTIONS FROM THE PRESENTER PRIOR TO AGREEING TO ACCEPT A WAIVER.
>
> Regards, Letter of Credit DEPT.

In the above advice of refusal message, which of the following notice does NOT state indications stipulated in UCP600 sub-article 16(c)? [2점]

① That the bank is refusing to honour or negotiate

② That the bank is holding the documents

③ That there are discrepancies in respect of which the bank refuses to honour or negotiate

④ None of the above

44 Under UCP600, which of the following statements is NOT correct in relation to a commercial invoice?

① Unless a signed invoice is required by the credit, the commercial invoice need not be signed.

② Except a transferable credit, the commercial invoice must be made out in the name of the applicant.

③ The description of the goods stipulated in the invoice must correspond with that appearing in the credit.

④ A bank may not accept a commercial invoice issued for an amount in excess of the amount permitted by the credit.

45 The terms of a draft and a on board B/L are as follows. When is the maturity date of a draft?

- Draft at : 30 days from B/L date
- Issuance date of B/L : August 15, 202X
- The date indicated on board notation : August 17, 202X

① September 14, 202X
② September 15, 202X
③ September 16, 202X
④ September 17, 202X

46 Under UCP600, which of the following statements about charter party bill of lading is correct? [2점]

① Even if the bill of lading does not indicate that it is subject to charter parties, it may be deemed to be a charter party bill of lading.
② If the charter party contracts are required to be presented by the credit, a bank must examine the contracts whether or not the presentation complies with terms of the credit.
③ The charter party B/L need not be signed by the carrier.
④ The port of loading stipulated in charter party B/L may be shown as a range of ports or a geographical area, as stated in the credit.

47 Under UCP600, which of the following documents must be signed?

A. packing list
B. certificate of origin
C. commercial invoice
D. insurance declaration

① A and B
② B and D
③ A, B and C
④ A, B and D

48 If there is no indication in the credit of insurance coverage and the CIF or CIP value cannot be determined from the documents, the amount of insurance coverage may not be calculated on :

① 110% of the gross value of the goods as shown on the invoice.
② 100% of the gross amount of the invoice.
③ 110% of the amount for which payment or acceptance is requested under the credit.
④ 110% of the amount for which negotiation is requested under the credit.

49 Under UCP600, which of the following statements is NOT correct?

① If a credit shows no indication that partial drawings or shipments are prohibited, it will be allowed.

② A bank has no duty to accept a presentation outside of its banking hours.

③ Even if the bank is closed for reasons other than those referred to in Article 36 of UCP600, the latest date for shipment can not be extended.

④ If a credit states as "approximately 1,000pcs" in relation to quantity of goods, a tolerance not to exceed 5% more or 5% less is allowed.

50 Under UCP600, a bank is liable for :

① any charges incurred by the bank that is instructed to perform services.

② the consequences arising out of the interruption of its business by Acts of God.

③ the errors in translation or interpretation of technical terms.

④ the form, sufficiency, accuracy, genuineness, falsification or legal effect of any document.

51 Which of the following statements regarding the amendment under URDG758 is incorrect?

① It is not mandatory that the guarantor follow instructions for the issue of an amendment to the guarantee.

② An amendment needs to be agreed on by the beneficiary in order to be binding on beneficiary by an amendment.

③ If the beneficiary accepts only a part of the amendments, those partial amendments are deemed effective.

④ A provision in an amendment to the effect that the amendment shall take effect unless rejected within a certain time shall be disregarded.

52 Under URDG758, a presentation shall be made to the guarantor :

① at the place of issue on the day following expiry.

② at the place specified in the guarantee on or before expiry.

③ at the guarantor's branch on the day when the guarantee is issued.

④ at the advising party's branch on expiry.

53 Under URDG758, which of the following is most suitable for the blanks in order?

> A. If the documents are presented to the guarantor without mentioning any specific conditions, the guarantor shall, within (   ) business days following the day of presentation, determine if it is a complying demand.
> B. If the beneficiary requests to extend the expiry as an alternative when a complying demand is made, the guarantor may suspend payment for a period not exceeding (   ) calendar days following its receipt of the demand.

① 5, 15
② 5, 30
③ 15, 5
④ 15, 30

54 If a standby does not state how to honour a complying presentation, the issuer honours by :

① paying the amount demanded of it at sight.
② timely accepting the draft and paying the amount accepted to the holder of the draft after its maturity.
③ timely incurring a deferred payment obligation and paying the amount demanded at maturity.
④ paying the amount demanded at sight without recourse.

55 The following is a part of the terms and conditions of a standby letter of credit. Which of the following statements is NOT a complying presentation? [2점]

> • Standby L/C NO. : ABADOF-3J-12
> • This standby L/C will expire on September 30, 202X.
> • All demands presented under this standby shall be presented in full compliance with the terms and conditions hereof by SWIFT at the ABC bank in JAPAN.
> • Any demand presented after PM 5:00 (JAPAN Time) shall be deemed received on the next business day in JAPAN.

① The document was presented by indicating the reference number of the standby.
② The document required under the standby was presented at the ABC bank in JAPAN.
③ Because the standby indicated no medium in which presentation should be made, the document was presented in paper form.
④ The document was presented before the expiration day prior to PM 5:00.

56 Which of the following expressions is regarded as discrepancies?
① "mashine" instead of "machine"
② "completition" instead of "completion"
③ "mfr" instead of "manufacturer"
④ "model 101" instead of "model 102"

57 When a credit requires presentation of an "invoice" without further description, which type of invoice is NOT accepted?

| A. commercial invoice | B. customs invoice |
| C. provisional invoice | D. pro-forma invoice |

① A only
② A, B
③ B, C
④ C, D

58 A reimbursement authorization must state the following information :

| A. credit number. | B. currency and amount. |
| C. additional amounts payable. | D. tenor of draft to be drawn. |

① A, B only
② B, C only
③ A, B, C
④ A, B, C, D

59 Under URC522, which of the following documents are NOT included in "Financial documents"?

① invoices
② promissory notes
③ cheques
④ bills of exchange

60 Which of the following statements is NOT correct under URC522?

① The presenting bank is not responsible for seeing that the form of the acceptance of a bill of exchange appears to be complete and correct.
② The presenting bank is not responsible for the genuineness of any signature or for the authority of any signatory to sign the acceptance.
③ The presenting bank must send without delay advice of non-payment or advice of non-acceptance to the bank from which it received the collection instruction.
④ The presenting bank should endeavour to ascertain the reasons for non-payment and/or non-acceptance and advise accordingly, without delay, the bank from which it received the collection instruction.

제3과목 | 외환관련여신

61 다음 중 신용장기준 무역금융의 융자절차를 순서대로 바르게 나열한 것은?

가. 수출신용장 등 내도	나. 수출물품 인수
다. 완제품 내국신용장 개설	라. 완제품 구매자금 취급
마. 수출신고 및 통관	바. 환어음 내도
사. 융자금 상환	아. 수출대금 회수

① 가 ⇨ 나 ⇨ 다 ⇨ 라 ⇨ 마 ⇨ 바 ⇨ 사 ⇨ 아
② 가 ⇨ 나 ⇨ 다 ⇨ 바 ⇨ 라 ⇨ 마 ⇨ 아 ⇨ 사
③ 가 ⇨ 다 ⇨ 나 ⇨ 라 ⇨ 바 ⇨ 마 ⇨ 사 ⇨ 아
④ 가 ⇨ 다 ⇨ 나 ⇨ 바 ⇨ 라 ⇨ 마 ⇨ 아 ⇨ 사

62 다음 중 무역금융 융자대상으로 볼 수 없는 자는?
① 중계무역방식으로 외국에서 물품을 구매하여 가공하지 않고 제3국에 공급한 자
② 외화획득용 원료 및 물품 등 구매확인서로 수출용 원자재를 공급하고자 하는 자
③ 한국무역보험공사가 보증서를 제공한 국제기구 발급 구매주문서를 보유한 자
④ 보세판매장에서 자가생산품을 외국인에게 외화로 판매한 실적을 가지고 있는 자

63 다음 거래금액에 대하여 무역금융 수출실적으로 인정되는 금액의 합계는 얼마인가?

- 내국신용장에 의한 국내공급으로서 내국신용장상 결제금액이 USD100,000인 경우
- 사전송금방식에 의한 수출로서 이행분이 USD500,000, 입금분이 USD200,000인 경우
- 위탁가공무역방식에 의한 수출로서 유상으로 수출한 실적이 USD50,000인 경우
- 국제팩토링방식에 의한 수출로서 입금분이 USD300,000인 경우

① USD600,000　　　　　　　② USD650,000
③ USD900,000　　　　　　　④ USD950,000

64 다음 거래 중 무역금융 수출실적으로 인정되는 시점으로 올바르게 연결되지 <u>않은</u> 것은?

① 위탁가공무역방식에 의한 수출 – 수출대금 입금 시
② 내국신용장에 의한 공급 – 공급물품 관련 세금계산서가 발급된 때
③ 수출신용장에 의한 공급 – 수출환어음이 매입된 때
④ 대금교환도방식에 의한 수출 – 수출대금 전액이 입금된 때

65 다음 A기업의 무역거래 현황을 토대로 202X년 10월 A기업의 무역금융 수출실적 인정금액은 얼마인가?

- 202X년 9월 12일 수출환어음 매입 부도분 2억원
- 202X년 9월 30일 수출환어음 매입 부도처리 입금분 3억원
- 202X년 10월 10일 수출환어음 매입 2억원
- 202X년 10월 15일 내국신용장 매입 2억원
- 202X년 10월 20일 수출환어음 매입 부도분 1억원
- 202X년 10월 31일 수출환어음 매입 부도처리 입금분 2억원

① 3억원　　　　　　　　　　② 4억원
③ 5억원　　　　　　　　　　④ 6억원

66 다음 포괄금융에 대한 설명 중 옳지 <u>않은</u> 것은?

① 전년도 또는 과거 1년간 수출실적이 미화 2억 달러 미만인 영세업체라면 포괄금융을 취급할 수 있다.
② 포괄금융은 자금용도의 구분 없이 일괄하여 현금으로 대출받을 수 있는 장점이 있으나, 타 용도로 유용될 가능성이 높다는 단점도 있다.
③ 포괄금융에서 원자재자금을 생산자금, 완제품구매자금과 함께 이용할 수 있지만 원자재자금만을 포괄금융으로 이용할 수는 없다.
④ 포괄금융을 이용하고자 하는 업체는 당해 업체의 수출실적 관리 등을 담당할 외국환은행을 지정하여야 한다.

67 수출업자가 위탁가공무역에 소요되는 국산원자재를 구매하여 직접 가공하지 않고 무상으로 수탁업자에게 수출한 실적으로 취급 가능한 무역금융은?

① 생산자금　　　　　　　　② 원자재자금
③ 완제품구매자금　　　　　④ 포괄금융

68 다음 중 내국신용장의 주요 기능에 해당하지 않는 것은?

① 대금회수의 안정성
② 물품대금의 조기회수
③ 무역금융 수혜가능
④ 부가가치세 면제

69 의류를 생산하는 제조업체 A는 다음과 같은 조건으로 수출계약을 체결하였다. 의류 생산을 위한 원자재 내국신용장의 최대 개설 가능 금액으로 옳은 것은?

〈수출계약서〉
- 외상기간 : D/A 180 DAYS FROM B/L DATE
- 수출금액 : USD 650,000(CIF) ⇨ USD 600,000(FOB)
- 수출품목 : Baby clothes
- 가득률 : 40%

① USD 240,000
② USD 300,000
③ USD 360,000
④ USD 400,000

70 다음 중 무역어음제도에 대한 설명으로 옳지 않은 것은?

① 무역어음은 수출물품을 마련하는 데 소요되는 자금을 선적 전에 조달할 목적으로 발행된다.
② 무역어음은 인수기관을 지급인으로 하여 발행하는 일람출급어음이다.
③ 인수기관의 입장에서 무역어음의 인수는 수출업체 등에게 여신을 하는 것으로 볼 수 있다.
④ 할인기관은 무역어음 매출을 통해 할인 시 부담한 자금을 조달함과 동시에 수익성을 확보할 수 있다.

71 외화대출 리스크 관리에 대한 설명으로 적절하지 않은 것은?

① 선물환, 통화옵션, 통화선물, 무역보험공사의 환변동보험 등은 대표적인 환헤지 상품이다.
② 환율의 추가 상승으로 인한 원리금 상환부담을 막기 위해서 통화전환옵션을 활용할 수 있다.
③ 환율 변화가 없을 경우 외화대출 차주의 미래현금흐름은 변동하지 않는다.
④ 외화예금 등을 담보로 활용할 경우 안정적인 채권보전이 가능하여 신용위험을 경감시킬 수 있다.

72 다음 중 보증신용장과 청구보증에 대한 설명으로 옳지 <u>않은</u> 것은?

① 보증신용장은 이행성보증뿐만 아니라 금융보증에도 사용되고 있어 청구보증보다 폭넓게 이용되고 있다.
② 보증신용장과 달리 청구보증은 당사자 간 계약내용이 충실하게 반영되기 때문에 비교적 장문이다.
③ 보증신용장은 신용장통일규칙 또는 보증신용장통일규칙이 준용되며 청구보증은 청구보증통일규칙이 준용된다.
④ 보증신용장은 보증기일에 대하여 다소 관대한 적용을 하는 반면, 청구보증은 구체적으로 정하는 경향이 있다.

73 다음 중 개설의뢰인의 금융계약의 이행을 담보할 목적으로 개설된다는 점에서 보증신용장에 해당하지만 1차적 지급목적으로 개설된다는 점에서는 상업신용장에 해당한다고 볼 수 있는 보증신용장은?

① Financial Standby L/C
② Commercial Standby L/C
③ Insurance Standby L/C
④ Direct Pay Standby L/C

74 다음 이행성보증 중에서 유보금환급보증에 대한 설명으로 옳은 것은?

① 기초계약상 주채무자가 계약을 불이행하는 경우 수익자에게 이미 지급한 선수금을 환급하기로 하는 보증이다.
② 기성고방식의 건설용역·플랜트수출 등에서 각 기성 단계별로 완공불능위험에 대비하기 위하여 기성대금의 일부를 지급하지 않는 경우에 해당 기성대금 전액을 수령하기 위해 발행되는 보증이다.
③ 입찰참가자가 입찰을 포기하거나 낙찰받은 후 계약을 체결하지 않는 경우 발주자에게 보증서 금액을 지급하기로 하는 보증이다.
④ 기초계약상의 채무자가 계약을 이행하지 않는 경우 수익자에게 보증서 금액을 지급하기로 하는 보증이다

75 다음 중 외화지급보증 발행 시 보증료 및 수수료에 대한 설명으로 옳지 않은 것은?

① 외화지급보증료는 통상 기준요율(1%)에 자행의 Scoring System에서 산출된 Spread를 더한 보험료율이 적용된다.
② 일반적으로 보증료는 보증금액에 대해 보증한 날로부터 보증기일 전일까지 선취한다.
③ 보증기일 전 보증이 해지된 경우 해지일부터 보증료 징수기간까지의 기간에 대하여 해지 금액을 대상으로 당초 징수요율에 의한 보증료를 환급할 수 있다.
④ 보증료를 기일에 납입하지 아니한 때에는 기일부터 납입일까지 외화여신연체이율에 의한 지연배상금을 받는다.

76 아래와 같은 문언이 삽입되어 있는 청구보증은?

> This guarantee is operative only upon presentation of a copy of signed contract at our counters, confirming that the contract has been effected.

① Advance payment Guarantee   ② Retention Guarantee
③ Performance Guarantee   ④ Warranty Guarantee

77 다음 보증서상 Risk가 있는 조건으로 볼 수 없는 것은?

① 보증서가 반환되어야만 보증채무가 종료된다는 조건
② 보증의 취소를 위해서는 수익자의 절대적 동의가 있어야 된다는 조건
③ 기초계약의 수정·변경은 반드시 보증은행의 서면동의가 있어야 가능하다는 조건
④ 당사자 간의 합의에 따라 수익자의 요청에 의한 무조건적인 연장이 가능하다는 조건

78 대고객 외국환거래 시 거래가 종료되지 않아 결제가 완료될 때까지 과도기적으로 처리하는 계정에 해당하는 것은?
① 외화차입금
② 외화예치금
③ 내국수입유산스
④ 매입외환

79 다음 기한부(Usance) 수입신용장의 거래단계별 계정처리 중 난외계정이 발생하지 않는 단계는?
① Shipper's Usance의 신용장 발행단계
② Shipper's Usance의 수입화물선취보증(L/G) 발급단계
③ Banker's Usance의 인수단계
④ Banker's Usance의 수입대금 결제단계

80 다음 중 외국환업무 취급과정에서 발생되는 제반 비금리비용을 보상받기 위하여 징수하는 취급수수료적 성격의 수수료로 볼 수 없는 것은?
① 수입환어음 인수수수료
② 수출신용장 통지수수료
③ 수입화물선취보증서(L/G) 발급수수료
④ 내국신용장 취급수수료

제3회 적중 실전모의고사

▶ 정답 및 해설 p.414

제1과목 | 수출입실무

* 배점 : 50점(1점×20문제, 2점×15문제)

01 대외거래의 체계하에서 경상거래와 투자 및 자본거래가 잘못 연결된 것은?

	경상거래	투자 및 자본거래
①	보험거래	금전대차
②	수입거래	증권거래
③	정부거래	부동산거래
④	이전거래	투자수익

02 다음 중 ICC(All Risks)에 대한 설명으로 옳지 않은 것은?

① 전위험담보조건의 적하약관으로서 특정의 면책위험을 포함한 모든 위험을 담보하는 조건이다.
② ICC(All Risks)에서의 면책위험으로는 화물 고유의 성질이나 하자로 인한 손해, 항해의 지연으로 인한 손해, 전쟁 및 동맹파업 위험 등이 있다.
③ ICC(All Risks)로 부보한 경우라 하더라도 전쟁 또는 동맹파업으로 인한 위험을 담보받기 위해서는 'Institute SRCC Clauses'의 담보조건을 추가로 약정해야 한다.
④ ICC(All Risks)와 신약관 ICC(A)는 담보 범위가 동일하나, 신약관 ICC(A)에서는 면책위험을 구체적으로 명기함으로써 당사자 간의 분쟁 소지를 어느 정도 해소하고 있다.

03 다음 설명에 해당되는 무역거래조건은 무엇인가? [2점]

- 매도인이 물품의 수출통관을 마친 후, 매수인이 지정한 운송인에게 인도하는 때에 의무가 종료된다.
- 매수인이 운송계약 및 보험계약을 체결해야 하는 의무를 부담한다.
- 물품이 컨테이너에 적재되어 운송되는 경우, 매도인은 컨테이너 터미널(CY, CFS)에서 운송인에게 인도하게 되는데, 이 경우에 통상적으로 사용되는 무역거래조건이다.

① FCA　　　　　　　　　　② FAS
③ FOB　　　　　　　　　　④ CIP

04 다음은 무역계약당사자 간에 약정한 무역거래조건의 내용이다. 이를 근거로 하여 계약서에 기재할 무역거래조건의 표시로 옳은 것은? [2점]

- 수출상 J사는 일본 고베로 시계 200개를 선박으로 수출하려고 한다.
- 지정된 인도장소는 Busan Port이며, 지정된 목적항은 Kobe Port이다.
- 매수인이 운송계약과 보험계약의 체결을 부담하기로 약정하였다.
- 수출통관의무는 매도인이 부담하고, 수입통관의무는 매수인이 부담한다.

① FOB Busan Port, KOREA Incoterms® 2020
② CFR Kobe Port, JAPAN Incoterms® 2020
③ EXW Busan Port, KOREA Incoterms® 2020
④ DAP Kobe Port, JAPAN Incoterms® 2020

05 다음 중 중계무역에 대한 설명으로 옳지 않은 것은? [2점]
① 물품의 인수·인도가 모두 해외 동일국 내에서 발생하는 경우에도 중계무역으로 인정된다.
② 중계무역거래 시의 수출가격이 수입가격보다 적은 경우에는 수출입가격 조작을 통한 외화도피 행위로 간주될 수 있으므로 가격책정의 정당성을 입증하여야 한다.
③ 중계무역의 수출실적은 '수출금액(FOB가격) − 수입금액(CIF가격)'이다.
④ 중계무역의 신용장방식은 Back-to-Back L/C, Tomas L/C, Escrow L/C를 주로 활용한다.

06 다음 중 대금결제방식으로 옳지 않은 것은?

① OA : 수출업체가 물품을 선적한 후 선적서류 등을 수입상에게 인도하여야 수출채권이 성립하여 대금결제가 이루어진다.
② D/P Usance : 환어음이 발행되는 거래이다.
③ 포페이팅 : 현금을 대가로 채권을 포기 또는 양도한다는 의미이며, 수출거래에 따른 중장기 매출채권의 소구권을 행사하지 않는 조건으로 고정이자율에 의해 할인 매입하는 것이다.
④ 국제팩터링 : 상품의 하자 및 계약조건 위반과 같이 수출상의 귀책사유에 따른 클레임으로 인하여 수입상이 대금지급을 거절하는 경우에는 이를 지급하지 않는다.

07 대외무역법에서는 수출입 물품을 품목별로 관리하여 수출입을 제한하거나 금지하는 방식으로 규제하기 위해 산업통상자원부장관이 수출입공고 등으로 고시할 것을 규정하고 있는데, 이와 관련된 거래품목 등의 관리에 대한 설명으로 옳지 않은 것은?

① 우리나라는 품목에 의한 무역관리방식으로 Negative List System을 채택하여 적용하고 있다.
② 품목은 HS의 상품분류기준에 따라 6단위 번호체계로 분류하고 있으며, 우리나라의 HSK는 HS의 분류기준을 세분화한 10단위 분류체계를 가지고 있다.
③ 통합공고에서 수출입이 제한되는 물품이더라도 해당 물품의 품목이 수출입공고상에서 금지 또는 제한되지 않는다면 별도의 제한 없이 자유롭게 수출입할 수 있다.
④ 외화획득용 원료·기재로 수입하는 물품은 수입제한품목에 해당하더라도 별도의 제한 없이 수입을 승인받을 수 있다.

08 외국환거래규정에 의하면 외국환은행을 통하지 않는 지급 등은 원칙적으로 한국은행총재에게 신고 후 거래해야 하지만, 예외적으로 일정한 경우에는 그 신고대상에서 제외하도록 하고 있다. 다음 중 한국은행총재에 대한 신고대상에서 제외되는 경우로 옳지 않은 것은?

① 해외 인터넷 쇼핑몰상에서 물품을 주문하고 그 대금을 국내에서 신용카드로 결제하는 경우
② 예금거래신고 절차를 거쳐 개설한 해외예금에서 수입대금을 인출하여 외국에서 직접 지급하는 경우
③ 거주자가 해외여행경비를 외국에서 본인 명의의 신용카드로 지급하는 경우
④ 거주자가 건당 미화 3만불의 경상거래대금을 대외지급수단으로 직접 지급하는 경우

09 다음 중 원산지의 표시방법에 대한 설명으로 옳지 <u>않은</u> 것은?

① 수입세트 물품을 구성하는 개별 물품의 원산지가 2개국 이상인 경우 각각의 원산지를 표시해야 한다.
② 수입물품의 원산지는 최종 구매자가 정상적인 물품구매과정에서 원산지표시를 발견할 수 있도록 식별하기 용이한 곳에 표시하여야 한다.
③ 밀가루 등과 같이 당해 물품에 직접 원산지를 표시하는 것이 불가능한 경우 당해 물품의 최소포장·용기 등에 대신 표시할 수 있다.
④ 수입물품의 원산지는 제조단계에서 날인, 라벨, 스티커, 꼬리표를 사용하여 표시하는 것을 원칙으로 한다.

10 다음 중 신용장에 대한 설명으로 틀린 것은?

① 개설은행은 '일치하는 제시'에 대해 지급하겠다는 지급확약을 한다.
② UCP600에서는 신용장에 보증신용장도 포함하고 있다.
③ 개설의뢰인의 개설의뢰를 받아 신용장을 개설하며, 개설의뢰인으로부터 신용장의 개설을 요청받은 은행이 자신의 환거래은행에 신용장의 재개설을 요청하는 것은 안 된다.
④ 신용장은 우편이나 전신으로 개설할 수 있다.

11 아래와 같은 신용장 조건하에서 운송서류에 명시된 선적일이 202X년 3월 6일인 경우, 서류제시기일과 관련된 다음의 설명 중 옳지 <u>않은</u> 것은?

- 신용장 개설일자 : 202X년 3월 3일
- 유효기일 : 202X년 3월 30일
- 선적기일 : 202X년 3월 10일

① 운송서류가 제시되지 않은 상태에서 신용장에 명시된 서류제시기간이 14일인 경우, 서류는 3월 24일까지 제시되어야 한다.
② 서류제시기간이 명시되어 있지 않은 경우 서류는 3월 27일까지 제시되어야 한다.
③ 서류제시기간이 명시되어 있지 않고 실제 선적일이 202X년 3월 10일이라면, 서류는 3월 31일까지 제시되어야 한다.
④ 서류제시기간을 명시하지 않은 신용장에서 운송중개인의 수령증명서(Forwarder's Certificate of Receipt, FCR) 제시만을 요구한다면, 서류는 3월 30일까지 제시되어야 한다.

12 다음의 신용장번호 부여에 대한 설명으로 틀린 것은? [2점]

M3501-1904-NU-00018

① 개설은행 고유번호는 35번이다.
② 대금결제방법은 일람출급신용장이다.
③ 수입용도는 일반 내수용이다.
④ 신용장 개설 일자는 19년 4월이다.

13 신용장 조건변경 및 취소에 대한 설명으로 틀린 것은? [2점]
① 유효기간의 경과 등 상당한 사유가 있는 경우에는 개설의뢰인의 신청이 없어도 신용장을 취소할 수 있으며, 이 경우 은행은 개설의뢰인에게 사후 통지해야 한다.
② 조건변경은 하나의 조건변경에 대한 부분적인 수락은 허용되지 않으며 다수에게 분할양도된 신용장의 조건변경은 허용되지 않는다.
③ 수익자의 침묵을 조건변경에 대한 수락으로 간주해서는 안 되며, 수익자가 조건변경의 수락 통보를 하지 않은 채 변경된 신용장의 제 조건에 일치하는 서류를 지정은행 또는 개설은행에 제시하는 경우에는 수익자가 조건변경을 승인한 것으로 본다.
④ 조건변경 시에는 반드시 원신용장을 통지한 은행을 통하여 조건변경을 통지하여야 한다.

14 수출상과 수입상이 동종의 물품을 일정기간에 걸쳐 반복적으로 거래할 경우, 최초에 개설된 신용장의 효력이 자동적으로 갱신되어 사용될 수 있도록 약정하는 신용장을 무엇이라 하는가?
[2점]

① Tomas Credit
② Revolving Credit
③ Advance Payment Credit
④ Back-to-Back Credit

15 신용장개설신청서를 심사할 때 점검해야 할 사항에 대한 설명으로 옳지 <u>않은</u> 것은?

① 운송서류가 항공화물운송장인 경우에는 개설은행의 채권보전을 위하여 항공화물운송장 상의 수하인을 반드시 개설은행으로 지정하여야 한다.

② 무역거래조건 중 FOB, FAS, FCA조건하에서는 수출상의 부보의무가 없기 때문에 신용장상에 보험서류의 제시를 요구하지 않는다.

③ 무역거래조건 중 CFR, CPT, CIF, CIP조건은 Freight Collect의 조건으로 개설되어야 한다.

④ 신용장의 권리를 양도할 수 있도록 개설하기 위하여 신용장상에 'divisible', 'fractionable'과 같은 용어를 사용하였다면, 양도가능신용장으로 보지 않는다.

16 서류 및/또는 환어음을 제시하고 일정기간이 경과한 후에 대금을 지급하는 신용장을 기한부신용장이라 하는데, 다음 중 Shipper's Usance Credit과 Banker's Usance Credit에 대한 설명으로 옳지 <u>않은</u> 것은?

① Shipper's Usance Credit의 방식하에서 수출상이 부담하여야 할 금융비용은 일반적으로 단가의 조정을 통하여 상품가격에 미리 반영하는 방법을 이용하고 있다.

② 은행의 인수편의를 통하여 수출상은 일람불로 즉시 수출대금을 지급받고, 수입상은 수입대금의 결제를 일정기간 유예해주는 방식을 Banker's Usance라고 한다.

③ 수입대금의 결제를 유예해주는 대가로 부담하게 되는 금융비용에 대하여 Shipper's Usance와 Banker's Usance는 모두 수출상이 거래은행에 지불하도록 요구하고 있다.

④ Domestic Banker's Usance Credit의 방식은 수출상이 발행한 환어음을 국내은행이 인수·할인하기 때문에 인수수수료와 할인료가 해외로 유출되지 않는다는 특징이 있다.

17 신용장 결제 및 인수에 대한 설명으로 틀린 것은? [2점]

① 개설의뢰인은 개설은행에 서류가 도착한 날로부터 5영업일 이내에 결제 및 인수의 의사표시를 해야 한다.

② 상환베이스(Reimbursement)에서의 일람불신용장의 경우 수입환어음 결제 환가료를 징수한다.

③ 신용장대금은 원화 또는 외화로 결제가 가능하며, 원화로 결제하는 경우에는 결제 당시의 전신환매도율이 적용된다.

④ 송금베이스(Remittance)에서의 신용장 및 기한부신용장의 경우 개설은행의 자금부담이 없기 때문에 수입환어음 결제 환가료 및 Gr. Charge를 징수하지 않는다.

18 신용장에서의 하자서류에 대한 처리방법으로 옳은 것은?
① 보증부로 매입하였음이 표시되어 있을 경우에는 하자사항을 통보할 필요가 없다.
② 결제를 거절하는 경우 반드시 해당 서류의 행방에 대해서도 명시해 주어야 한다.
③ 처음 통보 시 명시하지 못한 하자사항을 추후 발견했을 경우에도 이러한 하자를 이유로 지급거절할 수 있다.
④ 개설은행은 신용장에 하자가 있다는 것을 파악한 후 서류접수 익일로 7은행영업일 이내에 그 사실을 알려야 한다.

19 다음 중 수입물품대도(TR)에 대한 설명으로 옳지 않은 것은?
① 개설은행이 수입화물의 소유권을 유지하면서 개설의뢰인이 수입대금을 결제하기 전에 미리 화물을 처분할 수 있도록 허용하는 제도를 수입물품대도(TR)라 한다.
② 개설의뢰인이 대도화물을 매각한 후 수입대금을 결제하지 않을 경우, 개설은행은 그 대도화물을 매수한 제3자에게 수입대금의 결제를 요구할 수 있다.
③ 우리나라는 현재 수입물품대도의 법률관계에 대하여 상법이나 기타 법률로서 규정하고 있지는 않다.
④ 수입물품선취보증서에 의한 수입화물을 인도하면서 수입보증금의 적립을 면제해 줄 때 개설은행은 보증채무의 담보목적으로 개설의뢰인과 수입물품대도의 약정을 체결한다.

20 다음 중 상환수권서에 대한 설명으로 틀린 것은? [2점]
① 상환수권서에는 신용장 번호, 통화와 금액, 상환청구은행 등을 기재해야 한다.
② 상환수권은 취소가 불가능하다.
③ 상환청구 선통지란 매입은행 등이 상환은행으로 대금을 청구하기 전에 그러한 사실을 개설은행으로 먼저 통보하여 주도록 요구하는 것을 말한다.
④ 상환청구방법에는 원본서신과 전신의 방법이 있다.

21 추심의 조건을 열거한 서류로서 신용장거래의 Covering Letter의 역할을 하는 추심지시서에 대한 설명으로 옳지 <u>않은</u> 것은?

① 추심을 위해 송부되는 모든 서류에는 추심에 관한 통일규칙(URC522)의 적용을 받고 있음을 명시하고 정확한 지시가 기재된 추심지시서를 첨부해야 한다.

② 추심지시서에 특별히 수권되지 않는 한, 화환추심서류는 분할결제가 허용되지 않는다.

③ 추심지시서 이외의 다른 서류가 추심거래의 당사자들의 지시사항을 확인하기 위해 필요하다고 판단되면 추심은행은 해당 서류를 검토해야 한다.

④ 인수거절 또는 지급거절의 사실을 증명하는 거절증서는 추심지시서에 별도의 지시가 없는 한, 추심은행이 해당 서류를 작성하여야 할 의무를 부담하지 않는다.

22 다음의 설명과 관련된 보증신용장으로 올바르게 짝지어진 것은? [2점]

> 가. 차입금의 상환을 보장하기 위하여 여신거래의 담보 수단으로 사용되는 보증신용장이다.
> 나. 계약에 의해 미리 정해진 방법대로 대금이 지급되지 않았을 때를 대비하여 당해 상품 또는 서비스의 대금지급을 2차적으로 보장할 목적으로 사용되는 보증신용장이다.

	가	나
①	선수금보증신용장	이행보증신용장
②	금융보증신용장	상업보증신용장
③	상업보증신용장	구상보증신용장
④	이행보증신용장	하자보증신용장

23 청구보증의 유형 중에서 공사 또는 용역제공이 완료된 후 일정기간 동안에 발생하는 정기점검 및 하자보수 책임을 보장하거나 기계·설비 등을 수출한 후 일정기간 내에 고장이나 하자가 발생하는 경우에 그 보수나 수리 등의 의무이행을 보장하기 위한 목적으로 계약금의 10% 정도를 예치시키는 보증을 무엇이라 하는가?

① Retention Standby(유보금보증)
② Warranty Standby(하자보증)
③ Performance Standby(이행보증)
④ Bid Standby(입찰보증)

24 신용장의 양도에 관한 설명으로 옳지 않은 것은?

① 제1수익자는 양도차익을 목적으로 원신용장의 금액과 단가를 감액하여 양도할 수 있다.
② 제1수익자는 신용장의 유효기일, 서류제시기간, 선적기일을 단축할 수 있다.
③ 제1수익자는 제2수익자가 작성하여 제시한 상업송장과 환어음을 자신의 것으로 대체할 수 있다.
④ 제1수익자는 송장 및 어음을 교체하라는 양도은행의 최초 요구를 거절하더라도 1차 수익자의 신용장에 대한 대체 권리는 계속적으로 유효하다.

25 다음 중 신용장 조건의 '기일'에 대한 설명으로 옳지 않은 것은?

① 유효기일은 지급, 인수, 매입을 위하여 신용장에 명시된 서류를 제시해야 하는 최종일자로, 통상적으로 은행의 휴무일일 경우 자동 연장된다.
② 서류의 제시기간이 명시되어 있지 않은 경우 선적 후 21일 이내에 제시되어야 하며 유효기간 이내이어야 한다.
③ 서류제시기간의 최종일이 은행의 통상적인 휴무일인 경우 자동 연장된다.
④ 선적기일이 통상적인 은행의 휴무일에 해당할 경우 익일로 자동 연장된다.

26 신용장 금액, 수량 및 단가의 과부족 용인에 대한 설명으로 옳지 않은 것은?

① 신용장 조건 중 상품 명세에서 'About 1,000MT at US$100,000'라고 명시된 경우, 신용장 금액과 수량의 10% 범위 내에서 과부족을 허용하는 것으로 해석한다.
② 신용장 금액, 수량 앞에 'Up to', 'Maximum' 등의 용어가 사용된 경우, 해당 금액 또는 수량에 대해 상한편차를 금지하는 것으로 해석한다.
③ 신용장상의 상품 수량을 포장단위 또는 개별 품목의 개수로 명시하고 있는 경우, 해당 상품의 수량에 대한 5% 범위 내의 과부족은 허용되지 아니한다.
④ 분할선적을 금지하는 신용장이더라도 신용장상에 명시된 상품 수량이 모두 선적되고 단가가 일치하는 경우에는 신용장 금액의 5% 범위 내에서 하한편차가 허용된다.

27 상업송장에 대한 설명으로 옳지 않은 것은? [2점]

① 선적화물의 상품명세서이면서 동시에 매매계산서 및 대금청구서의 역할을 담당하는 서류로서, 선화증권과 같이 그 자체로서 청구권이 있는 유가증권이다.
② 분할선적은 상업송장의 상품명에서는 실제로 선적된 부분만을 표시해야 하며, 신용장의 상품 명세와 일치시킬 목적으로 실제로 선적되지 않은 물품까지 표시해서는 안 된다.
③ 상업송장의 상품 명세에 신용장에 명시되어 있지 않은 상품을 추가적으로 표시해선 안 된다.
④ 신용장 금액을 초과하여 작성된 상업송장이 제시되는 경우 지정은행은 그 수리 여부에 대하여 선택권을 행사할 수 있다.

28 다음 중 취소불능신용장의 운송서류로서, 신용장에서 이를 특별히 금지하지 않는 한 별도의 제한 없이 수리가 가능한 것은? [2점]

① Surrendered B/L
② Sailing Boat shipment B/L
③ Cargo receipt
④ Third Party B/L

29 UCP600이 적용되는 신용장의 보험서류 심사에 대한 설명으로 옳은 것은? [2점]

① 신용장상에 별도의 명시가 없는 한 면책비율의 적용을 받는 보험서류도 수리할 수 있으며, 그러한 면책비율의 상한에 대한 제한이 있다.
② 소손해면책은 면책비율을 초과하여 발생하는 손해에 대하여, 면책비율만큼을 공제하고 그 초과 부분에 대해서만 보상하는 조건이다.
③ 보험서류의 발행일자는 최소한 선적일 또는 그 이전의 날짜로 표시되어 있어야 하며, 이에 대한 예외는 없다.
④ 보험회사, 보험인수업자, 또는 그들의 대리인에 의해 서명되고 발행되는 보험서류는 수리가 가능하다.

30 수출상 ㈜AP상사는 도쿄에 소재한 M은행이 개설한 매입신용장을 받고 20XX년 5월 중에 물품을 선적할 예정이다. 신용장에 명시된 유효기일과 최종 선적일이 모두 'May 23, 20XX(Saturday)'로 표기되어 있을 때, 다음 설명 중 옳은 것은? [2점]

① 5월 23일까지 매입이 이루어져야 하기 때문에 ㈜AP상사는 적어도 유효기일의 5은행영업일 이전에 개설은행 또는 지정은행에 서류를 제시해야 한다.
② 매입을 위한 서류제시는 5월 25일까지 연장되며, 이때 매입은행은 M은행 앞으로 서류제시가 연장된 기간 내에 이루어졌음을 기재한 표지서류를 제공해야 한다.
③ ㈜AP상사는 수출물품을 5월 25일에 선적하고, 해당 선적서류를 그 선적일에 매입은행에 제시할 수 있다.
④ 매입은행이 이미 서류를 매입한 상태에서 5월 22일부터 1주일간 M은행의 총파업으로 인하여 은행영업이 중단된 경우에 매입은행은 M은행으로부터 대금을 상환받을 수 없게 된다.

31 다음 중 항공화물운송장(AWB)에 대한 설명으로 옳지 <u>않은</u> 것은?

① 신용장이 항공화물운송장의 수하인을 지시식으로 요구하고 있는 경우, 항공화물운송장은 개설은행 또는 개설의뢰인을 수하인으로 표시해야 한다.
② 신용장에서 AWB 원본의 전통(Full Set)을 요구하더라도 송하인용 원본 1통이 제시되면 그 요구조건을 충족하는 것으로 간주한다.
③ 항공화물운송장은 물권적 유가증권이 아니며 배서양도에 의하여 권리의 이전이 가능한 유통증권으로도 볼 수 없다.
④ 발행운송인인 항공사가 혼재화물의 운송을 의뢰한 화물혼재업자(Consolidator) 앞으로 발행하는 항공화물운송장을 HAWB(House Air Waybill)라 한다.

32 수출상은 신용장의 개설은행으로부터 선하증권의 발행일자(20XX년 7월 7일)가 신용장의 최종선적일(20XX년 7월 6일)을 경과하였다는 하자사항을 이유로 지급거절을 통보받았다. 이와 관련된 다음의 설명 중 옳지 <u>않은</u> 것은?

① 개설의뢰인이 하자 있는 서류에 대하여 개설은행에 수락의사를 표시한 경우 개설은행은 수익자 또는 지정은행에 신용장대금을 결제해야 한다.
② 개설은행이 위 선적지연의 하자내용이 경미하고 개설의뢰인으로부터의 대금회수가 확실하다고 판단하는 경우에는 보증부 매입(L/G Nego)을 활용하여 담보채권을 보전할 수 있다.
③ 선하증권의 본선적재부기에 "20XX년 7월 5일"이라는 일자가 표시된 경우에는 신용장의 조건과 일치하는 제시로 볼 수 있다.
④ 개설은행이 선적지연의 하자를 발견하기 전에 수입상에게 수입물품선취보증서를 발급하였다면 개설은행의 지급거절 통보는 정당하지 않은 처분이다.

33 수출실적의 인정시점은 원칙적으로 수출신고수리일로 하고 있으나, 일정한 수출에 대해서는 예외적으로 입금일 등을 인정시점으로 하고 있다. 다음 중 수출실적의 인정시점을 입금일로 하는 것은? [2점]

① 내국신용장에 의한 공급
② 전자적 형태의 무체물 수출
③ 수출물품 포장용 골판지상자의 공급
④ 위탁가공무역

34 수출상은 개설은행으로부터 부당한 하자 통보를 접수받게 되는 경우, 즉시 이의를 제기하여 하자의 철회를 요구해야 한다. 개설은행에 이의를 제기할 수 있는 부당한 하자 통보로 모두 묶인 것은? [2점]

> 가. 신용장에 명시된 상품의 모델명 model No. 202를 상업송장에 model No. 220으로 잘못 기재하여 발생한 오탈자를 사유로 하자를 통보한 경우
> 나. 물품의 하자를 이유로 대금지급의 거절을 통보한 경우
> 다. 개설은행이 4월 2일(목)에 서류를 접수하고 그 서류에서 발견된 하자를 4월 9일(목)에 통보한 경우
> 라. 서류상에 하자를 발견하기 전에 이미 개설은행이 수입물품선취보증서를 발급한 경우

① 가, 나
② 가, 다
③ 나, 라
④ 다, 라

35 다음 중 수출실적증명의 발급기관이 '외국환은행의 장'이 아닌 경우는?

① 내국신용장에 의한 공급
② 산업통상자원부장관이 지정하는 생산자의 수출물품 포장용 골판지상자의 공급
③ 전자적 형태의 무체물 수출
④ 외국인도수출

제2과목 | 국제무역규칙

*배점 : 30점(1점×20문제, 2점×5문제)

36 Under the issuance of a documentary credit as below, which of the following shipment dates appearing on a transport document would NOT be acceptable?

> 44C Latest date of shipment : FEB. 14, 202X
> 47A Additional conditions
>   : SHIPMENT MUST BE MADE ON OR ABOUT THE LATEST DATE OF SHIPMENT

① FEB. 10, 202X
② FEB. 13, 202X
③ FEB. 19, 202X
④ FEB. 20, 202X

37 In any case, a credit that must require a draft is :
① acceptance L/C.
② sight payment L/C.
③ deferred payment L/C.
④ negotiation L/C.

38 When the ABC bank is not confirming bank, the terms and conditions of a credit is as follows. Which of the following statements is NOT correct?

> 41a Available with … by … : ABC BANK, BY NEGOTIATION

① If the ABC bank does not negotiate, the issuing bank must negotiate a complying presentation without recourse.
② The ABC bank has no obligation to negotiate a complying presentation.
③ The beneficiary may directly require the issuing bank to honour a complying presentation.
④ If a credit requires a draft, the ABC bank must not be drawn on itself.

39 A confirming bank will be bound by the amendment to a credit from when the :
① confirming bank advises the amendment to the beneficiary.
② confirming bank receives the amendment from the issuing bank.
③ beneficiary accepts the amendment.
④ applicant instructs the issuing bank to amend the credit.

40 A beneficiary presented complying documents to a nominated bank under a documentary credit available by deferred payment, and requested that the nominated bank purchase the documents and prepay against deferred payment undertaking. Under UCP600, which of the following is NOT a correct statement regarding the nominated bank or issuing bank?

① The nominated bank may refuse the beneficiary's request before undertaking to pay at maturity.

② The nominated bank may incur deferred payment undertaking and pay on or before the maturity date.

③ If the nominated bank prepaid or purchased a deferred payment prior to maturity date, the issuing bank must reimburse the nominated bank in advance of the maturity date.

④ Even if the nominated bank determines a complying presentation after examination of documents, the bank is not liable to honour.

41 A credit calls for an original invoice and bill of lading. Which of the following additional conditions stated in the credit is deemed to be non-documentary? [2점]

> A. GOODS MUST BE PACKED IN 50×50 CARTON BOXES.
> B. SHIPMENT MUST BE MADE ON THE VESSEL NAMED M/T VICTORIA.
> C. GOODS MUST BE INSPECTED BY THE AGENT OF APPLICANT PRIOR TO SHIPMENT.
> D. GOODS MUST BE OF KOREAN OR CHINESE ORIGIN.

① A and B
② B and D
③ A, B and C
④ A, C and D

42 If a credit does not indicate the period of presentation, presentation of transport documents must be made by or on behalf of the beneficiary not later than 21 calendar days after the date of shipment. The terms and conditions of the credit are as follows :

> 31D Date and Place of Expiry : 2X/08/02 CHINA
> 44C Latest Date of Shipment : 2X/07/01
> 48 Period for Presentation : N/A

If documents required in the credit are presented on July 30, 202X by the beneficiary, which of the following documents are deemed to be a discrepancy such as "Late Presentation"? [2점]

① signed original commercial invoice in triplicate
② packing list in two originals
③ certificate of origin in three copies
④ full set of road transport documents

43 When a confirming bank determines that a presentation does not comply, a confirming bank may : [2점]

① approach the applicant for a waiver of the discrepancies in its sole judgement.
② give multiple notices to that effect to the presenter.
③ refuse to honour or negotiate.
④ return the documents to the presenter no later than five banking days following the date of presentation.

44 Under the credit without any stipulated terms regarding originality of a document, which of the following documents is considered to be a copy? [2점]

① An invoice produced by a printer and marked as an original
② An invoice as a carbon copy signed by handwriting
③ A certificate of origin forwarded by facsimile machine
④ A packing list printed on the issuer's original stationery

45 When the credit prohibits transhipment, which of the following transport documents is NOT acceptable by bank?

① A air waybill indicating "transhipment will or may take place"
② A bill of lading containing a clause stating that the carrier's rights of transhipment are reserved
③ A road transport document indicating goods to be transhipped from road to rail during the carriage
④ A bill of lading indicating goods have been shipped in a container, trailer or LASH barge

46 Under UCP600, which of the following can NOT be applied to the requirement for acceptance of documents "however named"?

① commercial invoice   ② bill of lading
③ air waybill   ④ charter party bill of lading

47 In accordance with UCP600, which of the following transport documents will be accepted as an original whether marked as an original or not?

> A. air waybill
> B. non-negotiate sea waybill
> C. inland waterway transport document
> D. road transport document
> E. rail transport document

① A and B
② B and D
③ C and E
④ A, B and E

48 Under UCP600, which of the following statements relative to insurance document and coverage is NOT correct?

① The cover note issued by an insurance broker will not be acceptable.
② An insurance certificate or a declaration may be accepted instead of an insurance policy under an open cover.
③ When more than one original insurance document is issued, it is deemed to be discrepant if the beneficiary presents only one original.
④ An insurance document will be accepted without regard to any risks which are not covered, if the credit uses imprecise terms such as "usual risks" or "customary risks".

49 The nominated bank determines that a presentation is complying and forwards the documents to the issuing bank on an approval basis via courier service as stated in a credit. But the documents are lost in transit. Which of the following statements is correct? [2점]

① Once again, the beneficiary must present a new set of documents.
② The issuing bank does not have a duty to honour the nominated bank.
③ The courier service company must pay the document's value.
④ An issuing bank must honour or reimburse that nominated bank.

50 The following statements are in relation to Article 38 of UCP600 transferable credits. Which of the following concerned parties fits in blank?

> • The name of the first beneficiary may be substituted for that of (A) in the credit.
> • A transferable credit may be made available to another beneficiary at the request of (B).

	A	B
①	the applicant	the first beneficiary
②	the second beneficiary	the transferring bank
③	the applicant	the issuing bank
④	the second beneficiary	the second beneficiary

51 In accordance with URDG758, when an advising party decides to advise a guarantee even though it cannot satisfy itself as to the apparent authenticity, whom does the advising party need to report it to?

① guarantor
② instructing party
③ beneficiary
④ applicant

52 Under URDG758, which of the following statements is correct?

① When the guarantor determines that a demand under the guarantee is not a complying demand, it must reject it.
② When the guarantor rejects a demand, it shall give a notice stating that the guarantor is rejecting the demand and each discrepancy.
③ When a guarantor rejects a demand and then gives a second notice supplementing the reasons for refusal, it is deemed a valid refusal notice.
④ The refusal of the demand shall be made within ten business days following the day of presentation.

53 Under ISP98, which of the following statements is incorrect?

① ISP98 is applied to standby L/C that expressly indicates it is subject to them.
② When the standby is applied with ISP98 and other rules, other rules supersede conflicting provisions.
③ The issuer is bound by the standby or amendment when they are issued.
④ Because a standby is irrevocable, an issuer's obligations cannot be amended or cancelled by the issuer.

54 In accordance with ISP98, the statement "Multiple drawings prohibited" or a similar expression means that :

① a presentation may be made for less than the full amount available.
② more than one presentation may be made.
③ only one presentation may be made and honoured but that it may be for less than the full amount available.
④ a presentation must be for the full amount available.

55 Under ISP98, which of the following can NOT be considered to mean the beneficiary's request on "Extend or Pay"?

① The beneficiary consents to the amendment to extend the expiry date to the date requested.
② The beneficiary requests the issuer to exercise its discretion to seek the approval of the applicant and to issue that amendment.
③ The beneficiary upon issuance of the amendment, retracts its demand for payment.
④ The beneficiary consents to allow up to 10 business day for examination and notice of dishonour.

56 In accordance with ISBP821, which of the following documents are NOT include in documents of "third party documents acceptable"?

① draft
② teletransmission report
③ courier receipt
④ postal receipt

57 Which of the following statements about certificate of origin is NOT correct under ISBP821?

① When a credit requires the presentation of a certificate of origin, this will be satisfied by the presentation of a signed document that appears to relate to the invoiced goods and certifies their origin.
② Even if a credit requires the presentation of a specific form of certificate of origin, other formed documents may be presented as circumstances require.
③ A certificate of origin is to be issued by the entity stated in the credit.
④ When a credit does not indicate the name of an issuer, any entity may issue a certificate of origin.

58 Which of the following definitions is NOT correct under URR725?

① "Issuing bank" means the bank that has issued a credit and the reimbursement authorization under that credit.

② "Claiming bank" means a bank that honours or negotiates a credit and presents a reimbursement claim to the reimbursing bank.

③ "Reimbursement authorization" means an instruction or authorization issued by an issuing bank to a reimbursing bank to reimburse a claiming bank, and it is affected by the credit.

④ "Reimbursement undertaking" means a separate, irrevocable undertaking of the reimbursing bank, issued upon the authorization or request of the issuing bank.

59 Which of following statements is NOT correct, under URR725?

① An authorization or request by the issuing bank to the reimbursing bank to issue a reimbursement undertaking is irrevocable.

② An irrevocable reimbursement authorization cannot be amended or cancelled without the agreement of the reimbursing bank.

③ A reimbursement undertaking cannot be amended or cancelled without the agreement of the reimbursing bank.

④ A claiming bank must communicate its acceptance or rejection of a reimbursement undertaking amendment to the reimbursing bank.

60 Under URC522, who is the one to whom presentation is to be made in accordance with the collection instruction?

① principal
② collecting bank
③ remitting bank
④ drawee

제3과목 | 외환관련여신

*배점: 20점(1점×20문제)

61 무역금융에 대한 설명으로 옳지 않은 것은?

① 일반적으로 무역금융은 수출물품의 선적 전 또는 외화입금 전에 취급된다.
② 무역금융은 은행의 일반금융에 비하여 낮은 금리를 적용받을 수 있다.
③ 무역금융 융자한도는 수출업체의 수출실적, 신용장내도액 등을 고려하여 한국은행이 결정한다.
④ 무역금융은 외국환업무의 취급인가를 받은 금융회사만이 취급할 수 있도록 제한하고 있다.

62 다음 중 무역금융 융자대상에 해당하는 자를 모두 고른 것은?

> 가. 보세판매장에서 수입한 완제품을 외국인에게 외화로 판매한 실적을 보유한 자
> 나. 수출신용장에 의하여 전자적 형태의 무체물을 수출하고자 하는 자
> 다. 중계무역방식에 의하여 물품을 수출하고자 하는 자
> 라. D/P조건에 의하여 물품을 수출하고자 하는 자
> 마. 한국무역협회가 보증서를 제공한 국제기구 발급 구매주문서를 보유한 자

① 가, 나　　　　　　　　　　② 나, 라
③ 가, 다, 마　　　　　　　　④ 다, 라, 마

63 다음 중 무역금융 융자대상 수출실적에 대한 설명으로 옳지 않은 것은?

① 융자대상 수출실적은 특정업체의 자금종류별 융자한도를 결정하는 데 활용된다.
② 대금결제조건이 FOB가격인 경우 이를 CIF가격으로 환산한 금액을 융자대상 수출실적으로 인정한다.
③ 내국신용장에 의한 공급실적은 CIF가격으로 개설되지 않으므로 내국신용장 결제금액을 기준으로 한다.
④ 수출실적 중 무역어음을 인수취급한 부분을 제외한 금액은 융자대상 수출실적으로 인정된다.

64 생산능력이 없는 수출업체가 해외에 있는 수입업체로부터 수령한 원수출신용장을 근거로 소요원자재를 확보하여 수출용 완제품을 가공하기 위해 수탁업체에 무상으로 공급한 후 가공임 결제를 위해 완제품 임가공 내국신용장을 개설하였다면 취급 가능한 융자금은 무엇인가?
① 생산자금
② 원자재자금
③ 완제품구매자금
④ 포괄금융

65 다음 중 무역금융 융자방법에 대한 설명으로 옳지 않은 것은?
① 수출업체의 금융편의와 여신절차 간소화를 위해 각 자금별로 신용장기준금융과 실적기준금융으로 구분하여 운용한다.
② 무역금융을 취급할 때에는 자금별로 한 가지 융자방법을 선택하여 융자받아야 하며 동시에 이용할 수 없다.
③ 원자재를 사전에 확보하기 위하여 원자재자금을 취급할 때에는 신용장기준금융을 이용하는 것이 용이하다.
④ 융자방법을 변경하기 위해서는 변경시점에서 기취급된 대출금 또는 지급보증 잔액이 융자방법을 변경할 대상자금의 융자한도를 초과하지 않아야 한다.

66 무역금융 융자금액 산출과 관련하여 다음 중 융자대상금액 산정기준으로 틀린 것은?
① 선수금 영수조건의 경우 당해 수출신용장이나 계약서 금액에서 이미 영수한 선수금을 차감한 금액을 기준으로 한다.
② 수출대금을 수입대금과 상계처리하는 경우 동 수출대금은 융자대상 수출실적에서 차감한다.
③ 회전신용장의 경우 당해 신용장의 액면금액을 초과할 수 없다.
④ 과부족 허용(10% more or less)조건의 경우 수출신용장 금액에서 10%를 더한 금액을 기준으로 한다.

67 다음 중 내국신용장에 대한 설명으로 옳은 것은?
① 국제간 무역거래뿐만 아니라 국내업체 간의 국내거래에서도 사용할 수 있다.
② 은행의 지급보증을 수반하므로 보증신용장통일규칙(ISP98)을 준거하여 발행하여야 한다.
③ 내국신용장에 의하여 수출용 원자재 및 완제품을 구매하는 업체는 무역금융을 수혜받을 수 있다.
④ 원수출신용장을 근거로 하여 내국신용장을 개설할 때에는 그 차수를 제한하고 있다.

68 다음 중 구매확인서에 대한 설명으로 옳지 않은 것은?

① 구매확인서는 대외무역관리규정에서 별도로 정한 규정 이외에는 내국신용장에 관한 규정과 동일하게 준용된다.
② 구매확인서에 의해서는 외화획득용 원료와 기재를 구매한다는 점에서 내국신용장과 차이가 있다.
③ 구매확인서는 내국신용장과 달리 은행이 지급보증을 하지 않으므로 무역금융을 취급할 수 없다.
④ 구매확인서는 납품업체들이 기한에 상관없이 구매확인서를 사후에 발급받을 수 있도록 하고 있다.

69 융자취급은행의 의무 중 거래외국환은행의 공통의무가 아닌 것은?

① 적정여신 준수 의무
② 융자취급상황 기재 의무
③ 무역금융 관련 제재대상자 보고 의무
④ 수출실적 관리

70 다음은 무역금융 취급 시 수익성 분석과 관련된 자료이다. 한계이익은 얼마인가?

- 무역금융 100,000,000원 취급, 금리 4%, 자체조달금리 3%
- 한국은행 차입비율 10%, 차입금리 1.5%
- 보증기금 출연금 250,000원
- 교육세 20,000원

① 880,000원
② 1,560,000원
③ 2,325,000원
④ 2,600,000원

71 환율변동에 따른 대출 원금 상승이 재무제표에 미치는 영향으로 적절하게 묶인 것은?

> 가. 재무상태표상 부채비율 및 차입금의존도 상승으로 재무구조 약화
> 나. 손익계산서상 외환차손 및 외화평가손실 발생으로 수익구조 약화
> 다. 재무상태표상 부채비율 및 차입금의존도 하락으로 재무구조 개선
> 라. 현금흐름표상 영업활동 현금흐름 감소로 미래현금흐름 창출력 저하

① 가, 나 ② 가, 라
③ 나, 다 ④ 다, 라

72 다음 중 출연금납부 면제대상에 해당하는 외화대출금이 아닌 것은?

① 시설자금대출금
② 금융회사 등이 외국에 설치한 현지 지점에서 대출한 대출금
③ 수입기업과 거래하는 금융회사 등이 그 기업의 상대방에게 직접 송금하는 방식의 기한연장 대출금
④ 수입기업과 거래하는 금융회사 등이 그 기업의 상대방에게 직접 송금하는 방식의 상환기간 1년 이하인 대출금

73 청구보증 중에서 이행성보증과 관련이 없는 것은?

① Bid Guarantee ② Payment Guarantee
③ Advance Payment Guarantee ④ Retention Guarantee

74 다음 중 간접보증에 대한 설명으로 옳지 않은 것은?

① 주로 해외에 있는 보증은행의 신용도를 믿지 못하거나 해외에서 발행한 보증서가 효력이 없는 경우에 간접보증을 활용한다.
② 간접보증 구조하에서 보증인이 수익자의 지급청구를 이행하면 구상보증인으로부터 구상권을 가지게 된다.
③ 구상보증서상 지급청구를 할 때 보증인은 지급청구서와 불이행진술서를 함께 제시하여야 한다.
④ 구상보증서의 법적 성격은 청구보증 형태로 발행되므로 보증서와 동일하게 독립적 보증이다.

75 보증금액이 큰 경우 위험을 최소화하기 위하여 여러 은행으로 위험부담을 분산시키는 보증 형태로 옳은 것은?

① Counter Guarantee
② Direct Guarantee
③ Syndicate Guarantee
④ Back to Back Guarantee

76 다음 중 외화지급보증서 발행절차를 순서대로 나열한 것은?

가. 보증서 발행신청서 접수 및 검토	나. 보증서 발행한도 확인
다. 외국환거래규정상 신고 여부 사전확인	라. 보증료 징수
마. 전산원장 작성	바. 보증서 발행

① 가 ⇨ 나 ⇨ 다 ⇨ 라 ⇨ 마 ⇨ 바
② 나 ⇨ 다 ⇨ 가 ⇨ 마 ⇨ 라 ⇨ 바
③ 다 ⇨ 가 ⇨ 나 ⇨ 라 ⇨ 마 ⇨ 바
④ 다 ⇨ 나 ⇨ 가 ⇨ 마 ⇨ 라 ⇨ 바

77 다음 중 외화지급보증서의 지급청구서 내도 시 처리방법에 대한 설명으로 옳지 않은 것은?

① 외화지급보증서상 지급청구가 유효기일 이내인지 확인하여야 한다.
② 보증서상 지급청구서만을 요구한 경우에 지급청구서와 보강진술서가 함께 제시되면 지급거절사유로 본다.
③ 보증은행은 기초계약의 무효 또는 계약의 이행 유무 등에도 불구하고 보증서 조건에 문면상 일치하는 서류가 있으면 지급하여야 한다.
④ 보증은행은 서류심사기간 이내에 지급거절 통보를 하여야 하며, 이를 경과한 경우에는 지연이자가 청구될 수 있다.

78 외화지급보증에 따른 위험요소 중 수익자와 관련된 위험은?

① 신용위험 ② 정치적 위험
③ 계약위험 ④ 공동시공의 위험

79 다음에 해당하는 회계상 계정과목으로 적절한 것은?

> 상환청구권으로 인한 우발채무를 처리하는 계정과목으로, 수출환어음 재매입(Renego) 의뢰 시 재매입 은행으로부터 입금된 매입대금은 어음지급인으로부터 결제된 것이 아니기 때문에 어음지급인으로부터 해당 대금을 결제받을 때까지 우발채무로 처리하며, 어음기일 또는 재매입은행으로부터의 대금수령일에 계정을 삭제한다.

① 매입외환 ② 미결제외환
③ 미확정외화지급보증 ④ 배서어음

80 외국환계정 중 난외계정에 속하지 않는 것은?

① 수입신용장발행 ② 차관외화보증
③ 수입물품선취보증 ④ 외화수입보증금

fn.Hackers.com

정답 및 해설 제1회 적중 실전모의고사

■ 정답

제1과목 수출입실무

1 ②	2 ③	3 ②	4 ①	5 ①	6 ④	7 ③	8 ④	9 ④	10 ③
11 ③	12 ①	13 ①	14 ②	15 ③	16 ④	17 ③	18 ②	19 ③	20 ④
21 ③	22 ③	23 ②	24 ④	25 ④	26 ④	27 ③	28 ①	29 ④	30 ②
31 ①	32 ③	33 ④	34 ③	35 ④					

제2과목 국제무역규칙

36 ②	37 ③	38 ④	39 ①	40 ②	41 ④	42 ③	43 ②	44 ④	45 ②
46 ③	47 ②	48 ④	49 ③	50 ③	51 ④	52 ②	53 ③	54 ④	55 ①
56 ①	57 ②	58 ②	59 ③	60 ③					

제3과목 외환관련여신

61 ③	62 ④	63 ①	64 ①	65 ②	66 ③	67 ③	68 ①	69 ①	70 ②
71 ④	72 ①	73 ②	74 ④	75 ③	76 ②	77 ③	78 ④	79 ①	80 ②

해설

제1과목 | 수출입실무

[1~14] 수출입실무 기초

01 정답 ②
일반적으로 인정되는 수출의 절차는 '수출계약의 체결 ⇨ 신용장의 수취 ⇨ 수출승인 ⇨ 수출물품의 확보 ⇨ 운송계약 및 보험계약의 체결 ⇨ 수출통관 ⇨ 물품의 선적 ⇨ 수출대금의 회수 ⇨ 사후관리 및 관세환급' 순이다.

02 정답 ③
① CIF와 CIP조건에서는 수출상이 부보해야 하고, CFR과 CPT조건에서는 수입상이 부보해야 한다.
② ICC(All Risks)는 특정의 면책위험을 제외한 모든 위험을 담보하는 조건이므로, 전쟁 또는 동맹파업으로 인한 위험을 담보받기 위해서는 담보조건을 추가로 약정해야 한다.
④ 포괄보험 또는 예정보험하에서 발행되는 보험서류는 포괄예정보험증권(Open Policy)이라고 한다.

03 정답 ②
DAP조건과 DDP조건은 모두 매수인이 양하비용을 부담한다.

04 정답 ①
CIP는 운송방식에 관계없이 사용할 수 있는 무역거래조건이며, 해상 및 내수로 운송에만 사용되는 무역거래조건은 FAS, FOB, CFR, CIF이다.

05 정답 ①
'가, 나'는 중계무역에 대한 설명이다.
다. 외국인수수입에 대한 설명이다.
라. 중계무역방식의 수출실적은 무역금융 융자대상 수출실적으로 인정하지 않는다.

06 정답 ④
팩터링거래에서는 일체의 수수료(수입팩터링수수료 포함)를 수출상이 모두 부담한다.

07 정답 ③
① 별도의 신고 등을 요구하지 않는 경우이다. 참고로 사용대차는 외국환거래규정상의 기타자본거래규율 대상에서 제외됨에 따라 금액 및 사용대/사용차 여부에 관계없이 신고불요 사항에 해당한다.
② 계약 건당 미화 3천만불을 초과하는 물품의 임대차 계약을 체결하는 경우, 한국은행총재에게 사전 신고해야 한다.
④ 임대차 계약기간이 1년 미만인 경우에는 별도의 신고 등을 요구하지 않지만, 1년 이상인 경우에는 외국환은행의 장에게 사전 신고해야 한다.

08 정답 ④
통합공고에 대한 설명이다.

09 정답 ④
① 원산지표시제도는 산업통상자원부장관이 공고하는 원산지표시대상 물품의 수출입거래에 한하여 해당 거래의 모든 당사자에게 원산지를 표시하도록 강제하는 제도이다.
② 수입물품의 원산지표시는 한글이나 한자 또는 영문으로 최종 구매자가 원산지를 오인할 우려가 없는 방식으로 표시해야 한다.
　예 한국산, 韓國産, Made in KOREA
③ 원산지는 반드시 국가명으로 표시해야 하며, 최종 구매자가 수입물품의 원산지를 오인할 우려가 없는 경우에는 통상적으로 널리 사용되고 있는 국가명을 사용하여 원산지를 표시할 수 있다.
　예 United States of America ⇨ USA

10 정답 ③
선의가 아닌 악의로 행동하는 개설은행은 그 대금의 지급을 거절할 수 없다.

(참고) 악의는 그 사실을 알고 있는 것이며, 선의는 어떤 사실을 모르는 것을 말함

11 정답 ③
지급신용장, 연지급신용장, 인수신용장은 지정된 은행에서만 이용할 수 있으며, 이와 같은 신용장을 지정신용장(Straight Credit)이라고 한다.

12 정답 ①
통지은행은 접수된 신용장이 외견상 진정성을 충족하지 않고 있음에도 불구하고 이를 수익자에게 통지할 때에는 그러한 사실을 지체 없이 수익자에게 알려주어야 한다.

13 정답 ①
② 매입신용장은 특별한 사정이 있으면 환어음의 발행을 요구하지 않을 수도 있다.
③ 매입신용장은 신용장의 이면에 매입사실의 배서를 요구하는 배서신용장이다.
④ 매입신용장은 일람출급 또는 기한부신용장으로 모두 사용될 수 있다.

14 정답 ②
Back-to-Back Credit은 중계무역거래에서 견질신용장으로 활용되고, 연계무역거래에서는 동시개설신용장으로 활용되는 신용장이다.

[15~25] 수입실무

15 정답 ③
① 서류의 발행인을 표현하기 위한 용어로서 "well known", "first class", "qualified", "official" 등의 용어가 사용되는 경우, 수익자 이외의 어떠한 자가 발행한 서류라도 그 조건을 충족하는 것으로 간주되므로 하자로 보지 않는다. 다만, 수익자 본인이 그러한 서류를 발행하면 지급거절의 사유가 된다.
② 서류가 발행된 장소와 관련하여 "local(현지의)"의 용어가 사용된 경우에는 어떠한 국가의 상업회의소에서 발행하든지 관계없이 서류는 수리될 수 있다.
④ 운임의 선지급과 관련하여 "freight prepayable", "freight to be paid" 등의 용어가 사용된 경우, 운임이 선지급된 것으로 해석하지 않고 무시된다.

16 정답 ④
Stale B/L(제시지연선하증권)은 원칙적으로 수리할 수 없으나, 수출상과 수입상이 상호 간에 합의를 통하여 신용장의 추가조건에 "Stale B/L is acceptable"이라는 문구를 추가한다면 서류제시기일을 경과한 선하증권이더라도 수리될 수 있으므로, 이는 개설은행의 담보권을 해하지 않는 조건이다.

17 정답 ③
조건변경은 전체적으로 동의 또는 거절되어야 하며, 하나의 동일한 조건변경에 대한 부분적인 수락은 허용되지 않는다.

18 정답 ②
Less Charge에 대한 설명이다.

19 정답 ③
보증부 매입 또는 유보부 매입은 매입은행과 수익자 사이에서 이루어지는 계약일 뿐 개설은행과는 무관한 행위에 해당하므로, 개설은행은 매입은행의 행위에 관계없이 일정 기한 내에 하자통지를 해야 한다.

20 정답 ④
하나의 환어음에 선적일자가 다른 두 세트 이상의 선하증권이 첨부되어 있거나 하나의 선하증권에 여러 개의 본선적재부기가 있는 경우에는 그들 중 가장 늦은 일자를 기준으로 어음의 만기를 산정한다. 다만, 신용장에 명시된 선적지역 내에서의 환적으로 인하여 하나의 선하증권에 두 개 이상의 본선적재부기가 있는 경우에는 그들 중 가장 빠른 본선적재일자를 기준으로 어음의 만기를 산정해야 한다.

21 정답 ③
신용장에 명시된 선적지역 내에서의 환적으로 인하여 하나의 선하증권에 두 개 이상의 본선적재부기가 나타나는 경우에는 그들 중 가장 빠른 본선적재일자를 기준으로 어음의 만기일을 산정하며, 만기일에 "from"이라는 용어가 사용되었으므로 해당 일자 202X년 9월 12일의 다음날인 202X년 9월 13일을 기준으로 만기일을 산정한다.

22 정답 ③
상환수권은 취소불능이 아니기 때문에 개설은행은 상환은행에 통고함으로써 언제든지 상환수권을 취소하거나 조건변경할 수 있다.

23 정답 ②
추심은행은 접수된 서류에 대하여 외견상 추심지시서의 기재사항과 일치하는지 확인할 의무만 있으며, 서류의 내용에 대해서는 심사할 의무가 없다.

24 정답 ④

보증신용장도 화환신용장과 마찬가지로 신용장통일규칙(UCP600)의 적용을 받는다. 다만, 보증신용장은 별도의 구체적인 국제규칙인 보증신용장통일규칙(ISP98)도 적용받고 있다.

25 정답 ④

① 청구보증은 일반적인 보증과 달리 주채무자와 독립된 1차적 책임을 부담하는 보증을 말하며, 이는 보증신용장의 내용과 성격이 동일하다고 볼 수 있다.
② 청구보증에 대해서는 청구보증통일규칙(URDG758)이 적용된다.
③ 직접보증하에서 지시당사자는 대개 원인계약의 주채무자인 보증의뢰인을 말하는데, 보증의뢰인이란 원인계약상의 채무 또는 의무를 부담하는 자로서 보증서상에 Applicant로 명시된 자를 말한다.

[26~35] 수출실무

26 정답 ④

해외의 은행수수료를 부담하는 자를 표시한 조건으로서, 실무에서 흔히 사용되는 부가조건 중 하나이다.

해석
① 이 신용장은 송장가액의 70%는 일람불로 지급되고, 나머지는 환어음의 지급인으로부터 상품에 만족한다는 통지가 수령되면 매입되는 것으로 한다.
② 개설의뢰인에 의하여 발행되고 서명된 검사증명서
③ 선적인의 적재와 수량확인을 나타내는 선하증권은 수리할 수 없다.
④ 상환수수료를 포함한 모든 해외의 은행수수료는 수익자의 부담으로 한다.

27 정답 ③

① 확인은 취소불능신용장을 대상으로만 하기 때문에, 취소가능신용장에 대한 확인은 할 수 없다.
② 확인은 수익자가 발행한 환어음 또는 서류를 어음발행인 및 선의의 소지자에게 소구권을 행사하지 않는 조건으로 매입할 것을 확약한다.
④ 확인은행의 지급의무는 개설은행과는 별도의 독립적인 지급의무이므로, 하자 있는 서류에 대하여 개설은행이 수리하기로 결정하였더라도, 이에 따라 확인은행이 대금지급의 의무를 부담해야 하는 것은 아니다.

28 정답 ①

② 천재지변, 폭동, 소요 등의 불가항력적인 사유 외의 사유로 은행이 영업하지 않는 경우, 그 휴업일에 이은 최초 영업일까지 당해 신용장의 유효기일은 자동 연장된다.
③ on or before는 언급된 일자를 포함하여 산정한다. 따라서 신용장상의 최종 선적일은 4월 30일까지이므로, 4월 30일에 본선에 적재하였음을 표시한 선하증권은 일치하는 제시에 해당된다.
④ 환어음의 만기일은 본선적재일의 그 다음 날인 5월 1일로부터 90일째 되는 날이다.

29 정답 ④

신용장상에 환적에 대한 언급이 없다면 원칙적으로 환적을 금지하는 것으로 해석한다.

30 정답 ②

Surrendered B/L(권리포기선하증권)은 주로 단거리 항해 운송 시에 많이 활용되며, 신용장거래에서는 원칙적으로 허용하고 있지 않은 선하증권이다. 수출상은 운송인에게 미리 Original B/L의 전통(Full Set)을 양도하고 그 권리를 반환하기 때문에 수입상은 Original B/L을 제시하지 않고도 선하증권상의 수하인임이 확인되면 즉시 화물을 인도받을 수 있다는 특징이 있다.

31 정답 ①

② 보험증권에 대한 설명이다.
③ 면책비율의 상한에는 제한이 없다.
④ Excess of 3%의 조건하에서 5%의 손해가 발생한 경우에는 5%에서 3%를 공제한 2%를 보상한다.

32 정답 ②

수익자 본인이 발행한 상업송장상의 정보와 데이터에 대한 수정은 별도의 인증이나 확인을 필요로 하지 않는다.

33 정답 ④

① 사전송금방식의 OA거래에서 수출상은 선적완료 후 즉시 외상채권을 거래은행에 매각함으로써 조기에 현금화할 수 있다는 특징이 있다.
② OA NEGO는 L/C NEGO 등과 같이 화환어음이나 선적서류를 매입하는 거래가 될 수 없기 때문에, 신용장이나 선하증권 등에 의해 담보되지 않고 순수하게 외상수출채권만을 매입하는 거래이다.
③ 외상수출채권을 매입하는 은행은 오로지 수입상의 신용에만 의존하여 대금결제를 보장받을 수 있다.

34 정답 ③

대외무역관리규정 제25조에 의하면 수출실적은 유상으로 거래되는 수출(대북한 유상반출 포함)을 인정하고 있으므로, 증여 등을 원인으로 한 무상거래의 수출은 수출실적으로 인정하지 않는다.

35 정답 ④

① 위탁가공무역에 의한 수출실적 인정금액은 판매액에서 원자재 수출금액 및 가공임을 공제한 가득액으로 한다.
② 내국신용장 또는 구매확인서에 의한 수출실적 인정금액은 외국환은행의 결제액 또는 확인액으로 한다.
③ 외화를 받고 외항선박에 내국선박용품을 공급하는 경우, 수출실적 확인 및 증명은 한국무역협회장이 한다.

제2과목 | 국제무역규칙

[36~50] 신용장통일규칙(UCP600)

36 정답 ②

신용장통일규칙은 법률(the law)이 아니라 규칙(the rule)이다. 따라서 신용장발행국가에서 신용장통일규칙의 조항을 금지하거나 우선하는 법이 있다면, 각 개별국가의 법률이 신용장통일규칙에 우선한다.

(해석) UCP600하에서, 다음 설명 중 옳지 않은 것은?
① 신용장에서 "UCP LATEST VERSION"의 규칙을 적용한다고 명시한다면, 그 신용장은 개설일자에 시행되는 신용장통일규칙의 적용을 받는다.
② 어떠한 경우에도 신용장통일규칙은 신용장발행국가가 제정한 법률보다 우선하여 적용되어야 한다.
③ UCP600은 화환신용장뿐만 아니라 보증신용장도 적용하는 규칙이다.
④ 신용장통일규칙은 신용장에서 명시적으로 이 규칙의 적용을 받는다고 표시한 때에 적용할 수 있다.

37 정답 ③

선적기간과 관련하여 "before"와 "after"가 사용된 경우 명시된 일자를 제외하므로, 202X년 8월 15일까지 선적이 이루어져야 한다. 따라서 202X년 8월 16일에 선적이 이루어진 것은 지연선적(late shipment)으로 보아 하자사유로 간주된다.

(해석) 물품이 본선에 적재되었던 일자는 202X년 8월 16일이다. 선적기간에 관한 다음 조건 중에서 하자로 간주되는 것은?
① 선적은 202X년 8월 21일의 전후 5일 이내에 이루어져야 한다.
② 선적은 202X년 8월 16일로부터 이루어져야 한다.
③ 선적은 202X년 8월 16일 이전에 이루어져야 한다.
④ 선적은 202X년 8월 16일부터 8월 31일까지 이루어져야 한다.

38 정답 ④

매입에 의해 이용 가능한 신용장은 개설은행에서 발행될 수 없다.

(해석) 다음 신용장 조건 중에서 (   )에 의해 이용 가능하게 발행될 수 없는 신용장은?
① 개설은행에서 인수에 의한 방식
② 지정은행에서 연지급확약에 의한 방식
③ 지정은행에서 그 은행을 지급인으로 하는 환어음을 요구하는 일람지급에 의한 방식
④ 개설은행에서 매입에 의한 방식

39 정답 ①

통지은행이 신용장을 통지하였다는 것은 신용장의 외견상 진정성에 관하여 스스로 충족하였다는 것과 그 통지가 송부받은 신용장의 조건들을 정확하게 반영하고 있다는 것을 의미한다.

(해석) 신용장을 통지함으로써 확인은행이 아닌 통지은행이 (   )을 의미한다.

> A. 신용장에 대한 외견상 진정성을 스스로 충족하였다는 것
> B. 그 통지가 송부받은 신용장의 조건들을 정확하게 반영하고 있다는 것
> C. 일치하는 제시에 대하여 결제 또는 매입을 해야 할 의무가 있다는 것
> D. 신용장상의 정보가 서류상의 정보와 충돌하지 않는다는 것

40 정답 ②

은행은 문면상 일치하는 제시가 있는지를 서류에 의해서만 심사해야 하며, 이에 따라 신용장 거래당사자는 일치하는 제시에 대하여 은행에 대금을 지급해야 할 의무가 있다. 따라서 신용장거래에서 매매계약에 하자가 있는 경우, 개설의뢰인은 신용장이 아닌 매매계약의 위반을 이유로 항변해야 한다.

> **해설** UCP600하에서, 다음 설명 중 옳지 않은 것은?
> ① 개설은행은 매매계약의 하자 여부와 관계없이 신용장 조건과 일치하는 서류의 제시에 대하여 결제해야 한다.
> ② 서류가 매매계약과 일치하지 않는다면, 개설의뢰인은 지급을 거절할 수 있다.
> ③ 확인은행은 제시가 일치한다고 판단할 경우, 결제 또는 매입하고 그 서류들을 개설은행에 송부하여야 한다.
> ④ 확인은행의 다른 지정은행에 대한 상환의무는 확인은행의 수익자에 대한 의무로부터 독립적이다.

41 정답 ④

개설의뢰인의 주소와 세부 연락처가 운송서류상의 수하인 또는 통지처의 일부로서 나타낼 때는 신용장에 명시된 대로 기재되어야 한다.

> **해설** UCP600하에서, 다음 설명 중 옳지 않은 것은?
> ① 선적일의 다음 날로부터 21일 이내에 제시하는 요건은 "두 통의 상업송장 원본"만을 요구하는 신용장에서 적용할 수 없다.
> ② 신용장에서 선적항으로서 지리적 범위를 표시할 수 있더라도, 선하증권은 반드시 실제 선적항을 명시해야 한다.
> ③ 운송인을 대신하여 선하증권에 대리인이 서명한다면, 선하증권은 그 운송인의 이름을 표시해야 한다.
> ④ 개설의뢰인의 주소 및 연락처 명세가 운송서류상에서 수하인 또는 통지처의 일부로 나타낼 때는, 신용장에 명시된 것과 일치할 필요가 없다.

42 정답 ③

지정은행은 제시가 일치한다고 판단하고 결제 또는 매입할 경우, 그 서류를 확인은행 또는 개설은행에 송부하여야 한다.

> **참고** 확인은행이 아닌 지정은행이 서류를 수령 또는 심사하고 이를 송부하였다는 것만으로 그 지정은행이 결제 또는 매입해야 할 의무를 부담해야 하는 것은 아님

> **해설** 지정은행이 제시가 일치한다고 판단하고 결제 또는 매입할 때, 그 지정은행은 (   )해야 한다.
> ① 결제
> ② 결제 또는 매입
> ③ 확인은행 또는 개설은행에 서류를 송부
> ④ 결제 또는 매입하고 개설은행에 서류를 송부

43 정답 ②

개설은행은 제시가 일치하지 않는다고 판단하는 경우 자신의 독자적인 판단으로 하자에 대한 권리포기를 위하여 개설의뢰인과 교섭할 수 있는 것이기 때문에, 개설의뢰인의 답변과 관계없이 하자 있는 서류에 대해 수리를 거절하거나 수리할 수 있다.

> **해설** 개설은행이 제시일의 다음 날부터 4은행영업일까지 개설의뢰인으로부터 권리포기를 받지 않는다면, 다음 설명 중 옳은 것은?
> ① 개설은행은 개설의뢰인에게 즉시 답변을 요구해야 한다.
> ② 개설은행은 하자 있는 서류를 거절하기로 결정할 수 있다.
> ③ 개설은행은 개설의뢰인의 답변을 받을 때까지 기다려야 한다.
> ④ 개설의뢰인은 개설은행에게 유효기일의 연장을 요구할 수 있다.

44 정답 ④

신용장이 복수의 서류를 요구하고 있는 경우에는 서류 자체에 별도의 표시가 없는 한, 수익자는 적어도 원본 1통과 나머지 통수의 사본 제시에 의하여 충족된다.

> **해설** 신용장에서 "3통"과 같은 용어를 사용함으로써 복수의 서류 제시를 요구한다면, 이는 수익자가 (   )을 제시하는 것을 의미한다.
> ① 3통의 원본만
> ② 3통의 사본만
> ③ 1통의 원본과 2통의 사본
> ④ 1통, 2통 또는 3통의 원본과 나머지 통수의 사본

45 정답 ②

신용장이 연지급(Deferred Payment)에 의하여 이용 가능한 경우의 결제는 연지급을 확약하고 만기일에 지급하는 것을 말한다.

> **해설** UCP600하에서, 정의에 관한 다음 설명 중 옳지 않은 것은?
> ① 개설의뢰인은 신용장이 개설되도록 요청하는 당사자를 의미한다.
> ② 연지급에 의하여 이용 가능한 신용장이라면 결제는 일람지급하는 것을 포함한다.
> ③ 은행영업일은 이 규칙에 따라 업무가 이행되어지는 장소에서 은행이 정규적으로 영업을 하는 날을 의미한다.
> ④ 제시인은 제시를 하는 수익자, 은행 또는 그 밖의 당사자를 의미한다.

46 정답 ③

'B, D'는 선하증권의 요건을 충족하는 형식에 해당된다.
A. MH 선박회사가 운송인이라는 언급이 없다. 다만, 선하증권에 "carrier, MH Shipping Ltd."의 표시가 있었다면 운송인의 표시는 생략할 수 있다.
C. SO 인터내셔널 주식회사가 어떤 운송인을 대리하여 선하증권을 발행하는 것인지에 대한 표시가 없다. 다만, 선하증권에 "carrier, MH Shipping Ltd."의 표시가 있었다면 운송인의 표시는 생략할 수 있다.

해석 운송인은 "MH 선박회사"이고 운송인의 대리인은 "SO 인터내셔널 주식회사"이다. 선하증권의 문면상에 운송인의 명칭이 명시되지 않는다면, 다음 중 제20조 a항에서 규정한 서명요건을 충족하는 것은?

```
A. 선하증권              B. 선하증권
   MH 선박회사              MH 선박회사
   (서명)                   운송인으로서,
                           (서명)

C. 선하증권              D. 선하증권
   SO 인터내셔널 주식       SO 인터내셔널 주식
   회사                    회사
   운송인의   대리인으       운송인의   대리인으
   로서                    로서,
   (서명)                   MH 선박회사(서명)
```

선박명	선적일	서류제시일	선적된 수량
A	#1	202X/04/11	202X/04/24	1,000개
B	#2	202X/07/06	202X/07/19	2,000개
C	#3	202X/10/02	202X/10/14	3,000개
D	#4	202X/11/20	202X/11/30	2,000개

각각의 할부선적 내에서 분할선적이 허용된다면, 다음 중 어떤 것이 하자인가?

47 정답 ②

운송서류는 "물품이 갑판에 적재되거나 적재될 것 (Goods are or will be loaded on deck)"이라는 표시를 해서는 안 된다. 다만, "물품이 갑판에 적재될 수도 있다(Goods may be loaded on deck)"고 기재하는 운송서류상의 조항은 수리될 수 있다.

해석 UCP600하에서, 서류에 명시된 다음의 조항 중 수리될 수 없는 것은?
① 검사증명서는 일류의 공인검사기관에 의해 발행되어야 한다.
② 물품은 갑판에 적재될 것이다.
③ 선적은 즉시 이루어져야 한다.
④ 운송인은 환적할 권리를 유보한다.

48 정답 ④

어느 한 할부선적기간 동안 선적을 하지 못하면 해당 할부선적분뿐만 아니라 그 이후의 할부선적분에 대한 신용장도 이용될 수 없다. #3의 할부선적분에서 선적 일정상 2,000개이지만, 실제로 이를 초과한 3,000개를 선적하고 서류를 제시하였으므로, #3(C)와 그 이후의 할부선적분 #4(D)에 대한 신용장은 이용될 수 없다.

해석 분할선적을 허용하는 화환신용장은 다음의 선적 일정이 있다.

선박명	시작일	종료일	선적된 수량
#1	202X/04/01	202X/04/30	1,000개
#2	202X/07/01	202X/07/20	2,000개
#3	202X/10/01	202X/10/15	2,000개
#4	202X/11/15	202X/11/30	3,000개

수익자는 아래와 같이 물품을 선적하고 서류를 제시하였다.

49 정답 ③

개설의뢰인은 외국의 법과 관행이 부과하는 모든 의무와 책임에 대하여 은행에 보상할 의무와 책임이 있다.

해석 UCP600하에서, 다음 당사자 중 외국의 법과 관행이 부과하는 모든 의무와 책임에 대하여 은행에 보상할 의무와 책임이 있는 자는?
① 수익자
② 통지은행
③ 개설의뢰인
④ 개설은행

50 정답 ③

양도된 신용장은 신용장의 조건을 정확히 반영하여야 하지만, 다음은 예외로 한다.
• 감액 또는 단축될 수 있는 조건 : 신용장 금액 및 단가, 유효기일, 제시기간, 최종 선적일 또는 선적기간
• 증가시킬 수 있는 조건 : 부보되어야 하는 백분율
• 신용장에 기재된 개설의뢰인의 이름을 제1수익자의 이름으로 대체 가능

해석 다음 중 양도가능신용장을 양도하는데 감액 또는 단축될 수 없는 것은?
① 서류제시기간
② 신용장의 유효기일
③ 부보되어야 하는 비율
④ 상품의 단가

[51~53] 청구보증통일규칙(URDG758)

51 정답 ④

URDG758에 따르면, 보증에 있어서 일자나 기간경과에 관련된 조건은 비서류적 조건으로 간주되지 않는다. (즉, 그 조건은 무시되지 않고 받아들여진다) 이는 그 조건이 준수됨을 나타내는 서류가 무엇인지 명시되지 않은 경우에도 마찬가지이다.

(해석) URDG758하에서, 다음 설명 중 옳지 않은 것은?
① 보증이 보증인의 통제를 벗어나면 취소 또는 변경될 수 없다.
② 보증인은 자신이 발행한 보증에 대해 일치하는 지급청구를 받았을 때만 제시인에게 지급할 책임을 진다.
③ 보증인은 제시된 서류에만 근거하여 문면상 일치 여부를 결정해야 한다.
④ 보증이 일자나 기간경과에 대한 조건을 포함했지만 그 조건에 일치하는 서류를 명시하지 않은 경우, 그 조건은 비서류적인 것으로 본다.

52 정답 ②

보증인은 수익자로부터 지급청구를 받으면 지체 없이 지시당사자 또는 구상보증인에게 알려주어야 한다.

(해석) 다음 중 지급청구에 대한 설명으로 URDG758하에서 옳지 않은 것은?
① 보증상 지급청구는 보증에서 요구하지 않았더라도 수익자의 보강진술에 의해 보강되어야 한다.
② 보증인은 수익자로부터 지급청구를 받은 사실을 지시당사자 또는 구상보증인에게 알릴 필요가 없다.
③ 보증상 이용 가능한 금액을 초과하는 금액으로 지급청구된 경우에는 불일치한 지급청구가 된다.
④ 지급청구 또는 보강진술은 수익자가 지급청구를 제시할 권리를 갖는 일자 이전의 일자로 표기되어서는 안 된다.

53 정답 ③

URDG758하에서, 서류심사기간은 제시일 다음 날로부터 5영업일 내에 심사를 완료하여 해당 지급청구가 일치하는 지급청구인지를 결정하여야 한다. 따라서 202X년 9월 19일(월)에 서류를 접수하였다면 다음 날인 202X년 9월 20일(화)부터 계산하여 5영업일째 되는 202X년 9월 26일(월)까지 심사할 수 있다.

(해석) URDG758하에서, 202X년 9월 19일(월)에 보증상 지급청구의 제시가 수익자에 의해 보증인에게 이루어졌다면, 언제까지 보증인은 서류심사를 완료하여야 하는가?
① 202X년 9월 22일(목)
② 202X년 9월 23일(금)
③ 202X년 9월 26일(월)
④ 202X년 9월 27일(화)

[54~56] 보증신용장통일규칙(ISP98)

54 정답 ④

개설인은 제시된 서류에 기재된 내용이 정확한지 또는 진정성이 있는지에 대하여 확인해야 할 책임은 없다.

(해석) ISP98하에서, 다음 설명 중 옳지 않은 것은?
① 보증신용장은 그러한 명시가 없다고 하더라도 개설된 때에 취소불능하게 개설인을 구속한다.
② 보증신용장의 개설인은 수익자의 일치하는 청구에 대해서만 결제할 의무가 있다.
③ 보증신용장상 개설인의 의무의 강제력은 개설의뢰인으로부터 상환받을 개설인의 권리와 능력에 의존하지 않는다.
④ 개설인은 보증신용장상 제시된 어떤 서류에 대해서도 정확한지 또는 진정성이 있는지 확인해야 할 책임이 있다.

55 정답 ①

보증신용장의 요구에 따라 제시된 서류 중 서류심사가 가능한 일부의 서류가 제출되어도 개설인은 서류심사를 하여야 한다.

(해석) 보증신용장상 일치하는 제시에 대한 다음 설명 중 옳지 않은 것은?
① 보증신용장상 요구되는 모든 서류가 제시되어야만 개설인은 제시된 서류를 심사할 수 있다.
② 제시는 어떤 보증신용장하에서 제시가 이루어지는 것인지 해당 보증신용장을 특정하여야 한다.
③ 보증신용장에서 제시장소가 표시되지 않은 경우에 제시는 보증신용장을 개설한 영업소에서 하여야 한다.
④ 제시는 개설 이후부터 만료일에 만료되기 전까지 이루어져야 한다.

56 정답 ①

보증신용장에서 요구되지 않은 서류가 제시되었다고 하더라도 서류심사대상이 아니며 그 서류에 명시된 조건은 무시된다.
② 반드시 제시인에게 반환되어야 하는 것은 아니다.
③ 보증서상에서 요구되지 않은 서류는 심사할 필요가 없다.
④ 제시된 다른 서류들과 함께 개설인 또는 개설의뢰인에게 전달될 수도 있다.

(해석) ISP98에 따르면, 보증신용장에서 요구하지 않았음에도 제시된 서류는 (   )
① 일치하는 제시인지를 결정함에 있어서 무시되어야 한다.
② 반드시 제시인에게 반환하여야 한다.
③ 문면상 일치하는 제시로 보이는지 결정하기 위해 심사되어야 한다.
④ 제시된 다른 서류들과 함께 개설인 또는 개설의뢰인에게 전달되지 않아야 한다.

[57~60] 기타 국제무역규칙 (ISBP821, URR725, URC522)

57 정답 ②
"기간경과서류 수리가능"은 서류가 신용장의 유효기일 이전에 제시되는 한, 선적일 후 달력상 21일 후에도 제시될 수 있다는 의미이다.

> 해설) ISBP821에 따르면, 다음 설명 중 옳지 않은 것은?
> ① "선적서류"는 환어음, 전송보고서, 특송영수증 등을 제외한, 신용장이 필요로 하는 모든 서류를 의미한다.
> ② "기간경과서류 수리가능"은 신용장의 유효기일에 상관없이 서류가 선적일 후 달력상 21일 경과 이후에 제시될 수 있다는 것을 의미한다.
> ③ "제3자 서류 수리가능"은, 신용장 또는 UCP600이 발행인을 기재하지 않은 모든 서류는 환어음 제외하고 수익자 이외의 기명된 자연인 또는 실체에 의해 발행될 수 있음을 의미한다.
> ④ "수출국"은 수익자의 주소가 있는 국가, 물품의 원산지국, 운송인에 의해 물품을 수령한 국가, 물품 선적국 또는 발송국 중의 어느 하나를 의미한다.

58 정답 ②
상환은행은 개설은행이 발행한 상환수권서에 따라서 상환하도록 지시 또는 수권받는 은행을 말한다.

> 해설) 어떤 형태의 은행이 개설은행이 발행한 상환수권서에 따라서 상환하도록 지시받거나 수권받는가?
> ① 개설은행 ② 상환은행
> ③ 청구은행 ④ 제시은행

59 정답 ③
취소불능 상환수권의 조건변경 또는 취소는 상환은행의 동의가 필요하다.

> 해설) 취소불능 상환수권은 ( )의 동의 없이 조건변경 또는 취소될 수 없다.
> ① 개설은행 ② 수익자
> ③ 상환은행 ④ 청구은행

60 정답 ③
추심은행은 추심의뢰은행 이외의 추심의 과정에 관여하는 모든 은행을 말한다.

> 해설) URC522하에서, 관계당사자에 대한 다음 설명 중 옳지 않은 것은?
> ① "추심의뢰인"은 은행에 추심업무를 의뢰하는 당사자이다.
> ② "추심의뢰은행"은 추심의뢰인이 추심업무를 의뢰한 은행이다.
> ③ "추심은행"은 추심의뢰은행을 포함하여 추심의 과정에 관여하는 모든 은행이다.
> ④ "제시은행"은 지급인에게 제시를 행하는 추심은행이다.

제3과목 | 외환관련여신

[61~70] 무역금융

61 정답 ③
'나, 다, 마'는 무역금융제도의 특징에 해당한다.
가. 무역금융은 선적 전에 지원되는 금융이다.
라. 무역금융은 외국환업무 취급인가를 받은 금융회사만이 취급할 수 있도록 제한하고 있다.

62 정답 ④
사전송금방식에 의한 수출은 대응수출이 이행되고 대금 전액이 입금된 분에 대해서, 그리고 대금교환도(COD, CAD)방식에 의한 수출은 수출대금이 전액 입금된 분에 대해서 수출실적으로 인정되어 실적기준으로 무역금융을 취급할 수 있다.

63 정답 ①
북한에 유상으로 반출한 실적이 무역금융 융자대상 수출실적으로 인정된다.

64 정답 ①
실적기준금융의 융자한도 산정은 과거실적 등을 고려하여 외국환은행이 자율적으로 한다.

65 정답 ②
생산자금 융자금액
= {(CIF기준 금액 × FOB환산율) − 소요원자재액 − 선수금 및 무역어음 금액} × 전월 평균매매기준율 × 융자비율
= {(USD3,000,000 × 0.9648) − USD1,000,000 − USD600,000 − USD400,000} × 1,400원 × 90%
= 1,126,900,000원(10만원 미만 단위 절사)

66 정답 ③
위탁가공무역방식의 무역금융 융자대상의 수출실적 인정시점은 수출신용장일 경우에는 매입(또는 추심의뢰)시, 기타 방법일 경우에는 수출대금 입금 시이다.

67 정답 ③
① 과거 1년간 수출실적이 미화 2억달러 미만인 업체가 대상이다.

② 수출실적 보유기간이 1년 미만인 신규업체라 하더라도 동 기간 동안의 수출실적이 미화 2억달러 미만인 경우에는 포괄금융 수혜업체로 선정할 수 있다.
④ 포괄금융도 용도별 금융처럼 신용장기준금융방식 또는 실적기준금융방식 중 융자방법을 업체가 임의로 선택, 이용할 수 있다.

68 정답 ①

내국신용장은 '한국은행 금융중개지원대출관련 무역금융지원 프로그램 운용세칙', '동 운용절차', '전자무역 촉진에 관한 법률' 등의 규정을 적용한다.

69 정답 ①

② 내국신용장은 신용장기준 및 실적기준으로 발급 가능하지만, 구매확인서는 신용장기준으로만 발급할 수 있다.
③ 사후발급은 구매확인서만 가능하며, 내국신용장은 불가능하다.
④ 은행의 지급보증이 수반되는 것은 내국신용장이며 구매확인서는 해당하지 않는다.

70 정답 ②

동일 신용장에 대하여 중복금융취급을 방지하기 위해서 융자취급상황을 수출신용장 등 무역금융의 융자대상 증빙서류 뒷면에 기재하여야 한다.

[71~73] 외화대출

71 정답 ④

'가, 나, 다, 라' 모두 거주자 대상 외화대출지원대상에 해당한다.

72 정답 ①

Shipper's Usance L/C는 회계상 매입채무로 분류되며 신용공여기간 동안 이자가 물품대금에 포함된다.

73 정답 ②

① 기존 외화대출의 기한연장 및 대환 시에도 통화변경이 가능하다.
③ 차주가 자기자금 등으로 미리 집행한 시설자금에 대한 외화대출은 자금집행 후 6개월 이내인 경우에 한해 취급을 허용한다.
④ D/P, D/A(추심에 의한 수입거래) 등 특정은행을 통한 해외송금이 불가피한 경우에는 예외로 인정하여 대출취급은행과 해외송금은행을 달리할 수 있다.

[74~78] 외화지급보증

74 정답 ④

보증신용장은 이행성보증뿐만 아니라 금융보증 등 다양한 용도로 개설된다.

75 정답 ③

직불보증신용장(Direct Pay Standby L/C)은 금융 보증과 관련된 보증신용장이며, 입찰보증신용장(Bid Standby L/C), 유보금환급보증신용장(Retention Standby L/C), 선수금환급보증신용장(Advance Payment Standby L/C)은 이행성보증에 해당한다.

76 정답 ②

해당 문언이 삽입될 수 있는 청구보증은 선수금환급보증(Advance Payment Guarantee)이며, 우리나라에서는 실무상 Repayment Guarantee라고도 한다.

(해석) 이 보증서는 선수금이 우리(ABC은행)가 가지고 있는 보증신청인의 계좌번호 2121 – 1548 – 4834로 입금된 시점으로부터 효력이 발생된다.

77 정답 ③

발행통화는 반드시 기초계약통화와 일치시킬 필요는 없다.

78 정답 ④

수출보증보험에 대한 설명으로 입찰보증, 선수금환급보증 등 발행 시에 보증신청인의 신용상태가 양호하지 못하다면 매우 유용한 담보 역할을 한다.

[79~80] 외환회계

79 정답 ①

외환회계는 일반회계와 달리 외화재무상태표 외 손익계산서 등의 기타 재무제표는 작성하지 않으며, 손익항목은 외화재무상태표에서 제외하여 원화로 직접 회계처리한다.

80 정답 ②

내국수입유산스에 대한 설명으로 외국환회계에서는 신용장 개설신청인에 대한 인수은행의 신용공여인 Banker's Usance거래를 (난내)내국수입유산스로 통일하여 통합 회계처리하도록 하고 있다.

정답 및 해설 제2회 적중 실전모의고사

■ 정답

제1과목 수출입실무

1 ③	2 ②	3 ②	4 ③	5 ③	6 ④	7 ①	8 ②	9 ②	10 ①
11 ④	12 ③	13 ③	14 ①	15 ③	16 ①	17 ②	18 ④	19 ③	20 ④
21 ①	22 ③	23 ①	24 ②	25 ①	26 ①	27 ②	28 ④	29 ①	30 ④
31 ①	32 ②	33 ③	34 ②	35 ①					

제2과목 국제무역규칙

36 ④	37 ③	38 ④	39 ③	40 ③	41 ②	42 ①	43 ①	44 ④	45 ③
46 ③	47 ②	48 ②	49 ④	50 ①	51 ③	52 ②	53 ②	54 ①	55 ③
56 ④	57 ④	58 ③	59 ①	60 ①					

제3과목 외환관련여신

| 61 ④ | 62 ① | 63 ① | 64 ② | 65 ③ | 66 ③ | 67 ② | 68 ④ | 69 ③ | 70 ② |
| 71 ③ | 72 ④ | 73 ④ | 74 ② | 75 ④ | 76 ③ | 77 ③ | 78 ④ | 79 ③ | 80 ① |

■ 해설

제1과목 | 수출입실무

[1~14] 수출입실무 기초

01 정답 ③
우리나라의 선박으로 외국에서 채취한 광물 또는 포획한 수산물을 외국에 매도하는 것은 대외무역법상 수출거래에 해당한다.

02 정답 ②
CIF조건하에서는 위험부담의 분기점과 비용부담의 분기점이 다르다.
위험부담은 본선에 물품을 적재하였을 때에 이전되지만, 비용(운송료, 보험료)부담은 지정된 목적항에 물품이 도착하였을 때에 이전된다.

03 정답 ②
FIO(Free In & Out)조건이란 하역비용을 모두 화주가 부담하는 조건을 말한다.
(참고) "Free"는 선주의 입장에서 비용이 면제된다는 뜻임

04 정답 ③
가. 수출상(Q사)의 운임부담 종료지점인 외국의 지명이 표기되어야 하므로, NEW YORK Port는 옳은 표기방법이다.
나. FOB조건은 해상 및 내수로 운송방식에서만 사용할 수 있으므로, Air waybill(AWB, 항공화물운송장)은 잘못된 요구조건이다.
다. FOB조건은 수입상(S사)이 부보해야 하므로, 신용장 개설 시 개설은행은 수입상으로부터 보험서류를 제시할 것을 요구해야 한다. 따라서 수입신용장상에는 보험서류조건을 명시할 필요가 없다.
라. FOB조건은 수입상(S사)이 운송비를 부담해야 하는 Freight Collect(운임 후불)의 조건을 명시해야 하므로, Freight Prepaid(운임 선급)는 잘못된 요구조건이다.

05 정답 ③
임대수출은 국내기업의 해외현지법인 또는 위탁가공계약상의 해외가공업체 등에게 제품생산에 필요한 기계기구 등을 유상 또는 무상으로 임대하고자 하는 경우, 매매대상 물품의 성능시험을 목적으로 시운전용 제품을 거래 상대방에게 일정기간 유상 또는 무상으로 임대하고자 하는 경우에 활용된다.
(참고) 문제에서 제시된 내용은 위탁판매수출의 활용방법임

06 정답 ④
Switch B/L, Back-to-Back L/C, Third party B/L은 중계무역과 관련된 서류이다.

07 정답 ①
사전송금방식은 수출상이 수입상으로부터 수출대금을 미리 받은 후에 물품을 인도하는 방식이기 때문에 수출상의 입장에서 가장 선호하는 결제방식이다.

08 정답 ②
① 수입상에 대한 수입팩터의 신용위험부담에 대해서는 이에 관한 보상으로 수출상이 수입팩터링수수료를 부담하게 된다.
③ 포페이팅거래는 기초상거래에서 발생하는 지급청구권을 소구권을 행사하지 않는 조건으로 할인매매하는 금융서비스를 말한다.
④ 포페이팅거래는 주로 신용장대금채권이나 환어음 및 약속어음 등의 어음채권을 할인대상으로 하며 기타의 증권 또는 채권은 취득에 관한 복잡한 법률적 문제 및 분쟁 가능성으로 인하여 취급이 제한적이다.

09 정답 ②
제3자와 결제하는 행위이므로 원칙적으로 한국은행총재 또는 외국환은행의 장에게 신고 후 거래하여야 한다.

10 정답 ①
② 신용장은 그 기초가 되었던 계약으로부터 독립되어 별도의 법률관계를 형성하기 때문에(독립성의 원칙), 개설은행은 매매계약서를 근거로 하여 서류를 심사할 수 없을 뿐 아니라 그 매매계약서와 제시된 서류가 다르다는 이유로 지급거절을 할 수 없다.

③ 매매계약이 취소 또는 무효가 되더라도 신용장의 효력은 그대로 유효한 것으로 보기 때문에, 개설은행은 제시된 서류가 문면상 일치한다고 판단하면 결제의무를 이행해야 한다.
④ 신용장의 모든 거래당사자는 계약물품과 관계없이 그 계약물품을 상징하는 서류에 의하여 거래한다. (추상성의 원칙) 따라서 선적된 물품이 신용장의 조건과 일치하지 않거나 하자가 있더라도 제시된 서류가 신용장의 조건과 일치한다면 개설은행은 결제의무를 이행해야 한다.

11 정답 ④
개설의뢰인에 의해 발행되고 서명된 검사증명서를 요구하면서 신용장에서 이를 입증할 수 있는 검사증명서(Certificate of Inspection)를 요구하지 않았다면, 이는 비서류적 조건에 해당한다.
① ② 신용장의 유효기일과 선적기일 및 서류제시기일 등은 이를 증명하는 별도의 서류를 제시하지 않더라도 그 효력을 판별할 수 있으므로 비서류적 조건에 해당하지 않는다.
③ 신용장에서 원산지증명서(Certificate of Origin)를 요구하고 있으므로, 물품의 원산지가 대한민국일 것을 요구하는 조건은 비서류적 조건에 해당하지 않는다.

12 정답 ③
신용장 조건과 일치하지 않는 서류가 제시된 경우, 개설은행은 서류접수일의 다음 날로부터 5영업일 이내에 수리 또는 거절 여부를 결정하여 제시인에게 통보해야 한다.

13 정답 ③
① 지급신용장하에서 개설은행의 지급확약 문언이다.
② 일람출급매입신용장하에서 개설은행의 지급확약 문언이다.
④ 연지급신용장하에서 개설은행의 지급확약 문언이다.

14 정답 ①
지급에 의한 방법으로 이용 가능한 신용장, 즉 지급신용장(sight payment credit)의 특징이다.

[15~25] 수입실무

15 정답 ③
9월 21일(On board date) + 12일(서류제시기간) = 10월 3일(토요일), 서류제시기일이 휴무일이므로 10월 5일(월요일)로 자동 연장된다. 유효기일인 10월 4일(일요일)도 휴무일이므로 10월 5일(월요일)로 자동 연장된다.

16 정답 ①
인수수수료는 개설수수료보다 높은 요율이 적용되며, 인수수수료와 개설수수료의 징수기간이 중복되는 경우에는 해당 중복기간에 해당하는 개설수수료를 환급해야 한다.

17 정답 ②
가. 차기방식(debit base)에 대한 설명이다.
나. 송금방식(remittance base)에 대한 설명이다.
다. 상환방식(reimbursement base)에 대한 설명이다.

18 정답 ④
사전에 서류가 위조 또는 변조되었다는 것을 알았거나 쉽게 알 수 있었음에도 불구하고 상당한 주의를 기울이지 않고 서류를 심사하여 발견하지 못하였다면, 서류의 진정성, 위·변조, 법적효력과 관련한 은행의 면책조항은 효력이 없고, 은행은 그 의무나 책임에 대해 부담해야 한다.

19 정답 ③
① 개설의뢰인은 개설은행에 서류가 도착한 다음 영업일로부터 5은행영업일 이내에 수입대금을 결제하거나 기한부환어음의 인수의사를 표시해야 한다.
② 개설의뢰인이 수입대금의 결제기한 내에 결제하지 않는 경우, 개설은행은 결제기일의 다음 영업일에 개설의뢰인 대신에 수입대금을 지급해야 한다.
④ 신용장대금을 원화로 결제하는 경우에는 결제일 당시의 전신환매도율이 적용된다.

20 정답 ④
'가, 나, 라'는 유효한 하자통지가 되기 위해 반드시 기재해야 하는 사항에 해당한다.
다. 하자통지는 오로지 1회에 한하여 유효하기 때문에, 하자통지 이후에 다른 불일치 사유를 이유로 지급거절을 할 수 없다.

21 정답 ①
수입화물선취보증서(L/G)가 발행된 후에 선적서류에서 하자가 발견되더라도 개설은행은 대금지급을 거절할 수 없다. 왜냐하면 개설은행의 입장에서 L/G를 발급하는 행위가 선하증권의 원본을 교부하는 것과 동일한 효력을 가지고 있기 때문이다.

22 정답 ③
일람후정기출급(after sight)의 경우 제시된 서류가 신용장의 조건에 일치하는 경우, 개설은행은 서류를 접수한 날(202X년 4월 24일)의 다음 날을 환어음 만기의 기산일로 하여 만기일을 산정하므로, 환어음의 만기일은 기산일로부터 60일이 지난 202X년 6월 23일이 된다.

23 정답 ①
추심지시서상에 D/P 또는 D/A로 간주되는 문언이 없거나 분명하지 않은 경우에는 D/P로 간주한다.

24 정답 ②
Advance Payment Standby L/C(상업보증신용장)에 대한 설명이다.

25 정답 ①
OA 방식은 사후송금방식으로서 수입상의 입장에서는 상품의 인수와 관련한 위험이 제거되어 매우 안전한 대금결제방식이지만, 수출상의 입장에서는 대금을 회수하지 못하거나 결제지연 또는 부당한 클레임 제기 등에 따르는 위험을 부담하게 된다.

[26~35] 수출실무

26 정답 ①
통지은행은 전송 중에 발생하는 지연, 훼손, 기타의 오류뿐만 아니라 전문용어의 번역 및 해석상의 오류에 대해서도 의무나 책임을 부담하지 않는다.

27 정답 ②
양도가능신용장의 조건변경이 이루어지는 경우, 그러한 조건변경을 수락한 양수인에 대해서만 조건변경의 효력이 발생하고 수락하지 않은 양수인에 대하여는 원신용장의 조건이 그대로 적용된다.

28 정답 ④
C은행은 원신용장에는 확인을 추가하였지만, 조건변경에는 동의하지 않았으므로 조건변경에 따른 대금지급의무는 부담하지 않는다.
① 확인신용장의 조건변경은 개설은행(B은행), 확인은행(C은행), 수익자(㈜B상사) 모두의 동의가 있어야 유효하게 성립된다.
② 확인은행은 원신용장에 확인을 추가하였다는 이유로 개설은행의 조건변경에도 반드시 확인을 추가해야 하는 것은 아니다.
③ D은행은 통지은행으로서 신용장의 외견상 진정성을 확인하고 지체 없이 수익자에게 신용장을 통지해야 할 의무만 있을 뿐, 신용장의 대금지급의무는 부담하지 않는다.

29 정답 ①
- on or about은 언급된 일자의 전 5일부터 후 5일 사이의 기간(총 11일)에 행위가 발생되어야 하는 것으로 해석한다. 따라서 10월 2일의 전후 5일인 9월 27일부터 10월 7일까지를 선적일로 본다.
- within XX days of OOO의 경우, 언급된 일자의 전 XX일부터 후 XX일 사이의 기간에 행위가 발생되어야 하는 것으로 해석한다. 따라서 10월 9일의 전후 2일인 10월 7일부터 10월 11일까지를 서류제시기간으로 본다.

30 정답 ④
최초의 상환청구서에서 청구한 금액이 초과하였다는 사유로 대금지급을 거절한 것은 타당하지만, 매입은행이 신용장 금액의 조건을 US$1,000,000으로 변경한 상환청구서는 유효기일이 경과하였더라도 상환확약서의 조건과 일치한다면 상환은행은 대금을 지급해야 한다. 즉, 상환권한(Reimbursement Authorization)은 유효기일의 적용을 받지 않는다.

31 정답 ①
② 용선계약부 B/L은 신용장에 기재된 바에 따라 일정한 범위나 지역으로 양륙항을 표시할 수 있다.
③ 신용장에서 특별히 허용하지 않는 한, 용선계약에 따른다는 선화증권은 수리할 수 없다.
④ 용선계약부 선하증권은 선주, 용선자, 선장 또는 그 대리인에 의해 서명되어야 한다.

32 정답 ②
신용장에서 원산지증명서의 발행자에 관한 별도의 언급이 없다면 수익자를 포함한 누구든지 원산지증명서를 발행할 수 있고, 그러한 서류는 수리될 수 있다.

33 정답 ③
추심 후 지급으로 처리하는 경우에 해당한다.

34 정답 ②
① 수출실적은 FOB금액을 기준으로 하고, 수입실적은 CIF금액을 기준으로 한다.
③ 외국에서 개최되는 박람회 등에 출품하기 위해 무상 반출한 물품 등을 현지에 매각한 경우에는 외국환은행의 입금액을 수출실적으로 인정한다.
④ 중계무역의 수출실적은 수출금액(FOB금액)에서 수입금액(CIF금액)을 공제한 가득액으로 한다.

35 정답 ①
무역금융 융자대상 수출실적의 인정 범위에서는 중계무역방식에 의한 수출을 제외하고 있다.

제2과목 | 국제무역규칙

[36~50] 신용장통일규칙(UCP600)

36 정답 ④
신용장에서 서류제시기간을 명시하고 있지 않는 경우, 운송서류의 원본은 선적일 후 21일(21 calendar days) 이내에 제시되어야 한다고 규정하고 있을 뿐, 은행영업일(banking day)의 용어는 사용하지 않는다.

> **해석** UCP600하에서, 다음 조항 중 "은행영업일"이라는 용어를 사용하지 않는 것은?
> ① 서류의 심사
> ② 하자 있는 서류의 통지
> ③ 유효기일 또는 최종제시일의 연장
> ④ 운송서류 원본의 제시

37 정답 ③
① 신용장대금의 결제 또는 매입을 위한 유효기일은 제시를 위한 유효기일로 보기 때문에, 수익자는 서류심사기간에 관계없이 신용장에 명시된 유효기일인 20XX년 2월 17일까지 서류를 은행에 제시하면 된다.
② 수익자는 지정은행인 ABC은행뿐만 아니라 개설은행에 직접 일치하는 서류를 제시할 수 있다.
④ 매입신용장은 환어음을 요구할 수도 있고 요구하지 않을 수도 있다.

> **해석** 아래 신용장조건하에서 다음 설명 중 옳은 것은? (20XX년 2월 15일은 일요일이다)
>
> 31D 유효기일 및 제시장소
> : 20XX년 2월 17일 대한민국
> 41a 이용장소 및 이용방법
> : ABC은행, 대한민국 매입방식
> 42A 지급인
> : 개설의뢰인
>
> ① 수익자는 서류심사기간(5은행영업일)을 제외한 20XX년 2월 10일 전까지 매입을 위한 서류를 은행에 제시해야 한다.
> ② 수익자는 ABC은행에만 일치하는 서류를 제시해야 한다.
> ③ 개설의뢰인을 지급인으로 하는 환어음을 요구하는 신용장은 발행되어서는 안 된다.
> ④ 매입에 의해 이용 가능하도록 이루어지는 신용장은 환어음을 요구할 수 없다.

38 정답 ④
신용장이 다른 지정은행에서 매입에 의하여 이용될 수 있는데 해당 지정은행이 매입하지 않는다면 확인은행은 매입(negotiation)이 아니라 결제(honour)를 해야 한다.

> **해석** UCP600하에서, 개설은행과 확인은행의 의무에 관한 다음 설명 중 옳지 않은 것은?
> ① 개설은행은 신용장을 개설한 때에 취소불능으로 구속된다.
> ② 은행이 개설은행으로부터 신용장의 확인 권한을 받았거나 요청받았더라도 그 은행은 신용장에 확인을 추가해야 할 의무는 없다.
> ③ 신용장이 지정은행에서 매입에 의하여 이용될 수 있는데 지정은행이 매입하지 않는다면, 개설은행은 결제해야 한다.
> ④ 신용장이 다른 지정은행에서 매입에 의하여 이용될 수 있는데 해당 지정은행이 매입하지 않는다면, 확인은행은 상환청구권 없이 매입해야 한다.

39 정답 ③
청구은행은 상환은행에게 신용장의 조건과 일치한다는 증명서를 제공하도록 요구하는 것은 금지된다. 따라서 상환은행은 청구은행에 그러한 증명서를 제공해야 할 의무는 없다.

해설) 신용장이 은행 간 상환에 대한 국제상업회의소 규칙의 적용을 받는다고 표시하지 않는다면, UCP600하에서 다음 설명 중 옳지 않은 것은?
① 상환수권은 신용장에 기재된 유효기일의 적용을 받아서는 안된다.
② 신용장의 조건에 따른 상환은행의 최초 지급청구 시 상환이 이루어지지 않으면, 개설은행은 그로 인하여 발생한 모든 비용과 함께 모든 이자 손실에 대하여도 책임을 부담한다.
③ 상환은행은 청구은행에 신용장 조건과 일치한다는 증명서를 제시해야 한다.
④ 별도로 상환수권서에 의해 제시된 경우를 제외하고 상환은행의 비용은 개설은행이 부담한다.

40 정답 ③

신용장의 조건변경에 대한 수익자의 침묵은 조건변경의 동의로 간주되지 않는다.

해설) 개설의뢰인이 아래와 같이 신용장의 조건변경을 개설은행에 신청했고, 개설은행은 그것을 수익자에게 통지하였다. 다음 설명 중 옳지 않은 것은?

원신용장의 조건
32B 신용장대금 : US$100,000 44C 최종 선적일 : 202X. 04. 18.
신용장의 조건변경
32B 신용장대금 : US$80,000 44C 최종 선적일 : 202X. 05. 04. 47A 추가조건 : 이 조건변경은 202X년 4월 30일이나 그 전까지 수익자에 의하여 거절되지 않는다면 효력이 발생될 것이다.

① 신용장은 개설은행, 수익자와 (확인은행이 있다면) 확인은행의 합의하에서 조건변경될 수 있다.
② 수익자가 신용장의 조건변경 중 "44C"만 승낙을 통지하였다면, 그 조건변경의 거절통지로 간주될 것이다.
③ 수익자가 조건변경에 대해 어떠한 통지가 없다면, 이를 수락한 것으로 간주될 것이다.
④ 수익자는 추가조건을 무시할 수 있다.

41 정답 ②

비서류적 조건이란 제시되어야 할 서류는 명시하지 않은 채 어떠한 행위를 준수하도록 요구하고 있는 신용장의 조건을 말한다. 신용장에서 검사증명서(Certificate of Inspection)를 요구하지 않았는데 검사인을 지정하는 신용장의 조건은 비서류적 조건에 해당하고 이를 무시할 수 있다.

해설) 아래와 같은 화환신용장의 발행하에서, 다음 추가조건 중 비서류적 조건으로 간주되는 것은?

```
46A 요구되는 서류
 + 모든 상품 명세를 표시한 두 통의 상업송장 원본
 + 팩, 박스, 파레트 등을 표시한 두 통의 포장명세서 원본
 + 무고장 상태로 본선에 적재, 항대항 선적을 커버하는 선하증권으로서 ABC은행의 지시식으로 발행되었으며 후불운임 및 화물 도착 시 개설의뢰인에게 통지할 것
 + 원산지 증명서
```

① 상품은 대한민국에서 만들어져야 한다.
② 물품은 대한민국에 있는 공인검사기관에 의해 검사되어야 한다.
③ 물품은 5세트(3개의 나무 상자와 2개의 파레트)로 포장되어야 한다.
④ 수량과 금액에 대해서는 10% 과부족이 허용된다.

42 정답 ②

모든 서류상의 물품의 선적인(shipper) 또는 송하인(consignor)은 신용장의 수익자가 아닌 다른 제3자를 송하인으로서 표시할 수 있다. 따라서 신용장에 표시된 수익자가 아닌 제3자를 송하인으로 표시하고 있는 제3자 선하증권(Third Party B/L)은 신용장에서 특별히 금지하지 않는 한 수리될 수 있다.

해설) 신용장에서 특별히 금지하지 않는 한, 별도의 특정한 제한 없이 수리가 가능한 선하증권은?
① 제3자 선하증권
② 권리포기 선하증권
③ 운송중개인 선하증권
④ 갑판적재 선하증권

43 정답 ①

제시된 거절통지문에서는 은행이 결제 또는 매입을 거절한다는 문구가 표시되어 있지 않다. 참고로 유효한 거절통지가 되기 위해서는 추가적으로 "THE DOCUMENTS ARE REFUSED DUE TO FOLLOWING DISCREPANCY."와 같은 거절의 문구를 "79 : Narrative"란에 표시해야 한다.

(해석) UCP600의 적용을 받는 화환신용장의 서류들이 202X년 2월 23일에 대한민국 서울에 있는 개설은행에 제시되었다. 202X년 2월 26일에 개설은행은 아래와 같이 SWIFT MT799에 의한 거절통지문을 보냈다.

> MT799 FREE FORMAT MESSAGE
> 20 거래참조번호 : SJJ411076102
> 21 관련참조 : KHJ123206113
> 79 기술내용
> : 서류는 UCP600에 따라 다음의 세 가지 하자가 포함된 것을 발견했습니다.
>   1. 지연선적
>   2. 송장의 물품 명세가 신용장의 명세와 다름
>   3. 보험이 신용장의 범위를 포괄하지 않음
> 개설의뢰인으로부터 권리포기를 받고 그것을 수리하기로 동의하거나, 또는 권리포기를 수리하는 것에 동의하기 전 제시인으로부터 추가 지시를 받기 전까지는 당사가 서류를 보관하도록 하겠습니다.
> 신용장 부서

위 거절통지문에서 다음 통지사항 중 UCP600 제16조 c항에 명시된 사항을 표시하지 않은 것은?
① 은행이 결제 또는 매입을 거절한다는 것
② 은행이 서류를 보관하고 있다는 것
③ 은행이 결제 또는 매입을 거절하는 하자사유가 있다는 것
④ 위의 어떤 보기도 해당 사항 없음

44 정답 ④

은행은 신용장에서 허용된 금액을 초과하여 발행된 상업송장을 수리할 수 있다.

(해석) UCP600하에서, 상업송장에 관한 다음 설명 중 옳지 않은 것은?
① 신용장에서 서명된 송장을 요구하지 않는 한, 상업송장은 서명될 필요가 없다.
② 양도가능신용장을 제외하고 상업송장은 개설의뢰인 앞으로 발행되어야 한다.
③ 송장에 명시된 물품의 명세는 반드시 신용장에 나타난 것과 일치해야 한다.
④ 은행은 신용장에서 허용된 금액을 초과하는 금액으로 발행된 상업송장을 수리할 수 없다.

45 정답 ③

환어음 만기일 산정 시 기산일이 되는 선적일은 선하증권을 발행한 날로 보지만, 별도로 본선적재부기에 표시된 일자가 있는 경우에는 그 일자를 선적일로 본다. 따라서 환어음의 만기일은 본선적재선하증권의 본선적재부기에 표시된 일자인 202X년 8월 17일로부터 30일이 되는 202X년 9월 16일이다.

(해석) 환어음과 본선적재선하증권의 조건이 아래와 같다. 환어음의 만기일은 언제인가?

> • 환어음의 만기 : 선적일로부터 30일 이내
> • 선하증권의 발행일 : 202X년 8월 15일
> • 본선적재부기에 표시된 일자 : 202X년 8월 17일

① 202X년 9월 14일
② 202X년 9월 15일
③ 202X년 9월 16일
④ 202X년 9월 17일

46 정답 ③

① 용선계약부 선하증권은 선하증권에 용선계약의 적용을 받는다는 표시가 있어야 수리할 수 있다.
② 신용장의 조건에서 용선계약서의 제시를 요구하고 있더라도 은행은 그 용선계약서를 심사하지 않는다.
④ 용선계약부 선하증권에 명시된 도착항(port of discharge)은 신용장에 기재된 대로 항구의 범위 또는 지리적 지역으로 표시될 수 있다.

(해석) UCP600하에서, 용선계약부 선하증권에 대한 다음 설명 중 옳은 것은?
① 선하증권에서 용선계약의 적용을 받는다고 표시하지 않더라도 용선계약부 선하증권으로 간주될 수 있다.
② 용선계약서가 신용장에 의해 제시되도록 요구된다면 은행은 그 제시가 신용장 조건과 일치하는지 계약서를 심사해야 한다.
③ 용선계약부 선하증권은 운송인에 의해 서명될 필요가 없다.
④ 용선계약부 선하증권에 명시된 선적항은 신용장에 기재된 대로 항구의 범위 또는 지리적 지역으로 표시할 수 있다.

47 정답 ②

포장명세서와 상업송장은 신용장에서 특별히 요구되지 않는 한, 서명될 필요가 없다.

(참고) 증명서(certificate), 확인서(declaration), 진술서(statement)의 경우에는 신용장에 별도의 명시가 없더라도 반드시 서명되어 있어야 함

(해석) UCP600하에서, 다음 서류 중 반드시 서명되어야 하는 것은?

> A. 포장명세서
> B. 원산지 증명서
> C. 상업송장
> D. 보험확인서

48 정답 ②

서류로부터 CIF 또는 CIP가액을 결정할 수 없는 경우, 부보금액의 범위는 물품의 총 금액을 기준으로 110% 이상이어야 한다.

해설) 신용장의 부보 범위에 대한 어떠한 표시가 없고 CIF 또는 CIP금액이 서류로부터 판단될 수 없다면, 부보금액은 (   )로 산정할 수 없다.
① 송장에서 명시된 물품의 총 금액의 110%
② 총 송장금액의 100%
③ 신용장하에서 요구되는 지급 또는 인수 금액의 110%
④ 신용장하에서 요구되는 매입 금액의 110%

49 정답 ④

신용장 금액, 수량 또는 단가와 관련하여 사용된 "about" 또는 "approximately"라는 용어는, 그것이 언급하고 있는 금액, 수량 또는 단가에 관하여 10%를 초과하지 않는 범위 내에서 과부족을 허용하는 것으로 해석한다.

해설) UCP600하에서, 다음 설명 중 옳지 않은 것은?
① 신용장에 분할청구 또는 분할선적이 금지된다는 표시가 없다면, 이는 허용될 것이다.
② 은행은 자신의 영업시간 외의 제시를 수리할 의무가 없다.
③ 은행이 UCP600의 제36조에 언급된 것이 아닌 사유로 영업을 하지 않더라도 최종 선적일은 연장될 수 없다.
④ 신용장에 물품의 수량과 관련하여 "대략 1,000개"와 같이 기재된다면, 5% 범위 내의 과부족 용인이 허용될 것이다.

50 정답 ①

다른 은행에게 용역의 이행을 요청하는 은행은 그러한 지시와 관련하여 발생하는 다른 은행의 요금, 보수, 경비 또는 비용에 대하여 책임이 있다.

해설) UCP600하에서, 은행은 (   )에 대해 책임이 있다.
① 서비스를 이행할 것을 지시받은 은행에 의해 부담되는 어떠한 비용
② 천재지변에 의한 영업의 중단으로부터 발생하는 결과
③ 기술적인 용어의 번역 또는 해석에서의 잘못
④ 어떤 서류의 형식, 충분성, 정확성, 진정성, 위조 또는 법적 효과

[51~53] 청구보증통일규칙(URDG758)

51 정답 ③

수익자가 조건변경에 대하여 일부만 수락한 경우에는 조건변경 전체에 대하여 거절한 것으로 간주된다.

해설) URDG758의 조건변경에 대한 다음 설명 중 옳지 않은 것은?
① 보증인이 보증에 대한 조건변경 발행요청 지시를 따르는 것은 의무사항이 아니다.
② 조건변경이 수익자를 구속하기 위해서는 수익자의 동의가 필요하다.
③ 수익자가 조건변경들 중 일부만 수락하는 경우, 일부 조건변경은 유효한 것으로 간주된다.
④ 일정한 기간 내에 거절되지 않으면 조건변경이 효력을 갖는다는 취지의 조건변경상 규정은 무시되어야 한다.

52 정답 ②

일치하는 제시를 하기 위해서는 그 제시가 보증 만료 이전에 보증상 명시된 장소에서 이루어져야 한다. 다만, 보증에서 제시장소가 명시되지 않은 경우에는 보증 만료 이전에 보증이 발행된 장소에 제출되어야 한다.

해설) URDG758하에서, 제시는 (   ) 보증인에게 이루어져야 한다.
① 보증 만료 다음 날에 보증이 발행된 장소에서
② 보증 만료 이전에 보증에 명시된 장소에서
③ 보증 발행일에 보증인의 지점에서
④ 보증 만료일에 통지당사자의 지점에서

53 정답 ②

A. 특정조건 없이 보증인에게 서류가 제시되었다면 보증인은 서류접수일 다음 날로부터 5영업일 내에 제시인의 지급청구가 일치하는지 여부를 결정해야 한다.
B. 수익자가 일치하는 지급청구를 하면서 만료의 연장을 선택적으로 요구하는 경우 보증인은 그 지급청구 수령일의 다음 날로부터 달력상 30일을 초과하지 않는 기간 동안 지급을 정지할 수 있다.

해설) URDG758하에서, 다음 중 괄호에 들어갈 것으로 순서대로 가장 적절하게 나열한 것은?

> A. 어떤 특정한 조건에 대한 언급 없이 보증인에게 서류가 제시되었다면, 보증인은 서류접수일 다음 날로부터 (   )영업일 내에 그것이 일치하는 지 지급청구인지 여부를 결정해야 한다.
> B. 일치하는 지급청구가 이루어졌을 때 수익자가 만료의 연장을 선택적으로 요구하는 경우 보증인은 그 지급청구 수령일의 다음 날로부터 달력상 (   )일을 초과하지 않는 기간 동안 지급을 정지할 수 있다.

[54~55] 보증신용장통일규칙(ISP98)

54 정답 ①

보증신용장에서 결제방식을 명시하지 않았다면, 개설인은 일람불로 청구금액을 결제하여야 한다.

해설) 보증신용장에서 일치하는 제시의 결제방식에 대해 명시하지 않았다면, 개설인은 (   )으로써 결제하여야 한다.
① 자신에게 청구된 금액을 일람불로 지급함
② 환어음을 적시에 인수하고 환어음 소지자에게 인수된 금액을 만기 후에 지급함
③ 적시에 연지급을 확약하고 청구된 금액에 대해 만기에 지급함
④ 청구된 금액을 소구권 없이 일람불로 지급함

55 정답 ③

보증신용장 조건에서 제시방식을 전자방식 중 SWIFT로 하도록 언급되어 있으므로, 제시하여야 할 서류를 종이방식으로 직접 제출하는 것은 일치하는 제시로 볼 수 없다.

(해석) 아래 문구는 보증신용장 조건의 일부이다. 다음 설명 중 일치하는 제시가 아닌 것은?

- 보증신용장의 고유번호 : ABADOF-3J-12
- 이 보증신용장은 202X년 9월 30일에 만료될 것이다.
- 이 보증신용장에 따른 모든 청구는 이 문서의 조건에 완전히 일치하는 서류를 SWIFT로 일본에 위치한 ABC은행에 제시하여야 한다.
- 일본시간을 기준으로 오후 5시 이후에 제시된 청구는 일본에서 다음 영업일에 제시된 것으로 본다.

① 서류에 보증신용장의 고유번호를 표시하여 제시하였다.
② 보증신용장에서 요구하는 서류를 일본에 위치한 ABC은행에 제시하였다.
③ 보증신용장에서 서류제시방식을 지정하지 않았으므로 서류를 종이방식으로 제시하였다.
④ 만료일 이전 오후 5시 전까지 서류를 제시하였다.

[56~60] 기타 국제무역규칙 (ISBP821, URR725, URC522)

56 정답 ④

오자나 오타는 해당 단어나 문장의 의미에 영향을 주지 않으면 하자가 되지 않는다. "model 102" 대신 "model 101"을 표시한다면 다른 모델이 되어 의미가 달라지므로 하자로 본다. "completition"의 경우에는 "ti"가 추가되었다고 해서 의미가 달라지는 것은 아니므로 하자가 아니다.

(해석) 다음 표현 중 하자로 간주되는 것은?
① "machine" 대신 "mashine"
② "completion" 대신 "completition"
③ "manufacturer" 대신 "mfr"
④ "model 102" 대신 "model 101"

57 정답 ④

임시송장, 견적송장은 가격이 확정되지 않은 송장이므로 수리되지 않는다.

(해석) 신용장이 추가 설명 없이 "송장"의 제시를 요구하는 경우, 어떤 형태의 송장이 수리되지 않는가?

A. 상업송장
B. 세관송장
C. 임시송장
D. 견적송장

58 정답 ③

상환수권서에는 신용장번호, 통화와 금액, 지급 가능한 추가금액과 과부족 허용 범위, 청구은행 등의 정보가 기재되어야 한다. 발행될 환어음의 만기는 상환은행이 환어음의 인수와 만기 지급을 요청받은 경우에 추가로 기재하여야 하는 사항이다.

(해석) 상환수권서는 다음 (   ) 정보를 기재하여야 한다.

A. 신용장번호
B. 통화와 금액
C. 지급 가능한 추가금액
D. 발행될 환어음의 만기

59 정답 ①

송장은 상업서류에 해당한다.

(해석) URC522하에서, 다음 서류 중 "금융서류"에 포함되지 않는 것은?
① 송 장
② 약속어음
③ 수 표
④ 환어음

60 정답 ①

제시은행은 환어음 인수의 형식이 완전하고 정확하게 나타나 있는지에 대해 확인하여야 할 책임을 부담한다.

(해석) URC522하에서, 다음 설명 중 옳지 않은 것은?
① 제시은행은 환어음의 인수 형식이 완전하고 정확하게 나타나 있는지에 대하여 확인해야 할 책임이 없다.
② 제시은행은 모든 서명의 진정성에 대하여, 또는 인수에 서명을 한 서명인의 권한에 대하여 책임을 지지 아니한다.
③ 제시은행은 지급거절통지 또는 인수거절통지를, 추심지시서를 송부한 은행으로 지체 없이 송부해야 한다.
④ 제시은행은 지급거절 및/또는 인수거절의 사유를 확인하기 위해 노력하여야 하고, 그에 따른 결과를 추심지시서를 송부한 은행으로 지체 없이 송부해야 한다.

제3과목 | 외환관련여신

[61~70] 무역금융

61 정답 ④
신용장기준 무역금융의 융자절차는 '수출신용장 등 내도 ⇨ 완제품 내국신용장 개설 ⇨ 수출물품 인수 ⇨ 환어음 내도 ⇨ 완제품 구매자금 취급 ⇨ 수출신고 및 통관 ⇨ 수출대금 회수 ⇨ 융자금 상환' 순이다.

62 정답 ①
중계무역방식에 의한 수출은 무역금융 융자대상에서 제외된다.

63 정답 ①
- 내국신용장상 결제금액 USD100,000 전부 수출실적으로 인정된다.
- 사전송금방식의 경우 대응수출이 이행되고 대금이 입금된 분에 한하여 수출실적으로 인정되므로 USD 200,000만 인정된다.
- 위탁가공무역방식의 경우에는 무상으로 수출한 실적에 대해서만 인정되므로 해당되지 않는다.
- 국제팩토링방식에 의한 수출은 입금분에 대해 인정되므로 USD300,000 전부 인정된다.
∴ 무역금융 수출실적 인정금액 합계
= USD100,000 + USD200,000 + USD300,000
= USD600,000

64 정답 ②
내국신용장에 의한 공급은 동 내국신용장이 매입 또는 추심의뢰된 때에 무역금융 수출실적으로 인정된다.

65 정답 ③
수출환어음 또는 내국신용장의 매입금액 중 소정기일 내에 미회수되어 부도처리된 분은 부도 발생월의 매입실적에서 차감하고, 부도처리 후 입금된 분은 당해 입금월의 매입실적에서 이를 재산입한다.
∴ 수출실적 인정금액
= 수출환어음 또는 내국신용장 매입금액 – 당월 부도분 + 당월 부도처리분
= 2억원 + 2억원 – 1억원 + 2억원 = 5억원

66 정답 ③
포괄금융은 완제품구매자금만으로는 이용할 수 없으나, 생산자금 및 원자재자금과 함께 완제품구매자금을 이용한다면 포괄금융으로 취급 가능하다.

67 정답 ②
위탁가공무역하에서 수출업자는 완제품구매자금을 취급할 수 없으며, 국산원자재를 구매하여 가공하지 않고 무상으로 수출한 실적은 융자대상수출실적으로 인정하나 자가생산활동이 없으므로 생산자금 및 포괄금융은 수혜받을 수 없다. 따라서 원자재자금만 취급 가능하다.

68 정답 ④
내국신용장을 활용함으로써 부가가치세 영세율 및 관세환급을 적용받을 수 있다.

69 정답 ③
원자재 내국신용장은 수출신용장(FOB) 금액에 원자재 의존율(= 100% – 가득률 40%)을 곱한 범위 내에서 개설할 수 있다. 따라서 최대 개설 가능 금액은 USD 360,000(= 600,000 × 60%)이다.

70 정답 ②
무역어음은 인수기관을 지급인으로 하는 기한부 환어음이다.

[71] 외화대출

71 정답 ③
환율 변화가 없더라도 시장 금리의 변화로 인해 외화대출 차주의 미래현금흐름은 변동할 수 있다.

[72~77] 외화지급보증

72 정답 ④
보증신용장은 보증기일과 보증금액의 한도를 구체적으로 정하며, 청구보증은 보증기일에 대하여 다소 관대한 적용을 요구하는 경향이 있다.

73 정답 ④
직불보증신용장(Direct Pay Standby L/C)은 개설의뢰인의 금융계약이행을 담보할 목적으로 개설된다는 점에서 보증신용장에 해당되지만, 1차적 지급목적으로 개설된다는 점에서 상업신용장에 해당된다고 볼 수 있다.

74 정답 ②

유보금환급보증(Retention Guarantee)은 기성고방식의 건설용역·플랜트수출 등에서 발주자가 각 기성 단계별로 수주자의 완공불능위험에 대비하기 위하여 기성대금의 일부를 유보하는데, 유보금을 공제하지 않고 기성대금 전액을 받기 위해 수주자가 발주자를 수익자로 하여 발행하는 보증이다.
① 선수금환급보증(Advance payment Guarantee)에 대한 설명이다.
③ 입찰보증(Bid Guarantee)에 대한 설명이다.
④ 계약이행보증(Performance Guarantee)에 대한 설명이다.

75 정답 ④

지연배상금은 수납하여야 할 보증료에 대하여 기일 다음 날로부터 납입일까지 외화여신연체이율을 적용한다.

76 정답 ③

해당 문언이 삽입될 수 있는 청구보증은 계약이행보증(Performance Guarantee)이다.

> (해석) 이 보증서는 해당 계약이 체결되었다는 서명된 계약서 사본을 자행에 제출해야만 효력이 발생한다.

77 정답 ③

기초계약의 수정·변경에 대해서 보증은행의 서면동의가 있어야 한다는 조건은 기초계약 당사자가 임의로 수정·변경을 할 수 없도록 하는 역할을 하므로 보증서상 Risk를 축소시킨다.

[78~80] 외환회계

78 정답 ④

경과계정에 대한 설명으로 이에 해당하는 자산계정에는 매입외환, 미결제외환, 부채계정에는 매도외환, 미지급외환 등이 있다.

79 정답 ③

Banker's Usance의 인수단계에서는 난내계정인 '내국수입유산스'로 계정처리한다.

80 정답 ①

수입환어음 인수수수료는 거래당사자의 우발적 신용위험을 고려하여 외국환은행의 신용능력을 이용하는 대가로 징수하는 신용위험부담 보상적 성격의 수수료이다.

fn.Hackers.com

정답 및 해설 제3회 적중 실전모의고사

■ 정답

제1과목 수출입실무

01 ④   02 ①   03 ①   04 ①   05 ④   06 ①   07 ③   08 ④   09 ④   10 ③
11 ③   12 ②   13 ②   14 ②   15 ②   16 ③   17 ①   18 ②   19 ②   20 ②
21 ③   22 ②   23 ②   24 ④   25 ④   26 ①   27 ①   28 ④   29 ④   30 ②
31 ④   32 ①   33 ②   34 ③   35 ③

제2과목 국제무역규칙

36 ④   37 ①   38 ①   39 ①   40 ③   41 ④   42 ④   43 ③   44 ③   45 ③
46 ①   47 ③   48 ②   49 ④   50 ①   51 ③   52 ②   53 ②   54 ③   55 ④
56 ①   57 ③   58 ③   59 ③   60 ④

제3과목 외환관련여신

61 ③   62 ②   63 ②   64 ②   65 ③   66 ④   67 ③   68 ③   69 ④   70 ①
71 ①   72 ③   73 ②   74 ③   75 ③   76 ④   77 ②   78 ②   79 ④   80 ④

해설

제1과목 | 수출입실무

[1~14] 수출입실무 기초

01 정답 ④
투자수익(이자, 배당금, 증권의 매매손익 등)은 경상거래 중 무역외거래에 해당한다.

02 정답 ①
전위험담보조건의 적하약관으로서 특정의 면책위험을 제외한 모든 위험을 담보하는 조건이다.

03 정답 ①
무역거래조건 중 FCA(Free Carrier, 운송인 인도조건)에 대한 설명이다.

04 정답 ①
아래의 근거에 따라 "FOB + Busan Port"로 표시하는 것이 적절하다.
- 운송수단 : 해상 및 내수로 운송에만 사용되는 조건은 FOB, FAS, CFR, CIF이다.
- 운송비와 보험료 : 수입상(매수인)이 모두 부담해야 하는 조건은 EXW, FCA, FAS, FOB이다.
- 수출입통관의무 : 수출통관은 매도인이 부담하고 수입통관은 매수인이 부담하는 조건은 EXW, DDP를 제외한 모든 무역거래조건이다.
- FOB의 표시방법 : FOB + 지정된 선적항(Port)

05 정답 ④
연계무역에 대한 설명이다.

06 정답 ①
수출업체가 물품을 선적한 후 수입상에게 선적사실을 통지함과 동시에 수출채권이 확정된다.

07 정답 ③
수출입공고에 포함되지 않는 품목이더라도 통합공고 또는 전략물자수출입고시에 의해 수출입이 제한되는 경우에는 그 조건을 모두 충족시켜야만 수출입을 할 수 있다.

08 정답 ④
거주자가 건당 미화 1만불 상당액 초과의 경상거래대금을 대외지급수단으로 직접 지급하는 경우에는 한국은행 총재에게 신고 후 거래해야 한다.

09 정답 ④
수입물품의 원산지는 제조단계에서 인쇄, 등사, 낙인, 주조, 식각, 박음질 또는 이와 유사한 방식으로 표시하는 것을 원칙으로 한다.

10 정답 ③
개설의뢰인으로부터 신용장의 개설을 요청받은 은행이 자신의 환거래은행에 신용장의 재개설을 요청하는 경우도 있다.

11 정답 ③
서류제시기간이 명시되어 있지 않고 실제 선적일이 202X년 3월 10일이라면, 서류의 제시기일이 3월 31일(= 3월 10일 + 21일)까지더라도 유효기일이 3월 30일까지이므로, 서류는 3월 30일까지 제시되어야 한다.

12 정답 ②
기한부신용장(U)이다. 일람출급신용장의 기호는 S이다.

13 정답 ②
다수에게 분할양도된 신용장의 조건변경은 각각의 제2수익자별로 조건변경을 거절할 수 있다.

14 정답 ②
회전신용장(Revolving Credit, Self-Continuing Credit)에 대한 설명이다.

[15~23] 수입실무

15 정답 ③
무역거래조건과 운임지불관계에 대하여 F그룹(FOB, FAS, FCA)은 Freight Collect(운임 후지급)의 조건으로 개설되어야 하고, C그룹(CFR, CPT, CIF, CIP) 및 D그룹(DAP, DPU, DDP)은 Freight Prepaid(운임 선지급)의 조건으로 개설되어야 한다.

16 정답 ③
Shipper's Usance는 수출상이 금융비용을 부담하고 이를 수입상에게 전가하는 방식이지만, Banker's Usance하에서는 수입상이 Usance기간 동안 발생하는 모든 금융비용(A/D Charge)을 부담하기 때문에 수출상은 수입대금결제의 유예로 인한 금융비용을 전혀 부담하지 않는다.

17 정답 ①
서류가 도착한 날의 다음 영업일로부터 5영업일 이내에 결제 및 인수의 의사표시를 해야 한다.

18 정답 ②
① 보증부나 유보부로 매입하였더라도 하자사항을 통보해야 한다.
③ 처음 통보 시 명시하지 않은 하자는 자연 치유된 것으로 간주되므로, 사후에 다른 하자를 이유로 지급거절할 수 없다.
④ 개설은행은 신용장에 하자가 있다는 것을 파악한 후 서류접수 익일로 5은행영업일 이내에 그 사실을 알려야 한다.

19 정답 ②
수입물품대도는 개설은행과 개설의뢰인 간의 계약이므로, 해당 계약을 알지 못한 선의의 제3자는 보호받아야 한다. 따라서 개설은행은 개설의뢰인으로부터 수입대금을 받지 못하더라도 대도화물을 매수한 선의의 제3자에게 그 화물의 소유권이나 수입대금의 결제를 요구할 수 없다.

20 정답 ②
상환수권은 취소불능이 아니다.

21 정답 ③
추심은행은 거래당사자들의 지시사항을 확인하기 위하여 추심지시서 이외의 다른 서류를 검토할 필요가 없으며, 그 지시사항이 다른 서류에 표시되어 있더라도 이를 무시할 수 있다.

22 정답 ②
가. 금융보증신용장(Financial Standby L/C)에 대한 설명이다.
나. 상업보증신용장(Commercial Standby L/C)에 대한 설명이다.

23 정답 ②
Warranty Standby(하자보증)에 대한 설명이다.

[24~35] 수출실무

24 정답 ④
제1수익자가 송장 및 어음을 교체하라는 양도은행의 최초 요구를 거절할 경우 양도은행은 제1수익자에 대한 더 이상의 책임 없이 제2수익자가 발행한 송장 및 어음이 포함되어 있는 접수된 서류 그대로를 개설은행에 인도할 권리를 갖는다.

25 정답 ④
선적기일은 통상적인 은행의 휴무일에 해당한다고 하더라도 유효기일과는 달리 그 다음 첫 영업일까지 자동 연장되지 않는다.

26 정답 ①
신용장 금액, 수량, 단가와 관련하여 'about'이나 'approximately'라는 용어가 사용된 경우, 해당 용어가 사용된 수량(1,000MT)에 대해서만 10% 범위 내에서 과부족이 허용된다.

27 정답 ①
상업송장은 선화증권과 같이 그 자체로서 청구권이 있는 유가증권은 아니다.

28 정답 ④
Third Party B/L에 대한 설명이다.

29 정답 ④
① 면책비율의 상한에 대한 제한은 없다.
② 공제면책에 대한 설명이다.
③ 신용장에서 허용하는 경우나 소급적용의 표시가 있는 경우 등의 예외가 존재한다.

30 정답 ②
① 유효기일이라 함은 지급·인수·매입을 위하여 신용장에 명시된 서류 및/또는 환어음을 제시하여야 하는 최종일자를 의미하기 때문에, ㈜AP상사는 5월 25일(5월 23일은 은행 휴무일이므로, 그 다음 첫 은행영업일까지 연장됨)까지 매입을 위한 서류를 제시해야 한다.

③ 최종선적일은 연장되지 않기 때문에 ㈜AP상사는 5월 23일까지 물품을 선적해야 한다.
④ 매입은행이 서류를 매입한 상태에서 개설은행(M은행)이 불가항력의 사유로 인하여 은행영업이 중단되었다면, 그러한 사유가 해제되어 업무가 재개되었을 때에 수익자에게 대금을 지급한 매입은행에게 대금을 상환해야 한다.

31 정답 ④

발행운송인인 항공사가 혼재화물의 운송을 의뢰한 화물혼재업자 앞으로 발행하는 항공화물운송장을 MAWB(Master Air Waybill)라 한다.

32 정답 ①

하자 있는 서류의 지급이행 여부는 개설은행과 개설의뢰인 간의 합의를 통하여 결정되는 것이 아니라 개설은행의 독자적인 판단에 의하여 결정되는 것이다. 따라서 개설의뢰인이 하자 있는 서류의 수락의사를 표시하였더라도 개설은행은 대금지급을 거절할 수 있다.

33 정답 ②

① ③ 결제일 또는 당사자 간의 대금결제일을 수출실적의 인정시점으로 한다.
④ 수출신고수리일을 수출실적의 인정시점으로 한다.

34 정답 ③

'나, 라'는 부당한 사유의 하자 통보에 해당한다.
가. 상업송장 등의 서류에 기재된 상품의 모델명에서 오탈자가 발생한 것은 신용장의 조건과 일치하지 않는 제시로 보기 때문에 정당한 사유의 하자 통보이다.
다. 개설은행이 서류를 접수한 날의 다음 날인 4월 3일(금)부터 5은행영업일이 되는 4월 9일(목)에 하자를 통보하였으므로 정당하다.

35 정답 ③

전자적 형태의 무체물 수출의 경우 한국무역협회장 또는 한국소프트웨어산업협회장이 발급한다.

제2과목 | 국제무역규칙

[36~50] 신용장통일규칙(UCP600)

36 정답 ④

일자와 관련된 표현 중 on or about은 첫날과 마지막 날을 포함하여 특정 일자의 5일 전부터 5일 후까지의 기간으로 해석된다. 따라서 최종 선적일 202X년 2월 14일의 5일 전부터 5일 후까지의 기간인 202X년 2월 9일부터 2월 19일까지의 기간 중에 선적이 이루어져야 한다고 해석하는 것이 타당하다.

> (해석) 아래와 같은 화환신용장의 발행하에서, 운송서류에 나타난 다음의 선적일 중 수리할 수 없는 것은?
>
> 44C 최종 선적일 : 202X년 2월 14일
> 47A 추가조건
> : 선적은 최종 선적일 전후 5일 이내에 이루어져야 한다.
>
> ① 202X년 2월 10일
> ② 202X년 2월 13일
> ③ 202X년 2월 19일
> ④ 202X년 2월 20일

37 정답 ①

인수신용장은 반드시 환어음을 요구해야 한다. 참고로 항상 환어음을 요구하지 않는 신용장은 연지급신용장이며, 일람지급신용장과 매입신용장은 환어음을 요구할 수도 있고 요구하지 않을 수도 있다.

> (해석) 어떠한 경우에도 환어음을 요구해야 하는 신용장은 (   )이다.
> ① 인수신용장
> ② 일람지급신용장
> ③ 연지급신용장
> ④ 매입신용장

38 정답 ①

신용장이 지정은행(ABC은행)에서 매입에 의하여 이용될 수 있으나 지정은행이 매입하지 않는 경우, 개설은행은 매입이 아니라 결제를 해야 할 의무가 있다.

> (해석) ABC은행은 확인은행이 아닐 때, 신용장 조건은 아래와 같다. 다음 설명 중 옳지 않은 것은?
>
> 41a 이용장소 및 이용방법 : ABC은행, 매입방식
>
> ① ABC은행이 매입하지 않는다면 개설은행은 상환청구권 없이 일치하는 제시에 대해 매입해야 한다.
> ② ABC은행은 일치하는 제시에 대하여 매입해야 할 의무는 없다.
> ③ 수익자는 일치하는 제시에 대해 개설은행에 직접 결제해 줄 것을 요청할 수 있다.
> ④ 신용장에서 환어음을 요구한다면, ABC은행은 그 자신을 지급인으로 하여서는 안 된다.

39 정답 ①

확인은행은 조건변경에 대한 확인을 연장할 수 있으며, 그 조건변경을 통지한 시점부터 취소불능으로 그 내용에 대해 구속된다.

> **해설** 확인은행은 (　　　)부터 신용장 조건변경에 의하여 구속될 것이다.
> ① 확인은행이 수익자에게 조건변경을 통지한 때
> ② 확인은행이 개설은행으로부터 조건변경을 받은 때
> ③ 수익자가 조건변경을 수락한 때
> ④ 개설의뢰인이 신용장 조건변경을 개설은행에 지시한 때

40 정답 ③

연지급신용장의 경우, 일치하는 제시에 대응하는 개설은행의 대금 상환은 지정은행이 만기일 이전에 대금을 선지급하였거나 또는 구입하였는지 여부와 관계없이 만기일에 이루어져야 한다.

> **해설** 수익자가 연지급에 의해 이용 가능한 화환신용장하에서 일치하는 서류를 지정은행에 제시하였고, 지정은행에게 서류의 구입 및 연지급확약에 대한 선지급을 요청하였다. UCP600하에서, 다음 설명 중 지정은행 또는 개설은행과 관련하여 옳지 <u>않은</u> 것은?
> ① 지정은행은 만기에 지급할 것을 확약하기 전에 수익자의 요청을 거절할 수 있다.
> ② 지정은행은 만기일 또는 그 이전에 연지급확약을 부담할 수 있다.
> ③ 지정은행이 만기일 이전에 연지급을 선지급하였거나 구매하였다면, 개설은행은 만기일 이전에 지정은행에게 상환해야 한다.
> ④ 지정은행이 심사 후에 일치하는 제시를 결정하더라도, 결제해야 할 의무가 없다.

41 정답 ④

A, C, D는 다음과 같은 이유로 비서류적 조건에 해당한다.
A. 신용장에서 포장명세서(packing list)를 요구하지 않고 물품의 포장규격을 명시한 조건
C. 신용장에서 검사증명서(certificate of inspection)를 요구하지 않고 물품의 검사인을 지정한 조건
D. 신용장에서 원산지증명서(certificate of origin)를 요구하지 않고 물품의 원산지를 명시한 조건

> **참고** 비서류적 조건이란 제시되어야 할 서류는 명시하지 않은 채 어떠한 행위를 준수하도록 요구하고 있는 신용장의 조건을 말함

> **해설** 신용장은 원본의 송장과 선하증권을 요구하고 있다. 다음 신용장에 명시된 추가조건 중 비서류적 조건으로 간주되는 것은?
> A. 물품은 50 × 50 카톤박스에 포장되어야 한다.
> B. 선적은 M/T Victoria라는 이름의 선박에 이루어져야 한다.
> C. 물품은 선적 이전에 개설의뢰인의 대리인에 의해 검사되어야 한다.
> D. 물품은 대한민국 또는 중국 원산지로 되어야 한다.

42 정답 ④

UCP600 제19~25조에 따른 하나 이상의 운송서류 원본이 포함된 제시는 선적일 후 21일보다 늦지 않게 수익자에 의하거나 또는 그를 대신하여 이루어져야 한다. 따라서 신용장에서 도로 운송서류(제24조)의 전통을 요구하고 있다면 선적일로부터 21일이 되는 날인 202X년 7월 22일까지 제시되어야 한다.

> **해설** 신용장에서 서류제시기간을 정하고 있지 않다면, 운송서류의 제시는 선적일 후 21일보다 늦지 않게 수익자 또는 그를 대신하여 이루어져야 한다. 신용장의 조건은 아래 (　　　)와 같다.
>
> 31D 유효기일 및 제시장소 : 2X/08/02 중국
> 44C 최종 선적일 : 2X/07/01
> 48 서류제시기간 : 없음
>
> 신용장에서 요구되는 서류가 수익자에 의해 202X년 7월 30일에 제시되었다면, 다음의 서류 중 "지연제시"와 같은 하자로 간주되는 것은?
> ① 서명된 원본 상업송장 3통
> ② 포장명세서 2통
> ③ 원산지증명서 사본 3통
> ④ 도로운송서류 전통

43 정답 ③

① 개설의뢰인과 불일치에 관한 권리포기의 여부를 교섭할 수 있는 것은 개설은행만 할 수 있다.
② 은행은 제시인에 대한 하자통지를 한 번만 할 수 있다.
④ 은행은 제시인에게 언제든지 서류를 반환할 수 있다.

> **해설** 확인은행이 그 제시가 일치하지 않는다고 결정할 때, 확인은행은 (　　　) 수 있다.
> ① 독자적인 판단으로 불일치에 관한 권리포기를 위해 개설의뢰인과 교섭할
> ② 제시인에게 그러한 취지를 여러 번 통지할
> ③ 결제 또는 매입을 거절할
> ④ 서류제시일의 다음 날로부터 5은행영업일까지 제시인에게 서류를 반환할

44 정답 ③

팩스기계로 송부된 원산지증명서 등의 서류는 사본으로 간주된다.

해설) 서류의 원본성에 관하여 어떠한 명시된 조건이 없는 신용장하에서, 다음 서류 중 사본으로 간주되는 것은?
① 원본이라고 표시되고 프린터에 의해 출력된 송장
② 수기에 의해 서명된 복사본인 송장
③ 팩스기계로 송부된 원산지증명서
④ 서류발행자의 원본 용지에 인쇄된 포장명세서

45 정답 ③

도로, 철도 또는 내수로 운송서류는 모든 운송과정에서 하나의 동일한 운송서류에 의해 포괄된 경우에 물품이 환적될 것 또는 환적될 수 있음을 표시한 해당 운송서류를 수리할 수 있다. 도로에서 철도로 환적되는 경우는 서로 다른 운송서류에 의해 포괄되므로, 환적의 수리요건을 충족하지 않는다.

해설) 신용장이 환적을 금지한다면, 다음 중 은행이 수리할 수 있는 운송서류가 아닌 것은?
① "환적이 될 것이다 또는 될 수 있다."라고 표시한 항공화물운송장
② 운송인의 환적권리는 유보된다고 명시한 조항을 포함하고 있는 선하증권
③ 물품이 운송과정에서 도로에서 철도로 환적되는 것을 표시한 도로운송서류
④ 물품이 컨테이너, 트레일러 또는 래쉬바지에 선적되었다는 것을 명시한 선하증권

46 정답 ①

UCP600에서 운송서류의 수리요건 중 서류명칭에 관계없음을 규정하고 있는 운송서류는 복합운송서류(제19조), 선하증권(제20조), 비유통성 해상운송장(제21조), 용선계약부 선하증권(제22조), 항공운송서류(제23조), 도로, 철도 또는 내수로 운송서류(제24조), 특송배달영수증, 우편영수증 및 우편증명서(제25조)이다.

해설) UCP600하에서, 다음 중 "그 명칭에 관계없이"라는 서류의 수리요건이 적용될 수 없는 것은?
① 상업송장
② 선하증권
③ 항공화물운송장
④ 용선계약부 선하증권

47 정답 ③

내수로 운송서류와 철도운송서류는 원본 표시 여부에 관계없이 원본으로 수리된다.

해설) UCP600에 따르면, 다음의 운송서류 중 어떤 것이 원본 표시 여부에 관계없이 원본으로 수리될 것인가?

> A. 항공화물운송장
> B. 비유통성 해상화물운송장
> C. 내수로 운송서류
> D. 도로운송서류
> E. 철도운송서류

48 정답 ②

보험증권은 포괄예정보험에 의한 보험증명서 또는 확인서를 대신하여 수리될 수 있다. 왜냐하면, 보험증권은 포괄예정보험하에서의 보험증명서 또는 확인서보다 완전한 보험서류로 인정되기 때문이다. 따라서 보험증명서 또는 확인서는 보험증권을 대신하여 제시하는 것은 수리될 수 없다.

해설) UCP600하에서, 보험서류와 담보에 대한 다음 설명 중 옳지 않은 것은?
① 보험중개인에 의해 발행된 부보각서는 수리되지 않는다.
② 보험증명서 또는 확인서는 포괄예정보험에 의한 보험증권 대신에 수리될 수 있다.
③ 보험서류에서 한 통 이상의 원본이 발행되는 경우, 수익자가 단지 한 통의 원본 보험서류를 제시한다면 이는 하자로 본다.
④ 신용장이 "통상적 위험" 또는 "관습적 위험"과 같은 부정확한 용어를 사용하는 경우, 보험서류는 부보되지 않은 어떠한 위험에 관계없이 수리된다.

49 정답 ④

지정은행이 제시가 신용장 조건에 일치한다고 판단한 후 서류를 개설은행 또는 확인은행에 송부하는 과정에서 분실한 경우, 개설은행 또는 확인은행은 결제 또는 매입을 하거나, 그 지정은행에게 상환하여야 한다.

해설) 지정은행은 제시가 일치한다고 결정하고 그 서류를 신용장에 명시된 운송서비스를 통하여 개설은행의 승인하에 송부하였다. 그러나 서류가 운송 도중에 분실되었다. 다음 설명 중 옳은 것은?
① 수익자는 다시 한 번 새로운 서류를 제시해야 한다.
② 개설은행은 지정은행에 결제해야 할 의무가 없다.
③ 운송서비스 회사는 서류의 금액을 지급해야 한다.
④ 개설은행은 결제하거나 그 지정은행에 상환해야 한다.

50 정답 ①

• 제1수익자의 이름은 신용장의 (개설의뢰인)의 이름으로 대체될 수 있다.
• 양도가능신용장은 (제1수익자)의 요청에 의하여 다른 수익자에게 이용하게 할 수 있다.

해설) 다음 설명은 UCP600 제38조 양도가능신용장과 관련된 것이다. 다음 거래당사자 중 괄호에 들어가기에 적절한 것은?

> • 제1수익자의 이름은 신용장의 (A)의 이름으로 대체될 수 있다.
> • 양도가능신용장은 (B)의 요청에 의하여 다른 수익자에게 이용하게 할 수 있다.

A	B
① 개설의뢰인	제1수익자
② 제2수익자	양도은행
③ 개설의뢰인	개설은행
④ 제2수익자	제2수익자

[51~52] 청구보증통일규칙(URDG758)

51 정답 ③

통지당사자는 보증의 외견상 진정성을 확인하지 못하였음에도 불구하고 보증을 통지하기로 결정한 때에는 통지당사자 자신은 외견상 진정성을 확인할 수 없었다는 사실을 수익자 또는 제2통지당사자에게 알려 주어야 한다.

> (해석) URDG758에 따르면, 통지당사자가 보증의 외견상 진정성을 확인하지 못하였음에도 불구하고 보증을 통지하기로 결정한 때에, 그 사실을 누구에게 알려야 하는가?
> ① 보증인
> ② 지시당사자
> ③ 수익자
> ④ 보증신청인

52 정답 ②

보증인이 제시인의 지급청구에 대하여 거절하기로 결정한 경우에는 지급청구를 거절한다는 사실과 지급청구를 거절하는 각각의 하자사항에 대해 명시하여야 한다.
① 제시인의 일치하지 않는 지급청구에 대해서 거절하거나 또는 보증인 자신의 독자적인 판단으로 하자에 대한 권리포기를 위하여 지시당사자나 구상보증인과 교섭할 수 있다.
③ 보증인의 지급거절은 첫 번째 통지한 거절통지만 유효하며, 첫 번째 통지한 이후의 통지는 유효한 거절통지로 인정받지 못한다.
④ 지급거절 통지기한은 제시일의 다음 날로부터 기산하여 5영업일 종료 이전까지이다.

> (해석) URDG758하에서 다음 설명 중 옳은 것은?
> ① 보증인은 제시인으로부터 받은 지급청구가 일치하지 않는 지급청구라고 결정하였을 때에는 반드시 거절하여야 한다.
> ② 지급청구를 거절하는 경우에는 지급청구를 거절한다는 사실과 각각의 하자사항에 대해 명시하여 제시인에게 통지하여야 한다.
> ③ 보증인이 지급청구에 대하여 거절통지한 이후에 내용을 보충하여 추가통지하여도 모두 유효한 거절통지로 인정된다.
> ④ 지급청구에 대한 거절은 제시일의 다음 날로부터 10영업일 이내에 이루어져야 한다.

[53~55] 보증신용장통일규칙(ISP98)

53 정답 ②

보증신용장통일규칙(ISP98)이 적용되는 보증신용장이 다른 규칙도 함께 적용되는 경우 두 규칙에 서로 저촉되는 조항에 대해서는 ISP98이 우선하여 적용된다.

> (해석) ISP98하에서 다음 설명 중 옳지 않은 것은?
> ① ISP98은 해당 규칙에 준거하기로 명시적으로 표시된 보증신용장에 적용된다.
> ② 보증신용장이 ISP98과 다른 규칙이 함께 적용될 때, 서로 저촉되는 조항에 대해서는 다른 규칙이 우선한다.
> ③ 보증인은 보증신용장이나 조건변경이 개설된 때에 그것들에 의해 구속된다.
> ④ 보증신용장은 취소불능하므로 개설인의 의무는 개설인에 의하여 변경되거나 취소될 수 없다.

54 정답 ③

수차청구금지(multiple drawing prohibited)는 단일의 청구만 인정하되, 보증신용장 금액 이내에서의 청구는 허용한다는 것을 의미한다.

> (해석) ISP98에 따르면, "수차청구금지" 문구 또는 그와 유사한 표현은 (   )을 의미한다.
> ① 보증신용장 금액의 전액보다 적은 액수에 대해 제시가 이루어질 수 있음
> ② 두 번 이상의 제시를 할 수 있음
> ③ 오직 1회로 제시되고 결제될 수 있으나, 보증신용장 금액의 전액 미만으로도 제시할 수 있음
> ④ 보증신용장 금액의 전액으로 제시하여야 함

55 정답 ④

수익자가 만료일을 연기(extend)하든지 또는 그 대금을 지급(pay)할 것인지를 요구하는 선택적 지급청구를 한 것은 보증신용장통일규칙에서 허용되는 최대 7영업일까지 서류심사 및 결제거절통지하는 것에 대해 동의한 것으로 본다.

> (해석) ISP98하에서, 다음 중 "연장 또는 지급"에 대한 수익자의 요청이 의미하는 것으로 볼 수 없는 것은?
> ① 수익자는 요구된 일자까지 만료일을 연장하기로 조건변경하는 데 동의한다.
> ② 수익자는 개설인으로 하여금 그의 재량으로 개설의뢰인으로부터 승인을 구하고 그에 따라 조건변경할 것을 개설인에게 요구한다.
> ③ 수익자는 조건변경이 있음과 동시에 자신의 지급청구를 철회한다.
> ④ 수익자는 심사 및 결제거절통지를 위해 최대 10영업일까지 허용하는 것에 동의한다.

[56~60] 기타 국제무역규칙 (ISBP821, URR725, URC522)

56 정답 ①

"제3자 서류 수리가능"의 서류에 환어음은 제외한다.

해석) ISBP821에 따르면, 다음 서류 중 "제3자 서류 수리가능" 서류에 포함되지 않는 것은?
① 환어음
② 전송보고서
③ 특송영수증
④ 우편영수증

57 정답 ②

신용장에서 특정한 형식의 원산지증명서 제시를 요구하는 경우에는, 그러한 특정한 형식의 서류만이 제시되어야 한다.

해석) ISBP821하에서, 원산지증명서에 대한 다음 설명 중 옳지 않은 것은?
① 신용장이 원산지증명서의 제시를 요구하는 경우, 이는 송장상의 물품과 관련되고 그 원산지를 증명하는 것으로 나타나는 서명된 서류의 제시로 충족될 수 있을 것이다.
② 신용장이 특정한 형식의 원산지증명서 제시를 요구하는 경우에도, 경우에 따라 다른 형식의 서류가 제시될 수 있다.
③ 원산지증명서는 신용장에 기재된 자에 의해 발행되어야 한다.
④ 신용장에 발행인의 이름이 표시되지 않은 경우, 누구든지 원산지증명서를 발행할 수 있다.

58 정답 ③

"상환수권서"는 신용장으로부터 독립된 지시서 또는 수권서를 의미한다.

해석) URR725하에서, 다음 정의 중 옳지 않은 것은?
① "개설은행"은 신용장과 그 신용장하에서의 상환수권서를 발행하는 은행을 의미한다.
② "청구은행"은 신용장을 결제 또는 매입하고 상환은행에 상환청구서를 제시하는 은행을 의미한다.
③ "상환수권서"는 청구은행에 상환하기 위해 개설은행이 상환은행에 발행한 지시서 또는 수권서를 의미하며, 이것은 신용장에 의해 영향을 받는다.
④ "상환확약"은 개설은행의 수권 또는 요청에 따라 발행되는, 상환은행의 독립된 취소불능한 약정을 의미한다.

59 정답 ③

상환확약은 청구은행의 동의 없이 조건변경 또는 취소될 수 없다.

해석) URR725하에서, 다음 설명 중 옳지 않은 것은?
① 상환은행에 대해 개설은행이 상환확약서 발행을 수권 또는 요청한 것은 취소불가능하다.
② 취소불능 상환수권은 상환은행의 동의 없이 조건변경 또는 취소될 수 없다.
③ 상환확약은 상환은행의 동의 없이 조건변경 또는 취소될 수 없다.
④ 청구은행은 상환확약서 조건변경의 인수 또는 거절 여부를 상환은행에 통지하여야 한다.

60 정답 ④

지급인은 추심지시서에 따라서 제시를 받아야 하는 자를 말한다.

해석) URC522하에서, 누가 추심지시서에 따라서 제시를 받아야 하는가?
① 추심의뢰인
② 추심은행
③ 추심의뢰은행
④ 지급인

제3과목 | 외환관련여신

[61~70] 무역금융

61 정답 ③

무역금융의 융자한도는 수출업체의 과거 수출실적, 신용장내도액, 기업신용도 등을 고려하여 외국환은행이 자율적으로 판단해서 결정하도록 하고 있다.

62 정답 ②

'나, 라'는 무역금융 융자대상에 해당하는 자이다.
가. 보세판매장에서 자가생산품을 판매한 실적이 있어야 한다.
다. 중계무역방식의 수출은 국산원자재 및 제품의 수출이 아니므로 융자대상에 포함되지 않는다.
마. 한국무역보험공사가 보증서를 제공한 국제기구 발급 구매주문서를 보유하여야 한다.

63 정답 ②

융자대상 수출실적은 수출신용장 등에 의한 본선도인도가격(FOB)을 기준으로 한다. 만약 대금결제조건이 운임보험료 포함가격(CIF) 등인 경우에는 본선도인도가격(FOB)으로 환산한 금액을 수출실적으로 인정한다.

64 정답 ②

원자재자금은 국내에서 제조·생산된 수출용 원자재를 내국신용장에 의하여 구매하는 데 소요되는 자금을 대상으로 취급되나, 예외적으로 임가공방식에 따른 가공임 결제를 위해 발행된 '원자재 임가공 내국신용장' 또는 '완제품 임가공 내국신용장'의 결제를 위한 용도로도 취급될 수 있다.

65 정답 ③

실적기준금융은 원자재를 사전에 비축·확보하는 데 용이하므로, 대부분의 원자재자금을 실적기준으로 이용하고 있다.

66 정답 ④

과부족 허용(10% more or less)조건의 경우에는 수출신용장 금액에서 10%를 차감한 금액을 기준으로 한다.

67 정답 ③

① 내국신용장은 국내업체 간의 국내거래에서만 사용되며, 국제간 무역거래에서는 사용할 수 없다.
② 내국신용장은 '한국은행 금융중개지원대출 관련 무역금융지원 프로그램 운용세칙', '동 운용절차', '전자무역 촉진에 관한 법률' 등의 규정이 적용된다.
④ 내국신용장은 원수출신용장을 근거로 하여 수평적으로 다수의 내국신용장을 개설할 수 있으며, 물품의 제조공정에 따라 수직적으로 다수의 내국신용장을 개설할 수 있다.

68 정답 ③

구매확인서가 은행의 지급보증을 수반하지 않는다는 점에서 내국신용장과 차이가 있으나, 구매확인서에 의한 공급실적은 무역금융 융자대상 수출실적으로 인정되어 무역금융을 수혜받을 수 있다.

69 정답 ④

융자취급은행은 수출실적 관리에 대한 의무가 없다.

70 정답 ①

자금조달비용
= (한국은행차입금 × 차입금리)
  + (자체자금 × 자체조달금리)
= (100,000,000원 × 10% × 1.5%)
  + (100,000,000원 × 90% × 3%)
= 150,000원 + 2,700,000원 = 2,850,000원

∴ 한계이익
= 대출금이자 − 직접비용
= (대출금 × 금리) − (자금조달비용 + 출연금 + 교육세)
= (100,000,000원 × 4%) − (2,850,000원
  + 250,000원 + 20,000원) = 880,000원

[71~72] 외화대출

71 정답 ①

'가, 나'는 대출 원금 상승이 재무제표에 미치는 영향이다.
다. 환율 하락으로 인하여 대출 원금이 하락할 경우 재무상태표상 부채비율 및 차입금의존도 하락으로 재무구조가 개선된다.
라. 현금흐름표상 영업활동 현금흐름 감소로 미래현금흐름 창출력 저하는 대출 이자 상승에 따른 영향이다.

72 정답 ③

수입기업과 거래하는 금융회사 등이 그 기업의 상대방에게 직접 송금하는 방식의 대출금으로서, 최초 대출실행 이후 기한을 연장하는 경우에는 최초 실행일로부터 1년 이내라 하더라도 수입대금결제를 위한 일시적 경과계정이 아닌 일반 외화대출로 전환되어 연장기간에 해당하는 대출금액은 출연대상 외화대출금에 포함된다.

[73~78] 외화지급보증

73 정답 ②

지급보증(Payment Guarantee)은 금융보증에 해당하며, 입찰보증(Bid Guarantee), 선수금환급보증(Advance Payment Guarantee), 유보금환급보증(Retention Guarantee)은 이행성보증에 해당한다.

74 정답 ③

보증인은 구상보증서상의 지급청구를 하기 위해서는 지급청구서와 이행진술서를 제시하여야 한다.

75 정답 ③

Syndicate Guarantee는 보증금액이 큰 경우 한 개의 은행으로는 위험부담이 크기 때문에 위험부담을 분산시키기 위하여 보증서 발행에 여러 은행이 참가하는 것을 말한다.

76 정답 ④

외화지급보증서 발행절차는 '외국환거래규정상 신고 여부 사전확인 ⇨ 보증서 발행한도 확인 ⇨ 보증서 발행신청서 접수 및 검토 ⇨ 전산원장 작성 ⇨ 보증료 징수 ⇨ 보증서 발행' 순이다.

77 정답 ②

지급청구 시 지급청구서와 기초관계상 의무위반의 내용을 표시하는 보강진술서가 함께 제시되어야 하며, 보증서상에서 지급청구서만을 요구하였다고 하더라도 반드시 보강진술서가 함께 제시되어야 한다. 그렇지 않을 경우에는 지급거절사유에 해당한다.

78 정답 ②

외화지급보증에 따른 위험요소 중 수익자와 관련된 위험으로는 재무위험, 정치적 위험 등이 있으며, 보증신청인(지시당사자)에 대한 위험으로는 신용위험, 계약위험, 공동시공의 위험 등이 있다.

[79~80] 외환회계

79 정답 ④

배서어음계정에 대한 설명이다.

80 정답 ④

외화수입보증금은 외국환은행이 고객과의 거래와 관련하여 예치 받은 담보금 및 보증금을 처리하는 계정과목으로 난내계정과목 중 부채계정으로 분류된다.

제1회 적중 실전모의고사 OMR 답안지

합격의 기준, 해커스금융
fn.Hackers.com

성 명

교시	문제형	주민등록번호						—	
① ②	① ②	① ② ③ ④ ⑤ ⑥ ⑦ ⑧ ⑨ ⓪	① ② ③ ④ ⑤ ⑥ ⑦ ⑧ ⑨ ⓪	① ② ③ ④ ⑤ ⑥ ⑦ ⑧ ⑨ ⓪	① ② ③ ④ ⑤ ⑥ ⑦ ⑧ ⑨ ⓪	① ② ③ ④ ⑤ ⑥ ⑦ ⑧ ⑨ ⓪	① ② ③ ④ ⑤ ⑥ ⑦ ⑧ ⑨ ⓪		① ②

수험번호									
① ② ③ ④ ⑤ ⑥ ⑦ ⑧ ⑨ ⓪	① ② ③ ④ ⑤ ⑥ ⑦ ⑧ ⑨ ⓪	① ② ③ ④ ⑤ ⑥ ⑦ ⑧ ⑨ ⓪	① ② ③ ④ ⑤ ⑥ ⑦ ⑧ ⑨ ⓪	① ② ③ ④ ⑤ ⑥ ⑦ ⑧ ⑨ ⓪	① ② ③ ④ ⑤ ⑥ ⑦ ⑧ ⑨ ⓪	① ② ③ ④ ⑤ ⑥ ⑦ ⑧ ⑨ ⓪	① ② ③ ④ ⑤ ⑥ ⑦ ⑧ ⑨ ⓪	① ② ③ ④ ⑤ ⑥ ⑦ ⑧ ⑨ ⓪	① ② ③ ④ ⑤ ⑥ ⑦ ⑧ ⑨ ⓪

감독관 확인란

* 필기도구는 검정색 펜(연필류 제외)을 이용하고, 정답을 정해진 칸에 까맣게 칠하시오.

제2회 적중 실전모의고사 OMR 답안지

1	① ② ③ ④	21	① ② ③ ④	41	① ② ③ ④	61	① ② ③ ④
2	① ② ③ ④	22	① ② ③ ④	42	① ② ③ ④	62	① ② ③ ④
3	① ② ③ ④	23	① ② ③ ④	43	① ② ③ ④	63	① ② ③ ④
4	① ② ③ ④	24	① ② ③ ④	44	① ② ③ ④	64	① ② ③ ④
5	① ② ③ ④	25	① ② ③ ④	45	① ② ③ ④	65	① ② ③ ④
6	① ② ③ ④	26	① ② ③ ④	46	① ② ③ ④	66	① ② ③ ④
7	① ② ③ ④	27	① ② ③ ④	47	① ② ③ ④	67	① ② ③ ④
8	① ② ③ ④	28	① ② ③ ④	48	① ② ③ ④	68	① ② ③ ④
9	① ② ③ ④	29	① ② ③ ④	49	① ② ③ ④	69	① ② ③ ④
10	① ② ③ ④	30	① ② ③ ④	50	① ② ③ ④	70	① ② ③ ④
11	① ② ③ ④	31	① ② ③ ④	51	① ② ③ ④	71	① ② ③ ④
12	① ② ③ ④	32	① ② ③ ④	52	① ② ③ ④	72	① ② ③ ④
13	① ② ③ ④	33	① ② ③ ④	53	① ② ③ ④	73	① ② ③ ④
14	① ② ③ ④	34	① ② ③ ④	54	① ② ③ ④	74	① ② ③ ④
15	① ② ③ ④	35	① ② ③ ④	55	① ② ③ ④	75	① ② ③ ④
16	① ② ③ ④	36	① ② ③ ④	56	① ② ③ ④	76	① ② ③ ④
17	① ② ③ ④	37	① ② ③ ④	57	① ② ③ ④	77	① ② ③ ④
18	① ② ③ ④	38	① ② ③ ④	58	① ② ③ ④	78	① ② ③ ④
19	① ② ③ ④	39	① ② ③ ④	59	① ② ③ ④	79	① ② ③ ④
20	① ② ③ ④	40	① ② ③ ④	60	① ② ③ ④	80	① ② ③ ④

제3회 적중 실전모의고사 OMR 답안지

2025 최신개정판

해커스 외환전문역 II종
최종핵심정리문제집

개정 11판 1쇄 발행 2025년 5월 15일

지은이	해커스 금융아카데미 편저
펴낸곳	해커스패스
펴낸이	해커스금융 출판팀
주소	서울특별시 강남구 강남대로 428 해커스금융
고객센터	02-537-5000
교재 관련 문의	publishing@hackers.com
	해커스금융 사이트(fn.Hackers.com) 교재 Q&A 게시판
동영상강의	fn.Hackers.com
ISBN	979-11-7244-553-9 (13320)
Serial Number	11-01-01

저작권자 © 2025, 해커스금융

이 책의 모든 내용, 이미지, 디자인, 편집 형태에 대한 저작권은 저자에게 있습니다.
서면에 의한 저자와 출판사의 허락 없이 내용의 일부 혹은 전부를 인용, 발췌하거나
복제, 배포할 수 없습니다.

**금융자격증 1위,
해커스금융(fn.Hackers.com)
해커스금융**

- 시험에 나올 핵심 내용을 정리한 **하루 10분 개념완성 자료집**
- 국제무역규칙의 빈출 포인트인 **신용장통일규칙(UCP600) 원문+해석**
- **금융자격증 무료 강의**, 1:1 질문/답변 서비스, 무료 시험후기/합격수기 등 다양한 금융 학습 콘텐츠
- 내 점수와 석차를 확인하는 **무료 바로 채점 및 성적 분석 서비스**
- 외환전문역 전문 교수님의 **본 교재 인강**(교재 내 할인쿠폰 수록)

해커스금융 단기 합격생이 말하는
은행/외환자격증 합격의 비밀!

해커스금융과 함께하면
다음 합격의 주인공은 바로 여러분입니다.

첫 시험 1달 합격
김*식
신용분석사

더도 말고 덜도 말고 이 인강과 책 2권이면 충분합니다!

비전공자인 제가 1달 만에 합격할 수 있었던 이유는 **교재와 인강이 알찼기 때문**입니다.
교수님께서 일상생활에서의 **사례를 접목하면서 쉽게 설명해주고**
그것이 **연상기억**이 되면서 문제의 프로세스를 쉽게 까먹지 않을 수 있었습니다.

40일 단기 합격!
김*희
자산관리사
(은행FP)

해커스에서 주어지는 혜택만 따라가도 합격 가능합니다!

아무래도 타 사이트와 차별되는 퀄리티 높은 요약정리집이나 수준 높은 모의고사같은
부분 때문에 해커스금융을 추천합니다. 타 사이트는 이 정도로 금융자격증 자료 지원에
적극적이지 않은 것으로 알고 있습니다. 해커스가 각종 자격증 취득 사이트 중에서
1위인 것이 그냥은 아니라고 느꼈습니다.

첫 시험 2주 합격!
배*철
외환전문역 I종

해커스금융 덕에 한번에 합격했습니다!

다양하고 새로운 알찬 기타 과정들과 함께 교수님의 역량을 들어 **추천**하고 싶습니다.
해외에서 외환딜러로 수십년 일해오신 경력과 함께 타의 추종을 불허하는 다양한 비유들을
들음으로써 자칫하여 **이해가 되기 어려운 부분들도 한번에 이해 되게 설명을 해주십니다.**

합격의 기준, **해커스금융** fn.Hackers.com

더 많은 합격수기가 궁금하다면? ▶

100% 합격을 위한
해커스금융의 특별 혜택

하루 10분 개념완성 자료집 [PDF]

EJD78RJHZV75

신용장통일규칙(UCP600) 원문+해석 [PDF]

3Y82FFDSWF22

해커스금융 사이트(fn.Hackers.com) 접속 후 로그인 ▶ 우측 상단의 [교재] 클릭 ▶
좌측의 [무료 자료 다운로드] 클릭 ▶ 본 교재 우측의 [다운로드] 클릭 ▶ 위 쿠폰번호 입력 후 이용

이론정리+문제풀이 무료 특강

해커스금융 사이트(fn.Hackers.com) 접속 후 로그인 ▶ 우측 상단의 [무료강의] 클릭 ▶
과목별 무료강의 중 [은행/외환자격증] 클릭하여 이용

* 본 교재 강의 중 일부 회차에 한해 무료 제공됩니다.

무료강의
바로가기

무료 바로 채점 및 성적 분석 서비스

해커스금융 사이트(fn.Hackers.com) 접속 후 로그인 ▶ 우측 상단의 [교재] 클릭 ▶
좌측의 [바로채점/성적분석 서비스] 클릭 ▶ 본 교재 우측의 [채점하기] 클릭하여 이용

바로 채점 및
성적 분석 서비스 바로가기

무료 시험후기/합격수기

해커스금융 사이트(fn.Hackers.com) 접속 후 로그인 ▶ 상단메뉴의 [은행/외환] 클릭 ▶
좌측의 [학습게시판 → 시험후기/합격수기] 클릭하여 이용

합격수기
바로가기

20% 할인쿠폰

최종핵심정리+문제풀이 동영상강의

F421V468A123X959

해커스금융 사이트(fn.Hackers.com) 접속 후 로그인 ▶ 우측 상단의 [마이클래스] 클릭 ▶
좌측의 [결제관리 → My 쿠폰 확인] 클릭 ▶ 위 쿠폰번호 입력 후 이용

* 유효기간: 2026년 12월 31일까지(등록 후 7일간 사용 가능, ID당 1회에 한해 등록 가능)
* 외환전문역 Ⅱ종 최종핵심정리+문제풀이 강의에만 적용 가능(이벤트/프로모션 적용 불가)
* 이 외 쿠폰 관련 문의는 해커스금융 고객센터(02-537-5000)로 연락 바랍니다.

합격의 기준, 해커스금융 **fn.Hackers.com**

금융자격증 1위* 해커스금융
무료 바로 채점&성적 분석 서비스

* [금융자격증 1위] 주간동아 선정 2022 올해의 교육 브랜드 파워 온·오프라인 금융자격증 부문 1위

한 눈에 보는 서비스 사용법

Step 1.
교재에 있는 모의고사를 풀고
바로 채점 서비스 확인!

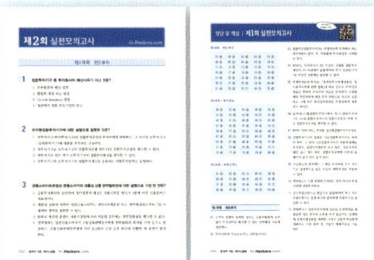

Step 2.
[교재명 입력]란에
해당 교재명 입력!

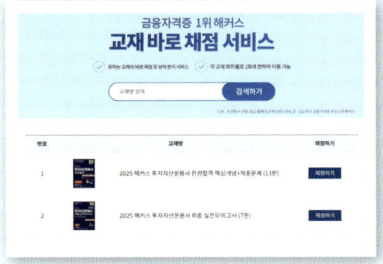

Step 3.
교재 내 표시한 정답
바로 채점 서비스에 입력!

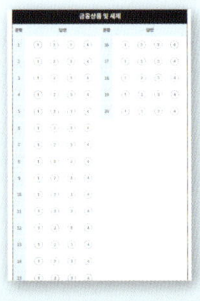

Step 4.
채점 후 나의 석차, 점수,
성적분석 결과 확인!

 실시간 성적 분석 결과 확인

 개인별 맞춤형 학습진단

 실력 최종 점검 후 탄탄하게 마무리

합격의 기준, **해커스금융** fn.Hackers.com

바로 이용하기 ▶